法学学科新发展丛书
New Development of Legal Studies

公益诉讼的新发展

贺海仁\主编

中国社会科学出版社

New Development of Legal Studies

图书在版编目（CIP）数据

公益诉讼的新发展/贺海仁主编．—北京：中国社会科学
出版社，2008.10
ISBN 978 - 7 - 5004 - 7348 - 0

Ⅰ．公…　Ⅱ．贺…　Ⅲ．诉讼法－研究－中国
Ⅳ．D925.04

中国版本图书馆 CIP 数据核字（2008）第 166548 号

策划编辑　任　明
责任编辑　孔继萍
责任校对　石春梅
封面设计　杨　蕾
技术编辑　李　建

出版发行　中国社会科学出版社
社　　址　北京鼓楼西大街甲 158 号　　邮　编　100720
电　　话　010 - 84029450（邮购）
网　　址　http：//www.csspw.cn
经　　销　新华书店
印　　刷　北京奥隆印刷厂　　　　　装　订　广增装订厂
版　　次　2008 年 10 月第 1 版　　　印　次　2008 年 10 月第 1 次印刷
开　　本　710×980　1/16
印　　张　21.5　　　　　　　　　　插　页　2
字　　数　370 千字
定　　价　35.00 元

总　序

　　景山东麓，红楼旧址。五四精神，源远流长。

　　中国社会科学院法学研究所位于新文化运动发源地——北京大学地质馆旧址。在这所饱经沧桑的小院里，法学研究所迎来了她的五十华诞。

　　法学研究所成立于1958年，时属中国科学院哲学社会科学学部，1978年改属中国社会科学院。五十年来、尤其是进入改革开放新时期以来，法学研究所高度重视法学基础理论研究，倡导法学研究与中国民主法治建设实践紧密结合，积极参与国家的立法、执法、司法和法律监督等决策研究，服务国家政治经济社会发展大局。改革开放初期，法学研究所发起或参与探讨法律面前人人平等、法的阶级性与社会性、人治与法治、人权与公民权、无罪推定、法律体系协调发展等重要法学理论问题，为推动解放思想、拨乱反正发挥了重要作用。20世纪90年代以后，伴随改革开放与现代化建设的步伐，法学研究所率先开展人权理论与对策研究，积极参与国际人权斗争和人权对话，为中国人权事业的发展作出了重要贡献；积极参与我国社会主义市场经济法治建设，弘扬法治精神和依法治国的理念，为把依法治国正式确立为党领导人民治国理政的基本方略，作出了重要理论贡献。进入新世纪以来，法学研究所根据中国民主法治建设的新形势和新特点，按照中国社会科学院的新定位和新要求，愈加重视中国特色社会主义民主自由人权问题的基本理论研究，愈加重视全面落实依法治国基本方略、加快建设社会主义法治国家的战略研究，愈加重视在新的起点上推进社会主义法治全面协调科学发展的重大理论与实践问题研究，愈加重视对中国法治国情的实证调查和理论研究，愈加重视马克思主义法学和中国法学学科新发展的相关问题研究……

　　五十年弹指一挥间。在这不平凡的五十年里，法学所人秉持正直精邃理念，弘扬民主法治精神，推动法学创新发展，为新中国的法治建设和法学繁荣作出了应有贡献。

　　法学研究所的五十年，见证了中国法学研究事业的繁荣与发展；法学研究所的五十年，见证了中国特色社会主义民主法治建设的进步与完善；法学研究所的五十年，见证了中国改革开放与现代化建设事业的成就与辉煌。

　　今天的法学研究所，拥有多元互补的学术背景、宽容和谐的学术氛围、兼收并蓄的学术传统、正直精邃的学术追求、老中青梯次配备的学术队伍。在这里，老一辈学者老骥伏枥，桑榆非晚，把舵导航；中年一代学者中流砥柱，立足前沿，引领理论发展；青年一代学者后生可畏，崭露头角，蓄势待发。所有的这一切，为的是追求理论创新、学术繁荣，为的是推动法治发展、社会进步，为的是实现公平正义、人民福祉。

　　在新的历史起点上，我们解放思想，高扬改革开放的大旗，更要关注世界法学发展的新问题、新学说和新趋势，更要总结当代中国法学的新成就、新观点和新发展，更要深入研究具有全局性、前瞻性和战略性的法治课题，更要致力于构建中国特色社会主义法学理论创新体系。

　　为纪念中国社会科学院法学研究所建所五十周年，纪念中国改革开放三十周年，我们汇全所之智、聚众人之力而成的这套法学学科新发展丛书，或选取部门法学基础理论视角，或切入法治热点难点问题，将我们对法学理论和法治建设的新观察、新分析和新思考，呈现给学界，呈现给世人，呈现给社会，并藉此体现法学所人的襟怀与器识，反映法学所人的抱负与宏愿。

　　五十风雨劲，法苑耕耘勤。正直精邃在，前景必胜今。

中国社会科学院法学研究所所长李林　谨识

二〇〇八年九月

序

当下中国，公益诉讼、公益上书等公益法实践已经演化成一个旨在促进中国法治进程的积极行动。无论是公益诉讼还是公益上书，它们都是在法律制度范围内通过法律途径而采取的法律行动，其目的往往并不仅仅在于获得个人权利的法律救济，而在于通过法律的手段揭示违法行为和不合理的法律，推动法律制度的完善，并促使国家机关认真履行法定职责。公益法实践运动的可贵之处在于，它始终坚持一种理性的法律精神。它虽然挑战不合理的法律制度和实践，却主张通过个案的方式经由现存的法律程序实现变革；它所采取的是严格的法律手段而不是进行广泛的社会动员，提出的是具体的法律要求而不是抽象的政治诉求。它是在承认现存政治和法律秩序的前题下试图推进法律制度的完善和社会的进步。

公益法实践运动开创了推动法制变革的一种新模式，它已经并且将来仍将继续对中国的法治进程产生深远的影响。总的来说，近三十年中国的法制改革主要是一场自上而下的改革运动，这种通过大规模立法和法制宣传的方式进行的运动为中国社会主义法律体系的建立以及全民法律意识的提高作出了巨大贡献，然而，这种自上而下的运动并不必然会带来法治的实现，因为如果没有现实权力的制衡，没有权利主体的争取，法治很可能只是一个空中楼阁。公益诉讼等公益法实践运动这种自下而上的法律行动展现的正是这样一种推动法治的社会现实力量。正是这种力量的出现和增长，让我们真切地感到了中国法治的希望。

在这场运动中，法律学者、律师等法律工作者无疑起到了中流砥柱的作用。由于公益法实践是以法律行动的方式进行的，因此具有法律专业背景的律师、法律院校和研究所的教师、法律专业学生成为公益法实践的主体是理所当然的。公益法实践运动也得到了学术界的热烈响应，现在各种公益诉讼的学术研讨会和学术论文日益繁荣。尤其可贵的是，许多学者、律师和法律学生本身既是公益诉讼等公益法实践的热心参与者，同时也是这个领域学术研究的先行者。

令我们感到欣慰的是，作为国家级的法学研究机构，中国社会科学院法学研究所无论是在公益法的实践方面还是学术研究方面都走在了时代的前列。在实践方面，早在 2003 年，在法学研究所的倡导以及有关国家机关的支持下，法学研究所的部分研究人员就发起成立了中国第一家专门从事公益法实践的非营利性律师事务所——北京市东方公益法律援助律师事务所。成立几年来，东方公益法律援助律师事务所的律师和志愿者们已经发起很多公益诉讼和公益上书活动。在学术研究方面，法学研究所的学者和东方公益法律援助律师事务所的志愿者也通过举办各种学术研讨会、出版有关公益诉讼的杂志、发表学术论文等形式开展了大量学术研究活动，并已取得了丰硕的成果。

　　为了比较全面地展示中国公益法实践和学术研究的成就，也为了展示法学研究所学者在此领域内的贡献，我们编辑出版了这本书。本书汇集了国内许多从事公益法实践和研究的学者、律师的文章。其中既有对公益诉讼理念的探讨，也有对公益法实践经验的研究；既有对公益诉讼和公益上书等实践形式的理论分析，也有对公益律师、公益组织以及中国公益诉讼状况的调查。除了中国学者和律师的文章外，我们也选入了部分外国学者和律师介绍、研究中外公益法实践的文章，他们的视角和经验可以为我们提供有益的启示。希望本书的出版能够为中国公益法实践发展起到总结过去、展望未来的积极作用。是为序！

陈泽宪

中国社会科学院国际法研究中心主任、研究员、博士生导师

北京市东方公益法律援助律师事务所理事长

目　录

公益诉讼的理念

公益上书与合法性审查

公益律师与公益法组织

公益法的国际与国内经验

公益诉讼的理念

法社会学视野下的中国公益诉讼

林莉红①

公益诉讼是目前理论界和实务部门多方参与、热烈讨论的一个话题，而由于公益诉讼实践的蓬勃开展，这一问题也早已为社会所关注。由于研究者视野和角度的不同，对何为公益诉讼，以及某一个案件是否属于公益诉讼，仍然存在颇多争议。公益诉讼作为一种广受社会关注的新的法现象，法社会学视野的研究或许有助于我们厘清思路，消除分歧，构建对话与交流的平台。

一　公益诉讼的含义

（一）对公益诉讼含义的不同理解

直观地说，公益诉讼是指为了维护社会公共利益而进行的诉讼。虽然目前学界、媒体和实务界关于公益诉讼的定义大同小异，但学术研究成果在谈到公益诉讼时往往表述为当事人"提起"的诉讼，这实际上隐含了对参与诉讼、代理诉讼的排斥，在讨论公益诉讼的不少场合也时见观点之交锋。因此，尽管认同公益诉讼是为了维护公共利益而进行的诉讼，但由于使用者的出发点不同，在公益诉讼的范围与表现上，还是表现出较大的差异。在认同公益诉讼基本定义的前提下，争论的问题是公益诉讼的外延是什么，哪些情况属于公益诉讼。反复讨论的问题有二：其一，什么是公共利益？其二，谁可以提起诉讼？也有其他争论，如公益诉讼一词最早产生于哪里？国外究竟有无公益诉讼？后者如日本的居民诉讼是不是公益诉讼？德国的公益代表人诉讼究竟有无发挥作用等②。

对某一个概念，有共同的理解，是我们对话的基础。有不同理解，是争论存在的原因。探究不同理解之所在，是消除争论、进一步对话以及建构相

---

①　武汉大学法学院教授，武汉大学社会弱者保护中心主任。

②　章志远：《行政公益诉讼热的冷思考》，2005 年 10 月 15—16 日苏州大学"公益诉讼、人权保障与和谐社会国际学术研讨会"会议提交论文。

关制度的保证。笔者认为，当今中国学者、律师和媒体在使用公益诉讼一词时，出现了三种理解。

1. "公共利益＋诉讼"意义的公益诉讼

"公共利益＋诉讼"意义的公益诉讼，意指从字面上理解公益诉讼，将含有"公共利益"内容的诉讼都称为公益诉讼。"公益诉讼是任何组织和个人根据法律授权，就侵犯国家利益、社会公益的行为提起诉讼，由法院依法处理违法的司法活动。"① 因此才会认为，公益诉讼，古罗马即已有之，以及检察机关提起的刑事公诉也属于公益诉讼。这一点，可以从对公益诉讼进行研究的若干研究成果中将外国法中的类似制度作为公益诉讼看待而得到证明。一些关于公益诉讼的研究都将德国行政法上的公益代表人制度、日本行政法上的民众诉讼等作为公益诉讼，更追溯公益诉讼的起源认为其在罗马法上就存在②。这显然仅仅是在"公益"与"诉讼"的意义上理解与使用之。

2. 诉讼法意义的公益诉讼

这是从诉讼法角度理解和研究的一种诉讼形式。也可以说是客观诉讼的一种新的类型，即由于原告起诉并非由于自己的权利受到某种直接的侵害，而是为了客观的法律秩序或抽象的公共利益，因而从诉讼法的技术层面，特别是从原告与案件之间的利益关系层面出发而指称的某种新的诉讼类型。在这种诉讼类型的案件中，原告与案件利益关系的特殊性（主要是因为缺乏足够的利益关系之联结），导致在传统诉讼中原告的诉讼存在起诉资格之障碍，并进而产生一些诉讼法技术上的问题，如诉讼中的处分权、法院裁判之拘束力等问题。作为一种新型诉讼，这类公益诉讼的形成，需要立法对相关问题予以规定和明确，尤其是要赋予某些主体对并未直接侵犯自己权益的行为提起诉讼的权利。在这个意义上理解，如果案件没有起诉资格之障碍而可以利用现有的制度加以解决，则不被认为是公益诉讼。正因为如此，有学者在讨论公益诉讼时毫不迟疑地将"进津费"、"进沪费"、"如厕费"、"列车

---

① 颜运秋：《公益诉讼理念研究》，中国检察出版社 2002 年版，第 52 页。

② 韩志红：《公益诉讼制度：公民参加国家事务管理的新途径》，载《中国律师》1999 年第 10 期。颜运秋：《公益诉讼理念研究》，中国检察出版社 2002 年版，第 53 页。杨海坤：《公益诉讼基本论及其制度构建设想》，肖太福：《公益诉讼：宪法实施和人权保障的重要程序》，孙文俊：《构建我国公益诉讼制度的思考》，史长青：《民事公益诉讼原告资格扩张论》，2005 年 10 月 15—16 日苏州大学"公益诉讼、人权保障与和谐社会国际学术研讨会"会议提交论文。

发票"等案件排除于公益诉讼之范围①。

3. 民权运动意义的公益诉讼

民权运动意义的公益诉讼发端于美国，并伴随美国 20 世纪中期兴起的民权运动而在六七十年代得以兴盛，以后在英国、印度等国有良好的运用。今天中国大多数的律师、民间组织、媒体是在这个意义上使用公益诉讼一词。不过，这里说民权运动意义的公益诉讼，并不意味着笔者认为当今中国已经出现民权运动，而只是在公益诉讼一词的使用上，具有民权运动之意义。这个角度理解的公益诉讼，关注社会转型时期之利益多元化背景下尚未被主流意识关注的问题，强调案件对于社会的影响，基本理念是公共利益、人权保护、社会变革和公众参与。其外延范围非常宽泛，可以包括为了维护公共利益而提起或者参与诉讼的所有情形。

尽管可以将目前关于公益诉讼含义的理解分为三种，人们是在不同的含义上使用公益诉讼一词，但实际上，对公益诉讼的三种理解之间并非有截然之界限，更不应该说有不同的公益诉讼。首先，使用者往往并未明确地意识到这一点，很多时候也是混合用之。比如在比较研究时将各国不同历史时期之相关制度作为公益诉讼对待，而在研究我国的制度建构时又使用诉讼法之意义。其次，毕竟各种理解都是建基于公益诉讼乃对公共利益的维护之诉的基础上，因而，从范围上看，也不可能有外延上的截然区分，需要突破起诉资格之障碍的案件更具有民权运动意义之公益诉讼的典型特点。而对外国法的研究，对于论证中国需要建立公益诉讼制度似乎也是必要的。

（二）对公共利益的理解

公共利益是一个非常难以界定的概念。一般认为，公共利益是指为社会全部或者多数成员所享有的利益，公共利益具有整体性和普遍性的特点，涉及不确定的多数受益人的利益。

限于研究重点，本文无意对公共利益所包含的极其复杂的内涵进行研

---

① 胡夏冰："近来我国法院受理了一些诸如'进津费'、'进沪费'、'如厕费'、'列车发票'等案件，有人将这类案件称为公益诉讼，其实是欠妥的。原因在于，这些案件的当事人都是因自己的权利受到侵害而以自己的名义向法院提起诉讼，其目的在于保护个人的权利，虽然案件的判决结果可能有利于公共利益的改善，但是，这与严格意义上的公益诉讼存在着本质的差异。"2005 年 12 月 13 日《检察日报》，记者曾献文所做的访谈："我们需要怎样的公益诉讼制度？"

究。但在已有研究成果的基础上，要说明自己的三个观点：

1. **公共利益是指社会公共利益，不同于国家利益和政府利益**

公益诉讼中所指的公共利益是指社会公共利益。社会公共利益不同于国家利益。国家利益是一个对外的概念，是相对于外国或者国际组织而言，国家作为一个整体具有的利益。社会公共利益也不同于政府利益。尽管理论上由于政府是社会公共利益的代表者，因而政府利益应当与公共利益保持一致。但是政府一旦组成，就有自己任期、选举以及政党背景的考虑，因而不可能在任何时候任何事情上都保证能够代表社会公共利益。尽管很多时候，公共利益与国家利益、政府利益是交织在一起的，但是，基于我们研究问题的角度和制度建构的需要，不能认为公共利益就是政府利益或者国家利益。

2. **公共利益与私人利益相对称，但又具有密切关联**

公共利益与私人利益，即公益与私益是相对称的。二者之间的关系是一般性与特殊性的关系，既是相互关联又是有矛盾的，但同时也是可以转换的，而非截然区分的。"公益是由私益组成的，故不能绝对地排除私益。依 Leisner 之见，有三种私益可以升格为公益：第一，是'不确定多数人'的利益。这个'不确定多数人'之利益，必须是由民主的原则来决定，这个民主原则，必是经过'立法程序'不可；第二，具有某些性质的私益就等于公益。这种特别性质的私益就是指私人的生命及健康方面的私人利益，国家保障私人的生命、财产及健康，就是公益的需求；第三，可以透过民主原则，对于某些居于少数的'特别数量的私益'，使之形成为公益。如工会的利益、贫民的利益等。第一种'公益'是最通常的公益内涵，第二种'公益'的解释对于理解公法，尤其对理解刑法和刑事公诉制度有一定的指导意义，第三种'公益'的内涵实际上在社会法中被广泛采用。"①

3. **不同的公共利益之间也可能存在矛盾和冲突**

如环境保护与经济发展之间的矛盾、公民迁徙自由与社会治安之间的矛盾、公民言论自由与名誉权保护之间的矛盾等。就具体事例而言，在我国，政府、企业与民间各方面人士广泛参与、热烈讨论的莫过于2005年度的一个热门话题——怒江大坝是否兴建。在该问题上，环保主义者与社会发展论

---

① 颜运秋：《公益诉讼理念研究》，中国检察出版社2002年版，第19页。

者之间发生激烈争议，导致大坝兴建之事搁置①。应当说环境保护与社会发展都是公共利益的需要，二者之间的矛盾是正在并且还将继续困扰我国甚至整个人类的重要问题。如何协调这些重大的公共利益之间的矛盾和冲突，是对人类智慧的巨大考验。因此，对公共利益的理解不能极端化，不能只强调某一方面的公共利益而完全忽视另一方面的公共利益。

二 公益诉讼的范围和形式

尽管可以从不同角度对公益诉讼进行范围上的区分，如从诉讼性质上可以分为民事公益诉讼、刑事公益诉讼和行政公益诉讼；从案件性质上可以将公益诉讼区分为环境、拆迁、土地、劳动权、教育权等若干不穷尽的分类。但这仍然是一种从法律到法律的规范分析方法，对揭示公益诉讼之社会现象并无多大实际意义。笔者认为，法社会学视野下的公益诉讼，应从更广泛的社会参与角度分析公益诉讼之社会现象，探讨与此现象相关的社会生活主体对于公益诉讼的运用。从当事人参与诉讼的情况来分析公益诉讼之范围，似乎更能够揭示公益诉讼之内涵与特征，以及展示公益诉讼之种类与范围。盘点一下当下公益诉讼发生的各种情况，从参与诉讼的方式和主体来看，大致有以下不同情形需要加以分析。

（一）当事人作为原告提起的诉讼

就原告与被诉的行为是否具有直接的利害关系，公益诉讼的原告还可分为两种情况。

1. 他益形式的公益诉讼

原告起诉，完全是为了公共利益，无关个人利益，或者说无直接的个人利益。当然，由于私益与公益的不可分性，任何公益都可能包括有私益。但是，这类案件中，原告的私益往往存在于过于宽泛的公益之中而基本上被法律所忽略。因此，其诉求或者针对抽象的规定，或者被告没有依法履行自己

---

① 相关情况可见若干媒体报道。主要有张可佳：《怒江水电开发与生态保护如何协调》，载2004年1月8日《中国青年报》。美国《纽约时报》文：《13座水坝开发东方大峡谷腰斩怒江是耶非耶》，王冲编译，载2004年3月16日《青年参考》。慕毅飞：《怒江建坝与代表说话》，载2004年3月18日《南方周末》。刘畅：《怒江——旋涡里的发展观之争》，载2004年4月19日《中国青年报》。记者时捷：《怒江大坝决策中的三方利益博弈》，载2004年4月20日《国际先驱导报》。唐建光：《怒江大坝工程暂缓背后的民间力量》，载2004年5月20日《新闻周刊》。

的义务，或者是社会整体的利益遭受侵害，甚至法治受到破坏的情况。这种情况下的公益诉讼我们可称其为"他益形式的公益诉讼"。由于提起诉讼的原告与被诉的行为或者决定没有直接利益关系，或者不被认为具有利益关系，案件往往因为法院认为原告无起诉资格而被驳回。这类案件比较有名的如严正学诉浙江省椒江市文体局不作为案，金奎喜诉杭州市规划局违法规划案，施建辉、顾大松诉南京市规划局违法审批案。可以提起他益形式公益诉讼的原告，从制度设计上说，可以是公民个人，也可以是公益法组织，还可以是检察机关。

2. 自益形式的公益诉讼

这类案件中，原告是违法行为的受害者，但只是人数众多之同样情况的受害者之一。作为受害者，原告与案件具有利害关系，但起诉的目的不是为了自己的私益，而是为了维护公共利益。为了解决起诉资格之现行法上的障碍，自己作为一个受害者而提起诉讼，或者使自己成为一个受害者而起诉。因此，就直接的利益关系而言，特别是就经济利益而言，原告提起和进行诉讼往往是得不偿失的。这种情况我们暂且称其为"自益形式的公益诉讼"。这类案件最早见诸媒体的大概是丘建东诉福建省龙岩市电信局收费案。1996 年，福建龙岩市民丘建东因为一公用电话亭未执行邮电部夜间、节假日长话收费半价的规定，多收了他 0.60 元钱而把邮电局告上了法庭，诉讼请求为判令被告因多收长途电话费向原告赔偿 1.20 元（两处公用电话亭共多收 0.60 元，加罚款 0.60 元）。后来陆续出现的这类案件中，比较早的如乔占祥诉铁道部春运价格上浮案、葛锐诉郑州铁路分局如厕收费案，以及近年来发生的郝劲松诉铁道部火车出售食品不给发票案、黄金荣诉铁道部火车票强制保险案（以及诉保监会不作为案）、喻山澜诉中国工商银行北京市分行牡丹交通卡补卡手续费案、李刚诉天津市市政工程管理局收取"进津费"、徐建国诉湖北省麻城市铁路公安处违法查验身份证案等。这些案件中原告都表现为直接的"受害者"，与被诉的行为之间具有利害关系，这些案件都已经被法院受理。

自益形式还是他益形式的公益诉讼，都是当事人以自己的名义提起的诉讼。由于公益与私益的不可区分性，从这类案件之公益性目的而言，二者并无本质区别。但现实情况是，由于起诉资格问题，法院在是否受理问题上确有不同做法，因之而有加以区分并进行研究的必要。

（二）律师或公益法组织工作人员作为诉讼代理人参加的诉讼

律师或者公益法组织支持权利受到损害的当事人提起诉讼，一般由律师或者公益法组织派员充当原告的诉讼代理人。当事人确实是为了自己的利益参与诉讼，与案件具有利益关系。但由于案件中所涉及的法律争端的特殊性，或者所反映问题的普遍性，而受到关心公共利益保护的律师或者公益法组织的关注和支持，律师个人或者组织的工作人员作为当事人的诉讼代理人参与诉讼。这类诉讼引起广泛的社会关注，往往一方面由于案件本身的性质和特点，另一方面也由于诉讼代理人的特殊身份例如大学教授、著名律师等，以及不同于一般商业性律师的、不以收取办案报酬为目的来参与本案代理之公益法动机。这两方面是相互联系的。由于案件的性质和特点，代理人代理案件的目的不是为了赢利；而这些有一定地位和影响的人代理案件，又扩大了案件的影响，凸显了案件的特点。这类案件类似美国的影响性诉讼（impact litigation）。① 2005年末我国法律界也开始评选所谓年度最有影响的案件②，尽管有影响的案件并非都是公益诉讼案件。法律援助形式的公益诉讼中比较典型的案件，如四川大学周伟教授所代理的"身高歧视案"、"乙肝歧视案"等。中国目前很多民间公益法组织在受理案件时就考虑了本案件对于同类案件的影响，或者案件对于改变法律、影响社会的作用，因此也应该属于此类公益诉讼案件。如武汉大学社会弱者权利保护中心所代理的很多案件③。由于律师或公益法组织代理的这类案件一般采取法律援助的形式，故称之为"法律援助形式的公益诉讼"。

法律援助形式的公益诉讼，律师和公益法组织所代理的大多是原告。但应当不限于原告。某些情况下也有可能代理被告或者第三人等诉讼主体参与诉讼，如认为被冤屈的刑事被告，或属于特定弱势群体的被告等。

法律援助形式的公益诉讼，与自益形式、他益形式的公益诉讼之间并没有明显的区分，而经常可以采取混合的形式。某些采取自益形式的公益诉讼案件，原告也聘请公益法组织或者著名学者、律师担任代理人。从策略上考

①　所谓有影响的诉讼，是指个案的审理对国家的立法、司法、观念等方面产生积极影响的诉讼。其实，影响性诉讼是社会对某个诉讼案件的评价。对于公益法组织而言，可能以战略性诉讼（strategic litigation）称谓之更准确和达意。

②　《中国青年报》与清华大学法学院宪法与公民权利保护中心联合主办"评选2005年中国十大影响性诉讼"活动，载《中国青年报》2006年1月5日。《法制日报》与中华全国律师协会也联合主办，若干大学协办，新浪网提供网络支持，由读者、网友和专家共同评选的"2005中国十大影响性诉讼"。

③　武汉大学社会弱者权利保护中心代理的徐建国诉湖北麻城市铁路公安处关于警察在火车站随意查验身份证案件，涉及国家权力与公民权利之关系。武汉大学社会弱者权利保护中心代理的吴试矛诉芜湖市公安局信息公开案，反映了市民对于政府公开信息的要求。

虑，为了能够形成诉讼，公益法组织或者律师、学者有时候"需要"一个当事人去提起诉讼，而这个当事人提起诉讼，其目的也是为了维护社会公共利益，个人因为诉讼活动的开展甚至在某些方面还要作出一定的牺牲，因此，既是自益形式，也有法律援助性质。

（三）检察机关作为公益代表人提起的公益诉讼

在讨论公益诉讼的过程中，特别是在诉讼法学界讨论他益形式的公益诉讼的困境以及如何构建我国的公益诉讼机制时，人民检察院在公益诉讼中可能的作用被人们屡屡提起。近年来，理论界和实务部门有不少学者提出应当由检察机关作为公共利益的代表人提起公益诉讼①。实践中，虽然法律上尚缺乏相关规定，但检察机关在一些关乎国家、社会、集体利益的案件中提起或参与诉讼的事例也时有报道。②

（四）其他形式公益诉讼的讨论

近年来，除了诉讼活动，一些公益法组织和个人还在开展一些其他形式的公益活动。由此提出另一个问题：公益诉讼是否只限于诉讼活动？代理行政复议、仲裁，进行游说、上书全国人大要求对违宪的法律进行审查等，是否是公益诉讼？笔者认为，显然这些行为不是诉讼，将这些行为称为公益法活动似乎更为贴切。公益法活动是一个包含公益诉讼在内而不限于公益诉讼的更为宽泛的概念。除了包括前述活动，还可以包括普法宣传、政策推动、人权教育等多种形式的活动。而公益诉讼，既然使用诉讼一词，应当意味着还是运用现有的诉讼机制解决相关问题。

---

① 参见《检察日报》近年来所发表的若干文章和报道的若干会议情况。尤其是其中有关会议情况的报道，可以看到很多著名学者对此的看法，绝大多数学者对检察机关提起公益诉讼持赞成态度。笔者收集的有：2003 年 3 月 15 日，张仁平：《福建：着力倡行公益诉讼——去年起诉 26 件法院受理 25 件挽回损失千余万元》；2004 年 5 月 5 日，《全国政协委员提出建立公益诉讼制度检察院可以作为提起公益诉讼的原告》；2004 年 7 月 4 日，褚贵炎：《支持提起公益诉讼实现未成年人特殊保护》；2004 年 11 月 17 日，刘卉：《公益诉讼是保障社会弱势群体权益的有效途径》；2005 年 9 月 9 日，刘卉：《检察机关介入公益诉讼必要且可行——"民事行政诉讼中检察权配置问题"研讨会论点撷要（下篇）》；2005 年 12 月 13 日，曾献文：《我们需要怎样的公益诉讼制度》；2005 年 12 月 16 日，崔伟：《检察机关是公益诉讼的适宜主体》。

② 胡晓光、向永：《四川阆中：检察院提起环境公益诉讼胜诉》，载《检察日报》2003 年 12 月 19 日；又如广受媒体报道的南阳市检察院诉方城县独树镇工商所国有资产流失案，2007 年 12 月 3 日方城县法院作出一审判决，认为"原告依法实施法律监督，为维护国有资产不受侵犯的起诉行为是正确的"，并判决"二被告买卖契约无效"。

　　此外，具有公共利益因素和社会影响，却非法律援助性质的案件，即诉讼代理人收费案件是否可以属于公益诉讼，则更因涉及复杂的价值判断和路向引导而尚需研究。笔者认为，在中国目前社会转型时期，基于市场经济形势下舆论对社会风气的引导作用，支持权利受到侵害的当事人提起的公益诉讼，应当是作为法律援助案件的形式出现，即诉讼代理人不应当从中赢利。因为，这类案件如果被认为是公益诉讼案件，其判断标准就只有案件的公益性。而公益性本身是一个很难认定的标准。由于公益与私益的不可区分性，如果将之作为公益诉讼，那么公益诉讼之范围就难免过于宽泛。而过于宽泛的概念也就失去其意义。如代理拆迁案件，尽管可能从每一个当事人收取的费用不高，尽管可能也是在为弱势群体服务，但由于当事人人数众多，因此代理这样案件的律师的收入往往还是很可观的。这种情况，不能称其为公益诉讼。再如为农民工追讨工资的诉讼，律师采取风险代理形式收费，也不是公益诉讼。对此，笔者认为，第一，尽管办理这类案件还是可以赚钱，但并不是每一个律师都愿意为低收入人群服务的，因此这种情况是要提倡的。但是，不能称其为公益诉讼。第二，这类案件大多可以采取集团诉讼的形式，但集团诉讼与公益诉讼是两个概念，表述的是不同的对象。

　　以上若干情形，之所以被表述为公益诉讼，或者与公益诉讼相提并论，显然是由于这些案件标示着某些共同的理念。

三　公益诉讼的理念

（一）公共利益

　　从公共利益角度分析，公益诉讼的提起者、参与者都不是为了一己的利益。这类案件中，动机可能不同，但都是为了实现抽象的公共利益，维护客观的法律秩序。一般而言，当事人为诉讼的进行而付出的经济成本往往大大超过胜诉可能获得的经济收益。也就是说当事人提起诉讼的目的并不是为了维护自己的个人经济利益。某些案件中，为了解决起诉资格问题，也是由于个人利益与公共利益之不可分性，有可能采取以自益为形式，以他益为目的之诉讼策略。

（二）人权保护

　　从人权保护角度说，公益诉讼始终以关注人权保障与弱势群体保护为视角。人权保障涉及的是一个普遍的泛化的问题，很多时候并不以人数的多少为标准。公益诉讼中的公共利益涉及人权保障，是每个人都会遇到的问题，代表每个人的人权保障问题。当前中国出现的公益诉讼，多是在环境保护、消费者权益保护、未成年人权益保护等领域，所关注的都是社会的弱势群体。强和弱是相对的概念，公益诉讼关注的对象都是在社会变革时期相对于强势的政府、组织、企业而言，处于相对弱势一方人群的利益。

（三）社会变革

公益诉讼最重要的理念是社会变革。公益诉讼的提起者和参与者一般都有着强烈的改变现行法律或者制度的意愿。最直接的原因是案件可能在某个领域产生影响。产生的影响包括：平等与人权理念得以张扬，现行法律得到执行、政府义务与职责得以实现、社会问题得到关注、有缺陷的法律规定得以修改、公共政策与措施得以改进，等等。也有一些案件中，当事人遇到的不是法律问题，不是某一项具体的法律规定或者法律制度需要修改或改进的问题，而是体制和法治环境问题。对体制和法治环境的触动，更加困难，更具有促进法治、影响社会的作用，因而也更加具有社会变革的意义。

（四）民主参与

传统民主主要是议会民主。公众通过议会参政议政，通过议会监督行政、控制行政。但这是一种间接民主的形式，正如卢梭所言："人民只有在投票时才是主人，投票完毕便成为权力的奴隶。"[1] 随着社会发展和文明进步，尽管议会民主仍然是民主的主要的和最为重要的形式，但公众越来越多地要求直接民主，而物质条件的改善也使得直接民主的实现变得更加具有现实性[2]。公益诉讼的实质是公民通过日常的司法制度和诉讼活动，参与社会管理，介入公共利益维护。因此，是司法民主的体现。这种直接民主，应该是当代社会民主参与的一种重要形式。

---

① ［法］卢梭：《社会契约论》，何兆武译，商务印书馆 1980 年版，第 125 页。
② 行政法上规定的听证制度是公众直接参与行政管理和行政决策的典型。我国 1996 年修改后的《刑事诉讼法》第 145 条、第 170 条扩大了自诉案件的范围，赋予了刑事案件被害人在一定情况下提起诉讼的权利，这是在刑事诉讼中体现民主参与的表现。而行政诉讼法的司法解释"要求主管行政机关依法追究加害人法律责任的"可以提起行政诉讼，则是行政诉讼中扩大公众参与的例证。

四　公益诉讼的条件

公益诉讼的形成，需要具备一定的社会历史条件。所谓形成，不仅是指其出现，更重要的是指其能够被法院受理、审理、裁判并产生实际的社会影响。

（一）维权的自觉性

公益诉讼的形成首先需要有愿意为了社会正义挺身而出的当事人和律师。公益诉讼的关键词是"公共利益"和"诉讼"。所谓诉讼就是需要有人提起的，否则不称其为诉讼。而提起诉讼的人不是为了自己的利益，或者参与诉讼的人付出劳动不是为了自己的私利，而是为了客观意义上的公共利益，这就需要有维权的自觉以及行动的勇气。所以，我们看到，言谈举止间，公益诉讼尤其是他益形式的公益诉讼中原告都有些替天行道的意味。

（二）司法的能动性

公益诉讼的形成需要有具有独立性的司法体制和具有正义感的法官，司法要能够能动地应对社会发展的需要和积极地探索个案在法律框架内的合理解决。传统的"诉讼利益"理论要求只有那些自身权利受到威胁的人才有资格获得救济，其他任何人在法院面前都没有这种资格。而公益诉讼显然需要对传统的诉讼利益理论进行适当的调整并作出新的解释。就中国目前的情况来说，可能最主要的是放松对原告主体资格的限制，结合案件情况作出适当的处理如确认判决、变更判决的合理使用，以及扩张判决的效力等。法律是相对静止的，而社会是发展的。为了维护公共利益，需要司法站在社会正义与公正的一面，能动地应对社会的需要。在"让司法获得变革社会的力量"[①] 之前，首先需要司法具有变革社会的力量。

（三）主题的社会性

公益诉讼主题的社会性，意味着这类诉讼能够引起社会的强烈关注，其

[①] 蒋安杰：《公益诉讼让司法获得变革社会的力量》，载 2003 年 9 月 4 日《法制日报》。不过我觉得，通过公益诉讼，司法可以实现社会变革。但是，公益诉讼首先需要司法具有变革社会的力量，而公益诉讼本身无法让司法获得力量。换言之，司法要具有变革社会的力量，不可能倚靠公益诉讼，而是需要司法独立，需要司法改革以至国家整个政治体制的改革。

所包含的公共利益、人权保护和社会变革的含义能够引起社会的广泛共鸣，从而促成诉讼目的的实现。这包含两个方面的意思。其一，公益诉讼案件本身就包含极其鲜明的社会性，所揭示的往往是转型时期带来的社会问题，涉及广泛的群体；其二，这类诉讼要达至预期目的和良好效果，必须有社会公众的广泛介入和积极参与，包括媒体的宣传。

（四）学者、律师的积极性

学者和律师在公益诉讼中的作用总是不能忽视的。这种作用表现在学者和律师敏锐地意识到公共利益保护的重要性，为其出谋划策、摇旗呐喊，提供理论支持。更表现在学者和律师身先士卒，积极投身其中，或依托公益法组织，或以个人身份，为具有公共利益性质的案件提供代理和咨询服务。没有学者与律师的参与，公益诉讼是很难形成实际社会效果的。

五　对不同形式公益诉讼的评析与运用

（一）自益形式的公益诉讼

自益形式的公益诉讼，利弊明显。这类案件实体法上的内容各异，在此我们不做评述。在诉讼法上，这类案件目前可以说是没有障碍的。这类诉讼符合传统的诉讼理论，原告与案件具有利害关系，对于提起的诉讼，法院不得拒绝审判。但是也正因为符合传统的诉讼理论，其判决之效力拘束于具体的个案，因此，这类诉讼往往当事人付出的成本很高，效果却很难评估。有的案件即使原告获得胜诉，但原告的诉讼目的仍然难以实现，如葛锐诉郑州铁路分局收取如厕费一案，虽然法院判决原告胜诉，然而被告郑州铁路局火车站候车室厕所收费依旧①。这类案件能否达到公益诉讼的目的，取决于很多因素，被告的态度、媒体的倾向、法院的权威，都具有极大的影响。不过由于媒体的报道，很多案件还是产生了积极的社会影响。如葛锐诉郑州铁路分局案中，尖锐地提出了消费者权益的范围，对全国类似情况都产生了影响。再比如丘建东诉福建省龙岩市邮电局收费案，原告起诉后，被告认识到自己的错误而进行大力整改，原告于是撤回了起诉，该案也产生了良好的社

---

① 滕朝阳：《候车室如厕收费何时休》，载 2001 年 4 月 2 日《法制日报》，见 http：// www. legaldaily. com. cn/gb/content/2001 - 04/02/content_ 15655. htm   2006 年 1 月 16 日访问。

会影响。所以，这类案件如果原告实体上正确，一般能够得到法律支持，因而在某种程度上促进了社会进步。

采取自益形式的公益诉讼的领域非常宽泛。其典型特征是个人受害即群体受害，群体受害也即个人受害。如消费者权益保护、环境保护、公共服务领域等。由于他益形式的公益诉讼目前所遇到的法律障碍尚没有解决，因此，我们建议，如果可能，应当尽量采取自益形式的公益诉讼，以自益为形式，以他益为目的。诉讼法包含着大量的技术规范，因此也就必须进行技术分析。"以身试法"，使自己成为受到违法行为的受害者，进而状告这种违法行为，方可以形成为一个诉讼，进而达到公益维权的目的。

对这种形式的公益诉讼，需要探讨的一个重要问题是判决效力的扩张问题。作为案件当事人的原告提起诉讼的目的是为了维护处于相同情况下一大批人的利益，那么在原告获得胜诉判决后，判决的效力是否可同样及于相同情况？换言之，相同案件的当事人是否不必要再行起诉就可享有判决的内容？如不合理的收费被法院判决确认违法并责令返还后，是不是可能具有两层含义后果，一是意味着该案被告不得继续此项收费；二是其他未起诉的受害人也可以以法院判决为依据主张返还。

（二）法律援助形式的公益诉讼

法律援助形式的公益诉讼，目前在法律上障碍也不大。由于我国司法制度上没有实行强制律师代理制度，在民事诉讼、行政诉讼中都允许公民代理。因此，一些公益法组织，如民间法律援助组织，大学或者研究机构的人权法中心等可以派员代理这类案件。这类案件有些引起媒体和社会关注，具有一定的社会影响，而成为影响性诉讼；有些案件则主要是法律援助案件。实际上，法律援助形式的公益诉讼是我们应当着力提倡的。

不过，律师和公益法组织在这类案件中的作用，我们界定为提供诉讼代理服务。这基本上还是基于现实法律规定而对律师和公益法组织采取行动策略的建议。对于公益法组织是否可以代替私益受到侵害的当事人提起诉讼，则是需要加以讨论的另一个问题。比如从直观上看，某些案件中的利益关系明显表现为私益受到侵害，并且案件有直接的受害者，比如刑讯逼供案件，但是受害者本人没有起诉或者不愿意起诉，其他人或者公益法组织是否可以代替受害者起诉？这种情况下，案件本身所包含的利益关系是非常复杂的。这种情况下少数弱势人群的利益，可能是特定的。但是，从社会法的角度上，基于我们每个人都可能成为弱者，案件背后也包含着前面我们所说的公益与私益关系转换的第三种情况，因而也可以说是公共利益受到侵害。问题是，如果其他人或者组织可以代替直接受害者提起诉讼（以自己的名义或者以当事人的名义），那么，所遇到的法律问题则似乎更加复杂。除了起诉资格问题以外，实体权益的处分、诉讼结果的承担等都需要在理论上和法律制度上作出合理的解决。所以，笔者个人认为，对于这种情况，法律制度的建构应当慎重。而由于尚无法律加以规定，因此，公益法组织和律师也不宜办理这类案件。

（三）他益形式的公益诉讼

他益形式的公益诉讼，由于需要诉讼法的规范，期待诉讼法上解决相关技术问题，因而属于前述诉讼法意义的公益诉讼。诉讼法意义的公益诉讼，是指当事人纯粹是为了维护客观的法律秩序以及维护公共利益的需要，对无关自己利益的事项，认为行为人的行为违法而提起的诉讼。这是最为狭义的公益诉讼，也是目前法学界讨论较多的公益诉讼形式，目前在诉讼法上的法律障碍明显。从诉讼法角度研究的公益诉讼，具有以下特征：第一，不要求原告与被诉的行为之间具有主观的利害关系；第二，提起诉讼的目的是实现客观的法律秩序和公共利益；第三，提起诉讼的原因是认为被告的行为违法。

实践中，确实存在这样一些争端，其典型特征是违法的行为有直接的受益者，而没有直接的受害者。如城市规划领域行政机关违法审批行为、公有资产流失中某些机构或者组织违法失职行为、土地开发中的不合理利用、公共工程的审批招标发包等。在传统的诉讼法理论与规范之下，这些争端如果不解决诉讼法上的障碍，就不可能形成诉讼案件以及难以解决审理中的问题。这类案件中，原告确实并非被诉行为的直接受害者（因为这类争端中根本就无直接受害者），起诉不是因为与被诉的行为之间具有主观的利害关系，而是为了实现客观的法律秩序和公共利益。因而，案件往往由于法院认为原告无起诉资格而遭驳回。

依照《布莱克法律大辞典》的解释，原告资格是指某人在司法性争端中所享有的将该争端诉诸司法程序的足够的利益。传统诉讼法理论认为原告起诉必须与争端具有一定的利益关系，其目的是为了避免滥诉，避免司法资源浪费，避免被告受到无端纠缠以及社会资源浪费。但是，立法是否应当考虑在社会转型时期，赋予某些主体为维护社会公共利益而提起诉讼的权利？这就是诉讼法学界关于公益诉讼问题讨论的缘由。

目前理论界特别是诉讼法学界多是在此意义上理解公益诉讼之含义并进

行讨论。这个意义上的公益诉讼需要解决的诉讼法上的理论问题很多，目前在法律上的障碍明显。因此，从立法上消除这类案件在起诉资格上的障碍是很有必要的，解决这类案件相关的法律问题也是必须的。归纳起来，未来在民事诉讼、行政诉讼立法中，需要解决以下问题。

1. 起诉资格问题

起诉资格问题实际上是一个涉及不同主体之间利益衡量的问题。例如在政府权力行使的领域，起诉资格条件的合理运用，一方面可以阻止法院受理无利害关系的当事人提起的诉讼，来保护行政权免受法院的任意干涉；另一方面也是给予普通民众监督权力的权利，实现司法民主，以此与滥用行政权力的行政机关相抗衡①。因此，立法上和实践中如何对待起诉资格问题，是一个需要理论探讨与制度设计的问题。显然，公益诉讼中原告起诉资格需要放宽，可是放宽到何种程度？是对特定类型案件放宽还是对特定主体放宽？是否需要设置一个可以过滤和筛选一部分案件的诉前程序？② 需要立法作出明确解释。

2. 诉讼请求与处分权问题

这类诉讼中，由于原告非直接利害关系人，不存在私益诉讼中基于当事人意思自治原则而具有的处分权，至少是处分权应当受到极大的限制。与处分权相关的首要问题是，由于争议的诉讼标的关乎社会公共利益，原告提出的诉讼请求是否应当有所限制？诉讼类型是否应当只限于确认诉讼、形成诉讼，而非给付诉讼？而与诉讼请求相关，原告对案件争议的实体性问题有无处分权？可否撤诉？能否和解？在公益诉讼中，"原告不仅仅是为自身起诉，而是为集体，为一个集团或亚集团起诉；正是这一集团而不只是当事人必须恢复其'集体性权利'的享有。因而，观念上的当事人的义务以及法院监控的责任就变得更加严格了。一方面，当事人不能自由地'处分'争议的集体权利；另一方面，法官有责任确保：当事人的程序行为是，且在整个诉讼程序中皆保持为公共事业的'胜任的捍卫者'"。③ 因此，显然，公益

---

① 在美国，最高法院对待司法审查的态度在 19 世纪以来的若干判例中有明显的表现，并体现了适应时代发展的变化轨迹。参见王名扬《美国行政法》，中国法制出版社 1995 年版，第 616—640 页。

② 最近关于民事诉讼法和行政诉讼法修改的讨论中不少学者建议如此。笔者反对设置这样的诉前程序，原因在于，一个显见的事实是，在我国几乎所有这样的诉前程序实际上都演变成徒增程序而不利于弱势一方当事人权益保护的规定，如劳动争议仲裁，甚至行政复议，尽管当初制度设计的初衷可能是良好的。

③ ［意］莫诺·卡佩莱蒂：《比较法视野中的司法程序》，徐昕、王弈译，清华大学出版社 2005 年版，第 412 页。

诉讼中当事人尤其是原告的处分权应当受到限制。

3. 司法审查的力度

与当事人的处分权相关联的司法审查的广度和深度或者说裁判权的范围与大小。在审理过程中司法权能动性的大小如何掌握？

4. 诉讼费用

公益诉讼案件是否依然收取诉讼费用？可否缓减免？败诉后的诉讼费用负担如何？

5. 激励机制

是否需要设置对于提起或者参与公益诉讼的当事人的激励机制？是否可以将胜诉后所得到的赔偿额按照一定比例奖励给当事人？如美国联邦民事欺诈索赔法案规定的告发人诉讼，允许个人代表美国政府起诉任何收到或使用政府资金并从中获利的个人或实体（包括州和地方政府）的欺诈行为，并按照所得赔偿额的一定比例给予奖励。[①]

6. 滥诉的预防机制

原告资格条件的放宽，在形成公益诉讼的同时也可能发生滥诉，造成司法资源的浪费；还可能使得无辜的被告陷于诉讼的麻烦之中，从而带来社会资源的浪费。在今天新闻媒介日益发达的背景下，滥用诉权甚至可能成为不正当竞争的一种手段，造成被诉企业和组织名誉、信誉的重大损失。如何在鼓励人们为维护社会公共利益挺身而出的同时，设置预防滥诉的机制？

由于立法者的倾向与选择，某些问题可能是不存在的。比如立法可以考虑将公益诉讼类型限制为非给付诉讼，则原告的诉讼请求就只能是确认违法、停止侵害、消除危害等，不可能提赔偿损失之诉讼请求，因此也就没有对赔偿问题的处分权之应用，司法审查的力度以及诉讼费用的负担等问题也可能迎刃而解。从诉讼法角度看，这其实是有必要的。之所以需要立法解决起诉资格问题，是由于传统诉讼法上利害关系之限。而针对抽象的公共利益提起的诉讼，显然不存在对提起诉讼的个人进行赔偿的问题。如遇需要赔偿之情形，就应当认为具有利害关系，而可以采取传统诉讼法上之普通诉讼或集团诉讼形式。限于本文主旨，关于公益诉讼制度设计的这一观点或许应当另外专门为文加以研究。

---

① 刘卉：《美国公益诉讼全方位保护公众利益》，载 2004 年 11 月 23 日《检察日报》。

（四）检察机关提起形式的公益诉讼

从技术上说，检察机关提起公益诉讼同样需要诉讼法加以规范和授权，在此不再赘言。关键是在赋予提起公益诉讼之权时，立法如何在普通民众与检察机关之间作出选择。笔者认为，即使立法规定检察机关作为公共利益的代表者和维护者有权提起公益诉讼，也要考虑赋予普通民众提起公益诉讼的权利。这是因为，第一，检察机关作为国家机关，本身也是可能滥用权力和懈怠职守的，正如我们说行政机关是公共利益的代表者和维护者，但他们同样可能滥用权力和懈怠职守一样。第二，检察机关作为国家机关，天然地会更多考虑国家利益，而在某些情况下，国家利益与社会公共利益并不一致。目前实践中检察机关提起公益诉讼，关注的往往是国有资产流失等问题，这类诉讼虽然也关涉公共利益，但其中公民权利保护的意义却非常微弱。第三，就中国目前的情况来说，在变革的局势和多元化的时代背景下，相对于比较保守的检察机关，普通民众对于维护自身权益的强烈愿望，某些社会精英所具有的敏锐观察力和社会正义感，使得他们更可能站在维护社会公共利益行动的第一线。对于负有社会正义感和责任心的公民来说，正如笔者在几年前就发出过的感慨和呼吁："把权力监督机制的启动权赋予他们比赋予那些手握权力而无关自身痛痒的专门机关将更有实效。"①

关于他益形式公益诉讼、检察机关提起形式公益诉讼与诉讼法意义的公益诉讼的关系问题，人们的观点和立法的态度可能存在相当大的不同，即诉讼法意义的公益诉讼可能仅指我们这里所说的他益形式的公益诉讼，也可能仅指检察机关提起的公益诉讼，还可能将这两种形式的公益诉讼都包含在其中。确实，对此由于立法尚未明确而有讨论之余地。目前，学者特别是诉讼法学者多是在这个角度上进行研究，包括近年来多篇硕士学位论文和博士学位论文，研究和探讨的也主要是这类问题，尤其是原告资格问题。②

---

① 林莉红、龚雄艳：《一个神圣的字眼——监督权力的权利》，载《法学评论》2001 年第 3 期。

② 笔者所知道的包括以下研究：李刚：清华大学 2004 届民商法学博士学位论文《公益诉讼研究》；朱晓飞：中国社会科学院法学研究所 2005 届法理学博士学位论文《公益诉讼研究》；龚雄艳：武汉大学 2002 届诉讼法学硕士学位论文《行政诉讼原告资格研究——兼论对行政法上公共利益的救济》。以"公益诉讼"为检索词在期刊网上还找到以下 4 篇学位论文：谢颖虹：《民事公益诉讼研究》，中国政法大学 2005 届硕士学位论文；成宏峰：《我国民事公益诉讼研究》，山西大学 2005 届硕士学位论文；孙永军：《公益诉讼研究》，河南大学 2002 届硕士学位论文；吴小隆：《公益诉讼研究》，中国政法大学 2003 届博士学位论文。

事实上，从维护公共利益之诉讼目的角度而言，什么是公益诉讼，并非是一个需要过多加以讨论的问题。具有公共利益、人权保护、社会变革和公众参与意义的诉讼，都是公益诉讼。尤其重要的是，公益诉讼需要的是积极行动，而不是坐而论道。但是，毕竟出现对公益诉讼的其他理解，也需要进行相关的制度建构。正是由于有不同理解，并事实上出现争论，才需要我们作出相应研究，所以它是一个问题（而非伪问题）。这其中，需要积极行动的公益诉讼与期待制度建构的公益诉讼，既有各自之重点，又有密切之关联。

六　余论：公益诉讼的理想与现实

就中国的现实情况而言，社会问题的出现和社会发展的现实，催生了公益诉讼的实践。蓬勃发展的实践却面对相对滞后的立法与理论研究。公益诉讼须在理想与现实之间寻求联结的路径。对于广大关心公共利益保护的律师、学者和公益法组织而言，清醒的认识和理性的分析尤为重要。

因而，行文至此，需要说明，我们讨论问题，应当在两个层面上进行，一是现有法律规定层面，即实然角度，讨论我们可以如何做，应当如何做。二是在理论层面，即应然角度，讨论我们应当如何作出制度设计，如何提出立法倡议。如果在实务操作中，不顾现行法律的规定去追求应然的效果，提起所谓公益诉讼，是不能够达到目的而解决现实问题的。如有报道复旦大学博士生导师谢百三教授状告财政部案。其案情是根据财政部的公告和有关通知，2001 年第七期记账式国库券"发行结束后可在上海证券交易所和深圳证券交易所上市流通"。而在该国库券发行结束后的第二天，财政部却以便函的形式通知中央国债登记结算有限责任公司以及沪深证券交易所本期国债"上市时间另行通知"。为此谢教授起诉要求撤销财政部的便函通知，并判令财政部向全国投资者道歉。当被问及自己是否购买以及购买多少国库券时，谢百三教授的回答是"这（起诉）跟我买与不买，买了多少关系不大"。[①] 这话虽然言之凿凿，听似有理，但实际上在法律上却是站不住脚的，是否购买恰恰是关系很大。不仅如此，此案还有另外的问题。依我国现行的行政诉讼法，原告应当是认为行政机关的具体行政行为侵犯了自己合法权益的公民、法人或者其他组织。因此，第一，原告状告的应当是被告的某一个

---

① 　雷静：《博导 VS 财政部：一纸便函与 WTO 规则》，载《三联生活周刊》2001 年第 50 期。

具体行政行为，而财政部的通知基本上是一个对内的抽象行政行为，依行政诉讼法的规定，抽象行政行为不属于人民法院司法审查的范围；第二，原告是由于被告的具体行政行为侵犯了自己的合法权益而提起行政诉讼的，如果被告的具体行政行为确实侵犯了原告的合法权益，法院可以判决被告向原告道歉，却不能要求被告向全国投资者道歉。因此，案件所呈现出来的情况仍然是，虽然轰轰烈烈，给媒体提供一个"爆炒"的材料，却还是落得个不了了之的结果。没有人打官司却希望得到败诉的结果。然而，现实是不少公益诉讼案件却以原告败诉而告终。惋惜之余，我们也要分析一下为什么。诉讼是运用法律之道，正如有网友在评论谢百三状告财政部案件时所说："人有行动的自由，但人不能驾船行驶在公路上。"

当然，就中国公益诉讼的实践而言，具体的个案胜诉与否，有时并非人们关注的重点。很多时候，人们是抱着"法院受理就是胜利"的心态提起或者参与诉讼。案件的提起和进行所起到的往往也确实不是个案效果，而是个案引起的社会效应。很多时候，虽然案件没有被法院受理，或者受理后原告的诉讼请求仍然被驳回，但个案中所反映的对公共利益的关注，对被诉行为的反思，以及对权利意识的倡导，却给我们这个处于转型中的社会不断注入清新之风气。但是，也必须指出，并非所有的"将被告告上法庭"之个案的社会效果都是正面的、积极的，也有案件在让原告体味败诉滋味的同时，使得相反一方的势力更加嚣张，而让整个社会看到公益维权之艰难，以及其他更多无法言说的东西，从而产生消极的、负面的影响。

（该文曾载于《学习与探索》2008 年第 1 期）

公益法与和谐社会

佟丽华①

2004 年秋天，中共十六届四中全会提出"不断提高构建社会主义和谐社会的能力"，2004 年年底，中央经济工作会议提出"坚持以人为本，努力构建社会主义和谐社会"。构建"社会主义和谐社会"目前已经逐渐成为党和政府以及司法机关文件、报告中的热门词汇。但怎样理解"社会主义和谐社会"？怎样构建"社会主义和谐社会"？将是摆在中国社会目前一个重大、复杂的课题。本文将从公益法这个角度对构建和谐社会进程中存在的问题以及解决的建议进行研究。

"公益法"是公共利益法（public interest law）的简称，虽然"公共利益"是多年来耳熟能详的概念，但由于这个词经常被滥用，所以还是有必要简单追溯一下这个词的本意。

一　什么是利益？

要想探究"公共利益"的本意，首先就要探究什么是"利益"。关于"利益"，虽然表面看来是一个再简单不过的词汇，每个人每天都在谈论，但长期以来各国学者都在尝试对其作出准确的概括。

赵震江等人认为，"利益是指人们受客观规律制约的，为了满足生存和发展而产生的，对于一定对象的各种客观需求"。② 霍尔巴赫认为，"所谓利益，就是每一个人根据自己的性情和思想使自身的幸福观与之联系的东西；换句话说，利益其实就是我们每一个人认为对自己的幸福是必要的东西"。③ 庞德认为，"我们给利益下一定义，他是人类个别地或在集团社会中谋求得到满足的一种欲望或要求，因此人们在调整人与人之间的关系和安排人类行

---

①　北京致诚律师事务所主任、北京青少年法律援助与研究中心主任、北京市农民工法律援助工作站主任。
②　赵震江、付子堂：《现代法理学》，北京大学出版社 1999 年版，第 85 页。
③　[法] 霍尔巴赫：《自然的体系》，商务印书馆 1964 年版，第 271 页。

为时，必须考虑到这种愿望和要求。"① 《现代汉语词典》将"利益"解释为"好处"或"功用"，它同"弊"或"害"是对立的，即指能满足人们物质或精神需要的事物，俗话称谓"好处"②。《牛津法律大词典》给"利益"下的定义是："个人或个人的集团寻求得到满足和保护的权利请求、要求、愿望或需求。"

人们对利益的概括无法枚举。尽管表述方法不同，而且因为语言经过翻译更让人费解，但认真分析其要表达的意思，则大同小异。"利益"就是"好处"，而只有"满足生存和发展而产生的"、"对自己的幸福是必要的东西"、"寻求得到满足和保护的权利请求、要求、愿望或需求"才是"好处"，否则其为"弊"或"害处"。而笔者认为，更简单、明了的表述，"利益"就是能够满足需要的物质或精神。

尽管利益是一种物质或精神，是一种客观存在，但利益纠纷因需要而产生，没有需要就无所谓利益纠纷，如果每个人都能像佛教徒一样，"四大皆空"，没有需要，则没有了利益纠纷。所以利益在本质上说反映了人们的需要。

但显然从人类来说，每个人都有各种各样的需要，错综复杂，可能连自己也难以说清，并且每个人对各种需要的重视程度都不相同，如匈牙利诗人裴多菲认为，"生命诚可贵，爱情价更高，若为自由故，两者皆可抛"，裴多菲对自由的需要明显高于生命和爱情。马斯洛的需要理论受到各个学科的推崇，他认为人们最为重视的是五种需要：生理需要、安全需要、爱的需要、尊重需要和自我实现的需要，并且认为这五种需要是分层次的：他们排列成一个由低而高逐级上升的层次。最占优势的需要将支配一个人的意识，并自行组织有机体内的各种能量，不占优势的需要则被消减，甚至被遗忘或否定。但当一种需要得到满足时，另一高级的需要就会出现，转而支配意识生活，并成为行为组织的中心，那些已满足的需要便不再是积极的推动力了。③ 马斯洛的需要理论指出了需要的阶段性，也就是说人在不同时期或人类在不同历史阶段的需要是不同的，至少表现为追求或重视的不同。而这种需要的不同就表现为对利益种类、范畴追求的不同。

① ［美］罗斯科·庞德：《通过法律的社会控制》，沈宗灵、董世忠译，商务印书馆1984年版，第83—84页。

② 《现代汉语词典》，商务印书馆1990年版，第697页。

③ 参见《中国大百科全书·心理卷》，第474—475页。

二　什么是权利?

关于什么是"权利"及其基本特征有各种各样的争论。我国国内较通行的看法是"行为说",如张俊浩教授等人认为,"民事权利,是民法规范赋予当事人为实现其利益所可实施的行为范围"。① 张文显教授等人更是根据权利所包括的要素将其分为 8 种情形。②

但笔者更赞同"利益说",此说认为权利的本质是受法律保护的利益。德国法学家耶林（Rudolf von Jhering, 1818—1892）是其代表人物。他认为,"法律的目的在于保护社会生活条件,包括物质条件和精神条件,因此权利无非是法律保护的利益"。任何一种理论都会受到批评,"利益说"也不例外,"对于此说的批评是认为它将权利与权利所保护的利益混为一谈"。③ 由于人们对什么是利益本来就存在多种争论,所以以利益为基础来阐释权利必将存有各种争论和受到各种批评。

尽管利益是客观存在的,由于需要是感性的,所以不同种类的利益随着需要的无止境和千变万化而受到不同对待,或者被忽视、摈弃或者被追逐、争夺。如对于一个身处沙漠只希望得到水和食物、濒临死亡的人来说,万两黄金已经不再是他的需要,那或许成为累赘,但这万两黄金对于他人来说则是巨大利益,有很多人甚至不惜冒着生命危险去争夺。但立法者的任务是考察社会普遍渴望的人类需要,在不同人对不同需要的不同重视程度之间寻求一种平衡,也就是要考察民意,分析哪些需要应当获得满足。还以马斯洛的需要理论为例,即使某个人或某些人生理需要得到了满足,由于法律的稳定性和对象的普遍性,那么满足这个人或这些人生理的需要还是法律的核心任务,而不会因为它已经得到满足而受到丝毫的忽视。也就是说立法者要考虑的人类需要应该超越马斯洛所探讨的五种需要和他们的层次,对于那些已经得到满足的需要,不是忽视或者遗忘,而是应该保持,在保持的基础上努力帮助人们实现其他需要。

另外要指出的是,"利益说"并不是将权利与权利所保护的利益混为一谈。恰恰是"利益说"揭示了权利与利益的区别。权利就是依靠法律

① 参见张俊浩主编《民法学原理》,中国政法大学出版社 1997 年版,第 74 页。
② 参见张文显主编《法理学》,高等教育出版社、北京大学出版社 1999 年版,第 85—86 页。
③ 参见张俊浩主编《民法学原理》,中国政法大学出版社 1997 年版,第 74 页。

保障可以获得的利益。能够满足需要的物质或精神很多，有的根据法律可以保障每个公民获得，这种利益就成为权利；而另外一些法律并不保障，可能获得，也可能无法获得，这纯粹依靠道德和自觉。比如在我国，目前在城市有最低生活保障制度，当城市家庭收入低于法律规定的标准时，政府就要给予救济，也就是直接给予金钱以满足其基本生活需要，否则公民就可以提起诉讼进行救济，也就是说在城市满足基本生活需要这种利益就已经转变为权利；但在农村，法律没有规定这种最低生活保障制度，农民家庭非常贫困以至于无法满足基本生活需要时，政府并不一定给予救济，这虽然也是利益，但这种利益没有上升为权利。另外对于性侵害问题，能否获得精神损害赔偿显然是一种利益，关系到能否通过物质手段对受到伤害的个人给以弥补问题。但如果是性骚扰，属一般的民事侵权纠纷，按我国法律可以获得精神损害赔偿，这时利益就是权利，受法律保障；而如果是强奸，侵害人构成刑事犯罪，由于我国刑法规定刑事附带民事诉讼只赔偿直接物质损失，不能获得精神损害赔偿，这时利益就不是权利，法律就不能给以保障。所以说"利益说"揭示了权利与利益的区别，使我们可以很好地考察什么是利益，哪些利益已经被规定为权利，哪些利益还没有规定为权利。对于那些尚没有规定为权利的利益是否应当受到法律保障？如果需要受到保障就必须规定其为权利，否则就不能。这种理论为法律改革描绘了清晰的思路。

由于利益，尤其是人类可支配的物质利益是有限的，所以立法者面临的问题是怎样有效分配资源，以最大限度满足人的需要。由此法律规定了各种具体权利和义务。

三 什么是公共利益？

很多人在研究公共利益的时候，都会引用庞德的观点。庞德把利益分为三类：个人利益、公共利益和社会利益。个人利益是指直接包含在个人生活中并以这种生活的名义而提出的各种要求、需要或愿望，包括人格利益、家庭关系利益和物质利益。社会利益是指包含在文明社会中并基于这种生活的地位而提出的各种要求、需要或愿望，它包括和平和秩序、一般社会安全、最低生活保障、社会资源的使用和保障、一般社会道德和公序良俗等。公共利益是从政治组织社会生活角度出发，以政治组织社会名义提出的主张、需要和愿望。① 按庞德观点，"公共利益"相当于国家利益，由政治组织代表。

庞德的利益三分说虽然受到广泛引用，但学者们显然并不赞同其主张。我国学者关于公共利益也有很多主张。赵镇江等人认为："从利益主体的角度，可以把利益分为公共利益和私人利益。公共利益表现为社会利益、国家利益。私人利益即每一社会成员的利益。"② 颜运秋认为："我们认为公益应该有两层含义：第一层为社会公共利益，即为社会全部或者部分成员所享有的利益；公益的第二层含义是指国家的利益，如国家税务局拒不查处偷漏税行为的情况，其侵害的是国家的税收权。"孙笑侠教授认为："公共利益是独立于个人利益之外的一种特殊利益。社会公共利益具有整体性和普遍性两大特点。换言之，社会公共利益在总体上是整体的而不是局部的利益，在内容上是普遍的而非特殊的利益。"③

2005 年 7 月 10 日全国人大公布了物权法草案，该草案第四十九条规定："为了公共利益的需要，县级以上人民政府依照法律规定的权限和程序，可以征收、征用单位、个人的不动产或者动产，但应当按照国家规定给予补偿；没有国家规定的，应当给予合理补偿。"由于这是一条重要规定，直接牵涉对公民财产权的保障，所以到底什么是"公共利益"的问题再次受到社会的广泛关注。如江平教授就指出，"在社会生活中，属于'公共利益'的情形是无法列举的，但是可以从反面来说，凡是属于商业开发的，绝不属于社会公共利益。商业开发是以赢利为目的，所以完全可以把公共利益和商业利益区分开来。搞商业开发要用土地房屋，这就成了平等主体之间的事情，那可以谈判。不能把任何商业开发的利益都叫做社会公共利益。所以我们在社会公共利益上应有更明确的规定，以免被滥用。"④

我国现行立法中虽然大量使用公共利益一词，但并没有明确什么是公共利益。《中华人民共和国信托法》从与公共利益联系的角度概括了什么是公益信托，该法第 60 条规定："为了下列公共利益目的之一而设立的信托，

　　① 参见公丕祥主编《法理学》，复旦大学出版社 2002 年版，第 89 页；赵震江、付子堂：《现代法理学》，北京大学出版社 1999 年版，第 89 页；颜运秋：《公益诉讼理念研究》，中国检察出版社 2002 年版，第 5 页。有关内容引自［美］罗斯科·庞德：《通过法律的社会控制》，沈宗灵、董世忠译，商务印书馆 1984 年版。

　　② 赵震江、付子堂：《现代法理学》，北京大学出版社 1999 年版，第 94 页。

　　③ 孙笑侠：《法的现象与观念》，山东人民出版社 2001 年版，第 46 页。

　　④ 参见 2005 年 7 月 12 日新京报记者对江平教授、王轶等的采访《国家利益不能无限制使用》一文。

属于公益信托：（一）救济贫困；（二）救助灾民；（三）扶助残疾人；（四）发展教育、科技、文化、艺术、体育事业；（五）发展医疗卫生事业；（六）发展环境保护事业，维护生态环境；（七）发展其他社会公益事业。"但以上只是规定了什么是公益信托，并未探讨什么是公共利益。

那么究竟什么是公共利益，笔者认为，公共利益就是最大多数人的最大利益，或者说，就是最广大人民群众的根本利益。这似乎还是在说文解字，下面我们从利益与权利的角度来分析这个概念的构成。

以同性恋为例，毋庸讳言，这在历史上早就存在。但即使是在观念相对开放的西方，homosexuality 一词也是在 19 世纪与 sexuality 相伴随而出现的一个新概念，在此之前，只有 sodomy（鸡奸）的概念。虽然受到承认和尊重对于那时的同性恋者而言也是一种利益，但那时这种利益不但不能得到尊重，而且受到限制和制裁。"在西方文明史上，对鸡奸的处罚曾经是很严厉、很残酷的。例如，法国在废弃对女巫实施火刑以后很久——实际上迟至1725 年——还在继续不断地烧死同性恋者。而在英国，1828 年通过的一项法令还规定，'每个被控犯有这种令人恶心的鸡奸罪的人，无论其与人或与任何动物犯有这种罪行，都将作为重犯而处之以极刑'。"① 站在当时的时代，那时人们谈起的公共利益显然并不包括这些同性恋者的利益。但到了1992 年，连世界卫生组织这样的国际组织都明确承认同性恋是属于少数人的自然现象。所以说站在今天的角度，或者说站在历史的角度，那时公共利益也就是最大多数人的最大利益应当包括那时的同性恋者的利益。但遗憾的是，那时人们所指的公共利益却并不包括这部分人的这部分利益。所以说公共利益是一个历史范畴，具有时代性、阶段性。受到认识等各种因素的制约，人们谈论的公共利益都是那个时代的公共利益，随着社会的发展，公共利益的范畴将发生变化。

从这个角度来理解，我们谈论的公共利益一般都包括以下两部分内容：

首先就是那些上升为权利的利益，这些利益受到法律保障，如我国城市最低保障制度所确定的保障城市居民基本生活需要的权利；受到性骚扰者有获得精神损害赔偿的权利等等。总之公民权利形成了确凿无疑的公共利益，是公共利益中重要的组成部分。所以从这个角度而言，保障公共利益首先就要保障公民权利。

① 参见赵合俊《作为人权的性权利》，选自徐显明主编：《人权研究》第 2 卷，山东人民出版社 2002 年版，第 237—238 页。

其次，就是那些在当时的社会中受到道德承认或尊重的利益。比如：满足我国农村居民最低生活需要的物质，这是农民的利益；满足强奸罪受害人获得精神损害赔偿的需要，这是强奸罪中受害人的利益；2004 年我国卫生部门经过调查承认：我国已经有 500 万到 1000 万的男性同性恋者，这些人受到尊重的利益。以上利益都没有上升为权利，都无法得到法律保障，但这些利益受到社会理解、同情和尊重，为时代道德所承认，所以其也是我们这个时代的公共利益。

由于道德主要是一种主观意识的体现，不同人有不同的道德。而随着社会发展，道德也会发生变化。所以我们谈论的公共利益也就随着道德的这种变化而变化。昨天社会认为并不是公共利益的，明天就可能被认为是公共利益。但在此我们要指出的是：在这个过程中人们并不都是被动的，总有一些人观念先发生变化，先认识到某些利益应当受到尊重和保护，那时这些利益并不认为是公共利益。于是这些人在呼吁和推动，而随着这些人的努力以及社会的发展，这些利益逐渐受到社会承认，转化为公共利益。

四　公共利益与国家利益

公共利益与国家利益之间是一种怎样的关系？这个问题非常复杂。如上文介绍，赵镇江、颜运秋等人都认为公共利益包括国家利益。其他人也站在不同角度对国家、国家利益以及公共利益进行过各种阐释。

从国际法的角度，国家是指定居在一定领土之上并结合在一个独立自主的权力之下的人的集合体。但站在马克思主义经典哲学的角度：国家是阶级统治的工具。恩格斯指出："国家是社会在一定发展阶段上的产物；国家是表示：这个社会陷入了不可解决的自我矛盾，分裂为不可调和的对立面而又无力摆脱这些对立面。而为了使这些对立面，这些经济利益互相冲突的阶级，不致在无谓的斗争中把自己和社会消灭，就需要有一种表面上驾于社会之上的力量，这种力量应当缓和冲突，把冲突保持在'秩序'的范围以内；这种从社会中产生但又自居于社会之上并且日益同社会脱离的力量，就是国家。"[①] 关于什么是国家有各种不同的观点，显然关于国家利益也自然有各种不同的观点。

江平教授认为："社会公共利益是相对于商业利益而言的，国家利益是

---

① 参见［德］恩格斯《家庭、私有制和国家的起源》，人民出版社 1972 年版，第 167 页。

相对于私人利益而言的，国家利益跟私人的利益，这是一个矛盾，私人利益不能侵犯国家利益。但是，国家也有商业利益，所以不能把国家财产的行使都认为是社会公共利益。"① 韩大元教授认为："公共利益、社会利益与国家利益是有区别的。国家利益是特定的概念，在汉语中有双重含义，即在国际政治范畴中以民族整体利益为内容的国家利益和国内政治意义上的国家利益，指政府所代表的全国性利益。从性质上讲，国家利益主要是以国家为主体而享有的利益，而公共利益主要是由社会成员享有的实际利益，享有利益的主体是不同的。公共利益与社会利益之间的界限主要在于'社会利益具有功利性与排他性'，社会利益不一定代表公共利益的要求。"②

笔者认为上述关于国家利益的理解并没有揭示其本质属性，这种解释就如同很多人对公共利益的解释一样，过于宽泛。这种解释无法帮助人们理解到底什么是国家利益，其与公共利益到底有什么区别。

首先笔者认为，正如江平教授和韩大元教授所指出的那样，国家利益与公共利益是不同的概念和范畴，两者是有明显区别的。这一点已经基本被我国社会所接受。我国在立法中也多次使用"国家利益"与"公共利益"两个概念，有时在一部法律中会出现这两个不同概念。如在宪法中，第10条规定，"国家为了公共利益，可依照法律规定，对土地实行征用"，宪法修正案第22条规定："国家为了公共利益的需要，可以依照法律规定对公民的私有财产实行征收或者征用并给予补偿。"宪法修正案第20条中采用"公共利益"的表述方法。但是在第51条却使用"国家的、社会的、集体的利益"（国家利益、社会利益和集体利益）。很明显在宪法中国家利益与公共利益代表着不同的利益范畴。

那么这种不同都主要体现在哪些方面？两者到底存在哪些主要差异？

首先，虽然国家由具体的人组成，是人的集合体，这似乎说明国家利益就代表了整个国民的利益。但国家并不是一个空泛的概念，国家由具体的统治阶级所代表。极权统治时代，如奴隶社会，国家由一小撮人所代表和控制。这时作为具体国家管理者的统治阶级，对内，国家利益主要就是最大限度满足统治阶级的利益，对外，虽然宣称是代表整个国民利益，但实际上其主要考虑的还是自身利益。代表整个国民利益不外乎是统治阶级最大限度满

---

① 参见7月13日中国政法大学终身教授、著名民商法专家江平做客人民网强国论坛时的访谈。

② 参见韩大元《宪法文本中"公共利益"的规范分析》，载《法学论坛》2005年第1期。

足自身利益的幌子。而这时仍然存在公共利益也就是最广大人民群众的根本利益。这时国家利益与公共利益之间存在着严重冲突。或者说，国家利益是个政治概念，其主要体现着统治阶级的利益。公共利益是个非政治概念，不论国体如何、政体如何，不论在哪个时代，都存在着公共利益。结合上文的分析，我们发现公共利益更主要的是个道德范畴，虽然其也随着时代发展而变化，但影响这种变化的不仅是法律，或者说主要不是法律，而是那个时代的道德。在很多历史阶段，相比道德化的利益，法律化的利益都处于少数，很多利益没有转化为权利。所以说公共利益总能体现那个时代人民群众的利益。

根据宪法第 1 条、第 2 条规定："中华人民共和国是工人阶级领导的、以工农联盟为基础的人民民主专政的社会主义国家。""中华人民共和国的一切权力属于人民。"也就是说，根据宪法，在我国，由于人民当家做主，国家的利益就是人民的利益，国家利益与公共利益在本质上是一致的，两者都应当是反映最广大人民群众的根本利益。但这只是标准，只是宪法的规定和我们要努力的方向，而怎样实现这一点，却是我们不得不长期直面的复杂问题。不得不承认，在我们的现实生活中，国家利益与公共利益之间存在着差异，有时这种差异还表现得非常严重。两者之间有时甚至发生冲突。其主要原因是：

首先，国家毕竟是由立法机关、行政机关、司法机关及其具体工作人员组成。为了保护这些机关或具体工作人员的利益，有时使公共利益受到侵害。如中国的烟草问题，征收高额利税实现了国家利益，但最终导致众多人员身体健康受到影响，同时为了治疗疾病不得不支付大量费用，这就严重损害了公共利益。同时国家为了保障自来水公司或铁路、电信等传统垄断行业的利益，这些利益也被视为是国家利益，政府允许或支持其扩张利益的涨价行动，这时受益的就是国家利益，损害的就是公共利益。也就是说，国家利益是客观存在的，有时为了实现国家利益，就要损害公共利益。

其次，在个别官员收受钱财、出现腐败时，这些官员就会为了维护自己、个别商业公司或个人的利益而去牺牲公共利益。如政府官员收受了房地产公司的贿赂，其在代表国家出让土地时，就会为了保障房地产公司的利益而压低土地出让价格，公共利益就会受到损害；国有企业管理者为了实现自己的利益，就会将国有企业低价出售，公共利益也会受到损害。实际上这时国家利益与公共利益都受到了严重侵害。

最后要看到的是，人的认识能力毕竟是有限的，怎样做才能最大限度地实现国家利益、公共利益？很多人认识上存在的偏差也直接导致公共利益受到侵害。如某些地方政府为了发展地方经济，以付出环境污染为代价，导致当地水土、森林等自然环境受到严重破坏。地方经济可能确实取得了很大发展，体现国家利益的税收也增长很快，但公共利益显然受到侵害。这时也会出现国家利益与公共利益之间的冲突。

由于国家利益与公共利益在本质上是一致的，所以在公共利益受到损害时国家利益自然也受到了损害。问题就是这种损害与因此增加的国家利益相比是否划算？如按有关人士计算：1993 年我国烟草利税收入为 49 亿美元，同年因吸烟危害健康造成的损失达 78 亿美元，远远高于烟草利税收入。①如果这个数据真的准确，那么与巨大的公共利益的付出相比，所实现的国家利益就显得得不偿失。环境污染等损害公共利益的行为同样是得不偿失。为了恢复已经受到破坏的环境，国家不得不支付大量的资金。所以说，在国家利益与公共利益之间发生冲突时，表面看来实现了国家利益，损害的只有公共利益，但从根本上来看，国家利益同样受到损害。

最后必须指出的是：我们在以上分析的原因不过都是表面现象。隐藏在这些现象背后的最根本原因就是：由于立法机关、行政机关、司法机关及具体工作人员代表人民在行使公共权力，公共权力使其处于强势位置，而人民群众却处于相对弱势位置。在国家利益与公共利益发生冲突时，由于代表国家利益的是处于强势的公共权力，代表公共利益的则是处于弱势的普通群众，所以一般都是公共利益受到损害。

五 强势群体与弱势群体

不仅行使公共权力的国家处于强势位置，一些大企业和个人也因为占有大量财富处于强势位置。由于国家、大企业或个人所处的强势位置，一般没有人能够侵犯他们的利益。侵犯国家的利益往往构成犯罪，要接受最严重的处罚，所以一般人都望而生畏。而具有权势或财富的企业或个人也有足够的能力来维护自身利益，一般没有人敢去冒犯。我们把这些处于强势位置的组织或个人就称为强势群体。在任何社会都存在强势群体，但相对于整个社会而言，强势群体所占人口比例都很小。

但在任何社会，相比占有权力或财富的强势群体，人民群众都处于被动

---

① *Smoking in China：A Time Bomb for the* 21*th Century*，Fact Sheet N177 WHO/August，1997.

的弱势位置。我们今天的时代也不能例外。如我国八亿农民，一亿五千万的城市农民工，下岗工人，面对大企业的消费者或环境被污染的普通百姓，我们将这些处于弱势位置的人群称为弱势群体。由于弱势群体是社会中的绝大多数，所以说公共利益本质上就是这些弱势群体的利益。弱势群体的利益能否得到体现和保障，自身缺乏主动权。在强势群体真的侵害了弱势群体利益时，弱势群体往往无可奈何。所以说公共利益往往处于被动的状态，这种被动状态使公共利益的实现天然面临着困难。

同时必须看到的是，弱势群体是个相对概念。一个政府官员相对普通百姓是强势，但在其购买了股票，相对证券公司时，其就是弱势。具体来说：相对掌握公共权力的官员，普通百姓是弱势群体；相对城市居民，农民是弱势群体；相对生产者或销售者，消费者是弱势群体；相对拆迁公司，被拆迁户是弱势群体；相对污染企业，被污染的每个人，可能包括官员、市民、农民都是弱势群体；相对垄断行业，接受其服务的官员、市民、农民都是弱势群体；相对上市公司，小股东是弱势群体；相对富人，穷人是弱势群体；相对健康人，残疾人是弱势群体；相对成年人，未成年人是弱势群体。

通过前文的分析，我们不得不得出结论：公共利益在本质上就是弱势群体的利益。只要弱势群体的利益得到了保障，公共利益就得到了保障。虽然强势群体与弱势群体是相对的，每个人都可能处于暂时的强势，但从历史发展来看，权势和财富使人处于强势，既没有权势也没有财富的绝大多数人处于弱势。所以研究怎样保障公共利益，本质上就是研究怎样保障既没有权势也没有财富的绝大多数弱势群体的利益。

六　什么是公益法？

顾名思义，"公益法"就是追求公共利益的法，就是追求最大多数人最大利益的法，就是为满足最大多数人的最大需要而保障最大多数人获得最大物质和精神的法。从这个角度出发，"公益法"包括了所有的法。因为在民主制度下，所有的法都应当充分体现民意，都应当符合实现最大多数人最大利益的基本要求。但"公益法"的本意显然不是这样，从这个概念的产生到被广泛应用，我们可以看到，其不仅是逻辑和内容，更主要的是一种方法，也就是怎样才能实现"公益"？

公益法（public interest law）这个词20世纪60年代在美国开始被广泛使用。人们认为开创和推动公益法发展的代表人物之一是路易斯·布兰代斯

（Louis Brandeis），其在就任美国大法官之前是一名律师，在 1905 年的一次演讲中，他指出："有能力的律师很大程度上把他们自己变成了大公司的附庸。他们忽视了利用自己的能力去保障普通民众的义务。"20 世纪六七十年代，与公益法的概念被广泛应用相伴，很多法学院校的毕业生开始寻求对社会事务施加影响力，他们称自己为公益律师（public interest lawyer），以区别于路易斯·布兰代斯所批评的"大公司附庸"的律师。

"公益法不是描述一个法律实体或法律领域，这个词更主要的是描述公益律师代表谁，而不仅是他们的工作内容。取代以往只代表强有力的经济利益，公益律师选择代表的更主要是那些无人代表的个人。结果是，作为公益律师一个明显特征就是为那些生活在贫困状态下的人提供法律服务。"① 这个词的内容已经拓展，目前主要指律师或非律师根据综合目标确定的内容广泛的活动。包括公民权利、公民自由、妇女权利、消费者权利、环境保护等等，然而，作为美国公益律师普遍保持着的一个道德界限就是"为小人物而战"，也就是代表那些社会上无人代表或易受伤害的群体。

今天，在美国，对"公共利益法律"的概念具有不同的解释。那些利用美国法律体系推动和保护人权、为保护环境而斗争以及维护消费者权益的非政府组织（NGO）把自己称为公益法律组织。一大批律师通过为无力付律师费的人提供无偿法律帮助的方式实践着公益法律。在美国广泛建立起来的法律诊所教育为法学院的学生提供了良好的实习法律的机会，学生不仅能参与一些基础的法律事务，而且可能参与更加复杂的如妇女权利、反歧视法律、环境保护以及其他公共法律事务。一些法学院建立了公共利益法律中心以推动法学院学生从事公共利益法律职业。律师协会和律师事务所的无偿服务项目为商业律师参与公共利益法律活动捐献时间提供了机会。

在 20 世纪八九十年代，公共利益法律的概念在其他一些国家被广泛采用。在南非有一个强大的公共利益法律群体，比如它们成为反种族隔离活动的一部分。在不同的国家如英国、印度、孟加拉国、菲律宾、澳大利亚、智利和阿根廷以及世界的很多地区都有公共利益法律中心、组织和网络。忽略在不同背景下的含义以及在不同行为中的名字，"公共利益法律"倾向于指一系列一致的主题、价值和目标。与路易斯·布兰代斯激励

---

① 据美国国会关于《美国财富的集中》的报告："美国财富的 71.1% 集中在占美国人口 10% 的最富有阶层中，他们占有不动产的 77.8%、企业股票的 89.3%、债券的 90.4%。"

的那些话语相似，它依赖社会正义的理念，希望看到法律成为改变社会的工具。①

综合公益法在美国等国发展的经验以及我们对公共利益的讨论，笔者认为公益法的本质就是保障弱势群体根本利益的法。从这一本质特征出发，公益法具有以下特征：

公益法不是一个单独的法律部门，公益法可能包括所有的法。从宪法到刑法、民法、行政法、程序法等所有法律，都会涉及公共利益。保障公共利益不受侵害，应当是所有立法的基本要求。

由于公共利益不仅包括法律化的利益，还包括道德化的利益，而我们说，由于在很多历史阶段，很多利益都没有转化为权利，公共利益更主要的是个道德范畴，所以说公益法使法律和道德得以连接，公益法不仅是保障权利的法律，更主要的是追求道德、体现道德、保障道德的法律。所以从这个角度而言，公益法不仅是法律，而且是道德。

公益法不仅是内容，更主要的是一种原则和方法。公益法不仅体现为已经制定的法律和怎样推动已经制定的法律得到良好执行，如通过法律援助以保障弱势人群的合法利益、通过公益诉讼以保障公共利益，公益法还要包括怎样推动制定更多保障公共利益的法律，也就是说使那些道德化的利益上升为法律化的权利。而由于大量的道德化的利益没有上升为法律化的权利，已经制定的法律在执行中也并不一定能够保障弱势群体的利益，所以说，公益法不仅是法律，更主要的是实践。

公益法不仅是空泛的，它有着鲜明的特征。这种特征来自公共利益自身的特征。我们说，公共利益在本质上就是弱势群体的利益。保障公共利益主要就是保障弱势群体的利益。所以说公益法两条鲜明的线索是：怎样遏制和约束强权、怎样给弱势群体以特殊保障。如与未成年人有关的法律的核心理念是：真实状态中成年人是强大的，未成年人是弱小的，两者不可能平等。但在法治社会，要通过立法给成年人以更多责任，给未成年人以更多权利，从而通过立法来实现两者在法律面前的人人平等。而公益法的核心追求就在于此，通过立法给弱势群体以更多权利，给强势群体以更多责任，以实现两者在法律面前的真正平等，从而最终实现公共利益。

---

① 参见美国哥伦比亚大学法学院"公益法开创项目"出版的《追求公共利益》一书。

七　构建社会主义和谐社会与公益法

胡锦涛同志在 2005 年 2 月 19 日中央党校省部级主要领导干部研讨班上讲话指出："我们所要建设的和谐社会，应该是民主法治、公平正义、诚信友爱、充满活力、安定有序、人与自然和谐相处的社会。"① 但怎样正确理解胡锦涛同志讲话中所概括的和谐社会的这六个特点？建设和谐社会到底要解决哪些根本性问题和实现哪些基本目标？这些还都是摆在我们面前的重大问题。

要清醒意识到的问题是：在任何社会，都存在矛盾，存在纠纷和斗争。我们今天的社会也不例外。毛泽东同志指出："矛盾存在于一切事物发展的过程中，矛盾贯串于每一事物发展过程的始终，这是矛盾的普遍性和绝对性。"② 而由于我们目前社会正处于由传统计划经济体制向市场经济体制转轨过程之中，虽然已经建立了基本健全的与市场经济相适应的各项制度，但毋庸讳言，各种矛盾错综复杂：贫富分化、工人失业、农民失地、司法不公、环境污染、大学生失业、城市拆迁等矛盾还很突出。

那么怎样理解建设"社会主义和谐社会"与目前社会存在的各种矛盾？如果承认存在诸多矛盾是不是与建设"和谐社会"的要求相违背？笔者认为与和谐社会相对立的是暴力与动荡，和谐社会的本质应当是用和平手段解决各种矛盾。不怕矛盾存在，只要是用和平手段解决，那社会就是和谐的。和谐社会不仅是一种理想，更是一种具体目标、工作准则。建设和谐社会，不是要回避矛盾、漠视社会矛盾的存在，那样只会适得其反。建设社会主义和谐社会，就是要千方百计引导人民群众用和平手段解决问题，避免使用暴力，避免社会动荡。

胡锦涛同志在中共中央政治局第二十次集体学习时指出："要求我们必须提高管理社会事务的本领、协调利益关系的本领、处理人民内部矛盾的本领、维护社会稳定的本领。要推进社会建设和管理的改革创新，尽快形成更加有效的社会管理体制。要进一步增强决策的科学性、全面性、系统性，正确反映和兼顾不同方面的利益。要加强对新形势下人民内部矛盾产生的原因特别是深层次原因的分析研究，及时妥善处理人民内部矛盾。要正确把握改

---

① 参见《提高构建社会主义和谐社会能力》，中共中央党校出版社 2005 年版，第 2 页。
② 参见毛泽东《矛盾论》，载《毛泽东选集》。

革发展稳定的关系，切实落实维护社会稳定的工作责任制，确保社会安定团结。"① 为建设社会主义和谐社会，中国共产党多次提出加强党的执政能力建设，但加强执政能力建设并不意味着迅速提高所有官员的能力和加重官员的负担，这是不现实的。加强执政能力建设应当着重于开拓官员执政思路、改革官员执政方法。我们必须看到的是：影响社会稳定的不是强势群体而是弱势群体，弱势群体的利益得不到有效保障，将从根本上影响社会稳定与社会和谐。所以发展公益法就是加强党的执政能力建设、建设社会主义和谐社会的重要手段。

"三个代表"思想已经写入宪法，而"三个代表"中"代表最广大人民群众的根本利益"就应当指代表公共利益。从这个角度而言，"公益法"其实是"三个代表"思想的具体体现。从美国"公益法"发展的进程可以借鉴的经验是：公益法强调对弱势群体权利的保障和对公共利益的维护；公益法强调对国家公权力的监督和制约；公益法与公益律师、公益诉讼相伴而生；公益法表现为公益法律组织发挥重要作用等。但从美国公益法发展进程中，我们得到的教训是：美国公益法主要是律师推动的结果，其是一种自发行为，这就需要付出更多时间、更多努力但效果可能有限。但在中国，我们党和政府的所有目标就是要实现最广大人民群众的根本利益，也就是实现公共利益。那么在我们发现公益法是实现这一伟大目标的有效手段以后，就可能从国家发展战略的高度来推动其发展，这样就可能实现"事半功倍"的效果，以较短时间实现对公共利益的最大限度保障。所以正如已经阐释的那样："公益法"的本意显然不仅是字面的逻辑和空泛的内容，其更主要的是一种方法和理念，也就是怎样才能实现"公益"？另外的一种合理解释是：公益法就是要在国家公权力和大公司等强势群体和穷人、失业者、受环境污染者、被拆迁者等弱势群体之间架起桥梁，使两者利益冲突得以在萌芽以及和平范畴内解决。我们认识到这些理念并努力去工作，我们就能稳步推进我国的和谐社会建设。

八　中国发展公益法面临的挑战和建议

不得不看到，我国现行法律以及人们观念中存在着众多制约公益法发展的因素，这种状况限制了公益法在中国的发展，也在深层次积累着建设社会

---

① 见 2005 年 2 月 22 日新华网。

主义和谐社会的难度和风险。篇幅有限，本文简单分析存在的问题并提出解决建议。

1. 加强立法以加强对公共利益的保障

我们要尽快加强保障公共利益的立法工作，提高保障公共利益法律的立法质量。对于已经转化为权利的利益，如经济困难者有权获得法律援助，农民工在城市里有权获得法律保护，公民的人身权利应当获得保障，我们要研究这些利益是否能够得到切实保障。由于我们缺乏立法经验等各种因素的影响，我国有些法律的立法质量还很低，有些利益虽然已经转化为权利，但无法得到实现。如为了保护公共利益，我国制定了一些特殊的法律，如《环境保护法》、《消费者权益保护法》、《未成年人保护法》、《妇女权益保护法》、《老年人权益保护法》、《残疾人权益保障法》等。但这些法律有一个共同的特点就是缺乏有效的处罚措施。以 1991 年制定的《未成年人保护法》为例，在法律责任部分没有单独规定任何一个新的处罚条款，所有处罚条款都是对其他法律的重复。这种法律太软的局面助长了违法者的嚣张气焰，养成了社会上一些人对法律的蔑视心理。另外，有些立法人为地使维权过程复杂化、维权成本增加。中国目前有一亿五千万农民工。通过调查我们发现，高额的依法维权成本不但堵塞了农民工依法维权的道路，而且直接成为社会不稳定的因素。按照现行法律规定，农民工权益被侵害后，可以通过与用人单位协商、向劳动监察大队举报、向劳动争议仲裁委员会申请仲裁、对仲裁裁决不服向人民法院起诉等途径来维护自己的权益。但是要走完以上程序，除了到工商部门查询用人单位基本情况的费用 40 元、劳动仲裁案件受理费 300 元等必要费用以外，仅仅是最节省的交通费、住宿费、伙食费等费用，最少也要在 500 元左右。当农民发现依法维权成本太高、得不偿失的局面时，有很多人干脆放弃，也有一些人选择了其他途径，如有些人杀人、抢劫、盗窃、绑架，走上犯罪道路；有些人堵路、跳楼、爬塔吊、威胁自杀。这种局面直接影响了公共安全和社会稳定[1]。所以我们要研究还有哪些已经明确为权利的利益在现实中无法实现，从而有针对性地开展法律修订工作。同时我们还要研究哪些应当转化为权利的利益尚没有转化为权利？如农村居民的最低生活保障问题、受到性侵害者的精神损害赔偿问题、艾滋病人的权利保障问题等等，对于那些公共道德已经承认、尊重的利益，也就是公

---

① 北京青少年法律援助与研究中心曾经就农民工维权成本问题开展了为期一年多的调研，调研结果充分说明：目前与农民工维权有关的法律复杂、维权成本巨大。

共利益，我们要逐渐将其规定为权利，以实现对公共利益的有效保障。

2. 加快公益组织的发展

公益组织是推动公益法发展的主要动力。在美国，为了鼓励公益组织的发展，不但其登记注册程序简便，而且政府在资金上给予大力支持。美国不但通过立法对向公益组织捐资的企业或个人减免税收，而且政府每年以向公益组织购买服务的方式，通过签订合同，向公益组织直接提供大量资金。有些公益组织预算的 90% 以上来自政府。这样可以保障美国公益组织健康、良性发展①。但我国制度的尴尬是：对于以商业为目的的赢利性的公司或律师事务所，只要符合一定条件，就可以到工商部门或司法行政部门申请登记。但对于以维护公共利益为目的的非营利性组织，却要遵循双重管理的原则，一般要先经过业务主管部门的审查同意，而后以民办非营利组织的名义向民政部门申请登记。这种双重管理的体制限制了公益组织的成立和发展。以公益法律组织为例，中国目前的公益法律组织屈指可数，绝大多数都依附大学或社团建立。即使公益法律组织最为发达的北京，到目前也只有两家经过正式注册成立②。另外，总体上说这些公益组织都面临资金紧张、过分依赖国外资助、人员有限、人员素质不高等问题。可以说目前我国公益组织所能发挥的作用还非常有限。这种局面限制了公益组织在保障公共利益、建设社会主义和谐社会中作用的发挥。

3. 鼓励、支持公益诉讼

简言之，公益诉讼就是代表公共利益提起的诉讼，本质上就是为了弱势的不特定多数人利益、起诉强势组织或个人的诉讼。我国目前发生了大量的公益诉讼，但绝大多数案件都被法院裁定不予受理、驳回起诉或判决驳回诉讼请求。究其原因，主要是：目前中国的社会观念不利于公益诉讼的发展，很多人尤其是政府官员、法院法官反感公益诉讼；"当事人适格理论"和"直接利害关系原则"的立法限制了公民提起公益诉讼以及代表人诉讼；很多时候法院扩大理解不属法院管辖案件的范围，即使受理案件，也经常将一些原告人数众多的代表人诉讼案件分拆成多个案件，增加了当事人诉讼难度和成本；目前法院的诉讼收费制度使一般公民望而却步；对公益诉讼，原告

---

① 参见美国贝奇·布查特·阿德勒《美国慈善法指南》，NPO 信息咨询中心主译，中国社会科学出版社 2002 年版。

② 经业务主管单位北京市司法局和审批单位北京市民政局批准，2003 年北京大道行政法律援助中心和北京青少年法律援助与研究中心登记成立。

往往要付出大量的时间、精力甚至金钱，即使胜诉，最终获得的赔偿也往往很少，这种局面打击了人们发起公益诉讼的积极性。总之，中国公益诉讼在保障公共利益方面所能发挥的作用还非常有限。大量矛盾纠纷不能通过公益诉讼来依法解决，不但增加了政府工作难度，使众多人民群众在利益受到损害时不能寻求司法救济，而且会引发犯罪以及社会冲突和动荡，破坏构建和谐社会的努力。考察美国发展公益法的一个重大收获就是：虽然引发了各种各样的诉讼，但有效保障了公共利益和公民权利，将各种社会矛盾引导到依法解决的轨道，维护了社会稳定。如备受世界瞩目的黑人、印第安人受到种族歧视问题，本来可能引发更多种族冲突，但由于公益律师不断就各种问题提起诉讼，人们的视野和精力主要集中在法庭的争论中，所以不但问题逐渐得到解决，黑人、印第安人的权利受到越来越好的保护，而且减少了社会动荡。

为此我们要转变的观念是：对于涉及公共利益的案件，不论原告有多少人，不论被告是谁，都要尽最大努力引导其依法解决，都要尽最大努力通过法律给其公正，不论是政府，还是垄断性行业公司或其他大型企业，都不要逃避、惧怕公民提起诉讼。建设和谐社会的根本特征就应当是引导、支持人民群众运用法律这种和平手段来解决矛盾纠纷。

4. 加快法律援助制度的发展

经过近十年的努力，中国法律援助事业取得了长足发展，这是不争的事实。但必须承认，我国的法律援助事业还处于初期发展阶段。这主要表现在：国家对法律援助经费的补贴还非常有限，2004 年全国各级法律援助经费仅仅 2 个多亿人民币，而在人口仅仅 600 万的香港，2004 年用于法律援助的经费就达到 8 亿港币；关于法律援助的一些基本理论以及基本体制还没有理清：如政府对法律援助承担责任的体现方式，政府法律援助机构的定位和职能，民间法律援助组织的定位和职责，政府上下级法律援助机构之间的关系等；关于法律援助的一些基本规定还不健全，如法律援助的案件受理范围，各地经济困难的标准，具体每个法律援助案件的补贴标准，法院与政府法律援助机构之间如何配合等；由于资源有限导致很多本应接受法律援助的案件不能获得法律援助；如何保障法律援助案件的质量等。这些问题都是我国法律援助事业所面临的巨大挑战。建议全国人大在充分调研中国法律援助实施情况的基础上，尽快研究制定《中华人民共和国法律援助法》，以切实解决上述问题。

5. 充分发挥律师协会作用、培养大量公益律师

应当说中国律师协会越来越重视在公益法领域发挥作用，如在目前中华全国律师协会设立的 14 个专业委员会中，劳动与社会保障法专业委员会、环境与资源法专业委员会、未成年人保护专业委员会、宪法与人权专业委员会是四个专门关于公益法的专业委员会。刑事辩护专业委员会虽然不仅是公益法问题，但其站在保障处于弱势状态中的犯罪嫌疑人、被告人以及辩护律师角度开展了大量推进刑事司法改革、保障刑辩律师权利方面的工作，应当说这些工作对于保障公共利益具有重大作用①。但必须看到的是，这种作用发挥的还远远不够。中国律师协会尚没有把推动公益法当成行业的战略选择，在引导、支持律师参与公益法领域也缺乏战略规划。这直接导致真正以代表公共利益为己任的公益律师还非常缺乏。更多律师处于那种单纯的商业状态。或者如路易斯·布兰代斯在 1905 年演讲时说的那样，"有能力的律师很大程度上把他们自己变成了大公司的附庸"。律师显然更关注个人赢利而不是公共利益。

如果律师不能在保障公共利益方面发挥重要作用，那么以最广大人民群众为主体的社会不可能给律师以良好评价，律师社会地位不可能得到很大提高。把发展公益法作为中国律师行业的战略选择，不仅有利于保障公共利益，有利于推进中国民主和法治，推进和谐社会建设，也有利于律师行业的发展。根据中国国情，中国应当成为全球公益法最为发达的国家，中国律师行业协会以及中国律师在公益法领域有着广阔的前景。

6. 法学教育对"公益法"的重视和引导不够

20 世纪 60 年代，在美国的法学教育中大量引入了诊所教育。诊所教育不但能为法学院的学生提供良好的实习法律的机会，更主要的是引导学生参加如妇女权利、反歧视法律、环境保护、儿童权利等公共法律事务，在这些法律实践中培养学生对公共利益的关注。一些法学院还建立了公共利益法律中心以推动法学院学生毕业后从事公共利益法律职业。有些大学法学院还规定其学生必须参加一定时间（如哥伦比亚大学法学院是 40 小时）的免费公益法律服务，否则不能毕业。法学院还对学生毕业后专门从事公益法领域的工作提供贷款减免等资助。法学院的教育、引导和支持培育了美国公益法的兴旺发达。

---

① 各专业委员会情况请见中华全国律师协会网站 www.chineselawyer.com.cn、中国刑辩网 www.xingbian.cn、中国青少年维权中心 www.chinachild.org 等网站。

中国法学院在 2000 年开始引入诊所教学，诊所教学对引导学生了解、关注公共利益发挥了一定作用。但必须看到的是，作为一种普遍现象，中国法学院对公益法领域的培育还缺乏战略关注。这种缺乏体现在很多法学院教师对公益法的淡漠、法学院课程设置过分偏重商业法律、法学院缺乏重视公益法的氛围、法学院缺乏对学生参与公益法领域的资金以及政策支持等。建议教育行政部门以及法学院校从课程设置、师资培养以及教学模式等各个方面重视公益法，以从法学学习阶段培养学生的公益心。

正如胡锦涛同志在中共中央政治局 2005 年 2 月 21 日下午进行第二十次集体学习时强调的那样，"要加强对构建社会主义和谐社会重大问题的调查研究和理论研究，着力提高构建社会主义和谐社会的本领，把社会主义和谐社会建设的各项工作落到实处"。由于公益法在我国还是一个崭新的研究领域，所以怎样发展公益法有利于构建我国的社会主义和谐社会？公益法发展在我国还面临哪些重大障碍？为了鼓励公益法的发展我们应当修改哪些具体的法律？法院、司法行政机关、律师协会都应当发挥怎样的作用？这些问题都还有待于各方更深一步的研究。但切身的感受是：发展公益法保障的是公共利益，受益的是中国社会。只有我们清醒意识到解决现有社会矛盾的复杂性和艰巨性，我们才能体会到当前提出"构建社会主义和谐社会"的重要性和伟大意义；只有我们认真研究和讨论阻碍构建和谐社会的因素，思考并落实解决办法，我们才能真正实现这一伟大目标。

公益诉讼语境下的"公益"含义解析

朱晓飞①

近年来，围绕一系列备受瞩目的公共事件（如公益诉讼及上书、征地拆迁事件、物权法及民事诉讼法修改等等），"公共利益"（public interest）都当仁不让地成为最关键的名词。不过，正如其他备受争议的问题一样，有关公共利益的实践已远远先于对它的理论分析，或退一步说，对公共利益的概念争论显然没有达成共识性的前提。因此，我们的任务首先是尝试去认识与厘清这个概念，以期为当下的讨论提供一个可接受的概念前提。不过我们需要清楚，对这个概念的重拾注定不能满足于既有的理论回顾，而是要结合当下的时代特征加以理解和把握。因此，本文通过分析公益诉讼（public interest litigation）活动中的"公益"含义，试图引出对公共利益的一般性理解，并结合对此概念的理解对公益诉讼中某些基本理论问题谈几点认识。

一　公共利益与公益诉讼

（一）什么是公共利益？

随着公共利益（公益）在现代法治国家的角色日益得到强调，公益的概念已不仅成为政府行为背后的合法性理由，而且也演化为民众借以证明自身要求的正当性依据，它也已不仅仅是一个属于伦理学、社会学乃至政治学领域的问题，而且进入法律哲学领域，成为备受讨论的一个法律概念。事实上，人们对"公益"概念的争论一直未曾停息过，争论的结果也必然会直接影响到对公益法及公益诉讼的定义。因此，让我们先对域外有关"公益"概念的争论作一番简要梳理。

根据维斯布鲁德（Weisbrod）等人的归纳，②在西方自由主义传统内部存在对公益的诸多不同观点。一是公共利益虚无说或个人利益总和说。如功

---

① 中华女子学院法律系讲师，北京市东方公益法律援助律师事务所志愿者。

② Weisbrod, Burton A., Handler, Joel F. and Komesar, Neil K., *Public Interest Law: An Economic and Institutional Analysis*, University of California Press, 1978, pp. 26—28.

利主义者认为，公益仅仅是组成共同体的若干成员的利益的总和；哈耶克则认为，公共利益只能定义为一种抽象的秩序。作为一个整体，它不指向任何特定的具体目标，而仅仅是提供最佳渠道，使无论哪个成员都可以将自己的知识用于自己的目的。① 二是共同利益说，即强调利益的某种公共性，一种假定为全体公民共同享有的利益。班费尔德（Edward Banfield）如此描绘了公共利益和特殊利益之间的关系："如果一种决定以牺牲更大的公众的目标为代价来促进公众之一部分的目标，那么它是服务于特殊利益的；如果它服务于整个公众而非其部分的目标，那么就是为了公共利益的。"② 三是来源于柏拉图思想的理念学派（"Idealist" School），认为公益的含义不能拿"公众"来确定，它体现为某种伦理标准，只有政府官员才拥有确定公益含义的知识和智慧。四是对公益的其他道德定义。比如当代对公益最为重要的阐述之一当推罗尔斯：虽然他没有直接运用"公益"的概念，但是其"作为公平的正义"其实质就是一种伦理的公益理念。③

　　这样，从其实质内容来看，公益概念的内涵显然伸缩性极大，相当含糊。这既是概念难以界定所引致，也是人们有意或无意混用概念所造成的后果。因而，"公益"的概念让人颇伤脑筋，无法定论。不过，相较于学术领域的争论不休、各执一词，法律实务界对公益的含义却秉持着一种更为直接、实用的理解。随着 20 世纪下半叶公益律师主导的公益法活动在各国的兴起，对公共利益的看法也更趋于多元化。这些公益律师认为，必须区别"公益法（public interest law）"与体现在制定法与判例中的"为了公益（for the public interest）"这两个概念：前者涉及对法律程序的一种特定运用方式，而后一种用法则是有疑问的，因为它只不过是司法或行政裁量的一种托词而已。因此，与"为了公益"不同，公益法语境中的"公益"，体现了围绕公共利益问题所运用的一系列策略，而不是某种固定化、实质性的伦理观念。

---

　　① ［英］F. 冯·哈耶克：《经济、科学与政治——哈耶克思想精粹》，江苏人民出版社 2002 年版，第 393 页。

　　② Martin Meyerson and Edward C. Banfield, *Politics*, *Planning and the Public Interest*, New York: The Free Press（1955），p. 322.

　　③ 以上论述可参见：Weisbrod, Burton A. , Handler, Joel F. and Komesar, Neil K. , *Public Interest Law*: *An Economic and Institutional Analysis*, ch. 1. 对该概念的论述也可参见 G. Schubert , *The Public Interest*, Glencoe, Illinois（1960），p. 244. 以及，Richard E. Flathman, *The Public Interest*: *An Essay Concerning the Normative Discourse of Politics*, John Wiley & Sons, Inc.（1966），p. 67.

　　我们知道，包括公益诉讼在内的公益法活动最初的意旨是，由于政府对公益话语的垄断导致了一部分公众被体制性地排除出决策过程，因此，（尤其是公益律师）应当本着维护民权、促进制度变革的热望，为社会中的不利群体提供代理，以弥补这种公益残缺的格局。因而，公益法实践者们认为，不管是政府还是少数派群体，均可援用"公益"话语证明自己的立场；重要的不在于公共利益的具体含义，而在于它的界定方式。这种理解实质上走的是一种程序主义路径：比如他们认为，公益并非特殊利益的简单叠加，也不是特殊利益竞争得来的自动结果；它并不确认任何具体利益，也不能指出通向政策或变革的途径，而是一个价值中立的技术程序。对于那些具有公共精神的团体来说，它可以作为一种象征来为其行为提供合法依据。①

　　不过，假如抛弃了某种公平正义的实质性标准，原先以救助体制性不利者为依归的公益法活动就很容易走向反面。20世纪80年代以来，随着美国保守派公益法运动的发展，"公益"被用来维护经济自由、宗教信仰等保守目标，而失去了原先自由主义团体所追求的接近正义、维护普遍人权与实质平等的含义。② 因此，人们在认可这种程序公益观的价值的同时，又对它所带来的模棱两可甚至对原先立场的颠覆表示了忧虑，因为，假如抛却了"公益"概念的实质目标，那么它将会沦为一个空洞、歧义重重的概念，最终反而会危及公益法的健康发展。

　　正如彭诺克（Pennock）所说，虽然公益没有普遍、包罗一切的描述性定义，不同社会背景下的人们看法必定见仁见智，然而，如果放到特定的上下文中理解，"公益"一词的模糊性便可消除殆半。③ 因此，我们在对"公益"的概念作程序性定义的时候，绝不能脱离公益法活动发展的最初背景——为弱者而战——而孤立地理解。

（二）什么是公益诉讼？

　　要揭示公益诉讼语境中的"公益"概念，势必先要给公益诉讼下一个清晰的定义。事实上，对于公益的界定往往与对公益诉讼的理解交缠在一

---

　　① Richard E. Flathman, *The Public Interest: An Essay Concerning the Normative Discourse of Politics* (1966).

　　② 参见 Ann Southworth, Conservative Lawyers and the Contest Over the Meaning of "Public Interest Law", 52 *UCLA L. Rev.*, 1223 (2005).

　　③ Leif Lewin, *Self-Interest and Public Interest in Western Politics*, Oxford University Press (1991), p. 23.

起。一种通常的做法是通过分析公益概念来解说公益诉讼，由此引出了纷呈不一的观点，但旋即人们常常会沮丧地发现，脱离特定背景而纯粹从实体公益的角度出发给出的解释，又易使公益诉讼沦为一个极为空泛的概念。假如仅从字面上将其定义成"为了公共利益的诉讼"，且不谈从实体上界定公共利益会产生多少分歧，更大的问题是往往会将所有诉讼不加区别地涵括进来，① 无形中淡化了公益诉讼维护民权与制度变革的实际意义。不过，我们无须认定公益诉讼概念本身就是不恰当的、具有误导性的。一个概念的存在往往具备某种理由，而对这个概念的界定也总是不能脱离其形成与发展的语境。因此，不妨换一下定义的方向，即将"公益"概念置于公益诉讼背景下把握，而对后者的描述和剖析或许更有助于我们对公益的理解。

现代意义的公益诉讼始于美国的布朗诉教育委员会案（Brown v. Board of Education），它乃是伴随着 20 世纪中期美国民权运动而兴起的一种新型诉讼形式，旨在救助诸如妇孺病残、少数种族等社会弱势群体、推进制度及社会的变革。而随着现代工业社会的深入发展，各种危害到社会各阶层民众的公害变得愈来愈普遍，比如伪劣产品对消费者大众的危害、环境污染在全球的蔓延、医疗事故的频频发生等，无不对社会造成牵一发而动全身的后果。人们发现，这些公害现象的背后亦隐藏着现代民主制度的弊端，广大公众的利益事实上并没有得到真正反映：经济势力和行政系统攫取了公共决策的权力，却有意无意排斥了分散的、未组织化的那部分利益。这些利益不仅包括物质利益，也包括环境、娱乐、精神甚至后代的利益；不仅涉及传统的公民权利和政治权利，更涉及要求政府积极作为的社会—经济权利，甚至是可由法律原则推衍出来的未确认的权利。对此，一些具有公共精神的公民及团体针对相关政府机构及大型经济集团提起公益诉讼，不仅为大量相对无权的少数弱势群体提供代理，也寻求维护大多数人广泛共享但被忽视的各种利益。与此同时，司法也愈来愈广泛地运用审查权，通过重新阐释法律而推动制度变革、实现社会正义。

因此，公益诉讼活动在 20 世纪中后期迅速蓬勃开来，蔚然而成为各国法律领域一大景观，绝不是没有理由的。当然，由于各国政治法律制度与社会背景等不尽相同，公益诉讼的形式与策略也各有千秋，比如在欧陆诸国，法院囿于当事人理论之限对公益诉讼的宽严度把握得十分谨慎，而在美国、

---

① 有关讨论可见佟丽华、白羽：《和谐社会与公益诉讼：中美公益法比较研究》，法律出版社 2005 年版，第 149 页。

印度等国司法则明显带有积极的能动色彩。因此，我们不大容易为公益诉讼下一个明确定义，但至少可以给出一个基本的概括。观之各国的公益诉讼模式可以发现，危害的广泛性与结构性导致了传统诉讼框架的突破，其最为典型的特征就是起诉资格（standing）标准的不断自由化及司法审查范围的不断拓宽。比如在美国，法律对原告资格的认定从最初的从"法律权利标准"发展到后来的"事实损害标准"，即原告无须证明其法律权利已经或者正在遭受违法行政行为侵害（有无法律授予起诉资格），而只要其利益正受到或可能受到不利即可起诉，甚至动植物、河流、文物都可以成为诉讼主体。①而在司法积极能动的印度，任何"关注公众的个人"或组织都可就违背宪法或法律的公共行为起诉，乃至一封书信、一篇新闻报道都可以启动诉讼程序。②扩大起诉资格是与拓宽受案范围同时进行的：越来越多类型的案件被纳入司法审查范围，许多原来法院无权审查的案件都逐渐进入司法视野。③可以这么说，公益诉讼主要体现为不断扩大的原告群体（不仅包括与程序的结果有利害关系的人，也包括可能因该结果而受不利影响的人，乃至不特定的任何人）就一系列危害到不特定公众利益（其外延也是随着社会的发展而不断扩大的）的公共决策或行为起诉相关的公共当局及强势企业并提请司法审查的法律实践。④

　　一般而言，公益诉讼体现为以下两种形式：一为"试验案件"（test case），意在挑战现有法律及行政规章的合宪性，或者试图赋予既有规则以新的意义，从而确立先例；一为"结构变革诉讼"（structural reform suit），挑战的是执法中的缺失，法院依据宪法或法律来规范被告（通常是行政机关或强势企业）未来的行为模式。这样，有别于以救济个体损害为目的的

---

　　① 这一转变典型体现在1992年斯卡利亚大法官就"卢汉诉野生动物保护者协会案"（Lujan v. Defenders of Wildlife）所撰的判词中。不过，在不同政治法律思潮的影响下，此后美国最高法院在起诉资格问题上立场时有反复，乃至究竟向何方发展仍有待观察。然而，突破既有的传统诉讼资格标准显然已成不争的事实。

　　② S. P. Gupta v. Union of India, AIR 1982 SC 149.

　　③ 如美国法院将各种具有重大的政治、社会和经济意义的案件（如选举区案件、种族歧视案等）纳入诉讼程序，而德国行政法院亦有权受理除违宪案件和法律规定除外的一切公法案件。章剑生："有关行政诉讼受案范围的几个理论问题探析"，摘自天涯法律网，2008年1月29日访问。

　　④ 这当然不排除检察机关为维护国家利益而提起的公诉，事实上这与公民提起的公益诉讼关系是互补的，或者说是不同利益主体从不同立场对公益采取的不同理解方式在诉讼中的展现。不过，本文所关注的公益诉讼与检察机关的公诉不同，它更侧重于公民及其团体通过诉讼的方式去完善民主的民权意义。

传统诉讼模式，公益诉讼针对的是政策制度本身及其实施中的不平，其原告也通常是受其影响的无组织、无定形的公众，法院一般在诉讼中扮演起积极角色，承担起审查违宪立法及行政活动的责任，其判决结果往往影响广泛，带有形成公共政策、重塑社会价值的色彩。① 由此，公益诉讼成为实现人权、拓宽公共参与、激发草根组织力量、改革法律制度、培育政府责任感的重要机制，这不仅需要积极能动的公民及团体发挥作用，也对法官传统的解纠析纷角色提出了新的要求。

二　公益诉讼中的"公共利益"问题

（一）有关"公共利益"的两大难题

作为公益法活动中一项重要的环节，公益诉讼较之其他公益法活动（如公益上书、公众动员、公民教育等）而言更富争议，其中有关公共利益的难题也最为费人心神甚至悖论重重，对这些问题的争辩尤为典型地反映出公益概念的不确定性。另外，假如从法律程序的特定运用方式上来把握公共利益，公益诉讼亦典型地带有明显的程序特征：按照法院对法律的灵活解释，原告范围是不断扩大的，甚至可能延及与案件无直接利害关系的当事人，法院则愈来愈肩负着审查立法与行政权力的任务，乃至在某些情况下已接近于政策制定和行政管理者的角色。当然，起诉主体的多元化与司法的能动程度与一国的法律传统、司法角色、公民社会成熟度等有着千丝万缕的联系，但是，至少在这两大基本层面上，公益诉讼已突破了传统的诉讼制度乃至公法理论，同时也引起了相应的理论难题。在此试以美国公法学界对公益诉讼的理论争论为例作一介绍。

难题之一是，谁有权代表公益？在一项公益诉讼中，作为私人力量的公民及其团体往往充当了原告的角色，这引起了人们对谁有权代表公益的忧虑及分歧。以美国法律界的争论为例，公益诉讼的反对者坚持传统的起诉资格标准，宣称任何人只能就自己受到的侵害起诉，而不能随意侵犯他人的自主

---

① 具体描述可参见 Abram Chayes, *The Role of the Judge in Public Law Litigation*, 89 Harv. L. Rev. 1311—1312（1976）；［英］阿布杜勒·帕力瓦拉、萨米·阿德尔曼等：《第三世界国家的法律与危机》，法律出版社 2006 年版，第 115—116 页。

疆域。① 允许与案件没有利害关系的私人起诉会侵涉自由主义的核心——个人自主原则，因此，个人（团体）决不具备主张公益的资格，而应由政府担当维护公益的正统角色。与此相对，公益诉讼的支持者则认为，放宽起诉资格只不过是法院结合新的形势行使其分内的解释权罢了。假如不允许其他当事人介入诉讼，不仅会限制法院收集局外人提供的有用信息，也会损害那些由于过度分散而无法有效表达利益诉求的缺席者的利益。放宽起诉资格不仅不会妨害个人自主，反而会更好地促进个人自主与公共自主的共同实现。② 举例说，在性别歧视案件中，面临不利的社会状况及诸多不平等的制度，那些既无权无势又缺乏法律知识的妇女是无法有效地保护自己的权利的，所谓个人自主的严格性质也是相对的。允许他人尤其是妇女团体代为起诉，这不仅是维护其个人自主的手段，也是维护女性参与政治的公共自主、维护社会合作的制度保证之一。但是，以上观点立即又面临指责：宣称个人或团体可以代表公益会不会有假托公益代表的危险？③ 历史上常常不乏托公益之名行私利之实的例子，而在现实中，公益诉讼也极易沦为打着公益幌子的精英律师所支配的结果。

　　难题之二是，法院可不可以处理公共利益案件？公益诉讼的批评者认为法院缺乏解决公共利益问题的合法性。他们认为，由于司法机关是非民主的机构，倘若允许与案件利害无关的人就公共政策问题起诉，势必使法院干涉本应由立法和行政部门主管的事项，不仅有僭越权限、过度司法化之嫌，而且法院也缺乏判断公共利益的资源与能力。如持保守主义立场的美国大法官安东尼·斯卡利亚（Antonin Scalia）所言，"允许议会将不可分割的公益转化为可在法庭上辩护的个人利益，就是允许议会将总统最重要的宪法职责——确保法律得到切实执行——转到法院手中"。④ 相反，公益诉讼的支持者对分权原则坚持一种更灵活、更重实质的理解进路。他们主张，由于代议制在现实条件下已暴露出种种缺陷，作为多数主义民主机构的立法与行政

---

① Lea Brilmayer, *The Jurisprudence of Article III*: *Perspectives on the 'Case or Controversy' Requirement*, 93 *Harv. L. Rev.* 296 (1979).

② Stephen Ellmann, *Client-Centeredness Multiplied*: *Individual Autonomy and Collective Mobilization in Public Interest Lawyers´ Representation of Groups*, 78 *Va. L. Rev.* 1103 (1992).

③ Lucas Bergkamp, Hunton & Williams, *Are Standing Rights for Environmental Groups in the Public Interest*? http://ssrn.com/abstract=294477, 2005 年 5 月 12 日访问。该文以环保公益组织为例说明了其目标的片面性：在环境组织的眼中只有环境利益，而不会考虑到起诉可能会导致人们失业、穷困潦倒甚至死亡。

④ Lujan v. Defenders of Wildlife, 504 U. S. 555, 577 (1992).

机关也离公共利益愈来愈远。通过行使司法审查权解决那些本应由民选机构履行的公共责任，法院可以保护那些无法接近政治程序的民众，更有效地完善民主体制、保护公共利益。① 然而，也有人谨慎地指出，法院必须小心避免侵入立法领域或作出政治决定，否则不仅会超越法院的职责，而且也会有家长制作风之嫌，乃至冒险践踏了其他权利。再说，公益诉讼的作用主要在于为公众敞开救济大门，而在促进社会变革方面是否有效却是未知的。因此，公益诉讼不过是法院发挥其有限权力的一种工具罢了。②

观之其中的分歧点，可以发现它们虽然针对具体的法律程序问题，但是从深层上却体现了不同的公法理论对公民观念，尤其是公益与私益、公共权利与个人能力之关系的看法。③ 不论如何，公益诉讼背景下的公共利益概念已然获得了某种政治性含义：如何才能补救代议制民主的失灵？在此过程中，司法、民众以及政府等主体应当发挥什么样的作用？这些问题显然已大大超越诉讼本身，因为我们知道，司法权利与资源是有限的，诉讼成本也是高昂的，而在社会纷繁争端频仍的时代，民众关于公正的呼求却是无限的。因此，我们不得不回到原先的问题：究竟该如何界定或理解公益？

（二）思路的转换

事实上，公益诉讼的两大理论难题在不同的国家和地区都不同程度地存在着，对公益诉讼缺陷的认识与补救的技术亦随之不时得到发展。不过，仔细检视上面两种对立的观点，可以发现它们遵循着一些共同的逻辑前提。首先，它们都预设着"公益是可以被代表的"（不论是私人力量还是政府来代表）这一观念；其次，有关公共利益的问题只有通过公权力机关（不管是司法、行政还是立法机关）才能得到解决。让我们简单分析一下这两个前提的问题所在。

首先，在由谁来代表公益这个问题上，必然会遇到某些难以绕过的悖

---

① 参见 Peter L. Strauss, Formal and Functional Approaches to Separation of Powers Questions——A Foolish Inconsistency, 72 *Cornell. L. Rev.* 488, 489 (1987), 及 Owen M. Fiss, The Supreme Court 1978 Term: Foreword: The Forms of Justice, 93 *Harv. L. Rev.* 1 (1979).

② 相关讨论见［英］阿布杜勒·帕力瓦拉、萨米·阿德尔曼等：《第三世界国家的法律与危机》，法律出版社 2006 年版，第 131—136 页。

③ 比如就有论者认为，放宽起诉资格的后果之一，便是将诉讼焦点从诉讼人利益的维护转向依法而治的利益维护，而这是与关于个人责任的某种社群主义观点相一致的。David Feldman, Public Interest Litigation and Constitutional Theory in Comparative Perspective, 55 *The Modern Law Review*, 44, 46 (1992).

论。其一，如果假设只有政府才可以代表公益，那么无异于将个人与公共截然划分开来，实质上隐含着对公民理性与能动性的傲慢与不信任。随着立法、行政两大部门作为"公益"代表形象的急遽没落，经典民主理论中有关公共利益代表的假设已无法顺应时势。其二，所谓选择"公益"代表的观点本身就是经不起推敲的。随着现代社会的发展，个人及群体的利益不再接近于同质，而是越来越多元化甚至具有冲突性，如何能确保一项制度或决策能充分代表所有人的利益？那些宣称代表"公益"的观点实质上面临两难局面：要么承认存在代表不足，要么就推定某些公共决策或行为征得了被代表者的默示同意，而这种"同意"又是含混的、易生歧义的。正如有论者所言，通常理解的"公共利益"观念掩盖了各种利益冲突的事实。因此，在公共利益的认定中，应当将各种假托公益之名的个人性、群体性的偏好排除出去，按照对每个人有利的标准来评价社会实践。① 在"原告可不可以代表公益"问题上纠缠不休，实质上反映了代议民主观念的变体在诉讼中的体现。以美国著名的环境案件——田纳西流域管理局诉希尔案（Tennessee Valley Authority v. Hill）为例，在立法意图并不明显的情况下，法院选择物种保护优先的环境伦理观行使了法律解释权。② 然而，在保护一种经济价值与生态价值均无定论的小鱼及继续耗资亿万的大坝工程以改善居民生活之间，政府、环保团体与居民们（以及居民之间）依然无法完全一致。因此，在具体的公益诉讼案件中，我们常常会发现，无论是一项起诉还是判决结果取得所有利益攸关者的同意是不现实的，强求一致不仅会虚置民意也会伤及行政机关的效率。

其次，在由谁来处理公共利益问题这个问题上，要么坚持只有政府、要么认为司法应处理公共利益问题，无形中忽视了公共利益的最大所有者——公民社会的力量。判断一项制度或决策是否符合公益，或者说对公共决策是否符合公益的辨析、理解与争论，绝不能垄断在公权力机关内部解决。一项制度或决策要使尽可能多的人理解、认同或接受，相关的论坛应当是开放的，应当提交给全体公众去检视、去争辩。借助于公益诉讼，法院不断地将他者、以前被排斥的人们包括进来，将那些新型的或尚未组织化的群体过去

① 相关批判请见［澳］菲利普·佩迪特：《共和主义：一种关于自由与政府的理论》，江苏人民出版社2006年版，第83—84页，以及［德］奥特费利德·赫费：《政治的正义性：法和国家的批判哲学之基础》，上海译文出版社2005年版，第47—55页。

② 参见汪劲主编《环境正义：丧钟为谁而鸣》，北京大学出版社2006年版，第157页及以下。

缺席的声音带入法庭；而诉讼本身的局限也意味着，公益诉讼所牵涉的问题远远超越了诉讼领域，它牵涉到一项系统的社会合作工程，其中，政府、媒体及公众等都应扮演积极关键的角色。

因此，我们不妨改变问题的方向，即将重点放在由谁来界定公益、如何达成公益、理解和达成公益所需的条件等方面，或许会获得一些更为清晰的认识。

三　作为一项基本公益的公共生活

（一）公益诉讼最重要的特征：并非"代表公益"而是"推动公共论辩"

我们知道，突破既有的起诉资格标准，将更多的公权力行为纳入司法审查的范围，仅仅是开启公益诉讼之门的第一步。在一项具体的公益诉讼中，如何运用法律程序及其他手段逐渐揭开"公益"之面纱，或者诉讼的"公益"性质是如何得以具备及展现的呢？让我们选取两类较为典型的公益诉讼案件加以比较和分析。

第一例是美国的经典公益诉讼案件——布朗诉教育委员会系列反种族歧视案。在布朗诉教育委员会案中，黑人学生琳达·布朗（Linda Brown）由于种族隔离制度不能进入附近的白人学校就读。布朗的父母联合其他家庭向法院起诉，虽然在联邦地方法院受挫，但最终获得了最高法院的胜诉判决。在废除歧视性的吉姆·克劳法之前后，报纸和电视等大众媒体（包括国际媒体）将美国南方越轨的种族活动公诸全国，并吸引了大众关注、激起了全国性的抗议与讨论运动，废除种族隔离的浪潮随之声势浩大地展开。①

第二例是我国公民起诉铁道部系列公益案件，如郝劲松诉铁道部火车餐车消费不给发票案、黄金荣诉铁道部火车票强制保险案等。郝劲松三次起诉北京铁路局虽然都惨遭败诉，但是却激起了媒体与公众的集中关注，并促使铁道部决定在全国火车上配备特别印制的铁路专用发票，中国火车不开发票的历史彻底结束；黄金荣诉铁道部案被曝光后，火车票强制保险问题也始为公众所知，虽则法院以原告"知情权被侵害不具备侵权的构成要件而不成

---

① See Michael J. Klarman, Brown, *Racial Change, and the Civil Rights Movement*, 80 Va. L. Rev. 7 (1994). 尽管该文不认为布朗案直接促成了种族关系的变革，但还是肯定了它对 20 世纪 60 年代中期美国民权立法的重要意义。

立"驳回其起诉及上诉，但由此开启了取消火车票强制保险之门。这些问题被揭露之后，相关的行政部门从最初的抵制转为正视问题及积极应对，而媒体报道与公共舆论在促使政府态度转变方面起到了相当的作用。①

当然，这两类例子不可能代表和涵括所有公益诉讼活动，但是它们无疑具有极高的典型性。对比它们的运作过程，可以发现一些共同的特点：首先，这些诉讼多由个人提起（或由公益法律组织提供代理）。其中，原告未必是经推举产生的，虽然可以称他们"代表了公益"或"为公益鼓与呼"，但是其壮举未必能得到社会的一致支持。② 其次，由于公益诉讼一般都指向某种制度性问题，因此法院出于各种原因未必都能予以积极对待。再次，在诉讼过程的前前后后，一直伴随着电视、报纸、广播乃至网络等媒体的追踪报道与集中关注，这不仅激起了公众热烈的讨论，而且，真相的浮出水面与话题的深入更会带动新一轮的讨论，其中或许鱼龙混杂、针锋相对，但是基本能循着理性的轨道而进展。最后，虽然这些案件在法庭上的遭遇不尽相同，然而都有可能对制度的变革起到或多或少的作用，尤其是对民众权利意识具有相当的启迪与感染意义。

这些相互关联的表象共同揭示了什么呢？从最直接的层面上我们可以发现，一件具体的事件（如被拒进入白人学校上学、被迫购买交通保险等）是如何逐渐演化为公共事件，从而最终触及制度本身的。实则上，令公益诉讼意义如此深远、兴起如此迅速的原因，远不止诉讼结构的变化那么简单，也远远不取决于司法有何作为；我们知道，公益诉讼一般都不易被法院受理或在法律上获得胜诉，而且，即使原告胜诉也未必会带来所指向的制度模式的变化。况且在某些成文法国家，司法权威尚未确立，司法资源相当匮缺，诉讼本身与法律制度的系统变革更难以建立必然的关联。因而，在这些案件中，将问题提到桌面并令公众及时密切关注、从而迫使应负责任的公共机构正视相关问题的，除了原告的起诉与法院的审理之外，也恰恰离不开诸如电视、报刊及网络这样的媒体，借助于这种将信息公开化的媒介，促成了公益法活动中最引人注目的一环——公众讨论。

---

① 相关介绍及评论，可参见吕卫红《指称"餐车拒付发票"苦无证据，乘客状告北京铁路局终审败诉》，载 http：//www. jcrb. com/zyw/n567/ca361264. htm，2008 年 1 月 29 日访问；王晓雁：《叫板铁路局沿袭 54 年强制保险终审败诉》，载 http：//www. chinacourt. org/html/article/200603/24/199526. shtml，2008 年 1 月 29 日访问。

② 对这些案件的起诉褒贬不一。在布朗案中，反对种族隔离的诉求绝不可能得到南方黑人的支持；而郝劲松也因频繁起诉而被政府机关或普通民众指责为"诉讼狂人"、"蓄意炒作"。

　　在民主社会中，一项公共决策必须具备这样的特质：它不仅要得到我们的认同和认可，也要让我们确信自己的利益得到促进、意见得到尊重。不管是立法、行政还是司法决策，都必须打上我们关切与思考的印记。[1] 如果说，重新思考和实现公益就是探寻最大化实现民主的途径，那么，对那些与我们的利益息息相关的公共决策及行为，任何人都不应由于机会、资源与能力的不平等而无法有效地了解、检视与争论。而要做到这一点，公民能力的培养、信息的披露流通、参与决策的各种正式/非正式渠道是基本的前提。否则，人们将无法有效地认知自己和他人的利益，无法对公共问题作出清醒的了解判断，无法理性地斟酌与衡量不同的观点，也无法将处境相似的社会成员组织起来表达诉求、参与决策。因此，媒体作为沟通民意与公权力、联系公众交往网络之中介的作用就显得尤其重要，旨在促进公民有效参与的各种制度与制度外的途径（如上书、诉讼及公共舆论等）也便极为关键。[2]

　　在一项公益诉讼中，主张放宽原告起诉资格，并吸收更多的专家、媒体及民众进入事实调查与救济过程，实则是通过主体多元化的方式拓展诉讼论坛的广度和深度——借助于不同意见的碰撞来发现和确认案件涉及的公共利益，借助于多元的主体参与来实现这些公共利益。或许如此达到的结果最终是不确定的、有争议的，但是，打破公权力或专家权威垄断公共利益话语的不对称格局、让所有的发言者都能有同等的机会对公共决策发表意见、并对他们不予同意的结果展开持续的论辩，才能令公共利益的发现与落实具备更多的民意支撑与说服力。

　　因此，包括公益诉讼在内的各种形式的公益法活动，它们的最大特色（意义）未必在于公权力对公共利益的弥补或重新发掘，而是体现在以下的过程：针对某些涉及公众切身利益的制度或公共行为，任何个人或组织都可代表其立场表达不满与质疑，并通过信息的披露与流通赋予所涉话题以某种公共性，而愈来愈多的利益主体加入讨论将使这种公共性更为活跃、广泛与深入。其中，公众不仅能了解与考虑相关的制度状况，理解并回应他人对同一问题的看法，更可以通过公共知识的习得而参与决策，从而与制度之间形成理性与健康的互动。在这个过程中，达成公共利益的关键不在于获得令人

---

　　① 菲利普·佩迪特：《共和主义：一种关于自由与政府的理论》，江苏人民出版社 2006 年版，第 241 页。

　　② 当然，在实际情况中媒体经常不能很好地履行其社会功能，不仅会受到局部利益的驱动，也容易受到不真实的民意蒙蔽，但是，这与扩大媒体的开放与多元化、强化行业自律与政府监督是不矛盾的。

满意的代表，而在于扩大所涉问题的公共性；如此取得的也不是追求一致同意的"公共利益"，而是可就公共利益问题展开的平等持久的公共论辩。

（二）作为一项公共利益的公共生活

以这种方式所理解的公共利益与前述程序论观点颇为接近，不过，它又是以有利于所有人尤其是处于最不利地位的社会成员为前提的，即围绕公共问题的争论必须是平等、包容和开放的，而那些曾经因为权力、资源或能力的缺乏而无法有效发言的利益主体绝不能被排除出讨论过程。[①] 真正的公共利益只有在一个开放的公共领域中才具有意义，进入到这个公共领域中的人就可以被视为公共利益的分享主体，而其关键又在于人们以何种身份进入公共领域。[②] 换言之，达成公共利益的途径不在于被适当地代表，而恰恰在于以自己的身份对相关的公共决策提出意见、申诉和讨论，要求得到回应与满足。因此，论辩式的公共生活是一项现代社会中任何人都会从中受惠的公共利益，它不仅培育与彰显人的主体性，也强调人的关联性；它由无数个相互独立而又相关联的个体所营造与推动，隐含于社会各层面成员的广泛交流与合作之中。

我们可以从两方面来加以论证。首先，这样的公共利益具有其内在的价值。按照拉兹（Raz）的说法，一项内在的公益必须具有独立于其后果的价值。在这种意义上看，一个社会如果具有普遍使人受益的特征，那么于每一成员便是内在的公益。它不仅可以为所有人非排他地享有，并且，对它的分配也必须能为每一位同时支配自己那一份额的潜在受益人自主控制。[③] 在复杂多变的现代社会，人和人既是相互独立也是彼此依存的。面对一些可能危及人类的公害（比如环境污染），整个社会中的人甚至未来的世世代代都属于同一脆弱性群体从而息息相关。因此，任何人都对健康良好的公共生活拥有权利，同时也对维持公共生活的有序运转负有责任。即使不是所有人都会予以积极参与，但是，假设没有兼具理性与自由的公共生活，个人的权利和自由就极有可能招致扼杀，个人追求的丰富多样的生活品质就会失去保证。我们需要有某种制度性的形式确保每一道同意或者反对的声音可以得以表

---

① 有关讨论可参见［美］约翰·罗尔斯《正义论》，中国社会科学出版社 1988 年版；［美］詹姆斯·博曼：《公共协商：多元主义、复杂性与民主》，中央编译出版社 2006 年版。

② 贺海仁：《试验性案件：公益律师的行动逻辑与理论》（未刊稿）。

③ Joseph Raz, Right-based Moralities, in Jeremy Waldron（ed.）, *Theories of Rights*, Oxford University Press（1984）, p. 187.

达，得到倾听，得到支持，得以满足；而借助于公共讨论，所有潜在受影响的人都可以"为自己和他们所属的群体发言，引导国家行为的每一种利益和思想观念都必须接受社会中每一个部分的挑战；并且一旦出现不同意见，就必须采取恰当的补救措施。人们必须就程序达成一种高度的共识，或者他们必须为脱离或者良心的抗拒或类似的事物保留空间"。①

其次，论辩式的公共生活也具有工具价值。从公众层面来讲，这是公众接近权力的一种有效手段。对每一项重大的公共决策加以有效的参与及争辩，有利于公权力得到监督，民意不被虚假代言。从公权力者层面来讲，公共辩论有助于树立公共权威，提升决策质量。一项制度或政策的受体必然是社会公众，借助于自由、平等与开放的讨论，政府可以尽可能从众声喧哗中探寻真正的民意，使决策的制定及运行具备充分的正当性与合理性。从民主政治本身来讲，健康理性的公共论辩有利于完善民主。现代社会的公共决策往往会牵涉到多方不同的利益，期待一项决策符合所有人的利益既不现实，亦无可能，而对各方利益加以权衡取舍的标准也不是非此即彼那么了然。在决策的制定与落实过程中，必定需要各方利益主体的理解、探讨与合作，而对于那些未予采纳的反对意见，也应当提供某种制度化的表达与影响途径；如此达成的不是"人人一致同意"的民主，而是一种容纳不同声音与意见、从而"人人得以认同"的民主。

四　结语

至此，我们可以得出某些结论：其一，对公共利益的理解和认定是一个动态开放的讨论过程，因此，有关公益代表正当性的问题在理论上是不存在障碍的。为了便利公民维护公益，应当允许任何公民、法人和其他组织提起公益诉讼或从事其他公益法实践。我们不必因为一项起诉没有征得全体公众授权而否认其公益性，更不应因为公益原告可能掺有私心而否定其行动的合理性。② 其二，放宽起诉资格必然伴随着司法审查范围的拓宽和力度的加强，因此，法院必须正视自己在解释法律与维护社会公正方面的角色，而不

---

①　菲利普·佩迪特：《共和主义：一种关于自由与政府的理论》，江苏人民出版社 2006 年版，第 75 页。

②　当然在实践中，我们也应考虑原告资格拓宽可能带来的司法负担与不当私人动机问题，但这可以通过司法技术来解决，如规定公益诉讼一旦提起即不予撤诉；严格立案审查、不允许将个人争议转变为公益诉讼；不允许营利性的公益诉讼等。

能推诿责任、消极逃避。其三，由于公益诉讼中司法能力的限制，因此，建立一个有利于各种利益表达诉求的机制、扩大围绕制度决策展开论辩的公共论坛是必要的。其中，沟通制度与民意的机制、成熟活跃的公民社团与媒体、宽松自由的舆论环境都极为重要。

在我们这个问题丛生而又追求公正和谐的时代，环境污染、伪劣产品、医疗漏洞、教育乱收费等错综复杂的公共问题与公众的不满与期待交织在一起。如何在政府、企业与民众的较量与博弈中拨开迷雾，找到一条通向公共利益的坦途？或许2007年底厦门市民成功反对PX项目的实践能为我们提供一个好的范例。① 当代中国社会正逐步走向和谐、共通与合作，如何培育一种论辩式的公共生活并为之提供相关的制度保证，也许艰难重重，但是充满希望。

（该文原载于《环球法律评论》2008 年第 3 期）

---

① 在这个案件中，厦门市民全民动员促使政府停止了污染环境的 PX 项目，保护了自己的家园，而福建省政府和厦门市政府顺从民意、广泛纳谏也确实功不可没。当然，在该项目停建的前前后后，各大媒体发挥了积极作用。而在另外一些地方，由于公众没有参与项目决策，导致事后环境纠纷不断，甚至引发群体性事件。参见：《厦门 PX 事件：民本导向促多方利益博弈达到共赢》，中国新闻网 2007 年 12 月 30 日，2008 年 1 月 29 日访问。

突破传统诉讼理论，打开公益救济之门
——民事公益诉讼原告制度研究

范小华① 李刚②

随着市场经济的发展和法制观念的深入人心，人们的眼光不再局限于对自身利益的关注，而是将更多的目光投向影响社会发展和人类进步的公共利益。当侵权人的行为不仅侵犯了私人利益，更是损害公共利益时，一种新的诉讼形式——民事公益诉讼应运而生。在我国，尽管近年来以维护公共利益为目标的民事公益诉讼层出不穷，但大都被法院以原告不具备起诉资格而不予受理或驳回起诉。以现代社会最典型的环境公害事件为例，在 2005 年 11 月发生的新中国成立以来最大的环境污染事故——松花江水污染事件的处理中，我们看到了公共利益维护的真空和缺失。尽管 2007 年 1 月国家环保总局对污染责任主体开出了有史以来最大的一笔罚单：罚款 100 万元，但是，这区区 100 万元罚款相对于污染企业给松花江流域所造成的损失而言不值一提③。污染发生后，某些个人或企业可以就其受到的健康或经济方面的损失直接向污染企业索赔；但是，整个生态环境遭到破坏，影响的是数百万人，甚至子孙后代，谁来代表公共利益向污染者索赔？依据现行的法律，国家环保部门不行④，检察机关不行⑤，普通民众同样不行⑥。事实上，2005 年 12 月，北京大学法学院三位教授及三位研究生已经以自己和三种自然物（鲟

---

① 北京科技大学讲师。
② 西南政法大学司法研究中心研究员，中国公益诉讼网主编，法学博士。
③ 2006 年 1 月 6 日，国家环保总局在哈尔滨举行的《松花江流域水污染防治规划》征求意见会上表示，国家计划在 5 年内耗资约 266 亿元用于全流域治理松花江水污染。可见，松花江水污染事件中环保总局对责任主体作出的 100 万元罚款相对于污染的治理和生态平衡的恢复所需要的费用而言是杯水车薪。
④ 环保部门有权依法对污染者进行行政处罚而不是提起民事赔偿，但行政罚款的性质和目的决定该罚款无法直接用于被污染环境的治理，其数额也远远达不到治理被污染环境的需要，这种力度过低的行政处罚导致法律对一些企图钻空子的企业根本没有威慑力。
⑤ 检察机关虽然有为公共利益提起公诉的权力，但目前法律将检察机关的公诉范围限定在刑事诉讼领域。
⑥ 现行民事诉讼法中的诉讼主体制度成为普通民众为公共利益提起民事公益诉讼的一个无法逾越的阻碍。

鳇鱼、松花江、太阳岛）为共同原告向黑龙江省高级人民法院提起了要求污染企业赔偿 100 亿元人民币用于治理松花江流域污染和恢复生态平衡的公益诉讼，但黑龙江省高级人民法院拒绝了此案的受理①。

为了有效地维护社会公共利益，我国民事公益诉讼之门应尽快开启，目前公共利益无人救济或救济不能的现状，已经严重影响社会主义和谐社会的构建。罗马法谚云："没有原告就没有法官。"因此，民事公益诉讼首先要解决的是原告主体资格问题。

一　为构建民事公益诉讼制度突破传统诉讼理论

公益诉讼是相对于私益诉讼而言的。私益诉讼就是因侵害私人（包括自然人、法人和其他组织）利益而引发的诉讼，公益诉讼则是指对违反法律侵犯公共利益的行为向法院提起的诉讼。私人利益能够确定特定的利益主体，其内容往往表现为实体权利，而公共利益的利益主体往往是不确定的，内容也是泛泛的。正是因为公共利益与私人利益的这种不同特点，加上传统诉讼法理论中的当事人适格理论、诉的利益理论，使得司法救济的大门无法向公共利益敞开。开启公益诉讼之门需要对传统理论进行突破和扩展。

传统当事人适格理论将诉讼当事人界定为与争议有直接利害关系的人。由于诉讼法曾经有过的从属于实体法的地位，所以在相当长的时期里，实体法上的当事人才被作为诉讼当事人。我国民事诉讼法也秉承了传统直接利害关系理论②，虽然有利于防止滥用诉讼、高效利用诉讼资源，但却忽略了保护公共利益的需要。现代社会所出现的现代型纠纷（如垄断、限制竞争、不正当竞争、侵犯消费者权益、环境污染等损害不特定多数人利益的纠纷）往往同时危害着两种类型的利益，即特定的私人利益和公共利益。对于特定的私人利益，现实的受害者可以通过现行的民事诉讼途径维护自己的利益，虽然因最后结果可能扩展到公共利益而成为一种可以上升为公益保护的私益诉讼③，但由于案件的社会化特征，提起诉讼的直接利害关系人难以就整个公共利益的损害提出有效的救济请求。对于公共利益而言，如果直接利害关

---

① 见 www.163.com "北大法学院教授、研究生代表松花江，起诉中石油" 一文的报道。

② 我国民事诉讼法第 108 条规定的起诉条件首先就是 "原告是与本案有直接利害关系的公民、法人和其他组织"。

③ 肖建国：《民事公益诉讼的类型化分析》，载《西南政法大学学报》2007 年第 1 期。

系人不提起可以上升为公益保护的私益诉讼，或者责任主体只侵犯了公益而没有直接侵犯私益，那么公共利益的维护会因传统直接利害关系当事人理论而被拒之于诉讼程序之外。随着公益侵权案件的增多，传统当事人适格理论凸显出公益保护的无力，于是，扩大当事人资格已成为一种主流趋势。近现代民事诉讼当事人理论认为，诉讼当事人是一个程序概念，用"形式当事人"① 去界定诉讼当事人，从而将当事人适格的判断与实体关系分开，非特定实体关系的非直接利害关系人为了公共利益而提起民事公益诉讼因此可以成立。

　　传统的诉的利益理论是启动民事诉讼程序的要件，"无利益则无诉权"，通过对诉的利益的判断，将不具有诉的利益的主体排斥于诉讼之外。传统的诉的利益理论和当事人适格理论一样，也坚持实体审查原则，认为诉的利益应该是一种现实的个人的利益，而不是一种潜在的他人的利益。但是，随着经济社会的发展，对于大量出现的关系到整个社会的环境品质或者影响多数人生存权的现代型纠纷，法官无法从现有实体法中找到依据，这些案件中受到威胁的公共利益往往是"形成中的权利"，没有相应的实体法规范，这是一种"法律漏洞"。② 如果仅仅从"权利既成"的角度来考虑诉的利益的话，这种"形成中的权利"将没有获得诉讼救济的机会。因此，"基于增加国民接近法院或使用诉讼的机会或途径，扩大民事诉讼解决纷争和保护权益的功能……那么，就不宜仅从实体法上观点来判断有无诉的利益，而应当尽量扩大诉的利益的范围"。③ 我国正处于社会转型时期，涉及公共利益的现代型纠纷也纷纷出现，这些纠纷如果不能及时得到司法上的有效解决，长期积累的结果必将形成社会的不安定因素。在判断诉的利益有无时，不能仅限于民事实体法的规定，它还应当涵盖宪法和其他部门法赋予法律主体的权益，尤其是"宪法所保障的诉讼权、自由权、财产权、平等权、生存权等基本权利"。④ 因此，从最大限度保护当事人的合法权益出发，有必要继续扩大诉的利益的范围，尽可能地让包括公益在内的利益纷争能够进入诉讼。

　　综上，传统的民事诉讼法理论主要为私益诉讼而生，但是却关闭了公共

---

　　① 德国学者奥特科尔等则创立了"形式当事人"的概念，将诉讼当事人的概念与实体权利关系的主体分离开。赫尔维格进一步提出诉讼当事人资格纯粹是诉讼法上的问题，认为当事人适格的基础是"诉讼实施权"。

　　② 梁慧星：《民法解释学》，中国政法大学出版社 1995 年版，第 257—258 页。

　　③ 廖永安：《民事诉讼理论探索与程序整合》，中国法制出版社 2005 年版，第 51—52 页。

　　④ 江伟：《市场经济与民事诉讼法学的使命》，载《现代法学》1996 年第 3 期。

利益的救济之门。中国目前大量公益侵权行为猖獗肆虐而公共利益无法得到有效的司法救济，此现状显现出现有民事诉讼制度的严重不足。为了维护公共利益，应该修正传统的当事人适格理论和诉的利益理论，拓宽民事公益诉讼适格原告的范围。

二 构建多元化的民事公益诉讼原告资格制度

基于公共利益主体的不确定性和不可分性的特点，当公共利益受到侵害时，多数人更多地寄希望于通过他人维护公共利益的行为实现自己受益，这种情形与私益受到侵犯时特定当事人会主动保护自己利益的情形显然不同，因此，公共利益的维护需要法律赋予更多主体以原告资格。自罗马法始创公益诉讼以来，无论大陆法系还是英美法系，各国立法规定的民事公益诉讼原告范围十分广泛。直接利害关系人固然能够提起可以上升为公益保护的私益诉讼从而间接地达到维护公共利益的目的①，非直接利害关系人在公益受损的情况下也并非无所作为，各国具体规定虽然不尽相同，但大都采取了多元化的公益诉讼原告资格模式。我国应合理借鉴国外公益诉讼制度，建立民事公益诉讼多元化原告制度，认可获得授权的国家机关、公益性社会团体、公民的公益诉讼原告资格，以达到全方位多角度地维护公共利益。

（一）获得授权的国家机关的民事公益诉讼原告资格

国家机关作为民事公益诉讼的多元化主体的一元必不可少。首先，国家是公共利益的天然代表，国家机关代表公共利益提起公益诉讼责无旁贷。与私人利益有特定的利益主体不同，公共利益没有特定的利益主体，需要一个代表来维护，以维护公共秩序和公共利益为己任的国家担任这一角色无可争议。其次，国家机关作为民事公益诉讼的原告具有其他主体所不具有的优势。公益诉讼的被诉主体往往是具有强势地位的企业，国家机关在诉讼中相对于一般民众或社会团体显然颇具优势。国家机关提起公益诉讼，能够使侵

---

① 从公益诉讼是一种为公益利益而诉的角度看，那种为了个人利益而起诉，但诉讼的结果因其社会的普遍性从而对公共利益产生较大影响的诉讼（即可以上升为公益保护的私益诉讼）也应划入公益诉讼的范围。事实上，受目前诉讼法之限，我国司法实践中的民事公益诉讼往往是通过寻找甚至人为地制造一种特定私益关系而提起，如购买拟被诉主体的产品、接受其服务等等。但本文研究的公益诉讼范围主要着眼于那些与原告利益无直接关系的纯粹的公益诉讼，因为这类诉讼才真正对现行诉讼法的传统理论和现行制度提出了挑战，也是真正需要解决和突破的。

犯社会公共利益的行为处于严密的监督和有效的遏制之下，可以在最大程度上保证起诉标准的统一公正，避免私人起诉可能产生的报复和滥诉弊端，实现诉讼的效率与效益。① 另外，现阶段，中国民众并不具备较强的公益意识，又有"和为贵"和逆来顺受的传统，大多数人在公共利益受损时更依赖政府的出面，而同时公益社会团体从数量上、规模上和经验上都不足以完全胜任公益诉讼的重任，国家机关仍然在相当长的时期内成为公益诉讼的主要发动者。

在提起公益诉讼的国家机关中，世界上比较通行的做法是检察机关作为公共利益的代表提起公益诉讼。在我国，大部分学者认为，检察机关的性质和职能决定其应当作为民事公益诉讼原告的首选。我国检察机关作为宪法规定的国家的专门法律监督机关，其作为社会公共利益的代表与作为法律监督者的身份合二为一，这就为其介入公益诉讼奠定了坚实的基础。② 我国现行民事诉讼法规定"人民检察院有权对民事审判活动实行法律监督"和人民检察院组织法规定"人民检察院通过行使检察权……维护社会主义法制，维护社会秩序……保护公民的人身权利、民主权利和其他权利"，但这些规定尚不能算作是对人民检察院公益诉讼原告资格的授权。实践中人民检察院以原告身份提出了一些公益诉讼③，但严格地讲并无法律依据，而只是在公益诉讼领域中进行的有益的尝试和探索。

除了检察机关外，特定的国家行政机关为公益诉讼的原告也是一些国家的做法。如俄罗斯的国家委员会、俄罗斯联邦标准化、度量衡和检验国家委员会、卫生防疫监督委员会、俄罗斯联邦生态和自然资源部等国家机关有权在自己的职权范围内对损害范围不确定的消费者的违法行为向法院提起诉讼；英国公平交易局局长可对侵害消费者利益的行为和违反公益的垄断、反竞争行为提起诉讼。④ 我国司法实践中也有认可特定国家机关公益诉讼原告

---

① 韩志红：《我国检察机关应当有权提起民事诉讼》，载《南开学报》（哲学社会科学版）2000 年第 5 期。

② 陈桂明：《检察机关应当介入公益诉讼案件》，载《人民检察》2005 年第 7 期。

③ 1997 年，河南省方城县检察院作为原告，直接起诉该县某乡工商所造成国有资产流失的行为，并获得法院支持，成为全国第一起公益诉讼案件，开创了检察机关民事公诉之先河。之后，河南、山西、福建、山东、贵州、江苏、江西等省的检察机关在国有资产可能严重流失的情况下，先后向法院提出民事公益诉讼，并取得了成功。但 2005 年初最高人民法院叫停受理检察院作为原告提起的国有资产流失案件。

④ 梁玉超：《民事公益诉讼模式的选择》，载《法学》2007 年第 6 期。

资格的案例①，但这些案例在公益诉讼制度缺失的情况下仍然只是一种尝试。对于政府机关及其相关部门提起公益诉讼的问题，有学者建议：为解决人事诉讼、环境诉讼以及其他有关公益性或国家政府的财产诉讼等，应当设立一些专门的政府机关，赋予其职务上或者公益上的当事人资格。这类机关可以是政府相关部门之下的一个特别的部、局，也可以从政府中分离出来成为相对独立的一个机关，这些机关有权以当事人名义为公共利益提起诉讼，为受害公众提请损失赔偿。②

到底将民事公益诉讼的原告主体资格赋予检察机关还是赋予相应的行政机关，笔者认为，考虑到我国检察机关并不同于三权分立国家的检察机关，其检察权并不隶属于行政权，加上行政机关分类细、资源多的特点，将民事公益诉讼主体资格赋予相应的国家政府机关可能更有利于维护公共利益。

（二）公益性社会团体的民事公益诉讼原告资格

公益性社会团体应该成为公益诉讼原告的中坚力量。首先，公益性社会团体作为公益诉讼的原告符合其成立的宗旨。公益性社会团体以谋求特定领域内的多数人共同利益为目的，当该领域中的共同利益受到侵犯时，以公益性社会团体的名义提起公益诉讼正好符合社团的成立宗旨。其次，公益性社会团体作为公益诉讼的原告具有一定的优势。民事公益诉讼案件的被告往往是实力雄厚的企业，公益性社会团体提起公益诉讼，无论在诉讼成本支出上，还是在处理该类事件的经验上，都比零散的个体提起公益诉讼具有更大的优势。再次，让公益性社会团体充当适格原告，可以减少诉讼环节和诉讼浪费，从而有利于减少程序利益的耗费。公益性社会团体的优点在于可以集中分散的资源以争取个体力量无法争取的权益，所以建立它的代诉制度有现实可能性。③

团体诉讼形式多见于大陆法系国家和地区的立法与司法实践。德国是最早实行团体诉讼的国家，主要运用于消费者权益保护、反不正当竞争领域。团体诉讼制度后被如法国、俄罗斯以及我国台湾等其他大陆法系国家和地区

---

① 如，2004 年黑龙江省饶河县四排赫哲族乡人民政府以赫哲族全体人民代表的身份向法院提起诉讼，主张对《乌苏里船歌》享有著作权，并获得胜诉；又如，广州海事法院判决认定广东省海洋与水产机构为国家职能管理部门，有权责令海洋污染责任人赔偿国家损失，也应该对该项损失提起民事诉讼。

② 齐树洁、苏婷婷：《公益诉讼与当事人适格之扩张》，载《现代法学》2005 年第 5 期。

③ 常怡：《"人权"背景下对民诉法修改的几点思考》，载《法学家》2004 年第 3 期。

广泛借鉴、大加运用。① 我国为解决群体性纠纷，已经在民事诉讼法中设立了代表人诉讼制度，但团体诉讼制度尚未建立。消费者权益保护法虽然赋予消费者协会受理消费者投诉及支持消费者起诉的权利，但并没有赋予消费者协会代表公共权益的起诉权。我们可以借鉴国外的一些做法，赋予具备一定条件的消费者协会、环保组织等公益性社会团体以民事公益诉讼原告资格。

（三）公民的民事公益诉讼原告资格

公民为维护公共利益提起诉讼，是公益诉讼的一大特点。当国家利益、公共利益受到不法侵害时，任何公民的利益都可能受到不同程度的直接或间接的侵害，他们理所当然有权选择通过诉讼保护自己的权益。首先，赋予公民民事公益诉讼原告资格是宪法原则的体现。我国宪法规定国家的一切权利属于人民，每个公民都有参加国家管理的权利，公民对公共利益案件具有扩大了的诉的利益，应当被赋予提起公益诉讼的诉权。其次，赋予公民民事公益诉讼原告资格有助于公民民主、参政和权利意识的增强。公民的民事公益诉讼原告资格从程序上保障了公民参政、议政，增强了公民的权利意识，让公民体会到国家、社会、集体、个人利益的一致性从而增强营造和谐社会环境的信心和决心。再次，赋予公民民事公益诉讼原告资格是增加公益诉讼动力、形成有效威慑机制的需要。仅仅把公益诉讼的希望寄托于国家机关或社会团体，很可能会造成公益诉讼资源的垄断，从而出现公益诉讼动力不足的局面，最终会扼杀公益诉讼的活力。将公益诉讼原告资格赋予最广泛的社会主体——公民，即使不会有太多的公民投入公益诉讼，但这对公益侵权人无疑是一种巨大的威慑。最后，公民在发现公益侵权行为的敏感程度上具有先天的优势。公民作为生存在现实社会中的基本组成部分，对社会生活的微小变化有切身的感觉，能够敏锐地发现公益侵权行为，事实上，国家机关和社会团体提起的公益诉讼往往最初也是由公民检举和揭露的。

公民作为公共利益的代表，以自己的名义提起公益诉讼，在外国的立法中已经存在。美国、瑞典和加拿大等国在其环境保护立法中确定了公民诉讼制度。② 我国目前尚未建立以公民为原告的民事公益诉讼制度，因此，司法实践中不但无利害关系的公民提起的公益诉讼被法院拒之门外，如前述的松花江污染事件引发的民事公益诉讼；即使有利害关系的当事人提起的私益以外的诉请通

---

① 梁玉超：《民事公益诉讼模式的选择》，载《法学》2007 年第 6 期。

② 同上。

常也得不到法院的支持，如王英诉酒厂张贴饮酒警示标志一案①。鉴于这种现状，建议在修改民事诉讼法时赋予满足条件的公民以公益诉讼原告资格。

三　民事公益诉讼原告之保障

除了授权国家机关作为原告主体以外，民事公益诉讼往往由处于弱势的一方向处于强势的公益侵权人提起，从而产生原被告之间的力量不平衡，同时，公益主体的不特定性使得具有原告资格的主体都抱有等待他人提起公益诉讼而自己受益的"搭便车"心理，从更好地维护公共利益和社会正义的角度出发，应当通过设置相应保障措施鼓励具有原告资格的主体积极进行民事公益诉讼。

（一）败诉被告惩罚性赔偿制度和胜诉原告奖励制度相结合

对于公益诉讼侵权人而言，为了惩罚其危害公共利益的恶劣行为并防止其再次发生，补偿性赔偿的惩罚力度显然不够，高额的惩罚性赔偿更为有效。同时，对于公益诉讼原告尤其是非国家机关原告而言，不能仅仅依靠他们具有的比常人更强的"正义感"和更高的"大公无私"的精神境界，而是应该利用有效的经济利益驱动机制以激励他们为公益而战。从败诉的公益侵权人的惩罚性赔偿中抽出一部分奖励给非国家机关的公益诉讼原告，在惩罚公益侵权人的同时鼓励公益维护者，不失为一个两全其美的好办法。

古罗马的罚金诉讼就是对公益诉讼的一种激励，这种罚金诉讼是为"那些为维护公共利益的诉讼而设置"，"任何市民都可以提起"。② 胜诉后原告可以从法院对被告所处罚金中分得一部分。这种激励模式一直影响到今天。美国《反欺骗政府法》规定，原告胜诉后，可以从法院判令被告支付的罚款中分得一部分，其比例为15%—20%。③ 这些规定正是为了鼓励起诉、威慑公益侵权行为。在我国，虽然法律有惩罚性损害赔偿金的规定④，但适用的范围有限。如果立法能将惩罚性损害赔偿扩展到垄断、环保等涉及公共利益的领域，

---

① 河南女教师王英因其夫酗酒身亡而于1998年将河南省富平春酒厂诉至法院，要求被告赔偿死亡造成的经济、精神等损失共计60万元并在酒瓶上标出"饮酒过量会致人中毒或死亡"等警示标志，然而，一审、二审和再审法院均判决王英败诉。

② 彼德罗·彭梵得：《罗马法教科书》，中国政法大学出版社1992年版，第92页。

③ 韩志红、阮大强：《经济公益诉讼的理论与实践》，法律出版社1999年版，第250页。

④ 如我国《消费者权益保护法》第49条规定：经营者提供商品或者服务有欺诈行为的，应当按照消费者的要求增加赔偿，增加赔偿的金额为消费者购买商品的价款或者接受服务的费用的一倍。

必将对恣意妄为的公益侵权人起到有效的威慑作用。同时，如果将我国奖励检举、揭发违法行为的传统引入到公民或社会团体提起的民事公益诉讼中，必将增强原告起诉的积极性，对公益诉讼起到推动作用。

（二）制定合理的民事公益诉讼收费制度

诉讼是一种有成本的司法活动，它不仅消耗司法资源也消耗当事人大量的人力、物力。公民个人和相关组织为了公共利益提起诉讼，已属难能可贵，如果由其预交与普通诉讼同等的诉讼费用，显然会让人们对公益诉讼望而却步。因此，民事公益诉讼与私益诉讼在诉讼费用及其他合理开支的承担上应有所不同。当然，也不宜采取完全的诉讼免费制度，因为这样又可能导致当事人的滥诉，浪费国家有限的司法资源。因此，要在鼓励公益诉讼和防止滥诉的两个矛盾问题上进行权衡，根据我国国情，可以采取诉讼费的暂缓缴纳和败诉公益侵权人承担对方律师费用等方式，建立合理的公益诉讼收费制度。

（三）建立公益法律援助制度

法律援助制度是世界上许多国家普遍采用的一种司法救济制度，是政府为经济困难的公民和特定当事人免费或减费提供法律服务，以保障其合法权益得以实现的一项法律制度。[①] 根据我国法律援助条例，法律援助范围限于特定的刑事、民事和行政案件，其中并不包括民事公益诉讼案件。考虑到民事公益诉讼的原告并不以直接谋求一己私利为目的，面对着的被告往往实力雄厚，需要花费大量的时间、精力乃至费用，因此在建立民事公益诉讼制度时应考虑将对民事公益诉讼的援助列入法律援助体系中，为公益诉讼的顺利进行提供保障。

（四）成立公益诉讼基金

既然公益诉讼是为公共利益而诉，因此成立公益诉讼基金会是支持公益诉讼的又一渠道。公益诉讼基金可以有和其他公益基金一样的来源，即接受社会捐赠等，同时还可以根据其自身特点如依照法律规定从对公益侵权人的惩罚性赔偿金中提留一定比例的资金作为公益诉讼基金。民事公益诉讼的原

---

① 宫晓冰、高贞：《中国法律援助制度的实践、探索与前景（上）》，载《中国司法》1997年第5期。

告在提起民事公益诉讼时可以向公益诉讼基金会申请公益诉讼费用，由公益基金会决定是否支持诉讼。建立公益诉讼基金并合理运用，无疑也是一种鼓励和保障民事公益诉讼的有效措施。

四　民事公益诉讼原告资格滥用之防范

与传统民事诉讼相比较，民事公益诉讼放宽了对原告资格的限制，降低了进入司法程序的门槛，非直接利害关系人为了社会公益可以提起诉讼，这种变化可能导致滥诉的产生。一些人打着维护社会公益的幌子滥用公益诉讼的原告资格，目的是为损害竞争对手或获取其他非正当利益，这不但会给无辜的相对人造成诉累，也极大地浪费国家宝贵的司法资源。因此，有必要对公益诉讼可能带来的滥诉问题设防。

（一）　限制公益诉讼的类型

防止公益诉讼可能带来的滥诉问题不是限制提起公益诉讼的主体，而应限制公益诉讼的类型。从我国国情出发，应先将重大的、急需保护的公共利益作为民事诉讼法许可的诉讼标的，除此以外的其他公益案件暂时不予受理。从立法技术上看，对公益诉讼类型的限制最好通过司法解释的方式进行，以便于审时度势及时调整司法对公共利益的保护范围。从当前的社会状况来看，以下类型的公益诉讼应当首先通过司法解释的形式纳入司法保护的范围：消费者诉讼（包括产品质量案件和垄断案件）；环境公害诉讼；公民权诉讼和社会保障诉讼；国有资产保护诉讼；股东派生诉讼；证券欺诈交易诉讼。[①]

（二）　对无直接利害关系的原告的处分权限制

公益诉讼与私益诉讼不同。私益诉讼中，原告在不违背法律的前提下，有完全的处分权，可以自主决定是否撤诉、是否与被告和解。但是在公益诉讼中，原告仅仅是程序适格的当事人而并不是实体权利的主体，因此法院应该限制他们的实体处分权。美国民事反托拉斯诉讼程序规定，原被告双方的和解协议必须经法院批准，在法院批准之前30天必须公开，以征求各方面的评论；协议判决和书面评论以及政府对此的任何反应必须在地区法院归档

---

① 江伟、徐继军：《将"公益诉讼制度"写入〈民事诉讼法〉的若干基本问题的探讨》，载《中国司法》2006年第6期。

备案；所备案和公布的材料应在受理案件的地区和哥伦比亚特区所发行的报纸上公布。[①] 我国立法也应该适当限制公益诉讼原告的处分权，以维护公共利益。

（三）设置社会团体公益诉讼原告的限制条件

为了防止社会团体在民事公益诉讼中滥用诉权，损害他人合法权益，在赋予特定的社会团体以提起民事公益诉讼的权利的同时，应当给予一定的限制。提起公益诉讼的社会团体除了满足法定成立条件以外，其公益诉讼内容还应受到该团体的设立宗旨和目的的限制。例如，工会只对保护劳工的共同利益具有民事公益诉讼原告资格，而不能为维护广大消费者的利益而提起民事公益诉讼；消费者协会只对维护广大消费者的利益具有民事公益诉讼的原告资格，而不能为保护广大工人的共同利益而提起民事公益诉讼。

（四）设置公民公益诉讼的行政前置程序

国家行政机关的设置正是为了管理和处理国家与社会的公共事务，行政机关维护公共利益责无旁贷。相比较而言，司法途径作为利益救济的最后一道防线，其诉讼程序纷繁复杂，历经时间较长，处理公共利益问题上不如行政机关直接、及时和有效率。司法作为利益救济的最后一道防线，应该是在已经穷尽其他公益救济手段尤其是行政救济手段之后才介入公共利益。公民只有在向相应的行政管理部门报告或检举后没有得到依法处理的前提下，才能以自己名义向人民法院提起民事公益诉讼。例如美国环境法规定，公民必须在提起环境公益诉讼前60天通知美国环保署、州政府以及其将要控告的对象。[②] 我们也应当借鉴国外的做法，通过设置公民公益诉讼的行政前置程序，充分发挥行政机关的积极作用，同时防止公民利用公益诉讼原告资格进行滥诉。

（该文曾载于《国家行政学院学报》2008 年第 3 期）

---

① 赵许明：《公益诉讼模式比较与选择》，载《比较法研究》2003 年第 2 期。
② 齐树洁：《环境公益诉讼原告资格的扩张》，载《法学论坛》2007 年第 3 期。

一场方兴未艾的法律运动

——对当代中国公益法实践的观察与评论

黄金荣①

近些年来，有关公益法实践的新闻报道层出不穷，有关公益诉讼的学术讨论也开始如火如荼。本文试图对近些年来（主要是 2000 年以来）媒体广泛报道过的公益法实践活动进行一下简要的总结。虽然媒体和学术界的关注点主要是"公益诉讼"，但本文的视野却并不仅限于此，本文关注的是更大范围的"公益法实践"。"公益法实践"当然包括公益诉讼，并且也以公益诉讼为核心，但在概念上，它泛指一切以保护和实现公共利益为目的或者带有这种目的的法律行动；除了公益诉讼外，它还包括近些年来不断出现的公益"上书"活动以及带有公益目的的劳动仲裁、行政复议等非诉法律行动。判断是否以保护和实现公共利益为目的或者带有这种目的的标准在于，所采取的法律行动是否是为了挑战目前不合理的法律制度或法律实践，挑战涉及公众利益的大公司和企业的不合理做法，敦促政府履行法律职责，或者促进政府和社会对有关公民权利、生态环境、法律制度等方面问题的关注。无论采取哪种法律行动形式，只要其带有超越个人利益的色彩，带有引发社会对有关问题的关注、改变不合理法律或实践的目的，那么就是一种"公益法实践"。从这个意义上说，本文所采用的"公益诉讼"也是一种广义上的概念，它也并不仅仅局限于与案件没有直接利害关系的个人、组织为了公共利益而提起的"纯粹"公益诉讼。为了便于进一步讨论，笔者先把近些年来本人所收集到的公益法实践简单作一下介绍和分类。

一　类型

根据公益法实践是否采取严格的法律程序，我们可以把它们主要区分为公益诉讼和公益上书。公益诉讼主要是指利用法律诉讼形式而进行的公益法实践行动。由于行政复议、劳动仲裁与诉讼程序具有一定的相似性，笔者把

---

①　中国社会科学院法学所副研究员，北京市东方公益法律援助律师事务所志愿者。

通过这些法律程序而进行的法律行动也归入公益诉讼的范围。公益上书主要是指根据《立法法》、《规章制定程序条例》等法律的规定，公民个人或者组织向全国人民代表大会常委会或者国务院等有权国家机关提出建议，要求对法律、行政法规、部门规章、地方性法规、地方规章等规范性法律文件进行合法性审查的法律行动。

（一）公益上书

从严格意义上说，公益上书并不是一个法律概念，但在目前对规范性法律文件提出合法性审查只是一种建议权，它还缺乏严格法律程序保障的情况下，公益上书这个概念却可以形象地说明这种建议的性质。

对于这种合法性审查建议权，我们首先可以在宪法第 41 条找到规范性依据。该条规定，"中华人民共和国公民对于任何国家机关和国家工作人员，有提出批评和建议的权利"。从这一条事实上可以看出公民早就具有了这种合法性审查建议权。然而，直到 2000 年通过的《立法法》第 90 条明确确认有关国家机关、"社会团体、企业事业组织以及公民认为行政法规、地方性法规、自治条例和单行条例同宪法或者法律相抵触的，可以向全国人民代表大会常务委员会书面提出进行审查的建议"，这项建议权才开始引起人们的关注，并逐渐成为公益上书活动的一个法律推动力。自 2000 年以来，就笔者所搜集的资料看，曾被人们广泛关注的公益上书行动（包括最终的结果）主要有：

1. 2003 年 1 月，河北省香河县五百户镇香城屯村的村委会主任王淑荣上书全国人大常委会，声称《河北省土地管理条例修正案》第 25 条的规定违反《土地管理法》，要求对前者的合法性进行审查。2005 年 6 月，河北省十届人大常委会第十五次会议删除了《河北省土地管理条例》第 25 条。

2. 2003 年 5 月 1 日，俞江、滕彪和许志永 3 位法学博士联名上书全国人大常委会，要求按照《立法法》的有关规定，对《城市流浪乞讨人员收容遣送办法》进行合法性审查。2003 年 6 月 18 日，国务院常务会议决定，废止 1982 年 5 月国务院发布的《城市流浪乞讨人员收容遣送办法》。

3. 2003 年 11 月河南省肖太福、涂红兵、陈占军、朱嘉宁四位律师上书全国人大常委会，要求其对《河南省农作物种子管理条例》第 36 条进行审查，他们声称该条限制了种子经营者的定价自主权，违反了《种子法》第 32 条第 2 款、《价格法》第 6 条的规定。2004 年 4 月 1 日，河南省十届人大常委会第八次会议正式表决通过了《河南省实施〈中华人民共和国种子法〉

办法》，对原《河南省农作物种子管理条例》的相应条款作了修订。

4. 2003 年 11 月 20 日，包括何家弘、章剑生等法学教授在内的 1611 位公民联名向全国人大常委会递交《违宪审查书：维护乙肝病毒携带者平等权益》。他们要求对国务院《公务员暂行条例》、《国家公务员录用暂行规定〈人录发（1994）1 号〉》和全国 31 个各省、市（自治区）的《公务员体检标准》进行违宪审查。2005 年 1 月 20 日，《公务员录用体检通用标准（试行）》正式颁布实施，该标准确认，公务员体检中，如果乙肝病原携带者经检查排除肝炎的，就应视为合格。

5. 2004 年 12 月 19 日，中国政法大学法学硕士生郝劲松上书全国人大常委会。他认为《铁路客运运价规则》有关退票收费的规定侵犯了公民的财产权、违反了《宪法》、《民法通则》和《合同法》，要求对其进行合法性审查。

6. 2005 年 8 月 2 日两位法律专业毕业生杨涛和王金贵联名上书全国人大常委会。他们声称作为法律的《中华人民共和国母婴保健法》、作为行政法规的《婚姻登记条例》与作为地方性法规《黑龙江省母婴保健条例》的规定之间彼此都不一致，请求全国人大常委会对后两者进行合法性审查。

7. 2005 年 8 月 3 日北京市东方公益法律援助律师事务所向全国人大常委会递交《关于请求对〈珠海经济特区道路交通安全管理条例〉进行合法性审查的建议书》。该建议书认为，《珠海经济特区道路交通安全管理条例》第 7 条及第 33 条违反了《道路交通安全法》、《立法法》和《行政许可法》的规定。北京市公安局于 2005 年 12 月 28 日发布了《关于办理电动自行车登记的通告》，允许符合国家标准的电动自行车登记上路。这个通告改变了北京市原来试图禁止电动自行车上路的政策。

此外，除了上述这种要求对有关规范性法律文件进行合法性审查的上书之外，现实生活中还出现了两种比较新型的上书活动，即向立法机关提交启动特别调查程序建议书和立法建议书。2003 年 5 月 23 日，贺卫方、盛洪、沈岿、萧瀚、何海波 5 位学者联合上书全国人大常委会，要求就孙志刚案以及收容遣送制度的实施状况启动特别调查程序；2005 年 3 月 10 日，王海、秦兵、舒可心、韩冰和司马南五位公民向全国人大提交包括《关于尽快完善我国民事诉讼法中多数人诉讼制度的建议》、《关于修改〈中华人民共和国消费者权益保护法〉的建议》、《关于修改〈城市房屋拆迁管理条例〉的建议》、《关于颁布〈城市社区业主委员会组织法〉的建议》和《关于尽快颁布〈中华人民共和国证据法〉的建议》在内的 8 份法律建议书。

（二）公益诉讼

相对于公益上书，公益诉讼无疑要广泛和深入得多。我国的公益诉讼肇始于20世纪90年代中后期，但真正达到规模化程度则是在进入新世纪以后。到目前为止，公益诉讼呈现的主要类型有：

1. 平等权与反歧视案件

（1）"就餐身份歧视案"：2000年5月，四川大学法学院学生王勇、李红卒和陈青松起诉成都快餐有限公司粗粮王红光店对就餐者进行身份歧视。该案一审败诉，二审获部分支持。

（2）两个"身高歧视案"：2001年12月，四川大学法学院学生蒋韬起诉中国人民银行成都分行在招录行员时进行身高歧视。法院裁定不予受理。

2005年下半年，广西平南县李凤玲、黄坤红、农华玲、黎雪玲、农文秀5名女代课教师参加全县招考聘用小学教师考试，因为身高不足1.5米而遭淘汰。她们认为自己受到身高歧视，遭受了不平等的公民待遇，遂将县政府告上法庭。结果不详。

（3）"公园门票地域歧视案"：2002年7月，四川大学法学院学生张家祥等8人诉峨嵋山市峨嵋山风景旅游管理委员会收取门票时存在地域歧视。法院驳回起诉。

（4）"退休性别歧视案"：2005年8月23日，建行平顶山市分行周香华女士以其单位强制其55周岁退休行为涉嫌退休性别歧视为由申请平顶山市劳动仲裁委员会仲裁，仲裁庭裁定对申诉人的申诉请求不予支持；同时认为，关于国务院《关于安置老弱病残干部的暂行办法》与我国宪法和国际公约相抵触的问题，不属于仲裁委的受理范围。2005年10月28日向湛河区法院递交了民事起诉状，但法院最后判决驳回起诉。

（5）"就业年龄歧视案"：2005年11月，四川大学法学院法学硕士生杨世建向北京市第二中级人民法院提起行政诉讼，状告人事部以其超过35周岁为由拒绝受理其报名参加考试的具体行政行为违法。法院拒绝受理。

（6）"省籍地域歧视案"：2005年4月15日，河南律师李东照、任诚宇状告深圳龙岗公安分局在辖区内悬挂"坚决打击河南籍敲诈勒索团伙"字样的横幅侵犯了其名誉权，郑州市高新区人民法院受理了此案。5月1日，深圳市公安局龙岗分局召开新闻发布会，对自己的行为表示歉意。2006年2月初，在法院调解下，双方当事人自愿达成协议：被告深圳市公安局龙岗区分局向原告、河南籍公民任诚宇、李东照赔礼道歉，原告任诚宇、李东照对被告深圳市公安局龙岗区分局表示谅解，原告自愿放弃其他诉讼请求。

（7）"乙肝歧视"系列案件：2003 年 11 月安徽芜湖考生张先著起诉芜湖市人事局招录公务员时存在对乙肝病毒携带者的歧视。该案一审胜诉。此案被媒体称为"中国乙肝维权第一案"。2004 年 10 月，乙肝病毒携带者朱小艳状告江苏省铜山县人事局，法院以不属于行政诉讼受案范围为由裁定不予受理。该案被媒体称为"江苏首例乙肝歧视案"。2005 年 5 月 31 日，湖南娄底考生常路向长沙市雨花区人民法院提起诉讼，状告省国税局在招录职工时对携带乙肝病毒的人进行歧视。该案一审败诉。2005 年 6 月，一位姓王的先生状告深圳航空公司在招录职工时对乙肝"三抗"呈阳性的人进行歧视。法院以不属于法院受案范围为由裁定不予受理。该案被媒体称为"北京首例乙肝歧视案"。2005 年 9 月，郑州考生白晓勇状告河南财经学院在招生过程中对乙肝病毒携带者进行歧视，该案被媒体称为"全国首例高招乙肝歧视案"。最后原被告达成庭外和解：河南财经学院将于下学年接收白晓勇为本校学生。

2. 教育权案件

（1）"平等受教育权案"：2001 年 8 月，山东青岛三名考生姜妍、栾倩和张天珠向最高人民法院起诉教育部。他们声称教育部 2001 年作出的全国普通高校高等教育招生计划的行政行为侵犯了他们的平等受教育权，因为该计划对不同的省份限定不同的招生人数，这种限定使得不同省份的考生之间录取分数标准线差异巨大。最终，他们的案件材料被最高人民法院退回。当年 9 月 8 日，3 位当事人通过律师宣布诉讼目的已达到，终止诉讼。

（2）"民工子女学校案"：2004 年 3 月，创办北京行知打工子女学校校长易本耀以行政不作为为由状告北京市丰台区教委，要求其批准该学校。北京市东方公益法律援助律师事务所代理了此案。该案一审、二审均败诉。诉讼结束后不久，丰台区教委批准了该学校。

（3）"义务教育收费案"：2005 年 6 月，北京 6 岁的邹应来状告北京市教育委员会违法要求义务受教育人履行学费给付义务。原告声称，其于 2005 年 6 月 11 日年满 6 周岁的当日到被告人下辖的北京市朝阳区石佛营小学报名入学，本为履行《中华人民共和国义务教育法》强制要求的公民受教育义务，却只有在被迫按被告人要求给付了人民币现金 991 元后才最终注册了学籍。原告的监护人认为，收费行为违反《中华人民共和国义务教育法》的规定，故诉请法院撤销市教委收取费用的行政行为，并在其管辖区域内实行义务教育免费的制度。西城法院以诉讼请求事项不属于法院行政审判权限范围为由，裁定不予受理。

3. 环境保护案件

（1）2000 年 12 月 20 日，300 名青岛市民以经过青岛规划局批准的在音乐广场北侧建立住宅区的做法，破坏了广场景观，侵害了自己的优美环境享受权为由，将市规划局告上法庭。他们请求法院判决撤销规划局的批准行为。该案一审败诉。

（2）2001 年 10 月 17 日，东南大学法律系施建辉、顾大松两教师向南京市中级法院提起行政诉讼。他们声称观景台的建设"破坏了其享受自然景观带来的精神上的愉悦"，要求市规划局撤销对紫金山观景台的规划许可。法院未受理此案。但南京市政府在 2002 年 2 月自动拆除了观景台。

（3）2002 年 6 月，杭州农民陈法庆以行政不作为为由将杭州余杭区环保局告上法庭。他认为环保局没有对制造粉尘、噪声的石矿企业作出处理。法院最后认定了污染存在的事实，但又认为环保局已经作出过处理，因此判决驳回起诉。

（4）2003 年 12 月，杭州农民陈法庆将浙江省政府和浙江省环保局告上杭州市中级人民法院，法院以环境污染跟原告没有直接的利害关系为由裁定不予受理。

（5）2003 年 2 月，杭州律师金奎喜向杭州市西湖区人民法院提出行政诉讼，要求法院撤销杭州市规划局为浙江省老年大学项目所颁发的项目许可证，保护杭州西湖风景名胜区和社会公共利益。西湖区法院裁定不予立案，二审法院维持原裁定。

4. 消费者权利案件

（1）"消费者知情权"系列案件：1998 年，河南某中学女教师王英以某酒厂生产的产品没有标注真实成分和相关警示，是误导消费者为由向法院提起诉讼。她请求法院判令酒厂在白酒的包装上写明"饮酒有害健康"的警示，并标明其真实成分。法院最后驳回了其诉讼请求。

2003 年 3 月，消费者朱雀翎状告雀巢公司，声称被告未标注转基因标志的行为侵犯了消费者的知情权和选择权。该案一审败诉。

2004 年 12 月 22 日，来自福建省的游客丘建东向黄山市黄山区人民法院提起诉讼，状告黄山市地名混乱，误导消费者，损害游客知情权。案件结果不详。

（2）"三毛钱入厕案"：1998 年 10 月 28 日，葛锐状告郑州铁路局，声称郑州火车站高架候车室收取的"入厕费"于法无据。该案一审败诉，二审胜诉。

（3）"春运涨价案"：2001年4月，律师乔占祥以铁道部关于春运涨价的《通知》未经国务院批准、未组织听证，侵害了其合法权益为由向北京市第一中级人民法院提起行政诉讼，将铁道部告上法庭，并将北京铁路局、上海铁路局、广州铁路（集团）公司列为第三人。该案一审、二审均败诉。2002年以后，铁路价格变动都进行了听证。

（4）"工商银行乱收费案"：2004年4月，《中国工商报》记者喻山澜以不当得利为由，将工行宣武支行及工行北京分行起诉至北京市宣武区人民法院，要求第二被告工行北京分行停止执行自定的牡丹交通卡补办收费标准，同时将新的补办收费标准按有关规定报物价部门审批。该案一审败诉。二审法院判决工行宣武支行返还原告喻山澜补卡费69.20元及利息，同时驳回原告要求工行北京分行立即停止执行自定的补卡收费标准的诉讼请求。该案宣判后，工商银行决定，以前因补卡缴纳100元的其他消费者可凭交付凭证领取返还款69.20元及相应的利息。北京市发改委于同年4月发布《关于驾驶人信息卡补领换领收费标准的函》，确定机动车驾驶人信息卡（牡丹卡）换卡、补卡的收费标准为30.80元。

（5）"高架路不合理收费案"：2004年10月，陶鑫良和斯伟江两律师状告上海延安路高架道路发展有限公司。原告认为自己没有使用高架路却被该公司强制收取了15元钱。案件审理结果不详。2005年2月1日，上海市政府宣布，取消延安路高架路收费。

（6）"高速公路不高速案"：2004年8月4日，法学博士宋德新以"高速公路不高速"为由状告河南省高速公路发展有限责任公司。二审调解的结果是，一审被告道歉，原告放弃10元钱赔偿请求。2005年3月1日实施的《河南省高速公路条例》明确规定，如果高速公路严重影响车辆正常通行的，应当责令其暂停收取车辆通行费，并向社会公告。

（7）"出租车空驶费案"：2005年7月，律师熊武因认为北京金巢公司出租汽车有限公司的出租车里程超过15公里后多收取的50%的空驶费没有法律依据而向法院起诉。一审败诉。

（8）"机场建设费案"：2004年9月3日，丘建东以机场建设费收费违法为由向福建省厦门市湖里区人民法院提起诉讼，请求法院判令厦航返还建设费50元。法院经审理认为，机场建设费的征收主体是政府，而厦航是根据国家行政机关的授权委托，代为收费，应属于合理收费。最后法院驳回了原告的诉讼请求。

（9）"铁路强制保险案"：2005年9月27日，东方公益法律援助律师事务所的黄金荣以北京铁路局未告知原告车票中含有2%强制保险费、未告知保险人的行为侵犯消费者知情权为由将其告上北京铁路运输法院。该案一审二审均败诉。

（10）"发票"系列案：① 2004年8月8日，郝劲松以国家税务总局未在法定期间内，就其向举报中心递交的火车上消费不给发票的举报材料作出回复属于行政不作为为由，向北京市第一中级人民法院提起诉讼。该案一审败诉。② 2004年5月18日，郝劲松以地铁公司未提供如厕发票为由向法院提起诉讼。12月10日，西城法院判决地铁公司给郝劲松出具面值为0.50元的发票两张。同时，地铁公司当庭向郝劲松致歉；并表示复八线的移动厕所将全部配齐发票。③郝劲松以在火车上用餐消费索要发票未果为由，将北京铁路局告上了法院。2004年11月28日，一审法院驳回了郝劲松的起诉，理由是郝劲松不能证明自己索要过发票。二审维持原判。④ 2004年11月8日，郝劲松以在北京站购买到丰台的2.50元火车票，在退票时被收取2元退票费无正式发票为由向北京铁路运输法院提起了诉讼。该案一二审均败诉。⑤ 2004年12月，郝劲松以"北京地铁复八线站内无厕所而存在设计缺陷，乘客被迫使用收费厕所"为由向法院提起了诉讼。该案一审败诉。⑥ 2005年2月18日，郝劲松以乘坐北京西至太原的N275次列车，在购买水果等物时索要发票未果为由，向法院提起诉讼。法院判决被告北京铁路局向原告郝劲松补开60元正式发票。2005年3月，铁道部向全国各铁路局发出《关于重申在铁路站车向旅客供餐、销售商品必须开具发票的通知》，后北京铁路局所辖各次列车按通知要求，在所有的列车上都配备了发票。

（11）"进沪费"案：2005年11月1日，法学博士李刚以上海市政工程局收取的外埠车辆"进沪费"行为违法为由将其告上法院。该案一审败诉。

（12）"进津费"案：2005年7月6日，法学博士李刚以天津市市政工程局收取外埠车辆"进津费"违法侵害自己合法利益为由，向天津市第一中级人民法院提起行政诉讼。一审法院裁定不予受理，二审法院维持原裁定。

（13）"首都高速公路不合理收费案"：2005年3月，律师胡凤滨以只走了300米就收10元收费不合理为由状告首都高速公路发展有限责任公司，要求被告返还其10元钱并从此停止不合理收费的行为。该案一审败诉。2005年10月，胡凤滨又将发改委告上法院，请求法院判令市发改委履行法定职责，对首都机场高速公路违规收费的行为依法进行查处。一审也败诉。

（14）"限制小排量汽车案"：2005 年 8 月 23 日，律师李苏滨驾驶排量
1.0 升的夏利车驶经长安街时，被交警以"违反限制通行规定"为由罚款
100 元，他以"违法行政"为由将北京西城交通支队告上法庭。北京西城法
院受理了此案。2006 年 1 月 9 日，国家发改委发布《关于鼓励发展节能环
保型小排量汽车的意见》，该意见规定："不得出台专门限制小排量汽车的
规定，不得采取任何形式的地方保护措施。清理有关限制性规定的工作必须
在 2006 年 3 月底前完成。"同日，原告李苏滨到西城法院撤回诉讼。

二　性质

上面列举的只是笔者在有限时间内所搜集到的一些比较有影响的公益法
实践活动。这些实践活动既具有法律行动的属性，但又具有超越个案的价
值，有些甚至还以制造一定的社会压力为目的。它们既有别于人们习以为常
的法律行动，又有别于人们通常认为的政治施压行动。例如，大多数公益诉
讼的诉求与人们司空见惯的普通民事、经济和行政诉讼的诉求具有很大的区
别。无论是教育权诉讼、平等权诉讼、环境权诉讼还是消费者权利诉讼，其
诉讼请求要么完全与起诉者自己不存在直接的利益关系，要么这种利害关系
与诉讼的成本相比显得微不足道，并且还具有大大超越个案的价值和社会影
响；公益上书活动虽然指向不合理的法律和制度，但它既不是人们所熟悉的
政治抗议行动，也不是目前比较普遍的、带有强烈个人利害关系的上访行
为，更不同于目前体制内人民代表大会代表提出法律议案这类行为。那么应
该如何来看待这些公益法实践的性质呢？我的看法是，目前的公益法实践已
经可以称为一场日益兴起的法律运动。

公益法实践是一种通过法律程序而采取的法律行动，但其目的都带有超
越自身利益的色彩。无论是公益上书还是公益诉讼，尽管它们都是在法律制
度范围内通过法律途径而采取的法律行动，然而其采取这种法律行动的目的
并不在于仅仅获得个人权利的法律救济，而且还在于通过法律的手段揭露违
法行为和不合理的法律、规章制度，推动法律制度的完善，并促使国家机关
认真履行法律职责。

公益法实践首先指向的是不合理的法律、法规以及其他规范性法律文
件。不仅公益上书无一不是直接为了改变不合法或者不合理的法律、法规以
及其他规范性法律文件，而且公益诉讼也经常以揭露不合理的规范性法律文
件为目的。在广西平南县 5 名代课教师诉县政府身高歧视案中，这些教师明

确向对教师身高进行歧视的《广西壮族自治区申请认定教师资格人员体检标准及办法》进行了挑战；在周香华诉建行平顶山市分行退休性别歧视案中，周香华直接对规定男女退休年龄有别的国务院《关于安置老弱病残干部的暂行办法》提出挑战；黄金荣诉北京铁路局铁路强制保险案的最后目的也是为了揭露1951年《铁路旅客意外伤害强制保险条例》以及1959年财政部和铁道部共同发布的《关于铁路旅客意外伤害强制保险自1959年起由铁路接办的联合通知》涉嫌违反《保险法》的事实。

公益法实践的另一个重要目的是揭露各种违法行为、敦促有关国家机关认真履行职责。公益诉讼的发动者一方面要揭露现实生活中司空见惯、普遍存在的各种歧视行为、乱收费行为、逃避税收行为、违法行政行为，另一方面又要敦促有关国家机关切实履行其在贯彻法律、惩罚、纠正违法行为方面的法定职责。很多公益诉讼实践者在提起揭露违法行为之诉后又提起了敦促国家机关履行法定职责之诉。例如，葛锐在状告郑州铁路局厕所非法收费之后，又起诉郑州市物价局，要求其履行处罚郑州铁路局的法定职责。郝劲松就北京铁路局所属列车餐车消费不开发票行为提起诉讼后，又起诉北京东城地税局，要求其履行查处偷税行为的法定职责。此外，公益法实践不仅要敦促国家行政机关履行法定职责，而且还要敦促国家立法机关也履行其职责。公民公益上书的主要目的就是在于敦促国家立法机关履行其对有关规范性法律文件进行合法性审查的法定职责。

目前的公益法实践既是一场法律运动，也是一场名副其实的权利运动。在权利理论中，法律和权利经常只是一个硬币的两个方面：法律是一种客观的权利，权利是一种主观的法。因此作为一个硬币的另一方面，大多数公益法实践背后都具有极为明显的维权动机。人们在采取公益上书和公益诉讼等法律行动时往往既试图揭露违法行为、改变不合理规章制度，也试图维护人们的法律权利，特别是人权。例如，人们上书要求全国人大常委会对《城市流浪乞讨人员收容遣送办法》进行违宪审查可以说是为了维护公民的人身自由权；上书要求对《公务员暂行条例》、《国家公务员录用暂行规定》等规范性法律文件进行违宪审查是为了维护公民的平等权；人们发动"平等受教育权案"、"民工子女学校案"和"义务教育收费案"等公益诉讼的目的主要是为了维护公民的受教育权。通过公益诉讼，人们不仅掀起了声势浩大的平等权诉讼浪潮，而且还开始尝试我们宪法还没有确认、但在国际人权法上已经得到认可的环境权公益诉讼。除了人权诉讼，目前正此起彼伏、旨在保护消费者权利的公益诉讼也具有鲜明的权利运动性质。

目前的公益法实践已经不再仅仅是个别的、彼此毫无联系的社会现象，而已逐步演变为具有鲜明自觉性、声势浩大的社会性运动。我们可以从以下几个方面看出公益法实践的运动性质。

第一，公益自觉性。尽管从表面上看，大部分公益诉讼的发动者或多或少都是与案件有利害关系的人，但这种利害关系经常大大超越当事人个人的利益得失。除了乙肝歧视案等小部分案例外，在绝大多数公益案件中，个人利益得失完全可以忽略不计。公益上书和环境公益诉讼这类与个人利益关系非常遥远的实践是如此，大部分其他类型的公益诉讼案件也是如此。在许多当事人与案件似乎存在利害关系的案件中，这种利害关系往往是当事人自己为了适应现有的诉讼规则而故意制造或刻意"发现"的。那些具有法律背景的职业者或者学生所提起的公益案件几乎都属于这种情况。即使在那些与个人确实存在重大利害关系的案件中（如某些平等权诉讼），诉讼原告在明知在目前的法律环境中，诉讼胜诉的希望微乎其微的情况下，能够知其不可为而为之，这也不能不说明当事人具有伸张正义的自觉公益精神。目前，有意识地发动公益诉讼或公益上书，已经成为当前公益法实践的一种主流。

第二，相互呼应性。随着公益法实践的深入，不同公益法实践之间的呼应性质日益明显。四川大学法学院的学生接连不断地提起平等权公益诉讼，很明显受到了先行者的激励；"孙志刚案"出现后，5 位学者要求启动特别调查程序的上书与三位法学博士要求启动违宪审查程序的上书也相互呼应。乙肝歧视系列案件更为明显地体现了这一点。乙肝歧视第一案"张先著案"胜诉后，不仅大大激励了后来反乙肝歧视诉讼的开展，而且也激励了后来一千多人声势浩大的联名上书活动。针对铁路、公路、机场、银行等垄断性国有企业不合理收费的公益实践活动此起彼伏，其相互激励的意味也非常浓厚。

第三，广泛参与性。从参与公益法实践的主体看，毫无疑问，具有法律专业背景的人占据了主导地位。由于公益法实践是以法律行动的方式进行的，因此具有法律专业背景的律师、法律院校和研究所的教师或研究人员、法律专业学生成为公益法实践的主体是理所当然的，这也是公益法实践具有自觉性的重要体现之一。但是，当前的公益法实践之所以已经可以称得上是一场社会性的法律运动，其中一个重要的原因在于，它从来就不仅仅是受过法学专门教育的法律人参与的法律行动，它从一开始就具有非常广泛的群众性。例如，在各种公益上书活动中，尽管很大一部分发起者是法律人，但也不乏像盛洪、王海、司马南这类法律界外的名人以及像王淑荣这类默默无闻的普通村干部；在反对乙肝歧视的上书活动中，虽然人们宣传建议书时突出了以何家弘、章剑生这些法学教授为首的法学家身份，但其网上签名的性质决定了其参与者必然具有广泛的群众性。在公益诉讼中，普通公民的参与热情也非常高昂。环境公益诉讼中的 300 名青岛居民和杭州农民陈法庆，"平等受教育权"案中山东青岛姜妍、栾倩和张天珠三名考生，消费者权利保护系列案件中的中学教师王英、普通消费者朱雀翎、记者喻山澜，"退休性别歧视案"中的周香华，反乙肝歧视系列案件中的大部分当事人，他们都是具有强烈法律意识和权利意识的普通公民，正是他们的参与，才使得公益法实践能够成为一场轰轰烈烈的法律运动和权利运动。

第四，初显专门化。在这种方兴未艾的公益上书和公益诉讼热潮中，有一个现象特别值得注意，那就是出现了一批热心公益法实践的个人和机构。到目前为止，发起两起以上公益诉讼的人已经有不少，像葛锐、郝劲松、陈法庆、李刚、丘建东、胡凤滨提起的公益诉讼都已经超过两场，其中，郝劲松和丘建东已经连续发起了五起以上的公益诉讼或公益上书活动。除了这些直接提起公益诉讼的热心人士之外，我们也不应忽略那些一直为公益诉讼提供法律帮助的法律界人士。如上海交通大学的周伟教授就长期支持平等权诉讼，现在他至少已经代理了四场平等权的公益诉讼（其中包括"张先著案"）。此外，专门从事公益法实践的机构的出现也是一个特别令人期待的现象。2003 年 8 月，中国第一家专门从事公益法律援助的律师事务所——北京市东方公益法律援助律师事务所成立，它已经代理了诸如"民工子女学校案"、"铁路强制保险案"这些著名案件。值得说明是，"铁路强制保险案"虽然名义上是由个人提起的公益诉讼，但实际上它是东方公益法律援助律师所集体精心策划的案件，而 2005 年 8 月向全国人大常委会提出《关于请求对〈珠海经济特区道路交通安全管理条例〉进行合法性审查的建议书》的活动则直接是以公益法律援助律师事务所的名义进行的。这些长期从事公益法实践的个人和机构对于目前公益法实践能够从个别行动演化为普遍的法律运动发挥了至关重要的作用，正是它们的不断推波助澜，才使得公益法实践活动始终能够保持一定的热度，使这场法律运动能够长期坚持下去。

第五，广泛的社会响应。目前的公益法实践之所以可以称为一场运动，除了因为公益法律行动频繁、参与者众多这个原因外，还在于它从一开始就得到了媒体的积极响应，并引起了学术界的持久兴趣。媒体对于公益法实践的关注真可谓异乎寻常，上面所列举的几乎所有这些公益法实践活动都受到了媒体的热烈追捧。媒体的新闻报道可以说已经成了这场法律运动的一个必不可少的组成部分。如果没有媒体的积极响应和支持，那么公益法实践活动就不可能星火燎原，更不可能发展成目前的规模。学术界对于公益法实践也表现出了极大的兴趣，不仅有关公益诉讼的学术论文已经相当可观，而且各种公益诉讼学术会议也层出不穷。例如，东方公益法律援助律师所自 2003 年成立以来已经连续举办了两届"东方公益法论坛"。仅 2005 年召开的有关公益诉讼学术研讨会就包括：3 月初在上海召开的"上海市公益诉讼法律研讨会"，9 月 13—15 日，在成都召开了的"公益诉讼与维护妇女权益研讨班"以及 10 月 18—19 日在苏州召开的"公益诉讼、人权保障与和谐社会"国际研讨会。苏州的会议最后还发表了《公益诉讼苏州宣言》，呼吁建立公益诉讼制度，呼吁律师积极参与公益诉讼实践。

值得特别指出的是，我们虽然称公益法实践是一场运动，但它却完全是一场理性的和平运动。它宣扬通过法治实现社会正义，通过个案逐步推进社会变革；它虽然挑战不合理的法律制度和实践，却只是主张通过个案的方式经由现存的法律程序实现变革。它在性质上是一场法律运动而不是政治运动，因为它所采取的是严格的法律手段而不是广泛的政治动员，提出的是具体的法律要求而不是抽象的政治诉求。它是在承认现存政治和法律秩序的前提下试图推进法律制度的完善和社会的进步。因此，公益法实践既是一场声势浩大的运动，同时也是一场和平的、理性的社会改良运动。

公益法实践运动开创了推动社会变革的一种新模式。它既不同于近百年来不断给中国带来光荣或噩梦的激进政治运动模式，也不同于自改革开放以来，政府通过大规模立法和法制宣传而进行的自上而下的普法运动模式。公益法运动是一场自下而上通过法律个案推动的法治运动。它奉行的是大处着眼、小处着手的原则，展现的是温和的公民社会力量，体现的是稳健的改革精神。因此，公益法实践运动不会带来任何噩梦，只会给中国带来光荣和希望。

三　效果

公益法实践是一种以实现一定的社会公共利益为目的而采取的法律行动。这种公共利益可以表现为改变一项可能惠及不特定多数人的法律和政策，督促政府履行能够保护公众利益的法定职责，或者引起人们对特定不合理现象的广泛关注。由于对公共利益可能会存在多层次的理解，因此我们对公益法实践的效果的评价也应是多层次的。在这里，笔者将从法律效果、社会效果和社会影响三个方面对公益法实践的效果进行评价。

（一）法律效果

法律效果是指因法律请求直接得到有权机关认可而产生的有法律拘束力的结果。公益法实践活动既然采取的是法律行动，就必然希望能够得到直接的法律结果。公益上书的人会希望自己修改或废除有关规范性文件的建议能够被有权机关接受，并且能够得到确定的结果；提起公益诉讼的原告首先也希望自己的诉讼请求能够得到法院的支持。

如果从法律效果看，公益法实践能够直接达到法律效果的比例并不是很高。就公益上书案件而言，有证据证明直接达到法律效果的情况几乎不存在。虽然公益上书后，相应规范性法律文件得到修改或者废除的情况并不少见（如《河北省土地管理条例》的修改、《城市流浪乞讨人员收容遣送办法》和《河南省农作物种子管理条例》的废除都发生在相应的公益上书之后），但迄今为止，还没有任何证据证明，这些规范性法律文件的改变是直接源于相应的公益上书活动；接受公益上书的机关也从来没有以任何方式告知公益上书人或者公众，这些规范性法律文件的改变与某些公益上书之间存在直接关系。

公益诉讼案件的情况有所不同。在公益诉讼领域，确实已经出现了一些直接达到法律效果的公益诉讼案件。到目前为止，胜诉的典型公益诉讼案件包括：葛锐诉郑州火车站厕所收费案、张先著诉芜湖市人事局乙肝歧视案、喻山澜诉工商银行乱收费案、郝劲松诉北京地铁公司如厕不开发票案和郝劲松诉北京铁路局购物不开发票案。除此之外，还有一些以调解或和解结案取得全部或部分胜利的公益诉讼案件，如李东照、任诚宇诉深圳龙岗公安分局省籍地域歧视案、白晓勇诉河南财经学院高考招生乙肝歧视案。如果我们以本文所列举的42件公益诉讼为总数进行计算，那么现在已有证据表明取得全部或部分胜诉的案件只占17.5%，因此，总体而言，目前的公益诉讼胜诉比例还是比较低的。在目前情况下，很大一部分公益案件甚至很难进入诉讼程序；很多法院以"原告与案件没有直接的利害关系"为由拒绝受理环境保护方面的公益诉讼；在各地此起彼伏的平等权诉讼中，法院不予受理或者驳回起诉的案件要占绝大多数；此外，在大部分消费者权利保护方面的公益诉讼中，诉讼请求也都被法院以各种理由驳回。

造成公益诉讼胜诉率低的原因是非常多样的。既有法律程序的限制问题，也有司法能力的限制问题，此外还有案件本身法律基础不牢固的问题。1. 法律程序的原因。对于公益诉讼而言，法律自身的障碍主要有两个。首先是法律对原告资格的限制。大量公益诉讼被拒之门外的原因就在于法院认定原告与案件之间没有直接的利害关系。在要求国家机关履行法定职责的环境保护案件中，法院不予受理的理由主要是基于这一点。其次是法律对行政审判权范围的限制。目前法律将抽象行政行为、行政机关的人事处理行为等问题都排除在了司法审查的范围之外，这使得很多公益案件很难进入诉讼程序或者获得胜诉。蒋韬诉中国人民银行成都分行身高歧视案、朱小艳诉铜山县人事局乙肝歧视案、邹应来诉北京市教育委员会义务教育收费案没有被法院受理就是基于这个原因；周香华诉建行平顶山市分行退休年龄歧视案、黄金荣诉北京铁路局收取强制保险费败诉的其中一个重要原因也是法院拒绝对规范性法律文件进行司法审查。2. 法院的司法能力问题。除了存在法律上的限制外，中国法院地位低下而导致的司法消极主义和能力限制也是一个重要原因。无论在平等权公益诉讼、环境保护诉讼还是消费者权利保护诉讼中，都存在同样类型的案件，有的法院愿意受理，有的法院不愿受理的情况，这说明许多法院不愿或者不敢对有些社会矛盾作出处理，即使处理了，也很难完全站在中立的角度。尽管各地法院的能动性存在差异，但法院奉行司法消极主义仍然是目前的主流现象。3. 案件本身的法律基础不牢固。由于很多公益诉讼提出的是新型的法律诉求，这些诉求在目前的实体法中并不一定具有牢固的法律基础，因此在诉讼中很难得到胜诉。如乔占祥诉铁道部春运涨价案、熊武诉北京金巢公司出租汽车有限公司收取空驶费案以及像丘建东诉黄山旅游发展股份有限公司侵犯消费者知情权等有关消费者知情权的诉讼，其法律基础都不是特别牢固，因此败诉也在情理之中。除了上述这些与法律和司法体制有关的原因之外，当事人自动撤诉、诉讼技巧运用不当等也是公益诉讼没有以胜诉而告终的原因。

如果仅仅从公益诉讼的胜诉率及其似乎不可克服的法律障碍看，公益诉讼的前景似乎显得相当悲观。然而事实并非如此，因为公益法实践并不以法律上是否胜诉论英雄，更何况公益法实践还可以在法律之外取得另外一种"胜利"。

（二）社会效果

这里指的社会效果是指这样一种结果：公益法实践的目的或者所提出的请求在法律程序外的社会中得到了实现或满足。公益法实践的手段是法律行动，但其根本的目的还在于使其维护公共利益的诉求能够得到实现，不管是法律程序上的实现，还是法律之外的实现。如果从法律效果看，公益法实践的成果屈指可数，然而，如果从它们的社会效果看，成功率还是相当可观的。

就公益上书这种法律行动而言，尽管都没有产生直接的法律效果，但其产生的社会效果还是非常显著的。王淑荣上书，俞江、滕彪和许志永上书，肖太福、涂红兵、陈占军、朱嘉宁上书，1161 名公民上书、东方公益法律援助律师事务所上书这些法律行动都在不同程度上促进了相关法律、政策的修改或者废除。

公益诉讼的社会效果也非常明显。王勇、李红卒和陈青松起诉成都快餐有限公司粗粮王红光店就餐身份歧视案没有胜诉，但促使被告撤除了带有歧视内容的广告词；李东照、任诚宇状告深圳龙岗公安分局省籍地域歧视案中，在诉讼过程中，被告召开新闻发布会就向河南省籍公民赔礼道歉；易本耀诉丰台区教委行政不作为案败诉后，丰台区教委最后还是批准了北京行知打工子女学校；葛锐诉郑州市物价局行政不作为案以败诉告终，但有行政监管职权的河南省计委却马上对郑州火车站违法收费的行为进行了处罚；乔占祥诉铁道部春运涨价案以铁道部上浮票价未经价格听证程序为由进行诉讼未获法院支持，但铁道部以后春运涨价时还是举办了听证会；陶鑫良和斯伟江诉延安路高架道路发展有限公司不合理收费案诉讼目的的实现也在法律之外，上海市主动撤销了这项收费；宋德新诉河南省高速公路发展有限责任公司高速公路不高速案在案外也促使《河南省高速公路条例》作出规定，如果高速公路严重影响车辆正常通行的，应当责令其暂停收取车辆通行费，并向社会公告；郝劲松诉铁路部门的一系列案件最终促使铁道部下通知要求铁路部门提供服务发票；施建辉、顾大松诉南京市规划局行政不作为案败诉后，南京市政府也很快就拆除了有碍观瞻的紫金山观景台；李苏滨诉西城交通支队限制小排量汽车案以撤诉告终，但原因在于国家发改委已经禁止限制小排量汽车。喻山澜诉工行宣武支行及工行北京分行乱收费案获得了胜诉，不过其真正的诉讼目的却是在法律外实现的。其案件获得胜诉后，国家工商银行主动将工行牡丹交通卡的补卡费用将由之前的 100 元下调至 30.80 元；北京市发改委也按照法院的判决批准国家工商银行的新收费标准。

在本文所收集到的 42 件公益诉讼案件中，已经有证据表明获得社会效果的公益诉讼案件占 26.1%，如果再加上具有法律效果的公益案件，产生具体效果的公益诉讼案件就占了总案件（除去重复计算的既有法律效果又有社会效果的李东照、任诚宇状告深圳龙岗公安分局省籍地域歧视案和喻山澜诉工行宣武支行及工行北京分行乱收费案）的 38%。如果从这个角度看，公益诉讼产生具体效果的比例还是相当可观的。

当然，在公益法实践与具体的社会效果之间的因果关系会因案件的不同而存在差异。有些案件与社会效果之间的因果关系比较容易看出来，如喻山澜诉工行宣武支行及工行北京分行乱收费案获得胜诉与国家工商银行随后主动将工行牡丹交通卡的补卡费用将由之前的 100 元下调至法院确认的 30.80 元之间的因果关系是非常明显的；然而，在大部分情况下，公益上书与有关法律、政策的修改或废除之间的因果关系是很难证明的。在多数情况下，公益上书行动只是多少促进这些社会效果产生的一个因素而已。在公益诉讼与社会效果之间的情况也同样如此。例如，在李苏滨诉西城交通支队限制小排量汽车案与国家发改委发通知禁止限制小排量汽车的行为之间，我们很难说存在因果关系，尽管我们仍然可以把国家发改委的行动多少视为公益诉讼的一个成果。此外，如果与公益上书相比，公益诉讼与具体的社会效果之间的因果关系一般会更紧密一些，这主要是因为公益诉讼的程序性更强，诉求也更具体。从公益法实践活动与社会效果的因果关系上讲，法律行动所指向的目的越抽象，因果关系一般就越脆弱，反之亦然。

（三）社会影响

公益法实践的社会影响是指公益法实践通过媒体的报道而产生的广泛社会关注。由于公益法实践所提出的问题一般都具有广泛的社会意义，因而它们大都能得到媒体的热烈响应，从而能引起社会的广泛关注。如果说，目前公益法实践的法律效果屈指可数，产生的社会效果相当可观，那么它们所引起的社会影响就可以说非常普遍。不管最后的法律效果和社会效果如何，只要媒体有途径知道信息，几乎所有的公益法实践活动从一开始就会得到媒体的广泛关注。例如，虽然大多数环境保护类公益诉讼案件都被法院裁定不予受理或者判决驳回起诉，此后也没有产生直接的社会效果，但它们由此提出的环境保护问题却总能得到巨大的社会反响，他们的行动也能受到社会普遍的肯定；同样，在姜妍、栾倩和张天珠诉教育部侵犯平等受教育权案中，尽管原告的诉状甚至根本没有被最高人民法院所接受，但其所引起的社会影响仍是实实在在的。

在目前的公益法实践中，法律障碍的存在使得公益法律行动的法律效果非常有限，在这种情况下，公益法实践之所以仍然能够取得比较好的社会效果，归根结底，原因主要在于它们能够产生广泛的社会影响，并且能够得到社会舆论的支持。因此，尽管对于公益法实践而言，社会影响只是一种软的影响力，但它却是产生硬的社会效果、甚至法律效果的坚实基础。即使社会影响暂时并没有转化为社会效果和法律效果，随着时间的推移以及公益法实践影响力的增加，实现这种转化的可能性也还会不断增加。不管怎样，公益法实践的社会影响力既是公益法实践具有生命力的体现，也是它最终能完成推动社会进步使命的持久动力。

还要特别指出的是，上述对公益法实践活动的效果评估还是非常粗略的，原因在于：第一，肯定还有很多可以被视为公益法实践的法律行动没有被统计在内；第二，还有许多公益诉讼案件未知其审理结果。如在上述 42件公益诉讼案例中，到目前为止，笔者还不知诉讼结果的案件就有 4 件；第三，对许多公益案件可能会产生的社会效果，我们还没有办法作出评估，因为从公益法实践出现到特定社会效果的产生之间往往需要经历一定时间的"发酵"。

四 策略

前面已经说明，如果将公益法实践的法律效果和社会效果综合起来考虑，公益法实践还是相当有成效的，这也在一定程度上说明，尽管存在这样或那样的问题，众多进行公益法实践的人自觉和不自觉所采取的行动策略还是相当成功的。据笔者观察，目前公益法实践者采取的总的策略是：在尊重现有政治秩序的基础上坚持利用法律途径和媒体宣传，从而达到通过个案逐步推动法治和社会进步的目的。具体说来，包括以下几个方面：

（一）坚持利用法律途径

公益法实践是以法律行动为特征的活动，因此如果离开了法律行动，就不称其为公益法实践。坚持采取法律行动，既是公益法实践的特色，也是其实践者坚持不懈采取的行动策略。这个策略对于保持公益法实践的特色至关重要，正是因为对这个原则的坚持，公益法实践才成就为一场法律运动，而不是政治运动。

对于坚持利用法律途径这种策略首先遇到的一个问题是：在目前公益法实践存在诸多法律制度障碍的情况下，应该如何坚持下去？目前公益诉讼在起诉时要受到原告资格的限制，在诉讼结果上又要受到司法审查制度的局限；公益诉讼案件中，不被受理、起诉被驳回的比例非常高。在这种情况下，人们很容易对这种"知其不可为而为之"做法的必要性产生怀疑。环境权方面的公益诉讼或许可以在一定程度上说明这个问题。从 2000 年到 2003 年，全国曾经发生了多起具有轰动效应的环境权公益诉讼，这些被视为"典型公益诉讼"的案件无一获得胜诉，最后的结果不是被法院裁定不予受理，就是被判决驳回。于是，自 2003 年以后，我们就很少看到这方面的公益诉讼了。由此可见，在目前法律体制下，那种在案件受理和案件结果方面几乎不能让人看到希望的公益诉讼，纵然也可以引起一定的轰动性影响，但它是否能够长期坚持下去确实仍然是一个疑问。与此形成对比的是，有关平等权和消费者权利保护方面的公益诉讼则完全是另一种景象：此类公益诉讼案件可以说此起彼伏，诉讼不断。之所以会形成这种局面，很大一部分原因在于，在这两个领域，原告和案件之间的利害关系比较容易找到，并且在法律上也存在比较大的辩论空间。因此，尽管公益诉讼的提起并不一律要求原告与案件具有直接的利害关系，然而，如果能够选择，公益法实践者最好还是积极寻找那些容易被法院受理并且法律上具有一定辩论空间的案件；或者积极创造条件以适应现有的诉讼规则。因为只有这样，才能最大限度地利用现有的法律程序，从而使公益诉讼更可能长期坚持下去。

　　坚持利用法律途径还有一个应如何尽可能地利用法律程序的问题。从目前已有实践看，许多公益法实践不仅做到了坚持采取法律行动，而且还最大限度地利用了现有法律途径。从法律行动的种类看，公益法实践包含了从上书、劳动仲裁、行政复议到民事、行政诉讼在内的几乎所有法律途径。不仅如此，许多公益法实践者为了更大限度地实现公益法实践的目的而采取了尽可能利用个案所能利用的法律途径的策略。例如，在周香华诉建行平顶山市分行退休年龄歧视案中，原告在走完劳动仲裁程序后又提起了民事诉讼；在郝劲松诉北京铁路局退票不开发票案中，郝劲松除了走完二审诉讼程序之外，还上书全国人大常委会，要求对《铁路客运运价规则》进行合法性审查；在黄金荣诉北京铁路局铁路强制保险案中，原告先提起了消费者知情权民事诉讼，随后又向中国保监会提出申请和进行行政复议，最后还提出了针对中国保监会的行政诉讼。尽可能用尽法律程序除了可以尽最大可能获得取得法律效果的机会外，最大的好处是可以通过连续的法律行动持续推动媒体对相关问题的关注，从而增加获得社会效果的可能性，对于那些在法律上胜诉机会比较低的案件而言尤其如此。

　　在面临法律和制度障碍的情况下，坚持"知其不可为而为之"，尽可能地利用法律途径还有一个明显的好处，那就是，可以通过对法律程序的不断使用逐步推进程序本身的完善。对于上书这种法律程序的利用就是一个很好的例子。自从 2003 年俞江、滕彪和许志永 3 位法学博士上书要求对《城市流浪乞讨人员收容遣送办法》进行合法性审查以来，人们开始真正"发现"《立法法》中早就规定的上书程序，并开始有意识地利用这个程序。这个程序的频繁使用，不仅促使全国人大常委会于 2004 年专门成立了法规审查备案室，而且还于 2005 年年底完善了《法规备案审查工作程序》。一个原来并不那么受人重视的法律制度就这么运作起来了。公益诉讼对于其他法律程序的完善也同样很有意义。例如，在法律对原告资格的限制方面，如果公益诉讼蓬勃开展，那么在社会普遍支持公益诉讼的气氛下，法院通过法律解释的方式放宽对原告与案件利害关系的要求也完全是可能的。事实上，现在已经有一些法院这么做了，如青岛市民告青岛市规划局案和李东照、任诚宇状告深圳龙岗公安分局地域歧视案中的法院就是如此。总之，对于公益法实践者而言，无论公益法实践所要达到的目标如何宏大，尊重现有法律秩序，并坚持不懈地利用现有的可能并不那么完善的法律程序，始终都是一种不可放弃的策略；因为只有这样，才能既坚持公益法实践的特色，又能推动法律的完善和社会的进步。

（二）尊重现有政治空间

公益法实践活动采取的尽管仅仅是依法进行的法律行动，然而在中国目前的政治体制下，法律行动并非没有政治界限。中国大多数的法律实践者都知道，在哪些领域可以成为纯粹的法律事务，在哪些领域，法律的作用是有限度的，在哪些领域，法律又会遇到政治的禁忌。从目前的情况看，公益法实践的发起者基本上都非常明智地选择了那些具有新闻效应又可以成为纯粹法律事务的领域。在公益诉讼中，消费者权利保护领域问题最多，最容易提起，也最具有政治自由度，因此这类公益诉讼也最多。在目前情况下，环境权公益诉讼也具有比较大的政治自由度，因而数量也不少；在目前出现的宪法权利诉讼中，现有的公益诉讼类型也主要局限于平等权和教育权这两类政治敏感度相对不太高的领域；而涉及政治权利的公益诉讼则几乎很难见到。

到目前为止，大部分公益上书的行动所指向的规范性法律文件或制度也并不具有很大的政治敏感性。在公益上书中，最具有政治意味的莫过于 2003 年俞江、滕彪和许志永 3 位法学博士上书要求对《城市流浪乞讨人员收容遣送办法》进行合法性审查的行动了，因为它涉及了政府长期以来被视为不良人权记录的实践问题。然而，那次公益上书之所以能够顺利提起并广为人知，在很大程度上可能要得益于"孙志刚案件"和"非典"出现后形成的良好舆论氛围。

当然，某个领域的公益法实践是否具有政治敏感性并不能一概而论。例如，虽然目前就身高歧视、年龄歧视、地域歧视、就餐身份歧视、退休性别歧视、乙肝歧视而提起的平等权公益诉讼在政治上比较安全，但如果就政治身份（如是否中共党员、是否政治异议者）歧视而提起公益诉讼，那么可能又会另当别论了。另外，由于公益法实践高度依赖于舆论宣传，而掌握政治意识形态的党政部门对舆论宣传的尺度把握具有很大的不确定性，这也决定了人们很难确定某些公益法实践是否以及何时会触及政府的敏感神经。

不管怎样，目前公益法实践所采取的既尊重现有政治空间，又积极利用这种空间的策略还是非常可取的。公益法实践的目标是通过法律的手段和平地逐步推进法治和社会的进步，因此，尊重现有的法律和政治秩序无论如何都是公益法实践的优先选择；在法律行动因遇到强力政治障碍而无法发挥作用时，尊重现有的政治秩序才是明智的选择。将法律行动故意政治化或者过于政治化既不符合公益法实践的宗旨，也无助于公益法实践的长期良性发展。

（三）有效利用媒体宣传

从目前已有的公益法实践看，公益法实践与媒体存在紧密关系是毋庸置疑的，两者可以说形成了一种共生关系。媒体始终把公益法实践作为新闻的热点来追逐，而公益法实践者也经常利用媒体这个平台宣传个案的社会意义。公益法实践通过媒体的宣传获得了对其而言至关重要的社会影响力，从而使公益法实践从个案发展为运动，使公益法实践不仅收获了法律效果，而且还收获了社会效果。当然，反过来也一样，媒体也从中获益良多：通过对公益法实践的报道，媒体开辟了通过新闻报道参与社会变革的崭新途径。

公益法实践与媒体能够形成这种共生关系，一方面说明人们试图改变中国当前所积累的、长期得不到改变的不合理社会和法律现象的愿望实在太强烈了，以至于几乎每次公益法实践都能获得公众的强烈认同；另一方面说明，当前通过法律途径推动法治完善和生活进步的障碍还非常多，以至于人们只能通过借助社会压力来实现这一点。从这个意义上说，公益法实践与媒体之间的这种共生关系既是中国公益法实践的幸运，也是一种悲哀。

公益法实践与媒体形成的这种共生关系决定了目前的许多公益法实践很

难避免给人留下"进行新闻炒作"的印象。对于那些被法院受理可能性非常小的公益诉讼案件（如姜妍、栾倩和张天珠三名考生诉教育部侵犯平等受教育权案）来说，尤其显得如此。在这个教育平等权的诉讼中，虽然当事人对案件的宣传进行得有始有终（从给最高人民法院寄发诉状到代理律师声称诉讼目的已达到不再采取其他法律行动），尽管案件本身所提出的问题也非常具有现实意义，但这种"诉讼"的形式仍然会让许多人觉得不像是法律行动，而仅仅是一次精心策划的新闻炒作而已。

　　公益法实践给人造成的"炒作"印象还因为目前公益诉讼中普遍存在的"个人英雄主义"色彩而进一步加剧。目前绝大多数公益诉讼都是以个人为原告提起的，因而公益诉讼通过媒体宣传也造就了很多像"丘建东"、"葛锐"、"郝劲松"等这样的名人。这种与公益诉讼相伴而来的个人名声固然可能是提起公益诉讼者意愿之外的结果，然而，社会对个人从事公益诉讼的动机的怀疑确实也很容易使人们对某些公益诉讼的"公益性"产生怀疑。在这个"新闻炒作"成风的时代，公众的这种质疑是可以理解的。这种质疑既可能是从事公益诉讼者个人的烦恼，也是摆在公益诉讼事业面前的一个小小的烦恼。一方面，在目前的法律制度和在大多数情况下，个人最适合做公益诉讼原告，并且个人的兴趣和坚持对于公益诉讼的持久开展具有至关重要的作用，另一方面，在目前情况下，要从事公益诉讼就必须进行舆论宣传，而这必然会使个人的声名鹊起。因此，无论对于从事公益诉讼的个人还是公益诉讼本身，既被媒体所成就，也为媒体带来的声名所累。

　　为了减少媒体宣传对公益法实践可能产生的负面影响，以公益组织的名义或者集体的方式采取法律行动不失为一种比较好的方法。以公益组织的名义采取行动（如北京东方公益法律援助律师事务所向全国人大常委会的上书行动）可以有效地抑制媒体对个人的宣传，以集体的名义进行行动（如300名青岛市民诉青岛规划局违法行政案、1611位公民联名向全国人大常委会上书行动）也可以达到同样的效果；即使以多个人的名义进行行动（如肖太福、涂红兵、陈占军、朱嘉宁四位律师向全国人大常委会的上书行动；王勇、李红卒和陈青松诉成都快餐有限公司粗粮王红光店就餐身份歧视案）也可以大大减少人们对行动者个人的过分关注。当然，由于法律对于公益组织发动公益诉讼存在很大限制，并且集体行动还涉及一个组织成本问题，因此在现阶段，还很难改变个人是公益法行动的主体的现状。

五　结语

公益法实践是一个具有高度实践性的事业，它是在大量实践者不断的试验、失败和创新中不断发展起来的，人们已经在实践中体现出了高度的创造性。人们已经成功地制造了很多新的法律亮点，发现了很多典型社会问题，采取了很多有效的法律策略和宣传策略；他们用自己的实际法律行动测试了许多睡在法律汇编中的法律规定和法律程序，用精心选择的个案无情地揭露了各种不合理的法律制度、陈规陋习和社会问题；虽然经历了很多的失败，但在短短的时间内也取得了相当了不起的成就。

中国现在是一个改革的时代，一个迈向法治的时代。改革已经成为我们这个时代不可动摇的意识形态，而法治则正逐渐成为我们这个时代另一个意识形态。无论是社会大众、知识精英，还是政府官员，都期待能够进行社会变革，实现有序的社会转型。公益法实践正回应了社会的这种需求。它是中国正在形成中的公民社会的重要组成部分，它象征着公民权利的觉醒，体现了理性的法律精神。它的现状就像中国社会的整个现状一样，既朝气蓬勃，又问题丛生；既让人充满困惑，又让人满怀希望。我们没有理由不对公益法实践的未来抱乐观的态度，就像我们没有理由不对中国的未来充满希望一样。

（该文原载于《公益诉讼》（第一辑），中国检察出版社 2006 年版）

开放纳税人诉讼　以私权制衡公权

梁慧星[①]

一　传统理论和传统做法：以公权制衡公权

法律上有所谓公权与私权的划分，而私权的行使应受司法审查。中国改革开放以来的实践已经证明，对私权行使的司法审查制度，对协调私权行使中的利益冲突，制止、纠正滥用私权以损害私人利益和公共利益的行为，维护市场经济健康有序的法律秩序，发挥了极为重大的作用。

相对于私权的行使而言，公权（以下仅限于行政权）的行使原则上不受司法审查（损害私人合法权益时为例外）。传统的法理和做法是：某个政府机关被授权行使某项行政权（如行政审批、行政许可），就相应设置或授权另一个政府机关来予以制衡、控制。而对于被授权的另一个政府机关的行为，又需要再设置、再授权第三个政府机关予以制衡、控制。此即"用公权制衡公权"的法理，盖源于所谓分权与制衡的学说。此在学说上和法理上均能自圆其说，不能谓不合理。

但是，从公权制衡公权的实践，我们看到的仍然是：一方面，行政权的不断膨胀、不断扩张、益发强大；另一方面，行政权的行使并未受到适当的制衡、控制。特别是，使国家和社会公共利益遭受重大损害的行政权行使行为，很难得到纠正。人民所期盼的小政府、效率政府、廉洁政府，并未实现。

二　存在的问题与思考

造成国家和社会公共利益遭受重大损害的行政权行使行为，可以分为三类：政府机关的不当行政行为；政府机关以行政权为根据的民事行为；政府机关行政权行使的不当事实行为。

（一）政府机关的不当行政行为，可再分为：其一，不当抽象行政行

---

① 中国社会科学院法学所研究员。

为，例如，一些地方政府制定违反宪法、法律、法规的地方性规章，规定"行人违章撞了白撞"；规定民事合同必须公证，必须经过批准、许可；规定抵押权登记以标的物评估价值收费，登记一次期限一年，期满须再登记再收费，等等。其二，不当具体行政行为，包括作为的不当具体行政行为和不作为的不当具体行政行为。前者如批准铁路春运涨价30%，许可在城市规划的禁止建筑的区域内建商业性建筑物，许可破坏风景、名胜、文物的建筑等；后者如对于违章建筑不予强行拆除等。

（二）政府机关以行政权为根据的民事行为，包括出让土地、出售企业、政府采购、公共工程发包，等等。现在的严重社会问题，如国有资产流失，官员从中收受回扣、红包、贿赂，及许多"豆腐渣工程"，均与政府机关的这类行为有关。

（三）政府机关行政权行使的不当事实行为，如各地建设的各种"面子工程"、"纪念碑工程"及高档豪华办公大楼，各种不当巨额投资行为，及各种不当公费开支，等等。此外，还有与行政权行使相关的公务员的不当行为，如公务员住房超标准豪华装修、开超标准高档汽车、出差住五星级饭店甚至总统套房，公费旅游等挥霍公款的行为及其他违法行为。

我们所面临的问题，是极为严重的。但基于以公权制衡公权的法理，它们不在司法审查的范围之内。传统的对策是：人民群众有权向上一级政府机关揭发检举，由上一级政府机关通过行政权行使，予以审查、查处。这是以上一级政府机关及其公务员，与受检举的下级政府机关及其公务员无任何利害关系，均人格高尚、忠于人民、忠于法律、清正廉洁、秉公执法的理想模式为前提条件的。经验已经证明，这样的理想模式与社会现实之间，存在多么巨大的差距！因此，我们不能不对公权制衡公权的法理产生怀疑。我们不能不思考：如果行政权的行使也受司法审查，如果凭纳税人的一纸诉状，法院就可以审查某个政府机关的某项行政权行使行为的合法性，就可以审查某个政府机关公务员与行政权有关的某项行为的合法性，其结果将会如何？

按照传统的以公权制衡公权的法理，行政权的行使原则上不受司法审查，仅在行政权的行使直接损害具体公民、法人或其他组织的合法权益时，如果受害人起诉，行政权的行使才受司法审查。关键在是否"直接损害"具体公民、法人或其他组织的合法权益。如果没有，法院将驳回起诉，理由是原告不具有诉之利益，因此不具有当事人资格。其结果是，行政权行使行为，即使严重违法、即使严重损害国家利益和社会公共利益，也不受司法审查。

既然行政权的行使直接侵害私人权益的情形，采用私权制衡公权，将行政权的行使行为纳入司法审查，已经收到良好的效果，为什么不可以进一步将整个行政权的行使纳入司法审查的范围，发挥私权制衡公权的优越性呢？这样做，在合理性上不存在任何障碍。直接侵害私人权益的行政权行使行为可以纳入司法审查，为什么直接侵害国家和社会公共利益，从而间接侵害私人权益的行政权行使行为，就不可以纳入司法审查的范围呢？

如果说存在障碍的话，只是程序法上所谓诉之利益、所谓当事人适格的理论。理论既然是人提出的，当然应根据实践检验的结果，予以修正。

三　发达国家的经验

英美法上有所谓公益诉讼，包括三类诉讼：其一，相关人诉讼；其二，市民提起的职务履行令请求诉讼；其三，纳税人提起的禁止令请求诉讼。

（一）相关人诉讼，指在私人不具有当事人资格的法域，原则上允许私人以相关人名义起诉。例如，1901年纽约州曾有一判决，允许私人以相关人的身份起诉，对于批准在道路上经营报亭的行政行为给予处分。

（二）市民提起的职务履行令请求诉讼，指在公务员未履行其职务的情形下，允许私人以市民的身份向法院提起请求发布职务履行令的诉讼。最初这类诉讼是作为相关人诉讼提起的，后来私人被允许以当事人的身份起诉。到1965年，美国有28个州明确承认此种形式的诉讼。

（三）纳税人提起的禁止令请求诉讼，简称纳税人诉讼，指美国各州普遍承认私人以纳税人的身份，有请求禁止公共资金违法支出的诉讼提起权。至1965年，几乎所有的州都承认以州属县、市、镇以及其他地方公共团体为对象的纳税人诉讼，甚至有34个州明确承认以州为对象的纳税人诉讼。特别引人注目的是，纳税人诉讼不仅针对公共资金的违法支出行为，同时也针对造成金钱损失的违法行为。例如，新泽西州的市民和纳税人以违宪为由，请求法院对公立学校强迫学生读圣经发布禁止令。承认纳税人诉讼的根据在于：公共资金的违法支出，意味着纳税人本可以不被课以相应部分的税金，在每一纳税人被多课税的意义上，纳税人有诉之利益。

日本法上有所谓民众诉讼。昭和23年（1948年），日本地方自治法第242条之二规定了居民诉讼。昭和37年（1962年）日本行政诉讼法第5条规定了民众诉讼，指为纠正国家或公共团体的违法行为，以选举人资格提起的诉讼，属于行政案件的一种。日本最高裁判所昭和37年1月19日判决，认可浴池营业者提起的确认批准浴池营业许可无效的请求，因为违反公共浴池的设置必须距其他浴池 250 米以上的规定。东京地判昭和 43 年 2 月 9 日判决，认可镇名变更无效的请求。东京地判昭和 45 年 10 月 14 日判决，关于过街桥设置可能妨害道路通行权、侵害环境权并损害健康，认为存在侵害法定权利的事实，认可原告的请求。

特别值得注意的是，进入 20 世纪 90 年代初，日本兴起一类以纳税人身份提起的要求公开交际费开支的诉讼。县知事、市町村长的交际费开支情况，引起居民的极大关注，纷纷要求予以公开。有的市町村长满足居民的要求，全面公开交际费的开支情况，而都道府县知事则大抵作出不公开或仅一部分公开的决定。这样一来，就引发了请求法院判决取消都道府县知事关于交际费开支不予公开或仅一部分公开的决定的诉讼。其中针对大阪府知事交际费案和针对厉木县知事交际费案，一直打到最高裁判所。两案的高等裁判所判决，倾向于要求全面公开交际费的开支情况，但最高裁判所却倾向于限定公开的范围，撤销了两案的高等裁判所判决、发回重审。此后，东京高等裁判所就东京都知事交际费案，在最高裁判所判决的范围内，作出尽可能多公开的判决。20 世纪 90 年代中，又发生针对政府机关招待费、接待费的诉讼。如日本高知县的律师以纳税人的身份，要求县政府公布有关招待费的具体开支情况，遭到政府的拒绝后，而向法院提起诉讼，要求法院依据地方政府情报公开法，命令高知县政府公开有关开支情况。法理根据是：每个纳税人有权了解政府如何支出公费的情况。但县政府只愿意公布招待费总的开支数额，而起诉的律师要求公布究竟请了些什么人等具体情况。日本的招待费称为食粮费，通常是由出面招待人的主管签字就可以报销。原告在诉状中提出，公务员的工资中已包含了本人的生活费用，原则上公务员吃饭应该自己付钱，如果是必要的公款宴请必须公布被宴请客人的姓名，这样才能让纳税人判断公费请客是否合理。法院判决原告胜诉，由于有关公务员不愿意公布被宴请客人的姓名，这些费用在财务上就不能报销，只能算是公务员自己请客，因此，最后依据本判决从相关的公务员处追回了四五亿日元的金额。再如日本秋田地方裁判所民事一部 1999 年 6 月 25 日判决。秋田县居民代替县政府作为原告，以秋田县召开的六次恳谈会所开支的费用中，有 2091245 日元餐费属于违法支出，对时任教育长等职的 6 名被告请求损害赔偿。法院认可原告请求，判决被告向秋田县支付现金 2091245 日元及利息，本案诉讼费用由被告负担。

四　结语

面对如此严重的各种行政权行使损害国家利益和社会公共利益的社会问题，建议我国参考发达国家的经验，开放纳税人诉讼，将行政权行使内容纳入司法审查。据报载，青岛市民告政府许可企业在按照城市规划禁止建筑的区域建商业建筑，被告以原告无诉之利益进行抗辩，法院已经认可原告当事人适格。如果法院认可市民请求的判决，这将是我国第一例获得胜诉的纳税人诉讼，标志着我国朝向以私权制衡公权、将行政权的行使纳入司法审查，迈出关键一步。据悉国家正在起草行政许可法，建议在该法规定，公民可以纳税人身份就政府机关的行政审批、行政许可，向人民法院提起诉讼。最后，建议修改行政诉讼法，规定公民可以纳税人身份就政府机关的行政权行使行为及公务员与行政权行使有关的行为，向人民法院提起诉讼。

（该文原载于《人民法院报》2001 年 4 月 13 日）

宪法视野和宪政界域中的公益诉讼

陈云生①

针对 20 世纪 90 年代中后期以来公益诉讼在我国日益兴起的现象，宪法学界表现出一定程度的"失语"。然而，公益诉讼在观念、建制、诉讼原告的适格性、司法制度的构建等方面，都关系到宪法和宪政问题，甚至毋宁说，公益诉讼本身就是一个宪法和宪政问题。很难想象，没有相应的宪法学说与宪政理论的支撑和相应的宪政建制，现代型的公益诉讼能够得到规范和健康的发展。

一　公益诉讼的宪法基础

自 20 世纪 20 年代以来，许多国家的宪法在立宪宗旨、宪法规范内容方面都发生了显著的变化。在立宪宗旨上，发生了从个人本位向社会本位的重大转变。20 世纪 20 年代起，特别是西方世界各国经历了 30 年代的经济大萧条以后，人们普遍认识到，单靠限制和约束政府的权力以保护公民权和人权不受侵犯，并不能应对重大的社会危机以及其他诸如就业、劳动保护、社会保险与救济等全社会所共同面对和需要解决的社会窘迫问题。立宪宗旨随之从个人本位转向社会本位。

从宪法规范的内容上看，为适应上述立宪宗旨的转变，宪法在内容规定上进行了重大的、必要的调整。过去一向不屑一顾的社会、经济等内容，在体现社会本位的宪法中都作出详尽不等的规定。其中最重大的变化是增加关于公共利益、集体利益或一般利益的规定。20 世纪 70 年代以前制定的 142 部成文宪法中，有 96 部宪法对此作出了规定，占总数的 96.6%。为适应福利社会的构造，有 85 部宪法加强了关于公共福利的规定，占总数的 59.9%。此外，为了保护私人权益，有 75 部宪法规定为保护私人权益可以对行政行为提起诉讼，占总数的 52.8%。②

---

① 中国社会科学院法学所研究员，上海交通大学法学院兼职教授。
② ［荷］亨克·范·马尔赛文、格尔·范·德·唐：《成文宪法的比较研究》，陈云生译，华夏出版社 1987 年版，第 129、133 页。

上述宪法改造，为公益诉讼制度的建构打下了宪法基础。毕竟，在实行宪治和法治的当代，包括公益诉讼在内的一切重大的政治法律建制，都应当而且必须从国家的根本大法中求得合法性。

二　公益诉讼的宪政建制

公益诉讼尽管是现代社会和法治发展所必需，但它不是自发建制的，其建制也并不仅仅是一个简单的诉讼法和诉讼制度的扩展或完善的问题。公益诉讼关涉到一些重大的宪治、法治理念与实践问题，应当而且必须首先从宪政上予以建制。根据其他国家的宪政经验，这种建制主要是从以下几个方面展开的。

1. 基于矫正因"社会结构变化"引起的公共利益分配失衡的社会正义立场来建构公益诉讼制度。现代社会是不断改革和发展的社会，这一不间断的过程，势必引起社会结构性变化，而这一变化又必然引起公共利益分配方面的不平衡，从而使基于社会利益分配平衡的社会正义受到侵害。意大利就是基于此种立场建构公益诉讼制度的，该国重点在劳动灾难、产品责任、交通事故、公共住房条件不当等领域建立和实行了公益诉讼制度。

2. 确立公共权利的宪政保护原则。在宪法转向社会本位以后，公共利益受到了高度重视和保护。特别是在福利制度兴起以后，个人利益与公共利益更是紧密地结合在一起。为了适应这一变化，原来由宪法和宪政重点保护的个人权利也在宪政理论上和宪政制度上扩展成为公共权利或集体权利。这一权利体系的确认至关重要。按照传统的"有权利必有救济"的宪治、法治原则，公众享受公共利益的权利，也应当和必须得到宪法和法律上的保护。

3. 重新定义和扩展诉讼原告的适格性，以适应公益诉讼的需要。传统诉讼有关诉讼资格和诉讼利益等有关"事有诉讼权的一般条件"，由于受到法律上的严格限制，显然并不适合公益诉讼对诉讼原告的资格放宽的要求。就西方国家的经验来说，通常是通过判例和单项制定法这两种方式解决的。通过判例，英国逐步确立了"相关人诉讼"原告资格，美国在20世纪40年代初发展出"私人检察总长"的制度，在单项立法方面，美国除较早的《谢尔曼法》和《克莱顿法》（1914年）外，80年代以后的《反欺骗政府法》和《联邦采购法》等，都规定受害人、检察官，以及任何个人和组织都有资格提起对公共性违法行为的公益诉讼。法国的《新民事诉讼法典》明确规定，任何协会和个人都有权以保护公益为目的提起公益诉讼。

4. 建立和发展了一些全新的公益诉讼形式或模式：（1）集团诉讼；

（2）相关人诉讼；（3）抽象行政行为的行政诉讼；（4）宪法诉讼；（5）实行亲民、便利和有利于节约司法资源的诉讼程序原则；（6）倡导和鼓励司法能动主义。

三 中国宪法和宪政语境下的公益诉讼

在中国的宪法和宪政语境下，有关公益诉讼的以下几个方面是我们应当而且必须予以关注的。

1. 充分认识中国宪法和宪政对公益诉讼制度建构的法律规范和调控作用。现行宪法在国家的民主政体，法治原则，公民基本权利和人权保护，公民在社会、经济、政治、法律等事务中广泛的民主参与权，对国家、集体、公共利益的重点保护原则，对国家、集体、私人财产的保护等规定，都可以视为建构中国公益诉讼的基础性规范。

2. 正确处理公益诉讼建制与改革探索的关系。在当前关于公益诉讼建制的热点讨论中，有人呼吁尽快制定公益诉讼法：这种思路应当肯定，并应努力推动国家立法机关尽快采取有关的立法步骤。但是当务之急，是充分利用改革开放的大环境和创造的条件，通过司法改革，不断地加以探索和总结。这不仅能够满足当前对公益诉讼的迫切需要，也为国家今后的立法活动积累宝贵的经验。当前由国家检察机关和民间热心人士连续发起公益诉讼的行为，就值得给予特别的肯定和鼓励。

3. 应重点发展集团诉讼。在中国当前应努力创造条件发展集团诉讼，以更大的诉讼力对抗对公共利益和权利造成损害的违法行为。为此，需要进行必要的宪政改革，使更多的社会组织、团体得以合法建立并赋予特定社会群众利益代表者的资格和公益诉讼提起人的适格性。此外，也需要在法律援助、律师制度等方面进行必要的改革。

4. 公益诉讼作为远景课题，应纳入宪法监督和违宪审查的理论与实践的大课题之中重点予以关注和研究。

（该文曾载于《法学研究》2006 年第 6 期）

行政公益诉讼中的两大认识误区

章志远①

近年来，伴随着一系列具有轰动效应的公益诉讼案件的发生，我国行政法学界掀起了行政公益诉讼研究的热潮。学界同人几乎倾其全力论证中国行政公益诉讼制度建立的必要性、可行性与紧迫性，增设行政公益诉讼的具体条款也写入了行政诉讼法（修改建议稿）中。"行政公益诉讼"这一中国行政法学者所独创的概念，短短几年时间就取得了话语霸权地位。然而，深入考察当下行政公益诉讼的理论与实践，不难发现其中存在大量认识上的误区，亟须从理论上予以澄清。限于篇幅，笔者拟就"行政公益诉讼是国外通例"及"检察机关最适宜作为原告提起行政公益诉讼"等两个具有广泛影响的学术观点进行剖析，试图通过揭示这些认识上的误区促进行政公益诉讼问题的研究健康发展。

误区之一：行政公益诉讼是国外通例

在当下有关中国行政公益诉讼制度建构理由的论述中，一种十分流行的论证思路是：域外各法治发达国家均已建立了行政公益诉讼制度，其先进经验证明了中国建立行政公益诉讼的可行性。其实，深入考察西方法治发达国家在行政诉讼客观化过程中所建立的相关诉讼制度，不难发现，"行政公益诉讼是国外通例"是一个伪命题，其间反映了我国学者对西方国家有关制度的误解甚至曲解。

第一，德国的公益代表人制度与所谓的行政公益诉讼是两种截然不同的法律制度。德国的公益代表人——无论是设在联邦行政法院的检察官还是设在高等行政法院及地方行政法院的公益代表人——只能参与诉讼，却不能提起诉讼。他们的任务在于维护"公益"，且所代表的只能是州或州的行政机关这一层级以上的公共利益。到目前为止，德国仅有巴登—符腾堡州、拜恩州等七个州运用授权设立了公益代表人。至于乡镇及其他实体利益的代表，

---

① 苏州大学法学院副教授。

则尚未引起重视。① 可见，德国的公益代表人制度仅具有形式意义，并不是普遍适用的制度。根据我国台湾学者蔡志方先生的考证，德国公益代表人的职责主要包括四项：协助法院适用法律，确定与具体化法律、提供学术情报、协助斟酌法律之精神、辅助法官、弥补法院经验之不足、担保法院办案之不疏忽；在诉讼程序中代表大众，即代表沉默之多数，从法律秩序之维护，以保护大众之法律利益；减轻法院负担，协助法院迅速审理案件，避免因思虑不周致浪费程序；对机关提供各项法律情报与咨询意见。② 从实际担负的职责上看，这一制度与国内学者所言的为了维护公共利益而向法院提起行政诉讼的所谓的行政公益诉讼制度大相径庭。

第二，法国的越权之诉并不是简单地为了维护公共利益而提起的行政诉讼。尽管"越权之诉的主要目的在于保证行政行为的合法性，是行政法治原则的重要保障，是对事不对人的客观诉讼"，但是，越权之诉在当代越来越具有主观因素，因为申诉人必须在利益受到损害时才能提起越权之诉，越权之诉同样具有保护申诉人利益的作用。而且，从申诉人提起越权之诉要求撤销行政决定的利益来看，既包括集体利益和公共利益，也包括个人利益。③ 就后者而言，实际上是一个纯粹的个人为了私益而提起的行政诉讼；就前者而言，实际上是一种类似于"集团诉讼"及"机关诉讼"的诉讼形态。

第三，日本的民众诉讼与机关诉讼仅仅是一种立法政策选择的结果。根据日本现行《行政诉讼法》第 42 条的规定，只有"法律上有特别规定"的情况下，方能提起民众诉讼及机关诉讼。作为民众诉讼典型形式的住民诉讼，实际上是一种融主观诉讼与客观诉讼于一体的新型行政诉讼形式。而机关诉讼目的在于解决"国家或公共团体机关相互间的职权纷争"，本质上介于行政权内部的纠葛，并无多少公共利益的成分。正如有的学者所言："这些诉讼并不当然地归属于法院管辖，只是从政策角度分析，由司法权来解决更为合理、更为妥当时，在有法律予以承认的范围内，才例外地允许提起诉讼。"④

---

① 参见［德］弗里德赫尔穆·胡芬《行政诉讼法》，莫光华译，法律出版社 2003 年版，第 53 页。

② 参见蔡志方《行政救济与行政法学》（三），台湾学林文化事业有限公司 1998 年版，第 553 页以下。

③ 王名扬：《法国行政法》，中国政法大学出版社 1988 年版，第 669、676 页。

④ 杨建顺：《日本行政法通论》，中国法制出版社 1998 年版，第 726 页。

误区之二：检察机关最适宜作为原告提起行政公益诉讼

在有关行政公益诉讼启动问题的讨论中，检察机关有权代表公共利益提起行政诉讼的主张得到了最为广泛的认可。[①] 支持者的理由大致包括：我国公民素质、法制意识均难以适应行政公益诉讼的要求，赋予公民个人提起行政公益诉讼的原告资格可能造成滥诉；我国大量的社会团体程度不同地具有官方背景，难以独立地代表社会公共利益；提起行政公益诉讼是检察机关作为法律监督机关的题中应有之意；各国均从立法上授予检察机关行政诉讼领域的公诉权，检察机关提起行政公益诉讼业已成为世界性规律；等等。[②] 实际上，在现行政治体制之下，人民检察院是最不适宜提起行政公益诉讼的主体，检察机关介入行政公益诉讼面临着诸多理论及现实上的障碍，具体理由如下：

第一，中西检察体制殊异，域外的经验无法在中国简单复制。在三权分立思想的指引下，西方各国通过设立议会、政府和法院分别执掌立法、行政与司法大权，检察机关在国家权力系统中并不具有独立地位，绝大部分只是作为行政职权的组成部分或附设于法院，或与行政机关合而为一。行政权正是通过检察机关来监督和制约司法审判权，因而检察机关从来都是政府的代表，是公共利益的维护者。就其法律地位而言，检察院作为政府的一个部门行使起诉权正是政府诉权的体现。我国的检察体制是参照苏联模式建立起来的。按照一切权力属于人民的原则，我国的检察机关与行政机关之间并无隶属关系，它由人民代表大会产生并对其负责。因此，在"一府两院"的体制之下，检察机关与行政机关之间是相互独立的。正是由于检察体制的根本不同，西方国家检察机关代表政府提起公益诉讼的做法在我国难以推行。

第二，检察机关提起行政公益诉讼必然导致自身的角色冲突。在我国，当检察机关提起行政公益诉讼时，就同时取得了原告及法律监督者的双重身份。这种双重角色决定了检察机关在行政公益诉讼案件中将要承担起起诉和

---

① 在2005年8月30日由最高人民检察院召开的"民事行政诉讼中检察权配置问题"研讨会上，与会的二十多位资深法学专家一致认为：检察机关介入公益诉讼是法治社会的需要，应当尽快通过修改民事诉讼法和行政诉讼法，确立检察机关介入公益诉讼的法律地位。参见陈卉《检察机关介入公益诉讼：必要且可行》，载2005年9月9日《检察日报》。

② 关于检察机关提起行政公益诉讼的理由，可参见陈丽玲等《检察机关提起行政公益诉讼之探讨——从现实和法理的角度考察》，载《行政法学研究》2005年第3期。

法律监督两种截然不同的诉讼职能，这在行政诉讼的运作中是无论如何不能圆通的。一方面，作为法律监督者，检察机关应当具有中立性、超然性，独立于法院和当事人之外对行政诉讼进行客观公正的监督；另一方面，作为趋利避害的个体，检察机关绝不希望自己的起诉遭到失败，会不遗余力地动用各种手段证明其主张以求得法院的认同，因而难以维持其超然、中立的角色。在双方诉讼地位悬殊的情况下，行政机关就难以相信法院裁判的公正性。因此，被告提起上诉或申诉的可能性将随之增加，其结果不仅加重了法院的负担，也影响了行政机关的效率和权威。反之，当检察机关败诉时，则又因其同时拥有上诉权和抗诉权，极易使案件无休止地继续审理下去，直至取得对其有利的判决。

　　第三，检察机关提起行政公益诉讼逾越了行政诉讼检察监督的应有边界。任何国家权力的行使都有其法定边界，行政诉讼中的检察监督权亦不例外。现行行政诉讼法在总则中原则性地规定了检察机关有权对行政诉讼实行法律监督，但这并不意味着检察机关可以无所不在、无所不能。检察机关在对行政诉讼实施法律监督时必须认真处理好与审判机关和诉讼当事人的关系，即检察监督不能干预审判权和当事人诉讼权利的正当行使。一般来说，法律监督是一种单向的、具有某种潜在强制力的行为，监督者往往站在一种比较超脱的立场上对被监督者的违法行为进行监察督促。检察机关提起行政公益诉讼不仅会造成检察监督权的膨胀，进而破坏既有的国家权力配置格局，而且还会对法院产生无形的压力，最终导致司法判决公正性的缺失。如果片面赋予检察机关享有提起行政公益诉讼的权力，行政审判的独立性将被部分消解，民众对诉讼公正和司法权威的信心也将随之动摇。

　　由此可见，只要检察权的法律属性不变，因检察机关提起行政公益诉讼而引发的检察权与审判权、行政权之间的矛盾就不可能得到缓解。为此，在我国宪法对检察权性质进行重新定位之前，检察机关提起行政公益诉讼应当慎行。

　　　　　　　　　　（该文曾载于《法学研究》2006 年第 6 期）

公益上书与合法性审查

论法规合法性审查建议权

张卓明①

据悉，2005 年 8 月 2 日，北京市东方公益法律援助律师事务所向全国人大常委会提交了《关于请求对〈珠海经济特区道路交通安全管理条例〉进行合法性审查的建议书》，冀求全国人大常委会对珠海条例第 7 条以及第 33 条关于禁止电动自行车上路的规定进行合法性审查。这是最近行使法规合法性审查建议权的又一显例。

其实，早在 2003 年 5 月 14 日，就有 3 位法学博士因"孙志刚案"而向全国人大常务委员会提交"关于审查《城市流浪乞讨人员收容遣送办法》的建议书"，并引起了社会各界的深切关注。结果，未及全国人大作出正式答复，国务院自行废止了该办法。此后，建议全国人大常委会进行法规审查的报道更为频繁地见诸于媒体。"请求审查《城市房屋拆迁管理条例》的建议书"、"关于审查《河南省农作物种子管理条例》的建议书"、"要求对全国 31 省（市）公务员录用限制乙肝病毒携带者规定进行违宪审查和加强乙肝病毒携带者立法保护的建议书"、"对二元户口体制及城乡二元制度进行违宪审查的建议书"、"对《婚姻登记条例》及《黑龙江省母婴保健条例》进行审查的建议书"，如此等等，纷纷涌向全国人大常委会。其中，不论产生的效果如何，无一例外的是，都没有叩开全国人大常委会审查法规的程序之门，也都没有获得令人期待的正式答复，更遑论盼到某某法规被认定为违法而予以撤销的结果。这一令人沮丧的现实，对于法制的统一性和公民的维权热情极为不利，在一定程度上，遏制了以社会发展促进权利发展，以权利发展促进社会发展的良性循环机制的形成。为此，很有必要重视我国现有的法规审查建议权，反思其不足和探求完善之道。

---

① 中国社会科学院法学研究所博士生。本文曾得到贺海仁、黄金荣老师的启发和指点，以及雄静波、苏苗罕、郑磊学友的帮助或评阅，特此致谢。当然，与本文有关的责任由本人承担。

一 法规审查建议权

法规审查建议权在我国是一项法定权利，其直接的法律依据是《立法法》（2000）第 90 条规定：

"国务院、中央军事委员会、最高人民法院、最高人民检察院和各省、自治区、直辖市的人民代表大会常务委员会认为行政法规、地方性法规、自治条例和单行条例同宪法或者法律相抵触的，可以向全国人民代表大会常务委员会书面提出进行审查的要求，由常务委员会工作机构分送有关的专门委员会进行审查、提出意见。

前款规定以外的其他国家机关和社会团体、企业事业组织及公民认为行政法规、地方性法规、自治条例和单行条例同宪法或者法律相抵触的，可以向全国人民代表大会常务委员会书面提出进行审查的建议，由常务委员会工作机构进行研究，必要时，送有关专门委员会进行审查、提出意见。"

其中，第 1 款规定了五种特殊国家机关向全国人大常委会提出法规审查的要求权，该权利性质不同于第 2 款所规定的建议权，它能直接产生法律上的后果，即审查机关必须启动法规审查程序。而建议权的行使并不必然产生这种法律效果，审查机关只是在研究后，认为有必要时，才启动审查程序。而何为"研究"，何为"必要"，并没有具体化，又没有规定必要的回复机制。为此，建议者往往无法得知其建议是否被研究，是否符合启动法规审查的必要情况，是否已经启动，以及最终的处理结果。相反，审查机关则完全处于一种自主的地位，在现实中，很可能发生工作懈怠，乃至忽视建议而不必承担任何责任的情况。事实也证明如此。

正是因为现有的法规审查建议权实际上使建议者完全处于被动的境地，才会有论者尖锐地指出：

"在这样一种制度建构之下，'其他国家机关和社会团体、企业事业组织以及公民'的建议权实际上也就不具有法律上的约束力。根据《中华人民共和国宪法》第 41 条第 1 款之规定：中华人民共和国公民对于任何国家机关和国家工作人员，有提出批评和建议的权利；对于任何国家机关和国家工作人员的违法失职行为，有向有关国家机关提出申诉、控告或者检举的权利，但是不得捏造或者歪曲事实进行诬告陷害。建议权是现行宪法规定的公民的基本权利，即使《立法法》不规定，公民仍然有权向人代会及国家机关提出建议，当然也就包括对其认为违反宪法和法律的行政法规、地方性法规、自治条例和单行条例向有权机关提出审查的建议。《立法法》第 90 条并不比《宪法》第 41 条第 1 款规定了更多的东西，甚至在某种程度上是画蛇添足，因为纯粹按照《宪法》第 41 条第 1 款的规定，公民的建议权的范围是十分广泛的，但《立法法》却将其限制在了仅能对其认为违反宪法和法律的行政法规、地方性法规、自治条例和单行条例提起审查建议，《立法法》此种规定可谓得不偿失。"[①]

诚然，上述论点在强调建议权的对象不包括法律，从而"降低了《立法法》对发展现行违宪审查制度所可能产生的积极意义"[②] 的层面上，不无正确之处。但是，认为建议权不具有法律上的约束力，将《立法法》上的建议权完全等同于宪法上的建议权，乃至被评价为"画蛇添足"和"得不偿失"，无疑低估了《立法法》规定建议权的意义。

其实，就规范上而言，建议权并非完全不具有法律上的约束力，即，接受建议的立法机关必须受理，不能拒绝，而且，该机关必须责成有关机构对该建议进行研究，不能不处理。较之于宪法上的建议权，显然具有更为确定和具体的内涵。可以说，《立法法》所确立的法规审查建议权是对宪法上的建议权的具体化和细化，它首次使作为基本权利的建议权在立法监督领域进行了具体化，从而使建议权在立法监督领域具有了可操作性和可实现性。"它不仅是对公民基本权利的具体化和现实化，更重要的是它第一次使我国公民具有了一定的启动法规违宪审查程序的权利，这无疑是我国在建立宪法诉讼和违宪审查机制的征途中，又向前迈进了重要的一步。"[③] 或者说，法规建议权至少包含了"德国违宪审查制度中的宪法诉愿制度的一些要素"，尽管现在还只能算是一种"准宪法诉愿"制度。[④] 可见，如果把法规审查建议权简单地等同于宪法上的建议权，乃至贬低其重要性，无疑是忽视了其中的宪政意蕴和向更高阶段的宪法诉讼发展的可能。

当然，由于法规规范上的缺陷，法规审查建议权相对于特殊国家机关的要求权而言，显得软弱无力。本来，在实现有效的立法监督、维护法制统一、最终保护人民权利的目的上，要求权理应发挥更大的作用。事实却并非如此。特殊国家机关行使要求权的情况极为罕见。相反，建议权则被频繁地

---

① 龙非：《全国人大及其常委会违宪审查程序研究》，载《北京人民警察学院学报》2005 年第 2 期。

② 林来梵：《从宪法规范到规范宪法》，法律出版社 2001 年版，第 369—370 页。

③ 胡建淼、金承东：《论法规违宪审查建议权》，载《法学家》2005 年第 2 期。

④ 林来梵：《从宪法规范到规范宪法》，法律出版社 2001 年版，第 369 页。

使用。其缘由在于：法规一旦生效实施后，真正能体验到该法规公正与否的，是那些直接或间接受该法规规范的人，他们是真实法律关系的当事人，是权利义务的真正主体，这种主体性和利益相涉性使他们最为关注该法规的合法性乃至合宪性，也最需要有权机关对该法规进行审查。① 这也是西方宪政发达国家普遍实行宪法诉讼或宪法诉愿制度的缘由。可见，法规审查建议权的价值和潜能不应小视，关键在于最大程度地结合当前我国制度对其加以渐进地完善，使其在解决规范冲突和保障人权上发挥真正的作用。

上文对法规审查建议权的论述主要是基于《立法法》的规定，其实还有国务院和地方人大颁布的相关配套规范，也都如法炮制，比如，国务院颁布《法规规章备案条例》（2002）第 9 条规定：

"国家机关、社会团体、企业事业组织、公民认为地方性法规同行政法规相抵触的，或者认为规章以及国务院各部门、省、自治区、直辖市和较大的市的人民政府发布的其他具有普遍约束力的行政决定、命令同法律、行政法规相抵触的，可以向国务院书面提出审查建议，由国务院法制机构研究并提出处理意见，按照规定程序处理。"

浙江省人大制定的《浙江省地方立法条例》（2001）第 76 条规定：

"省高级人民法院、省人民检察院和设区的市人民代表大会常务委员会认为省人民政府制定的规章同宪法、法律、行政法规、省地方性法规相抵触的，可以向省人民代表大会常务委员会书面提出进行审查的要求，由常务委员会工作机构分送法制委员会和有关专门委员会进行审查、提出意见。

前款规定以外的其他国家机关和社会团体、企业事业组织以及公民认为省人民政府制定的规章同宪法、法律、行政法规、省地方性法规相抵触的，可以向省人民代表大会常务委员会书面提出进行审查的建议，由常务委员会工作机构研究，必要时，送法制委员会和有关的专门委员会进行审查、提出意见。"

为此，这些规范构成了有权建议各级层次不同的审查主体，针对不同层级的规范冲突作法规审查的多层次、多位相的广义上的法规审查建议权。然而，在我国现行体制下，法规审查建议权所能启动的程序究竟为合法性审查，抑或违宪审查，尤其就《立法法》所确立的建议权而言，仍有混沌之处和若干争论，需要予以厘清。

---

① 参见胡建淼、金承东《论法规违宪审查建议权》，载《法学家》2005 年第 2 期。需要预先指出，本文区分合法性审查和合宪性审查，并且把论述重心放在前者。这主要是基于我国现有的制度框架以及加以完善的现实性和阶段性之考量，详细解释请见本文第二部分。

二　法规合法性审查

一般而言，法学界视《立法法》第 90 条第 2 款所确立的法规审查建议权为违宪审查建议权。① 孙志刚事件也往往被作为违宪审查制度理论中的个案来讨论。加上新闻媒体的广泛参与，官方于不久后也明确认同了这一观点。② 而笔者在本文中情愿称之为法规合法性审查建议权。

使用法规合法性审查的概念，且与法规违宪审查相区分，并非要否认或割裂二者的关联，诚如有关规范所确定的建议权的行使条件是法规与"宪法或者法律相抵触"。而从理论上言，"一些看似下位法之间的法律冲突，其实最终可能蕴涵着违宪的要素"。许多法律冲突的个案"可能与宪法原则、宪法精神或宪法的价值目标不相一致"。可以说，法律冲突的存在本身就有违健全的宪法秩序，不是宪法规范所期待的一种现象。③ 其实，西方宪政发达国家的违宪审查中亦包含了合法性审查的成分。如德国《联邦宪法法院法》第 13 条第 11 项规定了宪法法院对州法律或州的法规是否违反联邦法律的审查权。④

本文所谓的法规合法性审查，乃是强调按照我国现有体制，审查机关依据建议而启动审查程序之后，主要或首要的在于审查法规是否与上位法相冲突，而不是审查法规是否与宪法冲突。当然，法律和法规本身往往是宪法的具体化和实现，所以不排除在审查时作一定的宪法上的考量，从而落实宪法规范在法律和法规上的渗透和影响。尤其是在上位法对争论事项缺乏相应规定的情况下，审查下位法的合法性时，更有必要作合宪性的判断。所以，在宽泛的意义上，法规合法性审查也可以包括合宪性审查，因为宪法也是法，

---

① 参见牛龙云《孙志刚事件与违宪审查制度》，载《瞭望新闻周刊》2003 年第 22 期；胡锦光：《论公民启动违宪审查程序的原则》，载《法商研究》2003 年第 5 期；胡建淼、金承东：《论法规违宪审查建议权》，载《法学家》2005 年第 2 期。

② 据《新京报》2004 年 12 月 2 日报道，"任何公民都可以向全国人大及其常委会提出进行违宪审查的要求"。12 月 1 日下午，全国人大常委会法制工作委员会副主任李飞做客人民网强国论坛。针对网友提出的"中国没有宪法法院，出现违宪问题由哪个机关来处理"的问题，李飞全面解释了中国的违宪审查制度。李飞说，按照宪法规定，全国人民代表大会的重要职权是修改宪法和监督宪法的实施。我国的宪法监督由人大及其常委会实施。2004 年在全国人大法工委增设了一个备案审查室，对规范性文件的合宪性进行审查。

③ 参见林来梵《从宪法规范到规范宪法》，法律出版社 2001 年版，第 346 页。

④ 参见刘兆兴《德国联邦宪法法院总论》，法律出版社 1998 年版，第 182 页。

或者说宪法首先是法。

宪法的特殊性只在于其是最高法，正是基于这种特殊性，为保证法的确定性，我们不能轻易地将任何争议性问题上升为宪法问题，并要求作宪法判断。在我国现有体制的安排下，显然更是如此。因为，《立法法》第 90 条排除了基于法律的合宪性疑问而提请审查的可能。对此如果在广义上理解法规审查建议权，即审查主体不仅仅指全国人大常委会，还包括国务院、地方人大常委会等其他审查机关，那么，由于我国宪法规定宪法解释权归于全国人大常委会，这些其他审查机关享有的撤销或修改与上位法和宪法相抵触的规范性文件主要不是在违宪审查，而是在合法性审查。

最近学界亦开始意识到这个问题。比如有学者不无启示意义地指出："实践中，地方权力机关违法的情况已有发生，对于这些问题我们应当积极地寻找对策予以认真处理，而不应当不适当地上升到违宪的高度。"① 的确，抛开现有的制度与合法性的考量，而简单地把争议上升为宪法问题，希冀未来的某种理想制度和违宪审查来解决，可能亦有所失。另有学者则开始重新认识孙志刚事件，对将之作为违宪审查个案的一般观点作了质疑，并强调区分违法审查和违宪审查的重要性。其指出："对行政法规的审查只能是依据有关法律进行的违法审查，而不可能是直接依据宪法进行的违宪审查。"并解释道："违法审查的对象是法规，包括行政法规和地方性法规，它一方面是对国家行政机关制定规范性文件的审查和监督，体现了对行政权的限制和国家权力的横向制约；另一方面是对地方权力机关制定的地方性法规的审查和监督，体现了中央对地方的限制和国家权力的纵向制约。"②

当然，《立法法》的规定有很大的缺陷，乃至其本身的合宪性疑问，则是另外一个问题，在此暂且不论。而且，从正当化违宪审查的话语策略上来说，笔者亦不否认使用"违宪审查建议权"的意义。

在当前我国宪法学界，一般认为我国存在着由全国人大及其常委会作为审查主体的违宪审查制度，同时普遍认为其缺乏实效性，因而需要作出必要的制度调整。③ 而少数学者着眼于实效性的违宪审查，否认我国存在着违宪审查制度，其理由为："违宪审查的对象是国家立法机关，所以审查主体应

---

① 刘松山：《违宪审查热的冷思考》，载《法学》2004 年第 1 期。

② 马岭：《孙志刚案的启示：违宪审查还是违法审查》，载《国家行政学院学报》2005 年第 1 期。

③ 参见林来梵《从宪法规范到规范宪法》，法律出版社 2001 年版，第 328 页，及第 337 页以下；张千帆：《宪法学导论》，法律出版社 2004 年版，第 180、181 页。

当是立法机关以外的中央国家机关，一般是国家司法机关（宪法法院或最高法院），而不能是立法机关自己，否则就违背权力制约的基本原则——自己不能做自己的法官，它体现的是司法权对立法权的牵制。"① 此处的争论涉及名与实的问题，其实观点大同小异，肯定者如张千帆亦指出：当前违宪审查的有名无实之根源，在于把立法的解释权与审查权授予了人大及其分支，而且有悖于"没有人能做自己案件的法官"这一法治原则。"法治原则要求宪法审查机构应该独立于全国人大及其常委会。"他进一步说："宪政审查机构在本质上应该是一个类似于法院的司法机构。这个机构最好是司法性的，因为解释与审判主要是一项司法任务。"②

　　为此，不存在违宪审查论者和存在不具实效性的违宪审查论者都会认同如下观点："立法机关并不享有解释和监督宪法的特权，因为立法机关恰恰是宪法规范的主要对象，不能由立法机关来做自己案件的法官。所以急需完善我国当前的人民代表大会及其委员会的宪法监督制度。""宪法审查和宪法诉讼是切实有效地实施宪法的两种基本方式。"可以说，它们是"宪法之具有法律效力的具体标志"。③ 显然，我国现有体制与违宪审查的理想目标之间有着相当大的鸿沟，前面横亘着一些理论和实践上的难题。在违宪审查处于困境的情形下，有必要考察我国现有的法规合法性审查制度及其完善之途，这或许更为紧迫，也更有前景，因为它与我国现有体制更为契合，更具现实性。而且，通过有效的法规合法性审查，可以为下一阶段的违宪审查积累一些程序和操作上的经验，它也许是一条通向具有实效性的违宪审查的中国之路。

　　在这个意义上，否定者的如下说法，虽然似乎低估了建立实效性的违宪审查的可能和意义，然而其中亦包含若干真理的颗粒：

　　"在'违法审查'都还不能实现的情况下，'违宪审查'是不太可能进行的，它涉及对我国现行体制以及支撑现行体制的宪法理论作重大变革。从国家目前法律体系的混乱状况来看，主要的问题是部门保护主义和地方保护主义严重，侵犯公民权利的规章制度也多是出自这些部门（行政机关和地方机关），而启动'违法审查'、'违规审查'机制已经基本能够解决这些问

　　① 马岭：《孙志刚案的启示：违宪审查还是违法审查》，载《国家行政学院学报》2005 年第 1 期。

　　② 张千帆：《宪法学导论》，法律出版社 2004 年版，第 180、181 页。

　　③ 夏勇：《中国宪法改革的几个基本理论问题》，载《中国社会科学》2003 年第 2 期。

题，如果能够保证现行的法规、规章都严格依据上位法制定，那么目前法律体系的混乱状况会有很大改变。"①

三　完善之道

经验显示，下位法违反上位法或曰规范冲突的情形，只有在法规具体实施过程中，以及与当事人直接面对面的关联中才能被有效发现，又基于个体利益或权利的相关性，相对于事先的批准机关合法性审查和事后的审查机关主动审查来说，事后的被动审查之于立法监督可能更为有效。可以说，我国现有的法规合法性审查建议权正是基于上述原理而建立。但是，如前所述，其仍存有很大的缺陷，相应的法规合法性审查程序也需要作一定的完善。当然，笔者并不认为现在审查机关必须坐待完善的程序出台之后才能有所作为，其实，我国法规审查程序并非全然空缺，有关必要的程序也可以在审查机关的具体运作过程中而得以形成，乃至成文化。正因为如此，审查机关没有积极地对《城市流浪乞讨人员收容遣送办法》作正式审查的结局，不禁令人扼腕。

从保障立法监督的公众参与，维护法制的统一，最终保护人权的目的出发，至少可以从以下两方面来完善法规合法性审查建议权。

首先应确立回复机制。具体地说，可以在法规备案室下设立受理建议的专门机构和人员；对于公民的书面建议，应在一定时限内予以回复，回复的内容可以是通告处理建议的情况，处理的结果，提交审查后审查的情况以及审查结果，甚至可以表示对建议者的尊重和感谢，以及其他一些不具有法律约束力的非正式评论。这种机制的意义在于向建议者提供反馈信息，从而不致使建议石沉大海，消减建议者的热情。审查程序具有一定的正式性和独立性，即使被提请审查的法规制定机关作出了相应处理，受理机关仍应提供必要的答复。

其次，在较为正式的回复机制确立之后，审查机关可能面临建议书太多，而无力应对的难题，乃至出现滥用建议权的情形。为此，可以设置一些要件，在建议符合这些要件的情形下，审查机关有启动法规合法性审查的义务。要件的设置未尝不可以向西方国家的宪法诉讼吸取一些有益的经验，比

---

① 马岭：《孙志刚案的启示：违宪审查还是违法审查》，载《国家行政学院学报》2005 年第 1 期。

如确立"案件性原则","基本权利受损原则"和"穷尽救济原则"等。①与宪法诉讼制度中的诉权不同,建议权若要启动合法性审查程序,还必须满足争议是由规范冲突所造成的条件。毋庸讳言,此处的建议权在很大程度上已带有诉权的若干要素。为此,还需要完善有关配套机制,比如,现有的法规审查备案室显然在级别、权限、组织等要素上不能满足其要求,为此,有必要提高其级别,扩大其权限,可以考虑在全国人大常委会下设立由专家组成的法规审查委员会,来具体负责这种建议权所启动的法规合法性审查。当然,笔者不无希望,在这种建议权和法规合法性审查的有效运作基础上,待到条件成熟时,能比较成功地转向宪法诉讼和有实效的违宪审查。

补 记

本文完稿后不久,2005 年 12 月 16 日,十届全国人大常委会第四十次委员长会议修订了《行政法规、地方性法规、自治条例和单行条例、经济特区法规备案审查工作程序》。②此规定,使得经济特区法规明确地纳入到法规合法性审查之下,尤其重要的是完善了法规审查程序,使之更为具体、更具有可操作性,比如规定了纠正同宪法或法律相抵触之法规的三步骤:"一是与制定机关进行沟通协商;二是通过有关专门委员会提出书面审查意见,要求制定机关纠正;三是经过上述工作,制定机关仍不纠正的,通过常委会审议决定,撤销同宪法或者法律相抵触的法规。"这无疑显示了我国政府当局对法规合法性审查制度的重视,对于我国法制统一,乃至保障人权和宪政建设都有重要意义。

然而,就其内容而言,触及本文所论的法规合法性审查建议权的并不多,可能相关的就是明确了由人大法工委来接受、登记并研究法规审查建议,而由人大常委办公厅有关部门接受和登记特殊机关的法规审查要求,其区分基础在于通过人大法工委来过滤一些建议。其实,此规定仍然强调了主动审查方面,而作为法规合法性审查程序组成部分的建议权仍然未受充分重视,文中所设想的回复机制等完善之道仍未落实。但

① 参见胡锦光《论公民启动违宪审查程序的原则》,载《法商研究》2003 年第 5 期。

② 参见《全国人大常委会建立健全法规和司法解释备案审查制度》,载 2005 年 12 月 20 日《人民日报》第 2 版。值得重视的是,与此同时,还通过了《司法解释备案审查工作程序》,由于本文论题所限,不在此具体论及。注意,此规定乃国家机关的内部工作性文件,在效力上并不高,有待条件成熟时,法律和宪法性法律文件予以系统规定,现在则只能算作一种尝试性的努力罢了。

是，不管怎样，我们看到政府当局也在积极地探索。从这种渐进的制度变革中，一个完善的合法性审查制度已依稀可见，乃至某种形式的违宪审查制度亦值得期盼。

（该文原载于《公益诉讼》（第一辑），中国检察出版社2006年版）

我国规范性法律文件审查体制之分析

马　岭①

根据《宪法》和《立法法》，我国规范性法律文件的效力等级及其审查体制大体可分为五个等级，分别为宪法、法律（包括基本法律和非基本法律）、行政法规和规章、地方性法规（省级法规和市级法规）、地方规章（省级规章和市级规章）。② 笔者认为，由这一法律体系的效力等级可引申出我国的规范性法律文件审查体制的三个层次，即违宪审查、违法审查和违规审查。违宪审查是最高层次的审查，审查的依据是宪法；违法审查是仅次于违宪审查的第二层次的审查，审查的依据是法律（包括基本法律和非基本法律）；违规审查是最低层次的审查，审查的依据是法规（包括行政法规和地方性法规）。三种审查机制互相联系，一环扣一环，缺少其中任何一项都将破坏该审查体制的完整性；同时每一种审查又是相对独立的，可以不依赖其他审查而独立进行。以我国目前的情况来看，规范性法律文件审查"体制"上的问题主要表现为违宪审查的缺位，这使审查体制的完整性受到损害；但从实践的需要来看，问题却主要集中在违规审查和违法审查（而不是违宪审查）方面，因此违规审查和违法审查应当是我们目前健全规范性法律文件审查体制的重点。在建立和完善我国的规范性法律文件审查体制的过程中可以也应该有先后缓急之分，如先落实违规审查，后推进违法审查，最后才是实现违宪审查。③ 建立违宪审查体制不仅需要违规审查和违法审查作前期铺垫，而且需要具备民主发展阶段的相对成熟期所拥有的一系列社会条件。

---

① 中国青年政治学院法律系教授。

② 此外还有"自治条例和单行条例"以及"特别行政区法律"等，但由于篇幅所限，本文未加以分析。此处所谓的五个等级只是在总体上而言，譬如行政规章和地方政府规章之间的等级并非简单的上下等级关系。

③ 有关论述可参见马岭《孙志刚案的启示：违宪审查还是违法审查？》，载《国家行政学院学报》2005 年第 1 期。

一　违宪审查

违宪审查的直接依据是宪法，是依据宪法进行的审查。审查的对象主要是法律（包括基本法律和非基本法律），此外，行政法规、地方性法规在一定条件下也可能成为违宪审查的对象。

1. 对基本法律是否与宪法相抵触的审查

我国《宪法》第58条和《立法法》第7条第1款规定："全国人民代表大会和全国人民代表大会常务委员会行使国家立法权。"《宪法》第62条第（三）项和《立法法》第7条第1款规定："全国人民代表大会制定和修改刑事、民事、国家机构的和其他的基本法律。"[①] 由于全国人民代表大会在整个国家机构中至高无上的地位，因此其制定的基本法律具有仅次于宪法的法律效力，可以说是"一法之下，万法之上"。值得注意的是，《宪法》和《立法法》都没有明确规定全国人民代表大会制定基本法律时必须以宪法为根据，只是规定："宪法具有最高的法律效力，一切法律、行政法规、地方性法规、自治条例和单行条例、规章都不得同宪法相抵触。"（《立法法》第70条）[②] 要求立法时必须"以宪法为根据"和要求该法律"不得与宪法相抵触"是有区别的，"'根据'原则和'不抵触'原则是我国立法的两大原则。1982年宪法第89条第（一）项、第90条第2款和第100条分别确立了这两项原则。1982年施行的《国务院组织法》，经1982年、1986年、1995年三次修正后的《地方各级人民代表大会和地方各级人民政府组织法》，2000年通过的《立法法》对这两项原则先后作了具体化和发展"。但"'根据'原则主要适用于行政机关的立法"，"'不抵触'原则主要适用于地方性立法，这里特指地方性法规"。[③] 笔者认为，"不抵触"原则应适用于所有议会立法，既包括地方人大的立法，也包括最高权力机关的立法。其依据是宪法第5条规定"不得同宪法相抵触"的规范性法律文件中包括"一切法律"，《宪法》第62条、第67条以及《立法法》第7条规定全国人

---

① 作为法律，《立法法》不应重复宪法的内容，否则在实践中可能混淆遵守宪法和遵守法律、违宪和违法的界限，将一个本来是违宪的问题降格为违法问题。

② 《立法法》的表述与《宪法》有所不同。《宪法》第5条规定："一切法律、行政法规和地方性法规都不得同宪法相抵触。"《立法法》增加了"自治条例和单行条例、规章"。

③ 焦洪昌、郝建臻：《论我国立法中的"根据"原则和"不抵触"原则》，载《宪法论坛》（第一卷），中国民航出版社2003年版，第228、229、239页。

民代表大会及其常务委员会的立法权时，都没有规定必须"根据宪法"制定法律；《立法法》第 3 条规定"立法"应当"遵循"宪法的基本原则（而不是"根据"宪法的基本原则）①，也就是说立法机关立法时并不一定要适用"根据"原则，而只要求适用"不抵触"原则，这与代议制的理论是相吻合的。人民代表来自人民，受人民之托，当选后仍然与人民保持着经常性的密切联系，这种民意基础使人民在宪法中给予了他们极大的立法自由裁量权，只要不与宪法相抵触，他们就可以根据"形势"的发展和"时代"的需要来制定国家的法律。

在我国各种版本的宪法学教材中，对宪法与法律的关系其表述大体相同，如宪法是"国家立法机关进行日常立法活动的法律基础"，是"制定普通法律的依据"；②"宪法是其他一般法律的立法基础。法律的制定必须以宪法为根据"；③"宪法是普通法律的制定依据和基础，在我国，各个具体的基本法律在制定时……都必须在条文中明确标出'本法以中华人民共和国宪法为依据制定'"。④ 可见许多学者认为"宪法是法律的立法根据"与"宪法是法律的立法基础"基本同义，笔者过去也持同样的观点，但现在却认为"宪法是法律的立法基础"的表述较好（它涵盖了根据原则和不抵触原则），而"宪法是法律的立法根据"则有违宪法原意，是在将宪法确定的"不抵触"原则偷换成"根据"原则（虽然这些教材也都论述了"不抵触"原则）。那么，"法律在制定时必须以宪法为根据"是否仅仅应当从立法权来源的角度来理解呢？它强调的是法律的"制定"根据，即立法者之所以有权"制定"法律，是来源于宪法的授权，而不是说所有法律的"内容"都必须出自宪法的相应规范。如果是这样，我们强调的就应该是每一部法律在制定时"根据"的是同样的宪法条文，如《宪法》第 62 条或第 67 条。⑤

---

① "遵循"是遵照的意思，而"根据"是"把某种事物作为结论的前提或语言行动的基础"（《现代汉语词典》，商务印书馆 1998 年版，第 428、1683 页）。因此不能将"遵循"完全等同于"根据"。而且《立法法》第 3 条强调的是"立法"（而不是"法律"）应当遵循宪法的基本原则，"立法"是一动词，而"法律"是一名词，前者强调的是"立法"活动，立法过程，后者强调的是"法律"的内容（如一切法律不得同宪法相抵触），是立法的结果。笔者认为，"遵循"原则是《立法法》根据宪法的有关规定创造的一个原则，它包括"根据"原则，也包括"不抵触"原则。

② 吴家麟主编：《宪法学》，中央广播电视大学出版社 1991 年版，第 17、18 页。

③ 魏定仁主编：《宪法学》，北京大学出版社 1999 年版，第 13 页。

④ 董和平、韩大元、李树忠：《宪法学》，法律出版社 2000 年版，第 25 页。

⑤ 《宪法》第 62 条规定全国人民代表大会有权制定基本法律，第 67 条规定全国人民代表大会常务委员会有权制定基本法律以外的法律。

但我们通常在阐述"宪法是法律的立法依据"时不仅认为宪法是法律"制定"的立法依据，而且是法律内容的源泉，并通常举《刑法》、《立法法》等例子说明法律的"内容"是根据宪法制定的。① 笔者目前认为，宪法文本没有明确要求"根据宪法"立法，而只要求法律不得与宪法"相抵触"，说明宪法认为国家法律的制定所适用的原则是"不抵触"原则而不是"根据"原则，对此学者可以表示异议，但要有充分的论证和说理，而不应随意混淆这两个原则。在国外的许多法律中并没有"根据宪法制定本法"的表述，但这并不影响其违宪审查制度的存在，说明这些国家在立法时适用的是"不抵触"原则而不是"根据"原则。

"根据"原则和"不抵触"原则都强调在立法中上位法优于下位法，但"根据"原则比"不抵触"原则要求更严，如果一个法律在制定时是"根据"上位法制定的，那么它一定不得同该上位法"相抵触"，所以"根据"原则应该包含了"不抵触"原则。如果一个法律在制定时只要求不得与上位法"相抵触"，而没有要求其"根据"上位法制定，那么该法律在制定时可以不拘泥于上位法的内容而"适当"地加以突破（"适当"的程度主要由议会根据宪法的精神加以把握，这个把握是否符合宪法，在一定的条件下可以通过事后的审查加以裁决），如可以"根据社会发展"的需要而不是"根据上位法"制定，只要所制定的内容不与上位法相抵触即可。因此"不抵触"原则较之"根据"原则使立法拥有更大的空间，同时也为违宪审查拓展了范围（也给违宪审查增加了难度）。在时间上，"根据"原则要求有了上位法之后下位法才能"根据"上位法产生，而"不抵触"原则无此要求，下位法可以在上位法之后产生，也可以在上位法之前产生。上位法如果在下位法之前产生，下位法制定时不得与上位法相抵触；上位法如果在下位法之后产生，则要对原有的下位法是否与新近产生的上位法相抵触进行审查。在内容上，"根据"原则一般要求下位法具有较多的"执行"上位法的特征，是有关上位法内容的具体化，而"不抵触"原则可能是执行性的，也可能是补充性的、自主性的、先行性的。② 在审查方面，对依照"根据"原则制

---

① 如《立法法》第 1 条规定："为了……根据宪法，制定本法。"《刑法》第 1 条规定："为了……根据宪法，结合我国同犯罪作斗争的具体经验及实际情况，制定本法。"

② 至于是不得与宪法的"规则"、"条文"抵触，还是不得与宪法的"原则"、"精神"抵触，笔者认为都包括，即，法律既不得与宪法的"规则"、"条文"抵触（如不得与宪法的某个具体条文的规定抵触），也不得与宪法的"原则"、"精神"抵触（如不得违背宪法中的平等原则和保障人权的精神）。

定的法律一般相应的宜从严审查，在涉及有关法律解释时应作相对狭义的解释；而对依照"不抵触"原则制定的法律在审查时则可以适当从宽，涉及对有关法律的解释时可作广义解释。①

立宪者没有要求立法者"根据宪法"制定法律，但也没有反对立法者"根据宪法"制定法律，"不抵触"原则是宪法对立法者立法时要求的原则，而"根据原则"是立法者在立法时自己掌握的原则。在我国的立法实践中有的法律明确规定"依据宪法，制定本法"，有的法律则没有提到宪法，当法律没有提到宪法是其立法依据时，贯彻的是"不抵触"原则，当法律明确表明本法是依据宪法制定时，遵循的是"根据"原则，同是基本法律，它们与宪法的关系之亲密度是不一样的，这种亲密度主要由立法者而不是立宪者来调整。立宪者在宪法中只规定了"不抵触"原则，但立法者在立法时在某些法律中主动声明制定本法所根据的宪法规范是什么，意味着该法制定时不仅不能与宪法相抵触，而且必须以宪法的相应规范为根据，这是立法者的自觉限权。立法者在立法时有权调整各法律与宪法的不同距离，这本身就说明了立法者立法时的自由裁量权是很大的，但这并不意味着这种自由裁量权是任意的。立法者对哪些法律应当适用"不抵触"原则，对哪些法律除了适用"不抵触"原则外，还应适用"根据原则"，需要有法理依据作支撑，至少应该有统一的标准和界限。②

在运用"根据原则"时，立法者也可以有适当的灵活性，可以是"根据宪法，制定本法"，也可以是"根据宪法某章、某节制定本法"，后者比

---

① 关于"抵触"的含义，有学者从四个方面作了界定："（1）超越权限范围的。（2）对同一事项的规定与上位法的规定相反的。（3）与上位法的立法目的和立法精神相违背的。（4）上位法对某一事项的处罚种类和限度作了规定，下位法就同一事项增加规定更重的处罚。"见陈斯喜：《我国立法控制机制的现状与完善》。也有学者认为"抵触"有五种情况："（1）宪法、法律、行政法规允许的，而地方法律却作出禁止性规定；宪法、法律、行政法规明文禁止的，而地方立法却作出允许性规定；（3）增加、减少或变更法律责任的种类、幅度、适用范围或适用条件的；（4）增加、减少或变更执法主体、执法主体的执法权限或执法程序；（5）增加、减少或变更了宪法、法律规定的公民、法人或其他组织的权利和义务，或者改变了行使权利、履行义务的条件或程序。"见苗连营：《试论地方立法工作中"不抵触"标准的认定》，载《法学评论》1996年第5期。以上两文均转引自焦洪昌、郝建臻《论我国立法中的"根据"原则和"不抵触"原则》，载《宪法论坛》（第一卷），中国民航出版社2003年版，第241页。

② 根据对我国目前最高权力机关制定的281部法律的统计，其中明确规定"依宪法×章或×节或×条制定"的有4部，占1.42%；笼统规定"依宪法制定"的有76部，占27.05%；规定"依宪法和其他法律或实际情况制定"的有19部，占6.76%；未提及宪法的有182部，占64.77%。这些数据是由中国青年政治学院法律系2004级学生孙淑涛同学收集和整理的，在此表示感谢。

前者更强调所根据的宪法内容的具体性，这不仅为立法提供（并限定）了依据，而且便于违宪审查——所谓"违宪"违的是什么"宪"，其范围一般会限定在该法提到的宪法条文中，"根据宪法某章、某节制定本法"为违宪审查提供了审查的具体根据。虽然在违宪审查中，审查者也可以认为某法律违反了其所依据的宪法条文之外的其他宪法条文而宣布其违宪，但一般来说，审查者审查的主要范围会集中在该法是否违反了其制定时所依据的宪法条文上。如假设对《国务院组织法》进行违宪审查的话，将主要审查其条文是否违反了宪法中"有关国务院的规定"，[①] 但也不排除依据其他宪法条文，如宪法中关于全国人民代表大会常务委员会职权的条文来审查。

根据我国《宪法》和《立法法》，对全国人民代表大会制定的基本法律是否与宪法相抵触，没有设置专门的审查机关，这与我们在理论上假定人民代表在代表人民时具有一种代表程度上的理想性有关——我们认为人民代表在代表人民时是完全、彻底、全面的代表，代表者与被代表者之间完全契合而没有矛盾，因此不必为他们之间可能出现的缝隙寻找弥补途径，这是一种对民主的迷信，也是一种对代议制的迷信。或许现在我们正在从这种迷信中渐渐苏醒过来，但真正破除迷信还有待时日。依目前的体制，对基本法律是否违反宪法的审查，只能依赖于基本法律的制定者——全国人民代表大会，由它对自己制定的基本法律进行修改（准确地说是这一届全国人民代表大会对过去某一届全国人民代表大会制定的基本法律的修改），修改原有基本法律的理由可能有许多种，但不排除因为其有违宪嫌疑而作修改的可能性，只是这种审查及其由此带来的修改不属于"违宪审查"，违宪审查是专门术语，有其特定的主体、程序和含义，而不是泛指对法律的所有审查。

2. 对非基本法律是否与宪法相抵触的审查

《立法法》第 7 条第 1 款规定："全国人民代表大会和全国人民代表大会常务委员会行使国家立法权。全国人民代表大会常务委员会制定和修改除应当由全国人民代表大会制定的法律以外的其他法律。"[②] 第 78 条规定："宪法具有最高的法律效力，一切法律、行政法规、地方性法规、自治条例和单行条例、规章都不得同宪法相抵触。"对于宪法中的规定哪些应当由全国人民代表大会将其法律化，哪些应当由全国人民代表大会常务委员会将其

---

① 《中华人民共和国国务院组织法》第 1 条规定："根据中华人民共和国宪法有关国务院的规定，制定本组织法。"

② 这一内容与《宪法》第 58 条和第 67 条第（二）项的规定相同。

法律化，法律没有明确规定，学界亦未有充分论证，实践中则呈现出一定程度的混乱。《立法法》第 8 条规定的"下列事项只能制定法律"，① 实际上只是对法律和法规的内容在范围上作了区分，但该条所说的"法律"包括全国人民代表大会制定的基本法律和全国人民代表大会常务委员会制定的法律，而这两种法律的区别《立法法》仍然停留在《宪法》第 62 条第（三）项和第 67 条第（二）项的原则划分上，即全国人民代表大会"制定和修改刑事、民事、国家机构和其他的基本法律"，全国人民代表大会常务委员会"制定和修改除应当由全国人民代表大会制定的法律以外的其他法律"。有学者认为基本法律"是指由全国人民代表大会制定的仅次于宪法而高于其他法律的对国家政治、经济和社会生活某个领域重大和全局性事项作出规范的法律"，② 强调基本法律具有在某一领域属于"重大性"和"全局性"问题的特点，这无疑是正确的，但又似乎还是不够的。

　　笔者同意，全国人民代表大会和全国人民代表大会常务委员会在立法权上的分工，重点应放在其需要制定的法律所涉及的内容是否具有"重大性"或"全局性"的判断上。有些法律之所以是基本法律，主要是因为它们具有"全局性"的特点，而"全局性"的标准应是在某领域的法律群中具有牵头法的地位。如对于宪法中国家权力的立法，由于国家权力的复杂性，对宪法规定的国家权力在"法律化"的过程中很难一步到位，往往要分层次立法才能解决。即先由全国人民代表大会制定基本法律，在宪法规定国家权力的基础上搭出相对具体的权力框架，然后再由全国人民代表大会常务委员会制定法律将这些初步细化的权力进一步细化，将基本法律确定的国家权力的一系列子原则具体化、详细化。如全国人民代表大会根据宪法相关规定制定的《紧急状态法》应是紧急状态法体系的牵头法，它对各国家机关如何行使紧急状态的决定权、宣布权、执行权、监督权作出较为具体的规范，之后由全国人民代表大会常务委员会在《紧急状态法》的基础上再制定相关

---

　　① 《立法法》第 8 条规定："下列事项只能制定法律：（一）国家主权的事项；（二）各级人民代表大会、人民政府、人民法院和人民检察院的产生、组织和职权；（三）民族区域自治制度、特别行政区制度、基层群众自治制度；（四）犯罪和刑罚；（五）对公民政治权利的剥夺、限制人身自由的强制措施和处罚；（六）对非国有财产的征收；（七）民事基本制度；（八）基本经济制度以及财政、税收、海关、金融和外贸的基本制度；（九）诉讼和制裁制度；（十）必须由全国人民代表大会及其常务委员会制定法律的其他事项。"

　　② 韩大元、刘松山：《宪法文本中"基本法律"的实证分析》，载《法学》2003 年第 4 期。

法律，它们是《紧急状态法》的下位阶法。如紧急状态的执行权是一个非常复杂的问题，不是一部法律所能够囊括的，《紧急状态法》也只能为其确定一些原则，其具体的措施、规范还需出台《戒严法》、《防止内乱法》、《战争法》、《防震减灾法》、《传染病防治法》、《抗洪法》等一系列法律分别作出进一步具体的规定（虽然《防震减灾法》、《传染病防治法》、《抗洪法》等法律的内容并不一定都与紧急状态有关）。又如关于公民基本权利的立法，宪法中规定了公民的受教育权，由此需要立法机关建立一个教育法体系，在这个体系中，《教育法》应为牵头法，属于基本法律，① 而《教师法》、《未成年人教育法》、《高等教育法》、《义务教育法》等则应属于非基本法律。

并不是所有基本法律都具有"全局性"的特点，在基本法律下面也并不一定都需要有一批非基本法律形成一个法律群，有些基本法律必须自己解决具体化、规则化等操作问题，而不应过于依赖下位法。② 如全国人民代表大会已经制定了一部《刑法》，全国人民代表大会常务委员会就不必再制定一部《刑法细则》，这一类基本法律作为法律应该具备法律规则化的基本特征。它们之所以是基本法律主要是因为它们具有"重大性"，而不一定同时具有"全局性"。问题是，哪些领域的内容具有重大性而必须由基本法律加以规定，"重大"的标准是什么，目前似乎缺乏明确的标准。

在非基本法律中，根据其与宪法的关系，可以分为两类，一类是非基本法律直接与宪法（而不是基本法律）发生联系，其内容是基本法律目前还没有涉足的领域，③ 这一类非基本法律与宪法的关系和基本法律与宪法的关系基本相同，对其进行的审查应当属于违宪审查。另一类非基本法律不是直接与宪法、而是直接与基本法律相联系，对这一部分非基本法律的要求，实际上是不得与"宪法和基本法律相抵触"，其中主要是不得与基本法律抵

---

① 1995 年 3 月朱开轩同志在向八届全国人大三次会议作关于教育法草案的说明时指出："教育法作为教育的基本法，主要涉及教育的全面性重大问题"，"为制定其他教育法律、法规提供立法依据。"见韩大元、刘松山：《宪法文本中"基本法律"的实证分析》，载《法学》2003 年第 4 期。

② 全国人大常委会对基本法律的"部分修改和补充"是另一个问题，它要解决的是基本法律的"与时俱进"，而不是基本法律的具体操作问题。"修改和补充"一般不可能是大量的（宪法明确限定了是"部分"补充和修改）。

③ 当非基本法律没有基本法律作中介而直接面对宪法时，它们是否应当"根据"宪法制定，而不仅仅是与宪法"不抵触"？它们与那些有基本法律作中介而不直接面对宪法的非基本法律之间有何区别？这些问题还有待进一步的分析。

触，对其进行的审查从其性质上看应属于违法审查。

非基本法律是否违宪，应由比制定非基本法律的机关更高地位的机关或相对独立的机关来确定，在我国目前的体制中，这个机关是全国人民代表大会。《宪法》第 62 条第（十一）项和《立法法》第 88 条第（一）项明确规定："全国人民代表大会有权改变或者撤销它的常务委员会制定的不适当的法律。"如果将来要建立司法的违宪审查制度，则要对现行体制作较大的改变。

3. 对国务院的授权立法是否与宪法相抵触的审查

国务院的授权立法是国务院被最高权力机关授权后进行的专门立法行为①，它超出了宪法为行政机关规定的一般性行政立法的范围。政府的授权立法大多是在相应的法律缺位的情况下制定的，② 如我国《立法法》第 56 条第（三）项规定，"应当由全国人民代表大会及其常务委员会制定法律的事项，国务院根据全国人民代表大会及其常务委员会的授权决定"，可以"先制定行政法规"。应该由法律规定的事项经特别授权后由法规先行规定，那么该法规制定时，其根据就不是相应的法律（因为相应的法律尚未产生）而是授权决定，在内容上可能还包括宪法的相关条款，这时它们就可能与宪法直接发生冲突，因此也应列入违宪审查的范畴。在《立法法》公布实施前，授权立法即使没有直接的上位法依据，但它们和其他上位法也不能抵触，当时的授权立法的法律位阶低于而不是等同于上位法。如 1985 年全国人民代表大会向国务院授权时，明确要求被授权者要"根据宪法，在同有关法律和全国人民代表大会及其常务委员会的有关决定的基本原则不相抵触的前提下，制定暂行规定或条例"。③ 这一规定表明，当时国务院的授权立法既适用"根据"原则，也适用"不抵触"原则，"根据"的是宪法，"不抵触"的是法律和最高权力机关的决定。"法律"在这里是"不抵触"的对象而不是"根据"的对象，即使上位法空缺而不能成为其"根据"的对象时，它也仍然不能与其他上位法"抵触"。但《立法法》的规定有所不同，如《立法法》第 9 条规定："本

---

① "授权立法"的含义非常丰富，此处仅指我国最高权力机关授权国务院进行的立法。关于授权立法的内容可参看李步云、汪永清主编《中国立法的基本理论和制度》，中国法制出版社 1998 年版，第七章"授权立法"；周旺生主编：《立法学》，法律出版社 2000 年版，第十三章"授权立法"。

② 也有一些授权立法是在紧急状态时期授权制定的。见陈新民：《中国行政法学原理》，中国政法大学出版社 2002 年版，第 116—117 页。

③ 李步云、汪永清主编：《中国立法的基本理论和制度》，中国法制出版社 1998 年版，第 313 页。

法第 8 条规定的事项尚未制定法律的，全国人民代表大会及其常务委员会有权作出决定，授权国务院可以根据实际需要，对其中的部分事项先制定行政法规，但是有关犯罪和刑罚、对公民政治权利的剥夺和限制人身自由的强制措施和处罚、司法制度等事项除外。"第 56 条规定："应当由全国人民代表大会及其常务委员会制定法律的事项，国务院根据全国人民代表大会及其常务委员会的授权决定先制定的行政法规，经过实践检验，制定法律的条件成熟时，国务院应当及时提请全国人民代表大会及其常务委员会制定法律。"第 88 条第（七）项规定："授权机关有权撤销被授权机关制定的超越授权范围或者违背授权目的的法规，必要时可以撤销授权。"在这里国务院授权立法时的"根据"已不再是宪法，而是"实际需要"和"全国人民代表大会及其常务委员会的授权决定"，撤销的理由是被授权机关"超越授权范围或者违背授权目的"而不再包括与"有关法律"相抵触，即只要不与授权决定相抵触即可，而允许与相关法律有所出入。《立法法》实际上赋予了最高国家权力机关的授权决定有比它所制定的法律更高的效力，因为授权决定是一种特别法，而特别法是高于一般法的。同时这也提升了根据授权决定而制定的行政法规的效力等级，使之可以与法律有适当出入（如它可能带有改革创新的内容），只要不与宪法相抵触即可。因此《立法法》之前的授权立法在效力上仍然是行政法规，而不是法律，只是其内容原本应当是由法律规范的；而《立法法》之后的授权立法在效力上和内容上都已经不再是行政法规，而是相当于法律。但无论如何授权立法都不得与宪法相抵触（宪法第 5 条规定"一切法律和行政法规"都不得同宪法相抵触），《立法法》之前的授权立法既不得与宪法相抵触，也不得与法律相抵触，而《立法法》之后的授权立法只是不得与宪法和有关授权决定相抵触。

4. 对地方性法规是否与宪法相抵触的审查

《立法法》第 63 条第 1 款规定："省、自治区、直辖市的人民代表大会及其常务委员会根据本行政区域的具体情况和实际需要，在不同宪法、法律、行政法规相抵触的前提下，可以制定地方性法规。"可见省级地方性法规有两种，一是省、自治区、直辖市的人民代表大会制定的地方性法规，其审查和撤销权属于全国人民代表大会常务委员会①；二是省、自治区、直辖市的人民代表大会常务委员会制定的地方性法规，其审查和撤销权属于全国

---

① 《立法法》第 88 条第（二）项规定："全国人民代表大会常务委员会有权撤销同宪法、法律和行政法规相抵触的地方性法规。"

人民代表大会常务委员会和本级人民代表大会。① 这两种地方性法规的制定主体不同（一是省级人民代表大会，一是省级人民代表大会常务委员会），其法律上的效力也就有所不同（前者高于后者），对它们的审查主体也不同（一是全国人民代表大会常务委员会，一是全国人民代表大会常务委员会和本级人民代表大会），但对它们的审查依据是相同的，即依据宪法、法律、行政法规对其加以审查，如果它们与宪法、法律、行政法规相抵触，就可以也应该由有关机关予以撤销。

在省级地方性法规"不得与宪法、法律、行政法规相抵触"的表述中，包含着三层含义：一是宪法、法律、行政法规对某一领域都有规定时，省级地方性法规与上述三者均不得抵触，但主要是不得抵触相应的行政法规，因为此时宪法和法律的有关规定往往已经内含在行政法规中；二是只有宪法、法律有规定而没有相应的行政法规时，地方性法规主要是不得与法律相抵触，因为此时法律有比宪法更具体的内容；三是只有宪法有规定，而法律和行政法规都没有出台，此时地方性法规可能直接与宪法相抵触。只有在第三种情况下对地方性法规的审查才属于"违宪审查"，而前两种情况分别属于违规审查和违法审查。地方性立法一般包括实施性立法、自主性立法和先行性立法②，自主性立法和先行性立法由于没有国家法律作为直接依据，其"立法事项都是法律保留以外的事项"，③ 所以对它们的审查可能需要直接依据宪法进行，但我国单一制的国家结构形式决定了它们不应是我国地方立法的主流。

从法律条文上看，市级地方性法规也存在与宪法、法律相抵触的可能性④，虽然一般来说在宪法和市级地方性法规之间往往还有法律、行政法规、地方性法规，因而它们很难与宪法直接发生冲突，但城市的特殊地位可能使之需要自主立法或先行立法。在我国进行现代化建设的进程中，城市对社会文明的引领作用是非常明显的，"城乡融合的过程，城乡差别消灭的过

---

① 《立法法》第88条第（四）项规定："省、自治区、直辖市的人民代表大会有权改变或者撤销它的常务委员会制定的和批准的不适当的地方性法规。"第88条第（二）项规定的全国人民代表大会常务委员会有权撤销的"地方性法规"中应包括地方人民代表大会及其常务委员会制定的地方性法规。

② 焦洪昌、郝建臻：《论我国立法中的"根据"原则和"不抵触"原则》，载《宪法论坛》（第一卷），中国民航出版社2003年版，第242页。

③ 同上书，第243页。

④ 《立法法》第63条第2款规定："较大的市的人民代表大会及其常务委员会根据本市的具体情况和实际需要，在不同宪法、法律、行政法规和本省、自治区的地方性法规相抵触的前提下，可以制定地方性法规，报省、自治区的人民代表大会常务委员会批准后施行。"

程，主要是更多乡村实现城市化的过程"。① 我国的较大市通常处于改革开放的前沿地带，是立法试点的重要阵地，因此在某些方面城市立法先行是必要的，这样就可能出现在某些领域省级地方性法规尚未出台、甚至行政法规、乃至国家法律都没有产生的情况下，先行制定市级地方性法规，而它们也就可能面临着可能直接与法律、甚至宪法相抵触的问题，因此也应纳入违宪审查的范畴。

二 违法审查

违法审查的直接依据是法律，是依据法律进行的审查。审查的对象包括非基本法律（是否与基本法律相抵触）、行政法规和地方性法规（是否与基本法律或非基本法律相抵触）。

1. 对非基本法律是否与基本法律相抵触的审查

根据宪法，全国人民代表大会的地位高于全国人民代表大会常务委员会②，二者地位的这种差异决定了它们制定的法律其效力也有高低之分。虽然并不是所有的非基本法律都需要"根据基本法律"制定，但所有的非基本法律都不得与基本法律相抵触，则是基本法律的效力高于非基本法律的必然要求。法律（包括基本法律和非基本法律）不得与宪法相抵触是宪法的明确要求③，而非基本法律不得与基本法律相抵触则没有宪法的明文规定，但可以从宪法的有关条文中引申出来，如《宪法》第62条第（十一）项规定全国人民代表大会有权"改变或者撤销全国人民代表大会常务委员会不适当的决定"；第67条第（三）项规定全国人民代表大会常务委员会有权"在全国人民代表大会闭会期间，对全国人民代表大会制定的法律进行部分补充和修改，但是不得同该法律的基本原则相抵触"等，从这些宪法条文中可以推论出基本法律的地位高于非基本法律。但这种"高"只表明非基本法律不得与基本法律相抵触，而并未要求非基本法律要"根据"基本法

---

① 周旺生主编：《立法学》，法律出版社2000年版，第372页。

② 《宪法》第57条规定："中华人民共和国全国人民代表大会是最高国家权力机关。它的常设机关是全国人民代表大会常务委员会"；第69条规定"全国人民代表大会常务委员会对全国人民代表大会负责并报告工作"；第65条规定："全国人民代表大会有权选举和罢免其常委会的成员"；第67条第（二十一）项规定全国人民代表大会常务委员会可以拥有"全国人民代表大会授予的其他职权"。

③ 《宪法》第5条规定："一切法律、行政法规和地方性法规都不得同宪法相抵触。"

律制定。从我国《宪法》第 67 条第（二）项的规定来看，全国人民代表大会常务委员会立法权的范围是非常广泛的（"制定和修改除应当由全国人民代表大会制定的法律以外的其他法律"），结合宪法的其他条文可以看出现行宪法加强和扩大了全国人民代表大会常务委员会的地位和职权，可以说最高权力机关的工作重心（包括立法工作的重心）在常委会而不在全国人民代表大会。宪法显然无意限制非基本法律在制定时要严格遵循"根据"原则，在实践中非基本法律更是经常、大量地在基本法律出台之前就已经先行制定。因此非基本法律与基本法律之间的关系应当理解为"不抵触"即可，而不要求非基本法律一定要"根据"基本法律制定。但是否所有非基本法律在制定时对基本法律都只适用"不抵触"原则而不适用"根据"原则？如果不是的话，那么哪些非基本法律应"根据"基本法律制定，哪些非基本法律只要与基本法律"不抵触"即可？其理由是什么？适用"根据"原则还是"不抵触"原则应由谁来决定？这些问题都还有待进一步探讨。

非基本法律是否与基本法律相抵触，在现行体制下由全国人民代表大会进行审查。《立法法》第 88 条第（一）项规定"全国人民代表大会有权改变或者撤销它的常务委员会制定的不适当的法律"，改变或者撤销的理由是"不适当"，而并没有局限于"同宪法相抵触"，因此，全国人民代表大会可以认为非基本法律如果"同基本法律相抵触"也是一种"不适当"，从而予以改变或者撤销。①

2. 对行政法规是否与法律相抵触的审查

根据我国《宪法》和《立法法》的有关规定，国务院制定行政法规时实行的是"根据"原则。《宪法》第 89 条明确规定国务院有权"根据宪法和法律"，"制定行政法规"，这是否意指行政法规可以根据宪法制定，也可以根据法律制定？"和"在此作为连词"表示联合"，②"和"不同于"或"，"和"表明"宪法和法律"都是行政法规的制定依据，必须宪法和法律同时

---

① 关于"不适当"的含义，"可以考虑作如下界定：（1）下位法规定的要求公民、法人和其他社会组织执行的标准或者措施明显脱离实际的。（2）下位法规定的要求公民、法人和其他社会组织履行的义务与其所享有的权利明显不平衡的。（3）下位法规定的国家机关的权力与其所承担的责任明显不平衡的。（4）下位法规定的处罚与该行为所承担的责任明显不平衡的。"见陈斯喜：《我国立法控制机制的现状与完善》，载李步云主编：《立法法研究》，湖南人民出版社 1998 年版，第 271 页。这种对"不适当"的理解，显然是为了与"违宪"、"违法"相区别，但由此带来的问题是，撤销机关是否只能改变或者撤销"不适当"的法律或法规，而对"违宪"或"违法"的法律或法规反而不能改变或者撤销了呢？把违宪和违法排斥在"不适当"之外恐怕在逻辑上存在问题。

② 《现代汉语词典》，商务印书馆 1998 年版，第 509 页。

具备而不是具备其中一个即可，如果宪法可以单独作为行政法规的制定依据，或法律可以单独作为行政法规的制定依据，就应当用"根据宪法或法律"。"根据宪法和法律制定行政法规"说明某一领域既有宪法的原则规定，又有法律的详细规定时，行政法规才能出台，《宪法》第 89 条的规定并没有授权行政法规可以绕开法律直接"依据宪法"制定。根据宪政的基本原理和我国宪法关于权力机关与行政机关之间关系的定位，行政机关不能对宪法非常原则、笼统的规定作出自己的判断和解释，不能直接服从于宪法而不受全国人民代表大会或全国人民代表大会常务委员会制定的法律的约束。即使某一领域只有宪法而没有法律，也并不意味着行政法规就自然可以直接根据宪法制定，而必须有议会的授权，而议会授权的行政立法在我国属于特殊情况。①

    我国《立法法》第 56 条第 2 款规定："行政法规可以就下列事项作出规定：（一）为执行法律的规定需要制定行政法规的事项；（二）宪法第 89 条规定的国务院行政管理职权的事项。"其中"为执行法律的规定需要制定行政法规的事项"其含义较为明确，而"宪法第 89 条规定的国务院行政管理职权的事项"则引起一些争议。有学者认为，第（二）项规定是国务院在职权范围内进行的"创设性立法，依据的往往就是宪法就其权限范围的直接规定，而没有具体的法律作为依据"，"国务院制定行政法规，并不要求两者（宪法和法律）同时都作为立法根据"。② 但是如果我们将《立法法》第 56 条作为一个整体来看，就会发现第（一）项和第（二）项之间是有一种逻辑关系的，第（一）项强调行政法规"执行法律"的性质，即不能进行创设性立法；第（二）项强调这个执行的范围，并不是对所有法律的执行问题都可以制定相关的行政法规，它只能是对"宪法第 89 条规定的国务院行政管理职权的事项"的执行才能制定，在这些事项内"为执行法律的规定"才能出台行政法规，而对于不属于"宪法第 89 条规定的国务院

---

① 在有些国家授权立法的数量很大，如英国政府的授权立法已比议会立法超出 30 倍，1950 年的授权立法为 2144 项。但除授权立法外，英国没有类似我国中央政府制定行政法规这样的一般行政立法权，政府对议会立法的影响是通过行使立法提案权来实现的（如 1978—1982 年，英国政府向议会共提出 497 项法案，议会通过 472 项，通过率为 95%；同期议员共提出 632 项法案，议会仅通过 122 项，通过率为 19%）。见李林：《立法理论与制度》，中国法制出版社 2005 年版，第 471、469 页。

② 焦洪昌、郝建臻：《论我国立法中的"根据"原则和"不抵触"原则》，载《宪法论坛》（第一卷），中国民航出版社 2003 年版，第 236 页。

行政管理职权"的事项只有法律可以做规定，而行政法规不能再作规定。"行政法规可以就下列事项作出规定"是在"下列事项"法律已经作出了规定之后行政法规可以再作规定，而不是"可以就下列事项"在法律没有规定的情况下直接作出规定，这样理解才符合宪法中国务院对最高权力机关从属性的定位。因此，行政法规一般不会、也不能直接根据宪法而是根据法律制定，一般不存在与宪法直接相抵触的问题（授权立法是例外）。法治是规则之治，有权制定规则的是受选民委托的议会而不是政府，政府的行政规章可以细化法律规则，但它不能根据上位法"创造"规则，立法权本质上是一种创制权，行政权本质上是一种执行权。

行政法规应根据法律制定，包括根据基本法律和非基本法律制定。笔者认为，当某个基本法律之下没有相应的非基本法律时，行政法规才可以直接根据该基本法律制定；如果基本法律下还有相应的非基本法律，那么行政法规应根据该非基本法律制定而不能直接根据基本法律制定，否则行政法规与非基本法律之间的关系可能出现混乱。

行政法规是否与法律相抵触，由全国人民代表大会常务委员会来审查和裁定，这属于全国人民代表大会常务委员会的监督权之范畴，对此《宪法》第 67 条第（七）项和《立法法》第 88 条第（二）项都规定全国人民代表大会常务委员会"有权撤销同宪法和法律相抵触的行政法规"。由全国人民代表大会常务委员会对行政法规是否与非基本法律相抵触进行审查，是因为常委会自身是非基本法律的制定机关；而对行政法规是否与基本法律相抵触所进行的审查，从理论上看应由全国人民代表大会进行，但鉴于全国人民代表大会的代表人数多、会期短等原因，宪法将此审查权也交给了常委会。常委会既然有权解释基本法律[①]，部分补充和修改基本法律[②]，说明它对基本法律并非完全不能触及，尤其是宪法明确规定它有权"撤销同宪法和法律相抵触的行政法规"，其中的"法律"当然应包括基本法律和非基本法律，因此由它来撤销与基本法律相抵触的行政法规也属于常委会撤销权的范畴之一。随着我国政治体制改革的深入，行政法规的审查权可能由立法机关转移到法院，即实行司法对行政的审查，那将是我国宪政改革的重大举措，也是

---

① 《宪法》第 67 条第（一）和第（四）项规定全国人大常委会有权解释宪法和法律，其中"法律"包括基本法律和非基本法律。

② 《宪法》第 67 条第（三）项规定全国人民代表大会常务委员会有权"在全国人民代表大会闭会期间，对全国人民代表大会制定的法律进行部分补充和修改，但是不得同该法律的基本原则相抵触"。

建立司法的违宪审查制度的前提条件。

3. 对地方性法规是否与法律相抵触的审查

如前所述，地方性法规主要是指省、自治区、直辖市和较大的市的人民代表大会以及它们的常务委员会，在"不同宪法、法律、行政法规相抵触"的前提下制定的地方性法规。由于地方性法规制定时适用的是"不抵触"原则而不是"根据"原则，因此"不同宪法、法律、行政法规相抵触"应当理解为不得同"宪法、法律、行政法规"中的任何一项相抵触，而不能理解为必须与"宪法、法律、行政法规"三者都不抵触才算"不抵触"。连接"宪法、法律、行政法规"的是顿号，顿号"表示句子内部并列词语之间的停顿。主要用在并列的词或并列的较短的词组中间"。① 这种并列应当是彼此独立的并列，这一点与根据"宪法和法律"制定行政法规时所要求的必须是宪法和法律同时具备才能制定是不同的。如果容忍地方性法规只要不与宪法抵触而可以与法律或行政法规抵触，无疑是荒谬的，那将有违立法的基本精神和国家法制统一的宪法原则。

在地方性立法的三种类型中，不论是实施性立法，还是自主性立法或先行性立法，都不得与上位阶法抵触，但它们抵触的可能性以及表现形式是有区别的。其中实施型立法是"为了执行法律、行政法规（有的还包括省级地方性法规）而制定的地方性法规"，"是在法律、行政法规（有的还包括省级地方性法规）已经有了明确的规定，地方性法规为了贯彻、落实它而制定……可以细化、具体化、可操作化，但是必须是在上一级法律规范所确定的框架内（如范围和幅度）进行"，② 因此它实际上体现的已经不仅仅是或不完全是"不抵触"原则，而是更严格的"根据"原则。而自主性立法和先行性立法因为没有直接的相关法律作为其上位法③，因此它们与国家法律抵触的可能性大为减少，但并非完全不存在这种可能性，即国家的其他法

---

① 《现代汉语词典》，商务印书馆 1998 年版，第 322 页。

② 焦洪昌、郝建臻：《论我国立法中的"根据"原则和"不抵触"原则》，载《宪法论坛》（第一卷），中国民航出版社 2003 年版，第 242 页。

③ 自主性立法是指"属于地方性事务而需要制定的地方性法规。它没有上位法作为依据……这些事务不具有全国意义，或不具有全国范围内立法的重要性，这些事务一般不涉及公民的基本权利和义务或国家的立法保留事项……对于这些事项，全国没有统一的立法，也不需要统一的立法"。先行性立法是指"除了法律保留的事项外，其他事项国家尚未制定法律或者行政法规的，省、自治区、直辖市和较大的市根据本地方的具体情况和实际需要而先行制定的地方性法规"。焦洪昌、郝建臻：《论我国立法中的"根据"原则和"不抵触"原则》，载《宪法论坛》（第一卷），中国民航出版社 2003 年版，第 242—243 页。

律也是它们不能抵触的。如全国的《集会游行示威法》出台之前，一些地方先行制定了关于集会游行示威的地方性法规，由于不存在直接的上位法，因而也就无所谓与国家的《集会游行示威法》抵触的问题，但它们仍然存在亦不能与刑法等国家法律抵触的问题。地方拥有先行立法权和自主立法权是我国单一制下地方权力增强的表现①，但这并没有使其获得可以无视国家法律存在的特权，维护法制的统一性仍然是立法的基本原则。②

地方性法规之所以不得与中央立法抵触，除了维护国家及其法制的统一性外，也是民主的基本要求。国家法律是全国人民意志的体现，地方立法是某地方人民意志的体现，当二者没有冲突时，局部应有一定的自主权，多数人应尊重少数人的利益和要求，整体不宜干涉局部，这是地方可以拥有立法权的理由所在。但当二者发生冲突时，局部要服从整体，少数要服从多数，乃是民主原则的基本内涵。

三　违规审查

违规审查的直接依据是法规，是依据行政法规或地方性法规进行的审查。审查的对象主要是国务院的部门规章（是否与行政法规、地方性法规相抵触）、地方性法规（是否与行政法规、上一级地方性法规相抵触）以及地方规章（是否与行政法规、本级或上一级地方性法规相抵触）。

1. 对部门规章是否与行政法规相抵触的审查

《立法法》第71条第1款规定："国务院各部、委员会、中国人民银行、审计署和具有行政管理职能的直属机构，可以根据法律和国务院的行政

---

① 童之伟教授将单一制分为中央集权单一制、地方自治单一制、中央地方均权单一制和民主集中单一制四类。在英国、日本、意大利、西班牙、葡萄牙等实行地方自治单一制的国家中，地方可以自主立法，而在民主集中单一制的国家中，地方一般没有立法权（更没有自主立法权）。我国虽然属于民主集中单一制的国家，但1982年后地方却拥有一定的立法权，不仅拥有实施性立法权，而且拥有自主性立法权和先行性立法权。参见童之伟《国家结构形式论》，武汉大学出版社1997年版，第220—222、377页。

② 《立法法》第4条规定："立法应当依照法定的权限和程序，从国家整体利益出发，维护社会主义法制的统一和尊严。"即便是在地方自治单一制的国家中，地方立法也可能受到中央控制，如日本，其"地方议会行使立法自治权时，其立法内容不能超出国会或内阁制定的法律、法令和政令规定的范围，否则一律无效"。见童之伟：《国家结构形式论》，武汉大学出版社1997年版，第261页。在法国，地方议会虽有"一定的立法职权"，但必须"在宪法和法律规定（允许）的范围内"。见李林：《立法理论与制度》，中国法制出版社2005年版，第332页。

法规、决定、命令，在本部门的权限范围内，制定规章。部门规章规定的事项应当属于执行法律或者国务院的行政法规、决定、命令的事项。"该条文表明，部门规章制定时遵循的是"根据"原则。而之所以适用"根据"原则而不是"不抵触"原则，是由它们的性质——行政机关的"行政"特点（即国务院与国务院各部委之间上下级的垂直领导关系）决定的，《立法法》第 69 条第 2 款明确规定："行政法规的效力高于……规章。"

"根据法律和国务院的行政法规、决定、命令制定规章"，是要求既要"根据法律"又要"根据国务院的行政法规、决定、命令"，必须同时根据这两者，而不是根据其中之一即可（否则就应当用"或"）。在只有行政法规没有相关法律的情况下（如授权立法），规章不能制定，因为"根据法律"是规章制定的必备要件。但"行政法规、决定、命令"三者只需根据其一即可，即根据法律和行政法规，或根据法律和国务院的决定，或根据法律和国务院的命令。① 如前所述，行政法规一般不应越过法律而直接依据宪法制定，所以一般不应出现在某领域有行政法规无法律的情况（授权立法除外），只有当某一领域既有法律又有行政法规（或国务院的决定、命令）的时候，才应当制定部门规章。如果只根据法律而不根据行政法规、决定、命令就制定规章，会打破立法体系的层次性。行政规章是国务院各部委制定的，各部委又受国务院的统一领导，因此各部委制定规章的工作也应当是在国务院的领导之下进行，而国务院对各部委制定规章的领导方式，可能是通过行政法规对其加以约束（如国务院 1982 年发布的《中药保护品种条例》第 25 条规定"有关中药保护品种的申报要求、申报表格等，由国务院卫生行政部门制定"），也可能由国务院以"决定、命令"的方式对规章的制定加以领导。很难想象各部委能脱离国务院的行政法规、决定、命令而仅仅是根据法律制定。当根据法律和国务院的"决定"、"命令"制定部门规章时，意味着没有行政法规做中介，从而使规章直接面对法律，此时的规章是否与行政法规类似，承担着将法律规则进一步细化的任务呢？笔者认为，规章的性质决定了它只能对法律的有关概念做专业技术解释，它们是对上位法的解释，而不是细化规则，否则就混淆了行政法规和规章之间的界限。这种"解释性规范"是"上级机关为了统一法律秩序，排除法律疑义，协助下级机关或所属工作人员统一理解法规，认定事实，以及如何正确行使裁量权，

---

① 但这三种规章在性质、内容、范围等方面有什么区别尚不清楚。

而制定的规章。所以具有浓厚的解释法规及'工作手册'的性质"。①

部门规章的审查权和撤销权属于国务院，《立法法》第 88 条第（三）项规定："国务院有权改变或者撤销不适当的部门规章"，这一规定也表明部门规章的制定应在国务院的领导下进行。

2. 对地方性法规是否与行政法规相抵触的审查

根据《宪法》和《立法法》的有关规定，地方性法规不得与宪法、法律、行政法规相抵触，其中是否与宪法抵触属于"违宪审查"，是否与法律抵触属于"违法审查"，是否与行政法规抵触属于"违规审查"。如果说地方性法规不得与国家法律相抵触是民主体制中少数服从多数原则的要求，那么不得与行政法规相抵触有什么正当理由呢？行政法规并不是议会民主的产物，而仅仅是中央政府行使行政权的结果，它们之间的矛盾不是大范围的民主与小范围的民主之间的矛盾，而是地方民主与中央行政权的矛盾，这里面不仅有立法与执法的关系，议事与行政的关系，而且有中央与地方的关系。从立法与行政的关系来看，立法机关高于行政机关，即使是地方议会制定的地方性法规只要不与中央议会制定的法律相抵触即可，似无须受中央行政机关的约束；但从国家结构形式的角度来看，在单一制国家，地方政权服从中央管辖是一个基本原则，不论是议会还是政府，一般来说中央国家机关都高于地方机关，如中央的议会高于地方的议会，中央的政府高于地方的政府，中央的议会高于地方的政府（如地方政府也要遵守中央的法律）等等，但中央的政府是否高于地方的议会？这很难一概而论。从我国的法律规定来看，要求地方性法规不得与中央的行政法规相抵触，表明中央的政府是高于地方议会的，但这种"高"又不是绝对的。因为行政法规是执行中央法律的产物，那么它们一般来说是与法律相吻合的（如果地方认为它们不吻合，可以依照《立法法》的有关程序提出审查②）。但行政法规毕竟不是法律，地方性法规不能与二者相抵触，而不能与法律相抵触和不能与行政法规相抵触之间是有区别的，这主要表现在审查权与撤销权的关系上。如对省级地方性法规是否与法律相抵触，由全国人民代表大会常务委员会审查，如果认为有抵触，由常委会撤

---

① 陈新民：《中国行政法学原理》，中国政法大学出版社 2002 年版，第 125 页。该书同页还论及另一类规章是"内部规则"性质的组织规章。

② 《立法法》第 90 条规定，各省、自治区、直辖市的人民代表大会常务委员会认为行政法规同宪法或者法律相抵触的，"可以向全国人民代表大会常务委员会书面提出进行审查的要求，由常务委员会工作机构分送有关的专门委员会进行审查、提出意见"。

销，这时的审查权与撤销权是一致的；但省级地方性法规是否与行政法规相抵触，由国务院进行审查，是否需要撤销却由全国人民代表大会常务委员会裁决，① 在这里审查权与撤销权是分离的，对国务院的审查全国人民代表大会常务委员会有权再审查，然后决定是否行使撤销权。说明地方议会与中央行政机关的矛盾最终是由中央立法机关来解决的。"地方代表机关只服从当地人民的意志、国家权力机关制定的法律和作出的决定，不能服从于行政机关的命令。所以国务院只能通过最高国家权力机关来纠正地方性法规的错误。"②

地方性法规是否还要符合国务院各部委制定的部门规章？《立法法》第 86 条第（二）项规定："地方性法规与部门规章之间对同一事项的规定不一致，不能确定如何适用时，由国务院提出意见，国务院认为应当适用地方性法规的，应当决定在该地方适用地方性法规的规定；认为应当适用部门规章的，应当提请全国人民代表大会常务委员会裁决。"这就是说，当地方性法规与部门规章之间对同一事项的规定不一致时，可能适用地方性法规，也可能适用部门规章，不能一概而论说哪一个效力更高。如果适用地方性法规，等于宣布相关的部门规章在该地方无效，这表明中央行政机关对地方民主的尊重；如果适用部门规章，则意味着宣布地方性法规无效，而这不是行政机关单方面所能决定的，即使地方性法规不得与国务院制定的行政法规相抵触，也不意味着国务院就有权撤销地方性法规，而"应当提请全国人民代表大会常务委员会裁决"。全国人民代表大会常务委员会既有权撤销国务院的行政法规、决定和命令，又有权撤销省级地方性法规，因此它有资格作这样的裁决。其裁决的依据是"看法律冲突争端的问题属谁的权限范围的事"，"属于中央权力范围的，其规章效力应高于地方性法规，属地方管理事务权力范围的地方性法规，其效力应高于部门规章"。③

----

① 国务院有权"审查"地方性法规的依据是《立法法》第 89 条第（二）项的规定："省、自治区、直辖市的人民代表大会及其常务委员会制定的地方性法规，报全国人民代表大会常务委员会和国务院备案"（向国务院备案即国务院有权进行审查）。而地方性法规的"撤销权"属于全国人民代表大会常务委员会的依据是《立法法》第 86 条第（二）项的规定：全国人民代表大会常务委员会"有权撤销同宪法、法律和行政法规相抵触的地方性法规"。

② 李步云、汪永清主编：《中国立法的基本理论和制度》，中国法制出版社 1998 年版，第 376 页。

③ 同上书，第 371、395 页。

3. 对市级地方性法规是否与行政法规、省级地方性法规以及省级地方规章相抵触的审查

《立法法》第 63 条第 2 款规定："较大的市的人民代表大会及其常务委员会根据本市的具体情况和实际需要，在不同宪法、法律、行政法规和本省、自治区的地方性法规相抵触的前提下，可以制定地方性法规，报省、自治区的人民代表大会常务委员会批准后施行。省、自治区的人民代表大会常务委员会对报请批准的地方性法规，应当对其合法性进行审查，同宪法、法律、行政法规和本省、自治区的地方性法规不抵触的，应当在四个月内予以批准。"与前所述相同，市级地方性法规的制定适用的不是"根据"原则，而是"不抵触"原则，即只要不与"宪法、法律、行政法规和本省、自治区的地方性法规"相抵触即可，"不抵触"的含义包括与上述所有上位阶法中的任何一项不抵触。但市级地方性法规为什么必须报省、自治区的人民代表大会常务委员会"批准"后才能施行，而不是像省级地方性法规只需报全国人民代表大会常务委员会"备案"即可？

备案是一种立法程序，它意味着报送机关的义务，"表明某一机关在制定了某一文件后，要向某些机关履行告知义务"。① 同时它又是备案机关的权力，备案机关有权要求报送机关向自己报送，至于报送后是否审查则是另一个问题，它由备案机关决定而报送机关无权提出要求。但毫无疑问，备案的目的是为了审查，"备案应当与审查相联系，没有审查的备案往往使立法监督流于形式"。② "备案就是查备，即备份在案，以便审查。也就是说备案机关对报送备案的法规、规章，不必一一审查，更不必在一定期限内向报送机关提出审查意见。是否进行审查，要不要向报送机关提出审查意见，由备案机关根据情况决定。一般是以不告不理为原则，即只有在有人提出某项法规、规章不符合宪法和有关法律规定的情况下为了弄清告诉是否事实，才对某项法规、规章进行审查。"备案不应是"法规、规章生效的条件"，也不应妨碍备案机关"随时进行审查"。③ 因此备案应当是审查的前提，不论是采用"根据"原则还是"不抵触"原则，只要有相应的审查监督机关，制

① 李步云、汪永清主编：《中国立法的基本理论和制度》，中国法制出版社 1998 年版，第 333 页。

② 周旺生主编：《立法学》，法律出版社 2000 年版，第 443 页。

③ 陈斯喜：《我国立法控制机制的现状与完善》，载李步云主编：《立法法研究》，湖南人民出版社 1998 年版，第 261、262 页。

定法律法规的部门就应当向其备案，以方便备案机关随时审查。① "备案的目的是为了加强对立法的监督管理，以便于备案机关在必要时进行审查，消除法规之间的冲突；备案还为备案机关全面了解地方和部门的立法情况和执法情况；同时还有利于加强对下级立法工作的指导。"② 而 "撤销"权是审查权行使的可能结果，有撤销权的地方就应当有审查权，审查权是撤销权的前提，没有审查就撤销是不可思议的，审查并不必然（只是可能）带来撤销的后果，但审查从来不导致撤销也令人不免对审查的功能发生怀疑。

如果说 "备案"所导致的审查是一种事后审查的话，那么，"批准"则是一种事先审查。"备案"并不妨碍有关文件的生效，而 "批准"则是有关文件生效的必备要件，"批准"程序显然比 "备案"程序要严格。与 "备案"程序相联系的制定权是完整的制定权，而与 "批准"程序相联系的制定权则是不完整的制定权，可称之为 "半个立法权"。③ 由于批准机关的审查是在被审查文件生效前，其批准构成生效的必备要件，因此从某种意义上说是对该法规制定的一种参与，即市级地方性法规的制定权不完全属于市人民代表大会及其常务委员会，而应当看作是市人民代表大会或常务委员会与省人民代表大会常务委员会共同制定。④ 正因为此，"有些省的立法程序法

---

① 《立法法》第89条规定："行政法规、地方性法规、自治条例和单行条例、规章应当在公布后的三十日内依照下列规定报有关机关备案：（一）行政法规报全国人民代表大会常务委员会备案；（二）省、自治区、直辖市的人民代表大会及其常务委员会制定的地方性法规，报全国人民代表大会常务委员会和国务院备案；较大的市的人民代表大会及其常务委员会制定的地方性法规，由省、自治区的人民代表大会常务委员会报全国人民代表大会常务委员会和国务院备案；（三）自治州、自治县制定的自治条例和单行条例，由省、自治区、直辖市的人民代表大会常务委员会报全国人民代表大会常务委员会和国务院备案；（四）部门规章和地方政府规章报国务院备案；地方政府规章应当同时报本级人民代表大会常务委员会备案；较大的市的人民政府制定的规章应当同时报省、自治区的人民代表大会常务委员会和人民政府备案；（五）根据授权制定的法规应当报授权决定规定的机关备案。"

② 李步云、汪永清主编：《中国立法的基本理论和制度》，中国法制出版社1998年版，第384页。

③ 孙致孚主编：《地方立法的理论与实践》，四川人民出版社1992年版，第316页。国家议会通过的法律虽也需报国家元首公布，但国家元首的公布权不是审查权。即使在美国这样的总统制国家，总统有对议会法律的否决权，但这种否决权也是相对的，经2/3的议员再次通过后的法律总统就必须公布；而 "口袋否决权"则被限定在一定的时间范围内（如议会闭会前），它更像是对法律的搁置而不完全是否决。只有封建社会的国王可以对议会的法律拥有绝对否决权（批准权），但这恰好说明议会在这种情况下没有独立的立法权。

④ 与此类似的还有自治地方的自治条例和单行条例，它们所适用的 "批准"程序说明其自治性的立法权是不完整的，这与单一制的国家结构形式有密切关系。

规定，经省人大常委会批准的法规的修改、废除，按制定法规的程序报批，制定机关不能随便修改或废除。可见，制定机关对自己认为不适当的法规，不能自行改变或撤销，还必须报原批准机关才能改变或撤销。法规一旦经批准，其法规中若存在问题的责任也应由批准机关承担。"①但批准权与制定权又是有区别的，"批准权是一种立法控制权，不是制定权。批准机关应当尊重报请机关的制定权，不能像自己制定那样对报请批准的法规、规章随意进行修改，否则，就侵犯了报请机关的制定权。……如果把批准权等同于制定权，实际上就把报请批准机关的制定权降为起草权"。② 因此批准权不是制定权，而是参与制定权之权。由批准程序产生的法规，其制定权和批准权是缺一不可的，制定权的行使如果没有批准的程序其制定的法规就不能生效；而没有制定权作基础，"批准"将失去对象。但批准权与制定权的分量并非半斤八两，而是以后者为主，批准权充其量只是小半个制定权而并不能构成半个制定权（如批准机关不能随意修改报请批准机关报请的法规内容，而只宜做合法性审查）。

　　市级地方性法规的制定之所以要适用批准程序，严格把关，一方面是因为市级地方立法的水平相对较弱，为保证立法质量需要省级地方人民代表大会常务委员会的帮助。同时也有操作方面的原因，一个省通常只有1—2个较大市，③ 所以省人民代表大会常务委员会对市级地方性法规的审查是可能的；而全国有20个省、5个自治区，4个直辖市，对它们制定的地方性法规——进行审查批准，是全国人民代表大会常务委员会难以胜任的工作，因此省级地方性法规只能向中央备案，备案后不告不理，"备案机关对报送备案的法规、规章可以主动审查，但主要应是被动审查。"④ 而告诉才处理时，往往是有针对性的审查，审查的范围大大缩小了。所以适用备案还是批准程

---

① 李步云、汪永清主编：《中国立法的基本理论和制度》，中国法制出版社1998年版，第383页。

② 陈斯喜：《我国立法控制机制的现状与完善》，载李步云主编：《立法法研究》，湖南人民出版社1998年版，第262页。

③ 《立法法》第63条第4款规定："本法所称较大的市是指省、自治区的人民政府所在地的市，经济特区所在地的市和经国务院批准的较大的市。"

④ 陈斯喜：《我国立法控制机制的现状与完善》，载李步云主编：《立法法研究》，湖南人民出版社1998年版，第262页。

序不仅是出于合理性、更是出于可行性的考虑。①

　　既然市级地方性法规必须报省级人民代表大会常务委员会批准，那么，它们与省级地方性法规相抵触的可能性大大减少了，此时规定"不同本省、自治区的地方性法规相抵触"还有什么意义呢？我国规范性法律文件的审查大多属于"备案"式的事后审查，而市级地方性法规既然已经采用"批准"式的事先审查，是否还有必要再进行事后审查呢？依笔者理解，这应该是一种"双保险"机制，如果事先审查有疏漏，还可以用事后审查的途径加以弥补，并不因为进行了事先审查就不能再实行事后审查，这是典型的"事先审查和事后审查相结合"的方式，可以看出立法者对市级地方性法规进行严格规制的良苦用心。②

　　关于市级地方性法规与省级地方规章之间的关系，《立法法》第63条第3款规定："省、自治区的人民代表大会常务委员会在对报请批准的较大的市的地方性法规进行审查时，发现其同本省、自治区的人民政府的规章相抵触的，应当作出处理决定。""处理决定"有两种可能性：一是要求尚未生效的市级地方性法规作出相应的修改，二是要求已经生效的省级政府规章作出相应的修改或直接撤销之。市级地方性法规和省级政府规章之间没有绝对的效力高低之分，当二者发生冲突时，应由它们共同的审查机关根据具体情况进行裁决，这一点与省级地方性法规和国务院部门规章相冲突时的解决机制类似——都由其共同的审查机关（上一级人大常委会）裁决，但又不完全相同。省级地方性法规和国务院部门规章相冲突时，国务院有一定的裁量权，即"国务院认为应当适用地方性法规的，应当决定在该地方适用地方性法规的规定"；而与市级地方性法规冲突的规章是省政府制定、而不是省政府的部门制定的，省政府不能像国务院审查省级地方性法规那样审查市级地方性法规，而是统一由省级人民代表大会常务委员会对市级地方性法规与省级地方规章之间是否抵触行使审查权和决定权。

---

　　①　在实践中，全国人民代表大会常务委员会也曾试图对地方性法规作一一审查，如1993年7月1日到1996年2月底，"报送备案的地方性法规共2001件，但只审查了1232件，没有审查的722件。""到1997年6月，有的专门委员会对1994年的法规都没有审过来，正在审的法规地方已经废除或修改。实践证明，全国人大常委会没有那么大的力量进行充分的事先审查"。见李步云、汪永清主编：《中国立法的基本理论和制度》，中国法制出版社1998年版，第387页。

　　②　这可能与较大市拥有地方性法规的制定权缺乏宪法上的直接依据有关，它是立法者（而不是立宪者）创造的权力。从这一点看，《立法法》的内容并不都是"根据"宪法制定的，有些规范只是与宪法"不抵触"而已（赋予较大市拥有地方性法规的制定权是否与宪法抵触在学界尚有争议）。

4. 对省级人大常委会制定的地方性法规是否与同级人大制定的地方性法规相抵触的审查

《立法法》并没有规定省级人民代表大会常务委员会制定的地方性法规不得与同级人民代表大会制定的地方性法规相抵触（只规定不得与宪法、法律、行政法规相抵触），但《立法法》第88条第（四）项规定："省、自治区、直辖市的人民代表大会有权改变或者撤销它的常务委员会制定的和批准的不适当的地方性法规"，① 如果省级人民代表大会常务委员会制定的地方性法规与省级人民代表大会制定的地方性法规有抵触，省级人民代表大会可以认为其"不适当"而撤销之，因此可以从第88条第（四）项的规定中推论出省级人民代表大会常务委员会制定的地方性法规不得与同级人民代表大会制定的地方性法规相抵触。

对省级人民代表大会常务委员会制定的地方性法规拥有撤销权的不仅有本级人民代表大会，还有全国人民代表大会常务委员会，这两者在行使撤销权时有什么区别呢？笔者初步认为，对省级人民代表大会常务委员会制定的地方性法规是否"同宪法、法律、行政法规"相抵触，主要应由全国人民代表大会常务委员会审查。"宪法、法律、行政法规"代表的是中央、是整体、是全局，如果省级人民代表大会常务委员会制定的地方性法规涉及与中央的关系，或者即使没有涉及与中央的关系但侵犯了其他省份的利益，这种侵犯也可能破坏了"全局"的平衡性，那么就应接受全国人民代表大会常务委员会的审查。而对于只涉及本省内部的事物，其最高决定权则应当属于当地人民代表大会，全国人民代表大会常务委员会一般不宜过问。《立法法》规定本级人民代表大会撤销的是"它的常务委员会制定的不适当的地方性法规"，"不适当"的范围很宽，如脱离当地实际情况也是一种"不适当"，对这些"不适当"但没有"同宪法、法律、行政法规"相抵触的地方性法规应由当地的人民代表大会审查。总之，在对省级人民代表大会常务委员会制定的地方性法规的审查上，全国人民代表大会常务委员会和省级人民代表大会应有一个相对明确的分工。

---

① 《立法法》没有规定较大市的人民代表大会有权改变或者撤销其常务委员会制定的不适当的地方性法规。因为后者制定的地方性法规要报省级人民代表大会常务委员会批准后才能实行，因此市人民代表大会没有权力改变或撤销。但这种格局对传统意义上的人民代表大会与其常务委员会的关系是一个挑战。

5. 对地方规章是否与行政法规、本级或上一级地方性法规相抵触的审查

《立法法》第 73 条规定："省、自治区、直辖市和较大的市的人民政府，可以根据法律、行政法规和本省、自治区、直辖市的地方性法规，制定规章。"第 80 条第 1 款规定："地方性法规的效力高于本级和下级地方政府规章。"可见地方规章可分为省级地方规章和市级地方规章。从地方性法规与地方规章的关系来看，地方性法规是当地范围内地方民主的反映，地方规章是执行这一民主的产物，议会高于政府的宪政格局决定了它们地位的这种差别。①

由于地方规章的制定适用的也是"根据"原则而不是"不抵触"原则，因此作为省级地方规章，它规定的事物应当是"法律、行政法规和本省、自治区、直辖市的地方性法规"都已经有规定的领域，其中"法律"与"行政法规"之间是顿号，表明根据其一即可，但"法律、行政法规"与"本省、自治区、直辖市的地方性法规"之间是"和"字，表示二者需同时具备。对只有法律规定而没有省级地方性法规规定，或者只有行政法规的规定而没有省级地方性法规的规定，或者只有省级地方性法规的规定而没有法律和行政法规规定的问题，省级地方规章都不得涉及。这意味着地方规章的数量受到相当大的限制，如仅仅根据行政法规（而没有法律）和地方性法规制定规章时，意味着该行政法规应该是授权立法，而我国授权立法的数量是很有限的；在地方性法规中，也只有执行性立法才能作为规章的制定依据，因为自主性立法和先行性立法是"法律保留以外的事项"，即此时法律或行政法规是缺位的，在这种情况下地方规章就不能出台。因此，地方规章一般是根据法律和地方性法规制定的，或者是在法律、行政法规、地方性法规都具备的情况下制定的（即此时的行政法规不是法律缺位的授权立法，而是将法律细化的一般行政法规），而且应当以后者为主，地方规章的行政性质决定了在行政法规缺位的情况下制定的地方规章其数量不应该很多。

因此，与地方规章直接发生关系的主要应是行政法规（对法律的执行性的行政法规）和地方性法规。规章与行政法规的关系是纵向的行政

---

① 由于地方性法规应当是非常规则化的规范，因此笔者认为一般情况下没有必要再出台相应的地方规章。地方性法规只作原则规定，将规则性规定交由地方规章去完成是一种不合理的现象，它有可能架空地方议会民主，而将本应属于地方议会的立法权实际上转由地方政府所掌控。

关系，与省级地方性法规的关系是横向的议会与政府的监督关系，地方规章一般要兼顾到这两方面，既有行政的特点，又有地方的特色。作为一种"行政"规章，它需要中央的行政法规作后盾；作为一种"地方"的规章，它必须是本级地方性法规的执行性规定，地方规章的制定受到来自上级行政机关和同级权力机关的双重制约。① 但这两种制约的力度还是有区别的，前者是"改变或者撤销"（即既可以改变又可以撤销），后者是"撤销"（即只能撤销不能改变）。"改变"是一种不同于撤销的权力，在只能撤销不能改变的格局里，撤销者无权作局部调整，即当它对被审查文件的部分内容有微词时，它不能按自己的意思予以改变，它要么容忍，要么撤销。而撤销一般需有充分的理由（如指出被撤销的文件有重大瑕疵），因此审查机关不会轻易行使撤销权，这使审查权无疑受到了一定的限制，这种限制是由省人民代表大会常务委员会和省政府之间的同级监督关系所决定的。而行政机关上下级之间是纵向的领导关系，所以上级可以撤销也可以改变下级的规章，可以全面否定（撤销）也可以局部调整（改变）之。②

《立法法》第73条规定的有权制定地方规章的主体还包括"较大的市的人民政府"。作为市级地方规章，其制定的依据与省级地方规章一样，也是"法律、行政法规和本省、自治区、直辖市的地方性法规"，但没有"本级"的地方性法规。这是否意味着市政府制定的规章可以在没有市地方性法规的情况下出台？或者在制定时无须根据市地方性法规？在没有市地方性法规的情况下制定地方规章的必要性及合理性是什么？从市级地方规章的撤销权仍然属于本级人民代表大会常务委员会和省级政府的规定来看，它即使不是"根据"市地方性法规制定，也仍然不得与本市地方性法规相冲突。③从宪法设置的地方人民代表大会与地方政府的关系以及行政机关内部的关系

---

① 《立法法》第88条第（三）项规定："国务院有权改变或者撤销不适当的部门规章和地方政府规章"；该条第（五）项规定："地方人民代表大会常务委员会有权撤销本级人民政府制定的不适当的规章。"

② 《立法法》第86条第（三）项还规定："部门规章与地方政府规章之间对同一事项的规定不一致时，由国务院裁决。"国务院裁决的结果，可能改变或者撤销部门规章，也可能改变或者撤销地方政府规章，因此，在一定条件下，地方规章也不得同国务院的部门规章相抵触。

③ 《立法法》第80条第1款规定，地方性法规的效力高于"本级"和下级地方政府规章。第88条第（五）项规定地方人民代表大会常务委员会有权撤销"本级"人民政府制定的不适当的规章。这两条规定应当适用于省、市两级地方。

来看，市级地方规章应当在市人民代表大会常务委员会和省级政府的双重监督之下。市级地方规章的撤销权属于市级人民代表大会常务委员会而不属于省级人民代表大会常务委员会，但它在制定时无须根据本市的地方性法规，只需根据本省的地方性法规；国务院和省政府对市地方规章都有撤销权，但它制定时无须根据本省的地方规章而只需根据国务院的行政法规制定，其理由和依据是什么，尚缺乏充分的论证和说明。

（该文原载于《公益诉讼》（第一辑），中国检察出版社 2006 年版）

论法规违宪审查建议权

胡建淼①　金承东②

2003 年 5 月 14 日，腾彪、俞江和许志永三公民，向全国人民代表大会常务委员会提交了一份"关于审查《城市流浪乞讨人员收容遣送办法》的建议书"。③ 这一事件立即引起了国人的普遍关注。紧接着，5 月 23 日，贺卫方、盛洪、沈岿、萧瀚、何海波五位法学家同样以公民的身份，又向全国人大常委会提交了就孙志刚案及收容遣送制度实施状况启动特别调查程序的建议书。④ 没过多久，我国的黑龙江省和广东省也发生了类似的事件：8 月 18 日，黑龙江省双鸭山市居民盛其芳、马继云向黑龙江省人民政府和省人大常委会提交了一份"请求立即废止《黑龙江省信访收容遣送工作规定》的建议书"⑤；9 月，广东省朱征夫等 6 名省政协委员联名发起议案，建议广东省先行废除劳动教养制度。⑥

而 2003 年 11 月 20 日，一封由 1611 名公民签名的《要求对全国 31 省（市）公务员录用限制乙肝病毒携带者规定进行违宪审查和加强乙肝病毒携带者立法保护的建议书》同时递交到了全国人大常委会、卫生部和国务院法制办。⑦

这一系列事件的目的都一样，那就是要求对实施中的法规进行违宪审

---

①　浙江大学法学院教授。

②　浙江大学法学院副教授。

③　这一事件的详细报道及建议书的具体内容，请参见崔丽《三位中国公民依法上书全国人大常委会建议对〈收容遣送办法〉进行违宪审查》，载 2003 年 5 月 16 日《中国青年报》，第 7 版。及闵家桥：《激活中国违宪审查》和《以公民的姿态挺身而出》，载 2003 年 5 月 22 日《南方周末》，A3 及 A4 版。

④　这一事件的详细报道及建议书的具体内容，请参见崔丽《五位法律专家针对收容遣送制度提请全国人大启动特别调查程序》，载 2003 年 5 月 28 日《中国青年报》，第 7 版。

⑤　这一事件的详细报道，请参见盛学友《两公民质疑"信访收容"》，载 2003 年 10 月 9 日《南方周末》，A5 版。

⑥　这一事件的详细报道及建议书的具体内容，请参见郭国松《劳动教养制度缺乏法律依据》，载 2003 年 9 月 4 日《南方周末》，A3 及 A4 版。

⑦　有关该事件的报道请参见何晴《我是乙肝患者，但我不是乙等公民》，载 2003 年 12 月 25 日《南方周末》，A4 版。

查；所采用的手段也一样，那就是建议权。由此，日益活跃的法律实践使一项很重要的社会权利——法规违宪审查建议权，呈现在我们面前。所以，对此进行理性思考，以回应实践的需要，我们自然义不容辞。

一　法规违宪审查建议权

法规违宪审查建议权的直接依据是《中华人民共和国立法法》①、《法规规章备案条例》② 及各省、自治区和直辖市的地方立法条例。

《立法法》第 90 条规定："国务院、中央军事委员会、最高人民法院、最高人民检察院和各省、自治区、直辖市的人民代表大会常务委员会认为行政法规、地方性法规、自治条例和单行条例同宪法或者法律相抵触的，可以向全国人民代表大会常务委员会书面提出进行审查的要求，由常务委员会工作机构分送有关的专门委员会进行审查、提出意见。

前款规定以外的其他国家机关和社会团体、企业事业组织及公民认为行政法规、地方性法规、自治条例和单行条例同宪法或者法律相抵触的，可以向全国人民代表大会常务委员会书面提出进行审查的建议，由常务委员会工作机构进行研究，必要时，送有关专门委员会进行审查、提出意见。"

《备案条例》第 9 条规定："国家机关、社会团体、企业事业组织、公民认为地方性法规同行政法规相抵触的，或者认为规章以及国务院各部门、省、自治区、直辖市和较大的市的人民政府发布的其他具有普遍约束力的行政决定、命令同法律、行政法规相抵触的，可以向国务院书面提出审查建议，由国务院法制机构研究并提出处理意见，按照规定程序处理。"

《浙江省地方立法条例》③ 第 76 条规定："省高级人民法院、省人民检察院和设区的市人民代表大会常务委员会认为省人民政府制定的规章同宪法、法律、行政法规、省地方性法规相抵触的，可以向省人民代表大会常务委员会书面提出进行审查的要求，由常务委员会工作机构分送法制委员会和有关专门委员会进行审查、提出意见。

前款规定以外的其他国家机关和社会团体、企业事业组织以及公民认为

---

① 2000 年 3 月 15 日第九届全国人民代表大会第三次会议通过，2000 年 7 月 1 日生效。以下简称《立法法》。

② 2001 年 12 月 14 日中华人民共和国国务院令第 337 号公布，2002 年 1 月 1 日起生效。以下简称《备案条例》。

③ 浙江省九届人大四次会议于 2001 年 2 月 16 日通过，同年 3 月 1 日起施行。

省人民政府制定的规章同宪法、法律、行政法规、省地方性法规相抵触的，可以向省人民代表大会常务委员会书面提出进行审查的建议，由常务委员会工作机构研究，必要时，送法制委员会和有关的专门委员会进行审查、提出意见。"①

根据以上的这些规定及其所蕴涵的精神，我们可以把法规违宪审查建议权归纳为：一般国家机关、社会团体、企业事业组织、公民认为法律、行政法规、地方性法规和行政规章违反上位法或同位法之间相互抵触的②，可以向有权处理的立法机关，书面提出对该法规进行审查的建议。

具体讲该权利包括以下要素：

1. 权利主体

法规违宪审查建议权的权利主体包括两类：一类是一般的国家机关；一类是社会团体、企业事业组织和公民。

第一种情况下的国家机关，是指那些虽然掌握国家权力，但它们必须既与被建议的立法机关不存在监督关系③，又与接受建议的立法机关不存在权力制约关系。因为，如果这些国家机关与被建议的立法机关存在监督关系，则按照《立法法》第 88 条和第 89 条的规定它们可以直接行使监督权，对该立法机关制定的法规进行违宪审查。而如果它们与接受建议的立法机关存在制约关系，则按照《立法法》第 90 条第 1 款及《浙江省地方立法条例》第 76 条第 1 款的规定，它们又可以通过行使要求权来要求该立法机关进行违宪审查，根本无须借助于建议权这种手段。

2. 权利对象及内容

权利的对象在此是指向谁提出审查建议。法规违宪审查建议权自然应该向有法规违宪审查权的立法机关提出。按照《立法法》第 88 条的规定，这些机关包括全国人民代表大会及其常委会、国务院、能制定地方性法规的地方人民代表大会及其常委会、省、自治区、直辖市人民政府。

法规违宪审查建议权的内容是下位法规是否与上位法规相抵触，或者是同位法规之间是否相互抵触。其具体内容，按照《立法法》第 85—87 条及《备案条例》第 10 条的规定应为：是否超越权限；下位法是否违反上位法

① 各省、自治区及直辖市的地方立法条例都有该内容的规定，为了叙述简便，本文的论述都以《浙江省地方立法条例》作为分析代表。

② 为叙述方便，以下把法律、行政法规、地方性法规及行政规章都统称为法规。

③ 这里所说的被建议的立法机关即指被建议违宪的法规的制定机关。

的规定；同位法之间对同一事项的规定不一致，是否应当改变或者撤销一方或者双方的规定；规章的规定是否适当；是否违反法定程序。

3. 权利形式

法规违宪审查建议权的提出必须采用书面形式。至于应采取什么格式，现行法律并没有规定。

4. 权利效果

《立法法》规定，法规违宪审查建议向全国人大常委会提出后，"由常务委员会工作机构进行研究，必要时，送有关专门委员会进行审查、提出意见"。① 《浙江省地方立法条例》也规定法规违宪审查建议权向省人大常委会提出后，"由常务委员会工作机构研究，必要时，送法制委员会和有关专门委员会进行审查、提出意见"。② 《备案条例》也规定，建议向国务院提出后，"由国务院法制机构研究并提出处理意见，按照规定程序处理"。③ 这些规定都说明法规违宪审查建议提出后，首先，接受建议的立法机关必须受理，不能拒绝；其次，该机关还必须责成有关机构对该建议进行研究，不能不处理。但这并不意味着建议必然启动法规违宪审查程序，因为审查程序只有在有关机构对其进行研究后，认为有必要的，才会启动。

由此我们看出，建议权和要求权明显不同。因为在要求权中，只要有权国家机关提出了法规违宪审查的要求，则接受要求的立法机关就必须启动审查程序。对此《立法法》及各省、自治区和直辖市的地方立法条例都规定得很明确。④

二　启动法规违宪审查程序的权利

法规违宪审查建议权作为公民的一项权利，具有非常深远的宪政意义。⑤ 它不仅是对公民基本权利的具体化和现实化，更重要的是它第一次使我国公民具有了一定的启动法规违宪审查程序的权利，这无疑是我国在建立宪法诉讼和违宪审查机制的征途中，又向前迈进了重要的一步。

---

① 见《立法法》第90条第2款的规定。
② 见《浙江省地方立法条例》第76条第2款的规定。
③ 见《法规规章备案条例》第9条的规定。
④ 见《立法法》第90条第1款及《浙江省地方立法条例》第76条第1款的规定，等等。
⑤ 为叙述方便，这里的公民是泛指，既包括公民，也包括社会团体、企业事业组织等私法组织，甚至还包括只有建议权，而没有要求权的一般国家机关。下同。

1. 公民基本权利的具体化和现实化

《中华人民共和国宪法》① 赋予了我国公民许多基本权利，这些基本权利不仅使公民的人身权、财产权等合法权益受到法律的保护，而且也确保了"中华人民共和国的一切权力属于人民"的政治信念的实现。但也不可否认，也有一些基本权利由于宪法仅仅进行了原则性的宣示，而其他法律规范又没有对此进行细化和具体化，这就使得这些基本权利在现实中很难落实，从而大大影响了公民对该项基本权利实际享有的程度。事实上，权利不仅仅要界定和宣示，但同时也要具体化和可操作化，某种程度上讲，后者是更为重要的。

《宪法》第41条规定，"中华人民共和国公民对于任何国家机关和国家工作人员，有提出批评和建议的权利"，所以建议权是宪法赋予中华人民共和国公民的一项基本权利。但这项基本权利应怎样行使，并应产生什么样的法律效果，却一直缺乏具体化的规范。而《立法法》等所确定的法规违宪审查建议权则首次使该项基本权利在立法监督领域进行了具体化，从而使建议权在立法监督领域具有了可操作性和可实现性。

2. 公民启动法规违宪审查程序的权利

这种立法监督领域建议权的可操作性和可实现性，不仅使我国公民实际享有的基本权利更加充实和丰富，更重要的是它第一次使我国公民获得了一定的启动法规违宪审查程序的权利。这不仅有利于加强对立法行为的监督，更为重要的是，它确立了我国公民在立法监督中的主人翁身份和主体地位，由此也就决定了该项权利的充分行使必将成为推动我国宪法诉讼和违宪审查机制建立的强大动力。

《立法法》出台之前，我国宪法就已赋予全国人大常委会、国务院相应的法规违宪审查的权力。《宪法》第67条第7项和第8项分别规定全国人大常委会有权"撤销国务院制定的同宪法、法律相抵触的行政法规、决定和命令；撤销省、自治区、直辖市国家权力机关制定的同宪法、法律和行政法规相抵触的地方性法规和决议"。《宪法》第89条第13、14项分别规定国务院有权"改变或者撤销各部、各委员会发布的不适当的命令、指示和规章；改变和撤销地方各级国家行政机关不适当的决定和命令"。

但任何实体权力的行使都需要相配套的程序规则，为此宪法在赋予全国人大常委会和国务院相应的法规违宪审查权力的同时，又设置了相应的实施

---

①　1982年12月4日第五届全国人民代表大会第五次会议通过，并于同日公布施行。

程序——备案程序。《宪法》第 100 条规定："省、直辖市的人民代表大会和它们的常务委员会，在不同宪法、法律、行政法规相抵触的前提下，可以制定地方性法规，报全国人民代表大会常务委员会备案。"《宪法》第 116 条规定："民族自治地方的人民代表大会有权依照当地民族的政治、经济和文化的特点，制定自治条例和单行条例。自治区的自治条例和单行条例，报全国人民代表大会常务委员会批准后生效。自治州、自治县的自治条例和单行条例，报省或自治区的人民代表大会常务委员会批准后生效，并报全国人民代表大会常务委员会备案。"1990 年，国务院通过的《法规、规章备案条例》则又对地方性法规和行政规章如何向国务院备案进行了细化。①

而所谓备案就是通过立法机关及时向备案机关上报自己通过的法规，由备案机关登记、归档以备审查。一般情况下，备案机关对上报的法规分门别类登记、归档，没有问题就存档，一旦在实施中有了问题，如发现违宪、违法等，就要审查，并依法改变或者撤销备案的法规。②

所以，从中可以看出备案程序把启动法规违宪审查程序的权力赋予了立法机关自身及报送的备案机关，这符合权力监督和制约的要求，也是世界各国通行做法之一。但问题是在《立法法》制定之前，我国只规定了备案这么一种法规违宪审查的程序，而在这种程序中，普通公民根本无法启动法规违宪审查程序，即使他们的权利受到该法规的实际侵犯，也是如此。这显然不符合现代法治的要求。

首先，有权利必有救济，这是法治的一个基本原则。但在没有确立由公民启动法规违宪审查程序的情况下，这个原则无法彻底实现。因为，在这种情况下，权利受到该违宪法规侵犯的公民无法要求法院和有权机关对该法规进行违宪审查，这样他只能忍受该法规对其合法权利的侵犯，即使他以个案提起普通诉讼，依法裁判的法院也只能判其败诉。

其次，把启动法规违宪审查程序的权力全部赋予立法机关自身及报送的备案机关，未必能起到有效的监督作用。

我们先来看看立法机关自身。毋庸置疑，立法机关在制定法规的过程中最为关注拟制定法规的合宪性，在整个立法程序中，他们必然会对拟制定的

----

① 2001 年 12 月 14 日国务院通过了《法规规章备案条例》（国务院第 337 号令公布），自 2002 年 1 月 1 日起施行。由此，1990 年 2 月 18 日国务院发布的《法规、规章备案规定》同时废止。

② 参见人大法工委研究室《立法法条文释义》，人民法院出版社 2000 年版，第 161 页；周旺生主编：《立法学》，法律出版社 2000 年版，第 441、443 页。

法规进行最充分的论证和审查。但一旦法规公布生效后，他们的立场马上发生重大转变：认识的成见性导致他们总是倾向于认为，自己已经制定的法规是合宪的，而绝少会对此有所怀疑。所以，虽然立法机关会按备案程序的要求及时把制定的法规报送备案机关，但绝不会主动要求备案机关对该法规进行违宪审查。

而接受备案的立法机关又会怎样呢？备案机关，虽然基于权力的监督和制约关系，可以对报送的法规进行违宪审查。但备案程序要求备案机关自己去发现备案法规有无违宪，并由自己启动违宪审查程序，这实在是勉为其难。因为，已生效法规有无违宪只有在实施中，随着真实而错综复杂的法律关系的具体展开才能发现，而备案机关高高在上，并不是真实法律关系的当事人，在没有当事人诉求的情况下，它又怎么去发现备案法规有无违宪呢？① 而且备案机关是司法性监督机关，司法监督权的性质决定其本身就应该具有被动性，奉行"不告不理，有告必理"的原则。但备案程序却要求备案机关，在没有当事人或有关主体诉求的情况下，自己来启动审查程序，这又有违司法监督权自身的性质。更何况，在很多情况下我国的立法机关和备案机关往往是上下级关系②，面对职业共同体及诸多利益的一致性，这些备案机关的主动性又缘何而起？

这种制度设计上的不合理，必然导致实际操作的无效性。事实上，这些年来要求对违宪法规进行审查的呼声不少，但就笔者所及的认识范围内，我国至今还未发生过一起由备案机关主动启动法规违宪审查程序的案件。

最后，备案程序无法保障公民在法规违宪审查中的主人翁身份和主体地位。

中华人民共和国的一切权力属于人民，人民是国家的主人，任何法规都必须代表和体现民意。当人民发现法规违宪，不代表民意时理应有权要求监督机关进行审查，但备案程序中，人民（公民）却无法向监督机关提起审查的诉求，这样人民当家做主的主人翁身份，在此就被不经意地忽略掉了。

另外，法规一旦生效实施后，真正能体验到该法规公正与否的，是那些

---

① 有人会说，在我国备案机关有定期进行执法监督检查的制度，通过执法监督检查就可以发现违宪的法规。对此，我们姑且不说，这种执法监督检查的非日常性，使其无法及时发现法规的违宪性，还在于这种执法监督检查并不直接听取法律关系当事人的诉求，其能否全部而真实地发现法规的违宪性，又让人倍添疑惑。

② 如省、自治区、直辖市的人民代表大会及其常务委员会制定的地方性法规，要报全国人民代表大会常务委员会备案，部门规章和地方政府规章要报国务院备案等。

直接或间接受该法规规范的人，他们是真实法律关系的当事人，是权利义务的真正主体，这种主体性和利益相涉性使他们最为关注该法规违宪与否，也最需要有权机关对该法规进行违宪审查。但在备案程序中，他们却找不到自己的资格，也无法表达自己的诉求，他们的命运完全掌握在立法机关和备案机关手中，这样法律关系的当事人和权利义务的主体在此却俨然变成了无法掌握自己命运的客体，这不符合当代人权的主体诉求。

综上所述，备案程序虽然适合于国家机关之间的权力监督和制约关系，但它也有很多自身所无法克服的缺陷。而这些缺陷恰恰从反面说明了，无论是为了贯彻"有权利，必有救济"原则，还是为了进一步加强对立法行为的监督，还是为了确保法律关系当事人的主体地位和主人翁身份，我们都非常有必要赋予公民这么一项基本权利——启动法规违宪审查程序的权利。

而法规违宪审查建议权就是我们朝这个方向努力所获得的一个巨大进步，因为它首次赋予了我国公民一定的启动法规违宪审查程序的权利。①

这自然将大大激发公民监督立法行为的积极性，从而该项权利的充分行使也必将成为推动我国宪法诉讼和违宪审查机制最终建立的强大动力和活力源泉。

三 实践困境

实践证明，法规违宪审查建议权的确立大大激发了公民立法监督的积极性，而且该项权利的不断行使再次在我国掀起了要求建立法规违宪审查制的高潮。② 但另一方面，我们也不得不承认，实践中，该项权利的行使也遭遇了一些困境。

首先，审查建议石沉大海、杳无音信。

按照《立法法》、《备案条例》及各省、自治区和直辖市地方立法条例的规定，法规违宪审查建议提出后，接受建议的机关必须进行研究，研究后，再决定有无必要送有关专门委员会进行审查、提出意见。这说明公民的审查建议提出后，接受建议的机关，首先必须受理，而不能拒绝；其次，受

---

① 当然这项权利还不够彻底，因为它并没有赋予公民当然的启动法规违宪程序的权利，所以我们只能说它赋予公民的是一定的启动法规违宪审查程序的权利。对此，笔者将在后文中详细论述。但这丝毫不影响它的现今意义。

② 文章开头所列的那一系列事件就是明证。

理以后必须处理，即进行研究，而不能置之不理。但研究以后，是否要把研究结论告诉建议人，以上这些法规都没有规定。而实践中，接受建议的机关往往又不把研究结论告诉建议人。这就导致建议人无法知道自己的建议是否被有关机关采纳了，是否被它们研究过了，这样建议书不可避免地就陷入了一种石沉大海、杳无音信的境地。①

其次，审查建议无法当然启动违宪审查程序。

除了审查建议石沉大海、杳无音信外，我们还需面对一个更大的遗憾，那就是在这么多的法规违宪审查建议案中，竟然没有一例启动了国家的违宪审查程序。

在《收容遣送办法》违宪审查建议案中，当全国人大常委会还毫无动静时，国务院很快自觉地将该法规给废除了。②

国务院的这一举措无疑赢得了国人的普遍赞赏，因为在此公民的审查建议不仅引起了国务院的高度重视，而且还给予了积极的回应，这种民间和政府之间的良性互动关系正是宪政精义之所在。但我们也不得不看到，在此实体正义的要求确实被满足了，但程序正义的要求却被忽略了。因为，三公民提建议的目的不仅仅在于要求废除《收容遣送办法》，更重要的是他们希望能借此启动全国人大常委会的违宪审查程序。

与此相比，其他几例审查建议案的情况就更不令人满意了。因为这些建议的提出不仅没有启动违宪审查程序，而且也没有像《收容遣送办法》建议案那样引起立法机关自身的重视和回应。这自然不是这些建议者所希望的

---

① 即使是在《城市流浪乞讨人员收容遣送办法》违宪审查建议案中也是如此。虽然许志永、滕彪和俞江三公民于 5 月 14 日就向全国人大常委会提出了违宪审查的建议，但全国人大常委会一直没有给他们任何答复。直到 6 月 18 日，国务院自行将把《收容遣送办法》废除时，三公民还是没有获得他们所期待的"答复"。即使这样，他们仍在期待，并于 6 月 23 日致电全国人大常委会，此时全国人大常委会的"答复"是：我们正在研究如何答复。（参见崔丽《我们期待来自全国人大的声音》，载 2003 年 5 月 21 日《中国青年报》，第 7 版；赵凌：《建议正在研究中》，载 2003 年 6 月 12 日《南方周末》，A3 版；赵凌：《违宪审查画上句号?》，载 2003 年 6 月 26 日《南方周末》，A6 版。）而在盛其芳、马继云要求废除《黑龙江省信访收容遣送工作规定》的建议案中，盛其芳、马继云是在 8 月 18 日向黑龙江省人民政府和省人大常委会提出立即废除《黑龙江省信访收容遣送工作规定》的建议的，而当记者在 9 月 23 日向黑龙江省信访办和黑龙江省法制办了解情况时，得到的答复都是他们并没有收到盛其芳和马继云的建议书。（参见盛学友《两公民质疑"信访收容"》，载 2003 年 10 月 9 日《南方周末》，A5 版。）

② 2003 年 6 月 18 日，国务院第 12 次常务会议通过了《城市生活无着的流浪乞讨人员救助管理办法》，6 月 20 日公布，自 8 月 1 日起施行，而《城市流浪乞讨人员收容遣送办法》同时废止。

结果，因为他们也有着强烈的启动法规违宪审查程序的期望。①

所以，法规违宪审查建议权虽然使公民获得了一定的启动法规违宪审查程序的权利，但由于这项权利还无法当然启动法规违宪审查程序，这就使得建议者的预期目的往往无从实现。

四　发展设想

我们总会面临困境，同时我们总是要设法摆脱困境，这样我们才能不断进步。况且，法规违宪审查建议权所遭遇的并不是那种让人无法割舍的两难困境，我们完全可以通过更周全的制度设计来摆脱这种困境。

1. 建立回复机制

建议提出后，接受建议的机关理应把建议的处理结果告诉建议人，这不仅是对公民知情权的保障，而且更是使建议权发挥其应有效果的一个不可缺少的制约因素。试想，如果接受建议的机关可以不把建议处理情况告诉建议人，那么公民怎么知道建议有没有被研究过？又怎么能防止接受建议的机关把建议置之不理，或者随便处理呢？

而且从比较法的角度来看，建议权其实就相当于西方国家的请愿权②，其目的不仅仅是为了让国家机关能体察到民情，更重要的是为了让国家机关

---

① 在《黑龙江省信访收容遣送工作规定》审查建议案中，马继云因多次到法院要求对被告双鸭山市劳动和社会保障局强制执行生效的被告重做判决，而被双鸭市公安局依据《黑龙江省信访收容遣送工作规定》收容教育三个月。收容教育75天后，马继云不幸患了脑血管堵塞病，导致半身瘫痪，不得不中途被人抬回家。马继云的代理人盛其芳目睹了马继云被抓去收容教育，并被抬回家的整个过程。他认为无论从宪法还是从《立法法》的规定来看，《黑龙江省信访收容遣送工作规定》都是违宪的，况且国务院的《城市流浪乞讨人员收容遣送办法》都已被废止了，和该办法如出一辙的《黑龙江省信访收容遣送工作规定》则更应该被废止。想想自己因此的遭遇，他们"总是咽不下这口气"，在这种情况下，他们才将《请求立即废止〈黑龙江省信访收容遣送工作规定〉的建议》寄往了黑龙江省人民政府和省人大常委会。（详细报道请参见盛学友《两公民质疑"信访收容"》，载2003年10月9日《南方周末》，A5版。）而广东省朱征夫等6位政协委员所提的《关于广东省率先废除劳动教养制度的提案》中，提案的开头就点明了他们的目的："请求全面检讨劳动教养制度在我省的实施情况，并考虑在我省率先废除劳动教养制度。"（见郭国松：《劳动教养制度缺乏法律依据》，载2003年9月4日《南方周末》，A5版。）

② 中国宪法中没有情愿权这个概念，但从比较宪法的角度来看，我国宪法第41条所规定的公民的批评建议权其实就相当于西方宪法所规定的情愿权的一部分。（这方面的详细论述请参见林来梵《从宪法规范到规范宪法》，法律出版社2001年版，第144—145页。）为了便于从比较法角度进行借鉴，笔者在此也把这个概念给套用过来了。

时时尊重和吸纳民情，这才符合主权在民的要求。① 所以，对于公民的建议，有权机关不仅要接受，而且要及时给予答复和回应，这本身就是建议权应有之内容。如德国，为了使请愿权发挥实际效果，德国基本法第 45 条 C 项规定，联邦众议院内应设请愿委员会，接受国民之请愿。② 日本则在《请愿法》和《国会法》中，对公民的请愿权进行了专门的规范。但由于现行日本《请愿法》中没有规定答复的义务，因而招致了学界的批评："合法的请愿书限于官署与公署有受理的义务且有诚实地处理的义务。"因而应修改《请愿法》，"对已受理请愿的官署与公署，关于修改、废止法令及罢免公务员等请愿的处理，应该有将其经过及不采纳的理由答复请愿者的义务"。③

我国台湾地区也专门制定了《请愿法》，该法第 8 条规定："依据本法所定方式提出之请愿，接受请愿的机关，应将请愿结果通知请愿人。"④ 德国、日本和中国台湾地区的这些做法和观点都很值得我们借鉴。

最后，这种回复机制，不仅有比较法上的借鉴基础，而且其设置技术也不复杂。其实只要全国人大常委会今后再遇到法规违宪审查建议案后，能适时地把建议处理结果告诉建议人，这个制度就可以初步确立起来了。因为我们虽然不是判例制国家，但先例的作用有时是很大的，只要全国人大常委会率先确立了这个先例，那么其他接受建议的机关一般都会紧随其后。⑤

然后在这基础上，等以后实践成熟后，再通过立法对此进行具体规范，这样我们所希望的回复机制就可以基本成型了。

2. 发展为诉权⑥

回复机制的建立虽然可以使我们摆脱建议石沉大海、杳无音信的困境，但它并不能使我们摆脱启动违宪审查程序当然不能的困境。要摆脱这个困境，我们必须把建议权发展为诉权。这不仅是权利救济的需要，也是加强立法监督的需要，更是保障公民主体地位和主人翁身份的需要。

---

① 这个结论的详细论证请参见李步云主编《宪法比较研究》，法律出版社 1998 年版，第 503—505 页；林来梵：《从宪法规范到规范宪法》，法律出版社 2001 年版，第 144—145 页。

② 参见陈新民《中华民国宪法释论》，三民书局 1990 年修订第 3 版，第 329 页。

③ 〔日〕三浦隆：《实践宪法学》，李力、白云海译，中国人民公安大学出版社 2002 年版，第 149—150 页。

④ 参见陈新民《中华民国宪法释论》，三民书局 1990 年修订第 3 版，第 330 页。

⑤ 试想如果当初全国人大常委会在《收容遣送办法》违宪审查建议案中能适时给三个建议人一个答复，那么后面发生的几个建议案也就未必都会成为没有答复的"悬案"了。

⑥ 严格讲应该是"发展为裁判请求权"，但为了适合于中国人的口味，在此把"裁判请求权"等同于"诉权"，特此说明。

但要把建议权发展为诉权就没有建立回复机制那么简单了。因为诉权同时意味着宪法诉讼制度的建立，而宪法诉讼制度的建立，涉及宪政体制的方方面面，这需要长期的改革积累才能完成。所以，虽然建议权离诉权只有半步之遥，但这半步之遥的跨越却需要我们长期的蓄力。但历史的必然①，民族复兴的伟大抱负，必定会驱使我们尽早实现这一历史性跨越！

（该文曾载于《法学家》2005 年第 2 期）

---

① 从比较法的角度来看，请愿权发展为诉权也是法治不断完善的一种必然。法国著名公法学者莱昂·狄骥认为，在法国随着议会议员完全享有了立法创议权，以及现代法律使得人们认为因任意行为受害的个人可以借助诉讼方式保护自己的权利，这种方式比请愿更有力，也更有效。这就使得请愿权变得越来越没有作用了。（参见〔法〕莱昂·狄骥：《宪法学教程》，辽海出版社、春风文艺出版社1999 年版，第211—212 页）日本宪法学者三浦隆认为："请愿作为下情上达的手段，在实行专制政治的时代曾是使为政者了解民情的重要手段，但在确立了民主政治的时代，已失去了其重要性。"（〔日〕三浦隆：《实践宪法学》，李力、白云海译，中国人民公安大学出版社2002 年版，第149 页）日本学者小林直树教授也认为："请愿权在权利的司法救济尚未完善，人民参政权受到限制，甚至言论自由也未完全确立的时代曾经具有重要意义，但在现代国家，随着上述各种法律制度以及基本人权得到确立，其重要性则渐趋式微。"（转引自林来梵《从宪法规范到规范宪法》，法律出版社2001 年版，第145 页）

合法性审查与司法解释

黄　斌[①]

2005 年 12 月 16 日，十届全国人大常委会第四十次委员长会议通过了《司法解释备案审查工作程序》，首次明确地提出要对司法解释进行违宪、违法审查的程序。其主要内容包括：

第一，最高人民法院、最高人民检察院制定的司法解释，应自公布之日起三十日内报送全国人大常委会备案；

第二，国务院等国家机关和社会团体、企事业组织以及公民认为司法解释同宪法或法律相抵触，均可向全国人大常委会提出书面审查要求或审查建议；

第三，对司法解释的报送和接收，审查工作的分工负责，被动审查和主动审查，同宪法或法律相抵触的司法解释的纠正程序等均作出了具体规定。

有报道认为，该工作程序的出台属于我国建立违宪和违法审查机制的四大步骤之一。[②] 这有利于加强全国人大常委会对司法解释工作的监督，维护国家的法制统一。因而，这项工作既是全国人大常委会今年确定的监督工作的重要内容，也是出台大部分司法解释的最高人民法院在 2006 年改进工作的重点。[③] 司法解释备案审查不仅在国家层面上得到了一致的认同，法学界和广大民众对此也持积极的拥护态度。

本文将从制度完善的角度对司法解释备案审查的相关理论问题进行初步的探讨。

[①]　最高人民法院应用法研究所副研究员，法学博士。

[②]　该报道中指出，我国建立违宪和违法审查机制的四步骤分别是：第一，2001 年颁布《立法法》，明确全国人大有权撤销同宪法和法律相抵触的行政法规，同时公民个人可以提出审查建议；第二，2003 年 5 月，三博士以普通公民身份向全国人大提请违宪审查；第三，2004 年 5 月，全国人大设立法规审查备案室；第四，全国人大完成《法规备案审查工作程序》的修订，通过《司法解释备案审查工作程序》。载新华网 2005 年 12 月 20 日。

[③]　参见肖扬《2006 年最高人民法院工作报告》。

一　司法解释存在的种种问题

司法解释备案审查实际上是司法解释工作的一种监督机制，我国宪法和相关法律对司法解释及其监督的问题进行了相应的规定。

1981 年五届全国人大第十九次常委会通过的《关于加强法律解释工作的决议》（以下称《决议》）确立了我国现行法律解释体制的基本框架。它对司法解释问题作出了明确的规定："凡属于法院审判工作或检察院检察工作中具体应用法律、法令的问题，分别由最高人民法院和最高人民检察院进行解释，两院解释如有原则分歧，报请全国人大常委会解释或决定。"1983 年修订的《法院组织法》第 33 条规定："最高人民法院对于在审判过程中如何具体应用法律、法令的问题，进行解释。"从中可以看出，在我国，享有司法解释的主体是最高人民法院和最高人民检察院，解释的内容则是解决如何具体应用法律、法令的问题。在司法解释存在争议的情况下，则强调了全国人大常委会的主导地位。因此，1981 年《决议》的规定既可以看作是在法律上授予司法机关进行司法解释的权力，同时又隐含着立法机关对司法机关活动的监督。这种监督关系同样体现为宪法第 3 条的规定："国家行政机关、审判机关、检察机关都由人民代表大会产生，对它负责，受它监督。"

上述条文既对司法解释工作在法律上作出了规定，也从宪法的高度对立法机关监督司法机关的活动做了原则性的规定，从而为司法解释及对它的监督提供了法律依据。但是，在执行这些规定的过程中也出现了一些问题。这些问题集中表现在如下几个方面。

（一）司法解释主体的问题

1981 年以前，我国的司法解释权由最高人民法院统一行使。1981 年全国人大常委会《决议》明确最高人民法院和最高人民检察院为我国司法解释的法定主体，司法解释二元格局由此确立。按照我国宪法和诉讼法的规定，检察机关在诉讼活动中充当控诉方的角色，而人民法院代表国家行使审判职能，在控辩双方之间居中进行裁决。因此，从诉讼结构的内在要求出发，检察机关在检察工作中对法律、法令的解释只能对检察机关内部具有约束力，对法院来说则不具有约束力，否则就违背了法制社会对司法独立特别是审判独立的要求。但是，根据 1981 年《决议》的规定，当审判解释和检察解释有原则性分歧时，应当报全国人大常委会解释或决定。如果全国人大常委会决定采用检察解释时，那么，人民法院就应当依据检察解释而不是审判解释来审理案件。[①] 在实践中，两个职能截然不同的部门都享有司法解释权，势必会出现从各自的角度对法律进行解释的状况，从而影响法制的统一。尽管最高人民法院和最高人民检察院可以采取联合方式共同制定和颁布司法解释，以消除两者之间在内容上可能存在的冲突，但是，检察解释和审判解释之间的制度性矛盾并没有从根本上得到解决。

此外，在实践中许多非司法解释主体也参与了司法解释的工作。有许多司法解释是由法定司法解释主体和没有司法权的单位联合制发的。众多不具备法定司法解释权的机关参与制定司法解释，使司法解释在内容上带有严重的部门利益倾向。很显然，这与宪法规定的人民法院、人民检察院"依照法律规定独立行使审判权（检察权），不受行政机关、社会团体和个人的干涉"是相违背的，在某种程度上妨害了司法独立。

（二）解释范围不明确

1981 年的《决议》和 1983 年修订的《法院组织法》中对司法解释都有"具体应用法律、法令的问题"的规定，但是都没有有效区分和界定司法解释的范围。而依据规定，司法机关在实践中对于具体应用法律、法令问题可能既存在着抽象司法解释，也存在具体司法解释。抽象司法解释是指最高人民法院在法律实施过程中就法律所作的一般解释性规定，它具有普遍的法律效力。具体司法解释则是指在具体个案的司法裁判中与法律适用相联系的法律解释活动，它也具有一定的法律效力。特别是对于抽象司法解释，法律并没有规定一个明确的范围。这可能产生两个问题。第一，尽管 1981 年《决议》规定："凡关于法律、法令条文本身需要进一步明确界限或作补充规定的，由全国人大常委会进行解释或用法令加以规定。"但司法机关作出的抽象司法解释与全国人大常委会的法律解释权很难区分，从而导致司法机关可能会进行越权解释。第二，不同司法机关在解释范围上的不明确可能导致司法机关之间争抢法律解释权的现象。比如最高人民检察院就曾经将《刑法》第 397 条第 2 款规定为国家工作人员徇私舞弊罪，将第 399 条第 1 款规定为枉法追诉、裁判罪，而最高人民法院将第 397 条第 2 款规定为滥用职权罪，将第 399 条第 1 款规定为徇私枉法罪。这种相互冲突和超越职权的解释非常

---

① 黄松有：《司法解释权：理论逻辑与制度建构》，载《中国法学》2005 年第 2 期。

不利于司法解释制度的发展。

（三）解释程序和形式方面的问题

作为司法解释的主要机关，最高人民法院自 20 世纪 50 年代以来，每年都要向全国法院系统发布大量的司法解释文件，但一直没有制定这类规范性文件的程序性规定。直到 1997 年 6 月 23 日，最高人民法院才发布了《关于司法解释工作的若干规定》（以下称《若干规定》）。该规定共 17 条，对法院司法解释的法律依据、主体、效力、制作程序、发布、形式、样式、时效等主要方面做了系统规定。但司法解释实践中仍存在不少问题，虽然《若干规定》中将司法解释的形式统一为解释、规定和批复，但是各种其他形式的司法解释文件仍然存在，而且在内容上还相互抵触。

（四）存在越权解释甚至违法、违宪解释的问题

近来讨论比较多的是最高人民法院 2003 年发布题为《关于行为人不明知是不满十四周岁的幼女，双方自愿发生性关系是否构成强奸罪问题的批复》，该批复规定，行为人确实不知对方是不满十四周岁的幼女，双方自愿发生性关系，未造成严重后果，情节显著轻微的，不认为是犯罪。最高人民法院的这一解释，至少改变了《刑法》第 236 条第 2 款规定："奸淫不满十四周岁的幼女的，以强奸论，从重处罚"中的两点，一是把严格责任的法定强奸擅自改变为某种程度的过错责任，其次是把"自愿"这一同法定年龄相联系的立法推定擅自改变为一个司法上的事实判断。这两者都僭越了立法权，并且通过把规则改变为标准，最高法院扩大了司法的裁量权，扩大了法官、律师发挥作用的范围。[①] 而且，司法解释备案审查工作程序一经公布，就有江苏记者认为最高人民法院法释［2004］1 号《关于审理涉及计算机网络著作权纠纷案适用法律若干问题的解释》的第一条，即关于网络著作权侵权纠纷案件法院案件管辖权的规定，与《宪法》及《民事诉讼法》相抵触，他提请全国人大法工委对该条司法解释进行违宪审查。[②] 这实际上也表明，长期以来，司法解释缺乏有效的监督机制，难以保证司法解释的合宪性和合法性。

[①]　参见苏力《一个不公正的司法解释》，载其著《道路通向城市》，法律出版社 2004 年版。

[②]　陶恩晋：《江苏记者对一司法解释提请违宪审查》，载《江苏法制报》2006 年 1 月 14 日。

（五）司法解释主体的清理工作滞后，导致司法解释效力处于混乱状态。

以 1994 年到 2002 年为例，最高人民法院分六批废止了 140 件司法解释，从废止的理由来看，其中有 33 件是与新法相抵触，占 23.57%，29 件被新法代替，占 20.71%，62 件被新解释代替，占 44.29%，9 件是因为原依据失效，占 6.43%，7 件因其他理由不再适用，占 5%。[①] 可以设想，这些司法解释在没有被废止以前，会在司法实践中出现针对同一个问题因适用不同时期的司法解释而导致人民法院裁判前后不一的问题，这在一定程度上影响了司法解释的严肃性和公正性。此外，由于未能及时清理与法律抵触的司法解释，而司法实践中的做法又往往是优先适用司法解释，这又在很大程度上削减了法律的权威性。

二 司法解释的正当性及其限制

上文从法律规定的角度说明了我们现行司法解释制度所存在的诸多问题，可以说正是这些原因促使司法解释备案审查工作程序得以出台。这是从司法解释的法律规定及其实际发展状况中得出的一个结论。不过，从理论上来说，司法解释不仅需要相应的法律规定作为其存在的依据，更重要的是，它必须获得理论上的支撑。否则，司法解释便没有必要存在，司法解释备案审查也就无从谈起。

（一）司法解释的正当性

司法解释的前提是司法，司法解释权自然附属于司法权。在现代宪政制度的架构中，司法权作为一种国家基本权力已经为各国宪法所认可。从司法机关行使司法权的过程来看，一般包括法律推理、法律解释和法律运用三个环节。因此，一个典型的法典中，几乎没有一条法规不需要作司法解释。[②] 在面临复杂的现实之时，法规自动适用的理论远不能满足现实的要求。

司法解释不仅内生于司法权的运用过程，而且也是基于立法和法律的局

---

① 谢宝红：《司法解释对社会转型的反映》，载《法制与社会发展》2004 年第 5 期。

② ［美］梅利曼：《大陆法系》，顾培东、禄正平译，法律出版社 2004 年版，第 43 页。

限性的认识、立法与司法权限的划分以及法官负有的职责。① 首先，立法的局限性表现为立法客体对立法者的制约、立法者本身的局限性和法律载体的局限性。其次，法律的局限性是立法追求防范目标的必然结果。它体现在一般规则对个别案件的局限性、有限规则对无限客体的局限性、模糊规则对确定事项的局限性、稳定规则对发展事物的局限性和刻板规则对丰富内涵的局限性之中。再次，按照权力划分的理论，为了巩固政权、防止权力滥用，立法权和司法权应由不同的机关行使，作为司法权的司法解释权应由司法机关行使，这既符合两种权力的属性，因为司法解释发生在具体应用法律的过程中，其前提是存在立法机关制定的相应法律。如果立法机关在制定法律后又由其加以解释似有不妥之处。而且，如果将司法实践中对法律进行解释的要求全都交由立法机关，那么立法机关将会发现自己已被无以数计的法律解释要求缠住了身。② 最后，法官负有审理案件的职责，不得因为法律不完备而拒绝审理，这也促使法官在司法实践中需要进行司法解释。

(二) 司法解释备案审查的合理性

司法解释是以文本为依据针对法律适用的具体问题所进行的解释。因此，司法解释应当是在一定权限范围内的解释，这种范围的限制来自于两个方面。一方面，司法解释主体不仅要以文本为依据，遵循特定的解释程序，而且司法解释应保持内在的一致性和连续性，而非展现个性智慧的场合。另一方面，从根本上来看司法解释并不是一个规范意义上的解释问题，而是一个综合性的判断问题。它融合了法律与事实，蕴涵着政策性的考虑和价值判断，因此，任何司法解释都不单是对法律条文解释的产物，而是一个体制或制度的产物，是一个权力结构的产物。③ 这表明司法解释有其特定的制度性功能。也正是基于此种考虑，大部分国家将司法解释的权力赋予最高法院而非各级法院，这符合各国在建构司法诉讼程序上的共同理念。即初审程序为当事人提供司法救济的机会，上诉审程序则侧重于满足社会公共目的，终审程序则关注国家司法的统一。因为一审法院更了解案件事实，对个案纠纷的化解更有优势，而终审法院往往能更充分地理解立法精神和国家的政策意图，因而在保持国家法治统一和司法创新方面的功能更加突出。同时，作为

---

① 董皞：《司法解释论》，中国政法大学出版社 1999 年版，第 77 页后的相关论述。
② ［美］梅利曼：《大陆法系》，顾培东、禄正平译，法律出版社 2004 年版，第 40 页。
③ 黄松有：《司法解释权：理论逻辑与制度建构》，载《中国法学》2005 年第 2 期。

一种权力结构的产物，司法解释应遵循司法权和立法权之间的划分，遵循我国的根本宪政制度安排。与我国独特的司法解释制度一样，我国的宪政制度安排也是社会实践长期发展的结果。在我国，全国人民代表大会是最高的权力机关，任何的国家机关都由它产生并受它监督。为了防止司法解释侵犯全国人大的立法权，维护国家法制的统一，从国家权力结构安排来看，由全国人大常委会来审查司法解释具有其合理性。

（三）司法解释备案审查与司法独立

我国宪法第 3 条规定人大对法院拥有监督权，司法解释备案审查是全国人大常委会对司法机关行使监督权的内容之一。从条文的规定来看，很难判断具体的监督包括哪些内容。与此相关的问题就是人大及其常委会的监督是否会影响司法独立甚至是与之相冲突。

我国宪法第 126 条规定："人民法院依照法律规定独立行使审判权，不受行政机关、社会团体和个人的干涉。"司法独立在我国主要指的是法院在审理案件中的独立。关于人大及其常委会的监督与法院审理具体案件的关系，从全国人大常委会已经搁置了有关"司法个案监督"的方案来看，这表明人大的一般性、抽象性监督权与司法机关个案独立审判权是二者关系的平衡线。① 就此实践发展而言，备案审查工作属于抽象性的审查，并不会与司法独立发生冲突。

三　司法解释备案审查制度的意义及局限

鉴于司法解释在实践中存在的问题，司法解释主体已经采取必要的办法。以最高法院制定的司法解释为例，到目前为止，我国有 2000 多件司法解释，为了保证司法解释的统一性，最高法院对前后矛盾和不适应社会发展的司法解释文件及时展开了清理工作。1994 年到 2002 年，最高法院分六批废止了 140 件司法解释。同时，为了规范司法解释的制定，1997 年最高法院发布《关于司法解释工作的若干规定》，该规定对法院司法解释的法律依据、主体、效力、制作程序、发布、形式、样式、时效等方面做了系统规定。此外，立法机关也进一步加强了法律的制定和立法解释工作，明确了司法解释的权限和范围。

---

① 陈欣欣：《中国语境中的司法独立》，载信春鹰主编：《公法》第三卷。

　　尽管上述做法对于改进、完善司法解释的制定工作、提高司法解释的质量方面发挥了作用，但是，对于保证法律的统一适用、维护法制统一而言，这些仍显不足。因此，在这种背景下加强司法解释备案审查工作非常有必要。首先，国家法律体系是具有内在和谐一致、效力层次明确的系统。因此，司法解释不仅要满足内部不矛盾的要求，而且不得与宪法和法律相抵触，这就要求司法解释必须受到立法机关的监督。其次，任何一个司法解释的产生都涉及权利和利益的变化，而社会其实是相互勾连的，对一种权利的任何重新界定都可能牵动整个权利结构和布局的改变。① 如果这种权利结构因司法解释而变得更加合理，那么民众会就很容易加以接受，如果相反，一个司法解释给社会造成不好的影响甚至与宪法相左，那么民众对法院的权威和信任就会打折扣。因此，司法解释接受外部监督包括民众的监督也就成为了一种必然的要求。

　　目前全国人大常委会发布的《司法解释备案审查工作程序》可以视为加强监督司法解释的一个起点，从广义上说，它也被认为是我国违宪审查机制建设的重要组成部分。该《工作程序》具有以下特点：第一，《工作程序》扩大了 2001 年《立法法》第 89 条规定的备案范围，② 更有利于维护国家法制的统一。第二，提起主体比较广泛。其中国务院、社会组织、企事业单位等五种提出主体比较重要，所以由全国人大常委会办公厅接收；而普通公民提出的建议量大，为此增加了全国人大法律工作委员会接收这一过滤程序。第三，明确了备案的范围，即两高制定的司法解释。第四，明确了司法解释的报送和接收程序、纠正程序等程序性的内容。

　　对于该《工作程序》可能存在的不足之处，人们也提出了不少积极的建议。第一，希望全国人大常委会进一步缩小审查范围，因为每年有大量的司法解释出台，而这些司法解释的种类是不同的，因此应该进一步限定于对抽象性司法解释的审查。第二，希望全国人大常委会能形成反馈机制。在公民和其他组织提出建议后，全国人大常委会的法规审查备案室对是否受理以及是否启动审查的问题，应当及时反馈给建议人。第三，希望全国人大常委会向社会定期公布审查结果。第四，有学者指出，这种程序是一种渠道，但还不是主渠道。从经验来看，这只是一道关口，可以过滤一部分书面的、条

---

　　① 苏力：《道路通向城市》，法律出版社 2004 年版，第 127 页。
　　② 《中华人民共和国立法法》第 89 条规定："行政法规、地方性法规、自治条例和单行条例、规章应当在公布后的三十日内报有关机关备案。"

文的审查，但在实际上有些务虚。因为深层次的问题通过文字是发现不了的，只有在实践中才会碰到比较深层次的违宪问题，因此只有出现了问题再进行审查才会是有效的。

结　　语

《司法解释备案审查工作程序》的出台只是全国人大常委会监督司法解释工作的一个起点，在这个机制尚未健全，甚至还没有运转起来的情况下，对其作出全面的评价可能为时尚早，不过，从整体的制度背景和国家权力机构的关系加以梳理并分析其可能面临的问题还是有必要的。当然，任何机制都只有在实践中才能获得改进和发展。我们也期待司法解释备案审查制度能为我国法制的统一奠定更加坚实的制度基础。

（该文原载于《公益诉讼》（第三辑），中国检察出版社 2006 年版）

"公益上书"之改进

刘仁文[①]

　　近年来，各种为了公共利益的上书成为一种社会风气，总的来看，这是政治开明的结果，因为在不开明的时代，这样的上书是不被允许至少是要冒很大风险的；这也是公民维权走向理性的标志，因为相比起暴力和其他激烈行为而言，这种合法的方式在推进社会改良方面具有更平和、更经济的优势。但如何改进此类"公益上书"，使之更具实际性效果，并避免有的"公益上书"所可能带来的副作用，却并不是一个可有可无的问题。

　　我认为，可以从受理上书的单位或个人、上书者本人、媒体和公众等第三方这样三个角度来探讨"公益上书"的改进。

　　首先，从受理上书的单位或个人来看，应以保护公民的政治热情、保证民意渠道的畅通为基本出发点，对此类上书持欢迎和鼓励态度。目前这方面存在的一个突出问题就是缺乏一种正式的回复制度。以全国人大常委会为例，虽然它近年来频繁成为"公益上书"的对象，但无一例外的是，没有任何一个"上书"得到过人们期待中的正式答复，也从来没有任何人以任何方式告知过上书人或者公众，某项制度的存废或某部规范性法律文件的改变与某"公益上书"之间是否存在关系。基于此，笔者同意有学者提出的对于公民书面建议应确立回复机制的思路。国家应有专门机构和人员负责受理、登记此类"公益上书"，它们一方面要对这些上书进行研究并转送给相关部门和人员，另一方面要对所有来函进行回复，确认收到，并分别按以下情况处理：凡不属于受理范围或应当归属其他部门的，如实相告，建议其取道其他途径，如信访、诉讼；凡属于公益性质的"上书"，一律以国家的名义对上书者表示感谢，并可附带一些不具法律约束力的非正式评论；对于那些符合要求的上书方案，应启动相应的审查程序，并将最后处理结果通报给上书人。

　　正式的回复制度确立后，受理机关可能会面临"上书"太多而难以应付的局面，对此，可以通过两个办法来消解：一是制定"上书"细则，为

[①]　中国社会科学院法学研究所研究员。

上书设置一些必要的要件，只有在符合这些要件的前提下，该上书才能被提上审查日程；二是要加大各级人大代表和政协委员受理民间上书的力度。像美国这样的国家，虽然你给总统写信也能得到总统办公室的回复，但为什么没有大量的信件涌入白宫呢？原因之一就是在美国，向所在的州议员或联邦议员办公室反映情况是最佳的"公益上书"方式，他们是当地选民选出的，比媒体等更为专业，最适合也有热心去充当选民的代言人。我们现在已经建立了人大代表和政协委员的提案、意见反馈制度，但有的人大代表苦于几年也提不出一个议案，建议为人大代表和政协委员设立类似于西方的"议员办公室"，征集和收集包括"公益上书"在内的民情民意。

实践中，还有一种包含"公益上书"内容的形式值得重视，即各种"情况反映"、"领导参阅"等。与民间借助媒体公开报道的"上书"相比，这类"上书"往往通过内部渠道不公开地进行。诚然，它们是领导决策的重要参考，但从公共政策学的角度看，也存在一个"兼听则明"的问题。因此，对这类"上书"一般不宜直接批示，而只宜将其看作一个信息源，还要进行甄别和听取多方意见。对于那些属于个案性质的上书，或者完全是现行法律框架内的事情，最好不要干预，以防给办案单位和个人带来不适当的压力，也防止给社会造成一个错觉，好像法律规则和程序不重要，领导人的批示才重要。如果个案处理确实有问题，可以通过各级人大常委会的个案监督机制等途径来解决。

其次，从上书者本人来看：一是应当将自己的境界尽可能地定位高一点。不可否认，当前"公益上书"中的"个人英雄主义色彩"比较浓厚，有的甚至带有炒作或作秀的成分，虽然对此我们仍然可以将其肯定为"主观为自己、客观为社会"，但为了不使人们对"公益上书"的公益性动机产生怀疑，乃至从长远来看为"公益上书"赢得社会声誉和支持，上书者需要真正从"公益"出发，采取切实有效的行动，不刻意追求轰动效应，不刻意突出自我。二是应讲究策略。有论者指出，目前公益法实践应采取的总的策略是：在尊重现有政治秩序的基础上，坚持利用法律途径和媒体宣传。在谈到具体策略时，该论者还指出，为了减少公众对上书者本人"新闻炒作"的质疑，可以考虑采取以公益组织的名义或集体的方式来上书，认为这样可以减少社会对上书者个人的过分关注。对于以公益组织名义上书，我认为是一个不错的设想，事实上实践中也已经出现了这样的做法，如"北京市东方公益法律援助律师事务所"致函全国人大常委会"关于请求对《珠海经济特区道路交通安全管理条例》进行合法性审查的建议书"，就是以公益律师事务所这样的公益组织署名的。当然，这里存在的一个问题是，目前这类公益组织还不够多，且不容易获得批准。至于以集体的方式来上书，我认为则不能一概而论。长期以来，中国社会喜欢创造一种"人多势众"的氛围，好像征集到的签名越多，自己就越有道理。但事实上，这种方式有时反而会给受理上书者造成不应有的压力，甚至反感，不利于目标的实现。因此，我主张一般情况下，实行代表制即可，可以说明共代表了多少人群，但不必去动员大家一一签名，而将重点放在上书内容的论证上。三是上书者应深谙"物以稀为贵"的真谛，对上书保持必要的克制。凡事如果太滥，就不管用了。要想使上书起到应有的作用，一般来说，应在穷尽一切其他救济手段的基础上才能进行，特别是对于一些具体问题，应树立通过诉讼途径解决问题的基本思路，绝不能将公益上书庸俗化。最后，还应看到，公益上书只是公益法运动诸多环节的一环，或者说，只有在互相紧密相连的公益法策略之链条中，它才能得到展示并实现其意义。

再次，在上书者与受理上书者之外，还存在一个第三方，即媒体和公众。几乎每一次"公益上书"，都被媒体作为新闻热点来追逐；每一次"公益上书"，也都获得公众的强烈认同。应当说，这成为一些人动辄上书的一个重要原因。它一方面说明当前中国通过法律途径来保障合法权益的障碍还非常多，以至于人们有时不得不借助社会压力来实现；另一方面，也说明我们的媒体和公众在面对此类新闻时，存在某种浮躁的倾向。我们有谁认真地问过：是否每次上书都那么神圣？怎样避免空谈？那一两千字的上书报告将问题说透彻了吗？它们究竟给我们这个社会带来了什么样的效果和影响？真正负责任的、成熟的媒体和公众是不应当人云亦云的，而应当有自己的主体意识，在批判的眼光中助其前行。

（该文曾载于《法学研究》2006 年第 6 期）

违宪审查机制在解决法律纠纷和社会矛盾中的作用

莫纪宏①

一 通过违宪审查机制解决法律纠纷和社会矛盾的必要性

宪法是我国的根本大法，它规定了国家的根本制度和根本任务，确立了国家政权体制，规定了公民的基本权利和基本义务，从制度层面规范了国家机关之间的关系、国家机关与公民之间的关系，因此，宪法作为根本法，在调整国家机关之间的关系、国家机关与公民之间的关系的过程中，除了为国家机关、公民提供了明确的行为规范，同时，也为解决国家机关之间的纠纷和矛盾、国家机关与公民之间的纠纷和矛盾提供了最基本的法律依据。在宪法实施过程中，存在着大量的发生在国家机关之间、国家机关与公民之间的纠纷和矛盾，如果宪法在解决这些纠纷和矛盾中不能发挥自身应有的作用，那么，国家机关之间的纠纷和矛盾以及国家机关与公民之间的纠纷和矛盾就不可能在制度层面得到很好的解决。这些不能得到有效解决的纠纷和矛盾可能会引发大规模的冲突或者是令各级领导部门解决起来感到非常棘手和吃力的群体性事件，严重的甚至对我国的基本政治制度造成巨大危害，所以，要保持社会稳定、建设和谐社会，必须建立违宪审查机制，依据宪法的各项规定来有效地解决发生在国家机关之间的纠纷和矛盾以及国家机关与公民之间的纠纷和矛盾，从制度源头上来解决各种法律纠纷和社会矛盾，真正在制度层面上来保障解决各种法律纠纷和社会矛盾的处理机制的最高性、终极性和权威性，从而建立一个有效解决各种法律纠纷和社会矛盾的统一的、体系化的纠纷解决机制。

从违宪审查机制在解决国家机关与国家机关之间、国家机关与公民之间的纠纷和矛盾中所具有不可替代的作用来看，影响我国当前社会稳定与和谐社会建设的许多纠纷和矛盾由于违宪审查机制的缺失而没有得到有效或者是彻底的解决，因此，在解决法律纠纷和社会矛盾方面，我们现行的宪法制度

---

① 中国社会科学院法学研究所研究员。

还有许多重要的途径和手段可以加以有效地利用，在制度上启动违宪审查机制是解决法律纠纷和社会矛盾，维护社会稳定、建设和谐社会的重要途径，也是最有效的制度手段，各级党委和政府领导部门应当对建立违宪审查机制的意义有一个正确而清楚的认识。

二　违宪审查机制在解决各种法律纠纷和社会矛盾中的主要作用

违宪审查机制最早起源于美国。在 1803 年马伯里诉麦迪逊一案中，美国最高法院确立了"宪法是法"、"当法律与宪法就同一事项的规定发生矛盾时，应当适用宪法"、"违反宪法的法律无效"等违宪审查的基本原则，并由此确立了美国最高法院在违宪审查中作为最高违宪审查机构的地位和作用。20 世纪 50 年代之后，在欧洲大陆形成了以德国、奥地利宪法法院为代表的专门的违宪审查机构。例如，德国的宪法法院可以处理与违宪有关的一切案件，并且一旦作出了违宪判决，对任何国家机关、任何组织和公民个人都具有同等的法律约束力。

可以看到，通过违宪审查机制来解决法律纠纷和社会矛盾，已经成为当今世界各国在通过法定渠道解决纠纷的一种重要途径。据欧洲理事会威尼斯委员会的统计，目前世界上已经有 80 多个国家建立了正式的违宪审查机制，虽然从事违宪审查的机构有普通法院和专门的宪法法院之分，但这些违宪审查机构所解决的纠纷和矛盾的性质、种类是相同和相似的，并且也逐步形成了相同和相似的解决问题的法理。违宪审查机制的建立对于维护社会稳定，建设和谐的社会秩序起到了非常重要的保障和促进作用。可以肯定地说，从第二次世界大战后至今的 60 年时间里，在全世界范围内之所以没有发生像两次世界大战那样大规模的冲突，也没有发生像历史上不同时期发生在民族国家内部的剧烈战争，其中一个重要原因可以归功于第二次世界大战后在大多数民主法治国家都建立了违宪审查机制。违宪审查机制的作用是从制度上来解决那些可能会导致社会不稳定和动乱的发生在国家机关之间的纠纷和矛盾以及发生国家机关与公民之间的剧烈的冲突，所以，它已经跳出了传统法律制度在解决纠纷和矛盾时的局限，不是拘泥于对个别纠纷和矛盾的解决，而是从制度源头上来解决可能诱发纠纷和矛盾的制度因素，从而为社会稳定与和谐社会的建立提供了最有效的制度保障。

总结世界各国违宪审查机制在解决具体法律纠纷和社会矛盾中的作用，

可以发现，违宪审查机制可以比较好地解决以下几个方面的纠纷和矛盾。

（一）有效地解决选举活动的各种争议，保证政权的合法性基础

选举是现代民主价值的重要体现，通过公平、公正和科学的选举制度，可以有效地汇聚民意，为政权提供合法性基础。因此，能否保证选举活动的合法、合理，是现代民主社会中最重要的制度要求。所以，通过制度途径来有效地解决选举中出现的各种纠纷和矛盾，是世界各国民主制度建设的一项重要任务。大多数国家都通过违宪审查的途径来解决选举争议，保证选举活动合法、合理地进行。例如，1958 年《法国宪法委员会机构设置法》第六章就规定了"关于国民议会议员和参议院议员选举的争议"。根据该法第 33 条规定：国民议会议员和参议院议员的选举在宣布投票结果后 10 日以内可以在宪法委员会提出异议。所有登记注册参加选举的选民或者是候选人都有权对一项选举提出异议。再如 1951 年联邦德国《联邦宪法法院法》第 13 条第（十三）项规定，对联邦议院关于一项选举有效性所作出的决定或者是对取得或者是丧失联邦议院一个代表席位所作出的决定提出的申诉。

近年来，一些国家频繁出现选举争议，甚至连总统选举也出现了争议，严重地影响了政局的稳定。但是，由于违宪审查机制的存在，在遇到选举危机的时候，往往可以通过违宪审查机制来化解各方矛盾，使国家渡过政治危机。例如，2000 年美国总统选举的过程中，总统候选人布什和戈尔就为选票统计问题发生争议，最后各自求助于诉讼途径，由联邦最高法院依据违宪审查程序，作出了最终裁决，有效地解决了选举中产生的政治危机。

（二）通过审查法律、法规的宪法依据，保证立法机关依据宪法规定行使立法权

通过违宪审查机制来解决法律、法规与宪法之间的矛盾和冲突，是现代法治国家经常使用的手段。早在 1803 年马伯里诉麦迪逊一案中，美国联邦最高法院以马歇尔大法官为首的法官们对于法律违宪的问题，就明确地阐明了自己的观点。最高法院认为：如果一项法律违背了宪法，如果法律与宪法都被应用于一个特殊案件，因而法院必须或者不顾宪法，顺从法律决定案件；或者不顾法律，顺从宪法；那么法院必须在冲突的规则中确定何者支配案件的判决，这是司法责任的根本所在。在这两种取舍之间没有中间选择，或者宪法是至上与首要的法律，不可被通常手段所改变；或者它和普通立法法案处于同一水准，并和其他法律一样，可在立法机构高兴时被更改。如果

前一种选择是正确的，那么和宪法矛盾的立法法案就不是法律；如果后者是正确的，那么成文宪法就成了人民的荒谬的企图，去限制那些本质上不可限制的权力①。

对法律、法规的违宪审查，实际上就是通过违宪审查机制来监督立法机关的立法行为，防止因为立法机关滥用立法权，而侵犯了其他国家机关的宪法职权、侵害了宪法所规定的公民的基本权利，从而引发政权建设中的制度性纠纷和矛盾的产生。目前，世界上建立了违宪审查机制的国家都是以法律、法规的违宪审查作为违宪审查的主要任务。对法律、法规的违宪审查，不仅包括对中央立法机关（包括联邦）制定的法律的违宪审查，也包括对地方立法机关（包括州、盟）制定的法规的违宪审查，对法律、法规的违宪审查可以达到解决法律、法规之间的矛盾和纠纷，协调不同的立法机关之间的立法权限的重要作用。从某种意义上可以说，对法律、法规的违宪审查是违宪审查机制发挥其解决纠纷和矛盾作用的主要技能，是违宪审查机制在维护社会稳定、建设和谐社会方面最重要的制度功能。在成立了专门性的违宪审查机构的国家，一般都在有关违宪审查的立法中明确规定了对法律、法规的违宪审查机制。如联邦德国《联邦宪法法院法》第 13 条第（六）项规定：应联邦政府、一个州政府或者是联邦议院成员的三分之一的请求，对联邦法律与基本法或者是州法律与基本法、州法律与任何其他联邦法律在形式上和实体上是否相一致产生了不同意见或者是疑义的，联邦宪法法院有权受理并作出决定。

在对法律、法规违宪审查的过程中，由于立法机关在制定法律、法规过程中具有较大的自由裁量权，因此，尽管提请违宪审查的法律、法规一般数量较多，但实际中被宣告违宪的数量却很少。如第二次世界大战后日本最高法院依据《日本国宪法》第 81 条的规定，迄今为止仅仅宣布了七项法律、法规的违宪②。而且为了限制对法律、法规随意提请违宪审查，不论是普通法院，还是专门的宪法法院，在审理法律、法规的违宪案件时都要求提请违宪审查的当事人其合法权益已经或者将要受到违宪的法律、法规的影响，一般情况下，当事人只能在诉讼过程中，如果认为法院赖以审判案件的法律、

---

　　① ［美］保罗·布莱斯特等：《宪法决策的过程：案例与材料》上，张千帆等译，中国政法大学出版社 2002 年版，第 81—89 页。

　　② 日本最高法院从 1973 年在"杀害尊亲属"一案中宣布刑法第 200 条规定违宪之后，先后两次就规定议员选举名额的选举法违宪，在"森林分割案"中宣布"森林法"的相关规定违宪等。

法规可能违反宪法、侵犯其合法权益的，才能就法院审判案件的法律依据提请违宪审查。这种违宪审查机制既可以保证对法律、法规的违宪审查，同时，又可以防止当事人滥用法律、法规的违宪审查提请权。

（三）依据宪法解决国家机关之间的权限争议，防止部门主义和地方保护主义以及中央集权主义现象的产生

宪法作为根本法，它的主要立法职能就是通过宪法规范来确定国家机关之间的国家权力配置方式，明确不同性质的国家机关依据宪法所享有的宪法职权。所以，在现代民主政治体制下，所有国家机关行使的国家权力都来自于宪法的授权，任何国家机关、组织或者是个人都必须依据宪法的规定来行使国家权力，从事公共管理活动。当然，由于宪法不可能对国家机关依据宪法规范所行使的宪法职权完全划分清楚，所以，在国家机关依据宪法行使宪法职权的时候，就经常会发生与其他国家机关所行使的宪法职权发生权限冲突的问题。在出现了不同的国家机关就彼此的宪法职权范围发生争议的时候，依据宪法所规定的争议解决机制来处理不同国家机关之间的权限争议，可以最大限度地解决不同国家机关之间的权力之争，防止政权出现不稳定因素。

在实行违宪审查制度的国家，特别是在设立了宪法法院作为违宪审查机构的国家，对不同国家机关之间，包括联邦与州、中央国家机关与地方国家机关之间的权限争议的处理，是宪法法院的一项主要的审判职能。例如，1994 年俄罗斯《关于俄罗斯联邦宪法法院的联邦宪法性法律》第 3 条在规定联邦宪法法院的职能时，就明确规定俄罗斯联邦宪法法院应当解决下列权限争议：在联邦政府机构之间的；在俄罗斯联邦政府机构与俄罗斯联邦各成员政府机构之间的；在俄罗斯联邦各成员政府最高机构之间的。1979 年西班牙《宪法法院组织法》第 59 条也规定：宪法法院应当听取关于由宪法、自治法规或者组织法或者界定中央政府和自治团体各自的权利能力的一般法律所直接授予的管辖权或者是权力的冲突纠纷：在中央政府和一个或者是多个自治团体之间的；在两个或者是更多的自治团体之间的；在政府与参众两院或者是法官总理事会之间的或者是在这些宪法机构彼此之间的。

宪法法院通过处理不同国家机关之间的宪法职权的争议，对国家机关之间行使国家权力的关系进行了适时和不断的微调，避免了国家机关在行使权力的时候出现激烈的冲突，可以比较好地维护国家机关行使权力的秩序，有效地维护民主体制的稳定。

（四）对国际条约的合宪性进行严格审查，确保有效地履行国际条约下的义务，建立与国际社会和其他国家之间的良好的国际交往秩序

如何正确地处理国际条约与国内法的关系，这是现代国际关系中的一个重要问题，直接关系到缔约国自身的法治状况以及国际形象。目前，在实行了违宪审查机制的国家中，都比较重视通过违宪审查机制来全面和准确地处理本国缔结的国际条约与本国国内宪法和其他法律之间的关系，对于本国缔结的国际条约是否符合本国宪法的规定，在批准之前进行认真和详细地审查，对于国际条约与国内宪法相抵触或相冲突的部分，要么在批准条约时作出相关保留或者作出解释性声明，要么在批准条约时修改宪法或法律的有关规定，以此来保证缔约国批准的国际条约与国内法保持一致。

通过违宪审查机制来保证缔约国批准的国际条约与缔约国的国内法保持一致，对于维护缔约国的国际形象以及维护缔约国自身的法律制度的尊严和权威具有非常重要的作用。在缺少对国际条约进行违宪审查的情况下，缔约国所批准的国际条约是否与国内法存在冲突，不仅在理论上不太清楚，在实际上也很难将其作为一个严肃的问题来加以对待，结果往往导致要么缔约国为了维护自己的国际形象，而随意迁就国际条约的规定；要么简单化地对待国际条约的效力，将遵守国际条约看成是可有可无的事项。上述两种倾向都很容易导致缔约国在国际关系中处于经常性的冲突和矛盾的境地，不利于建立有利于自身维护主权独立和与国际社会开展有效合作和交流的良好的国际关系。

第二次世界大战后在许多国家建立的违宪审查机制，都特别注重在批准条约之前，对即将批准的国际条约是否合宪，通过违宪审查机构进行事先的违宪审查。例如，1979 年西班牙《宪法法院组织法》第 78 条第 1 款规定：政府或者是国会两院中的一院可以请求宪法法院决定一项条文已经是不得改变，但是西班牙尚未同意加入的国际条约的规定与宪法之间是否存在冲突。

（五）通过对公民提出的宪法诉愿的审理，有效地防范国家机关利用权力随意侵犯公民权利，公民在实现自身的合法权利方面获得了制度上的终极救济途径

尽管在现代法治国家建立了比较完善的公民权利救济的诉讼机制，但是，在普通的诉讼程序中，公民一般很难对法院赖以作出判决的法律依据自身是否侵犯了宪法所规定的公民的基本权利在制度上提出有效的挑战，所以，如果法院赖以作出判决的法律依据自身侵犯了公民的合法权益，那么，即便是普通的诉讼程序再公正，公民的合法权利也难得到有效的保障。为此，很多建立了违宪审查机制的国家在宪法或者是宪法法院法中都规定，公民个人在穷尽了普通法院的救济途径之后，可以就法院审判案件的法律依据侵犯了宪法所规定公民的基本权利为由，向宪法法院提起宪法诉愿，由宪法法院根据宪法的规定来确定公民个人的申诉和主张是否应当获得宪法的保护。在采取了美国式的附带型违宪审查制度的国家，如美国、日本等国家，公民的宪法诉愿可以在普通诉讼中提起，也就是说，如果在普通诉讼中的当事人认为法院赖以作出判决的法律、法规自身存在着违宪问题，可以请求法院中止对诉讼案件的审理，先就当事人提出的法律、法规的违宪问题进行审查，等到当事人提出的违宪问题得到解决后，再对诉讼案件基于违宪审查的结论继续审理。

公民的宪法诉愿制度在解决社会纠纷和矛盾中的最大的制度特征就是，给予认为自己的合法权利受到国家机关或者是其他组织或者个人侵害的公民个人以充分表达和说理的机会，不仅允许公民个人对具体的纠纷和争议向法院提起诉讼，而且也允许公民个人对法院审判案件的法律依据是否合宪提起宪法诉愿。这种制度可以让涉案当事人充分表达自己的意见和主张，保证了公民个人利用制度上的一切手段来实现自己的权利。例如，1951 年联邦德国的《联邦宪法法院法》第 90 条就规定：任何声称其基本权利或者是基本法所规定的其他各项权利受到公共权力机构侵犯的人可以向联邦宪法法院提起宪法诉愿。但是，前提是提起宪法诉愿的人必须用尽所有的救济手段。只有在所有救济手段用尽之前，如果不将案件提交联邦宪法法院审理，对诉愿当事人会产生严重或者是不可避免的后果的话，联邦宪法法院才能对立即提交的宪法诉愿进行审理并作出决定。

近年来，在建立了宪法法院的国家，宪法法院受理的宪法案件，公民个人提出的宪法诉愿所占的比例越来越大，这反映了宪法法院在处理和解决公民个人与公共权力机构之间的冲突、纠纷和矛盾方面的作用越来越大。以保障公民的基本权利为核心，通过违宪审查机制来受理公民个人提出的宪法诉愿，可以在很大程度上化解公民个人因自身的合法权利得不到充分救济而产生的不满，是通过法律机制解决纠纷和矛盾的一个重要渠道。

（六）通过违宪审查机制形成了制度上解决纠纷和矛盾的终极机制，起到了止息停讼的作用

违宪审查机制其核心的制度功能就是将普通法律程序和普通法律制度所无法解决的纠纷和矛盾，都汇集到合宪性审查的制度下集中加以解决。从违宪审查机制的制度特征来看，凡是经过违宪审查机制处理过的纠纷和矛盾，在制度上就具有最终性，当事人不能再求助于其他的法律途径来反复性寻求解决办法。所以，在建立了违宪审查机制的国家中，凡是经过违宪审查机制处理过的纠纷和矛盾，一般来说，当事人不再会寻求其他的途径来反复缠诉。这里主要的原因是因为违宪审查机制所产生的结论在法律上具有最终的确定力，其他任何机关都不能改变违宪审查机构作出的违宪审查的结论，违宪审查机构作出的法律判断具有法律上的最终效力。正因为如此，不管是什么性质的纠纷和矛盾，在建立了违宪审查机制的国家中，凡是违宪审查机构作出的结论，一般来说，当事人就不再会向其他国家机关再次提起申诉。

与此相对照，在尚未建立违宪审查机制的国家，由于在制度上没有确定哪一个国家机构对纠纷和矛盾的处理结论具有最终意义上的法律效力，所以，很容易导致缠诉、累诉以及滥用申诉权利的现象的发生。

（七）形成了制度上的"信赖原则"，有利于维护国家机关实施宪法和法律活动的权威性

在违宪审查机制下，包括最高国家立法机关所制定的法律，都可以成为违宪审查的对象，因此，违宪审查机制基本上将一个法治国家中可能出现或者是存在的各种纠纷和矛盾纳入其中，并寻求给予各方当事人在法律制度的框架内以解决问题的最终答案。由于违宪审查机制遵循发生纠纷和矛盾的所有各方当事人诉讼权利平等的原则，所以，经过违宪审查机制处理过的纠纷和矛盾，不论其性质如何，涉及的问题面有多复杂，违宪审查机构在审查各方当事人所发生的争议基础上，依据宪法的规定所作出的结论，一般来说，都比较合理和适当，容易为发生争议的各方当事人所接受。由此就树立了违宪审查机构在处理法律纠纷和社会矛盾方面的权威形象，违宪审查机制也逐渐地形成了"信赖原则"，也就是说，公民遇到不可解决的纠纷和矛盾时，都希望诉诸违宪审查机制，通过违宪审查机构的违宪审查活动，来作出最终性的公正而有说服力的决定。

（八）节约了公共财政支出的成本，提高了国家机关实施宪法和法律活动的效率

违宪审查机制在处理法律纠纷和社会矛盾时的重要特征就是，通过将普通法律程序和普通法律制度所无法解决或者是不能加以很好解决的纠纷和矛盾集中到违宪审查程序中加以解决，有效地避免了其他国家机关疲于应付公民个人无休止地提出的解决纠纷和矛盾的申诉和请求。这种制度设计使得一般国家机构能够专心依据宪法所规定的职权来从事管理活动，同时又可以最大限度地减少公共财政支出，避免因为各个国家机关需要设立专门机构和配备专门人员来处理公民提出的申诉和各种复杂的纠纷和矛盾而增加公共财政支出。在违宪审查机制下，对于提出申诉的当事人来说，也可以减少不必要的经济负担。由于在制度上，违宪审查机构的审查结论具有制度上的最终约束力，所以，不管当事人有什么样的纠纷和矛盾没有得到解决，当事人都可以直接从违宪审查机构那儿获得最终的救济，不需要到处寻找救济机关。另外，公民个人向违宪审查机构提出违宪审查的请求，不论是其诉求得到支持与否，一般不需要交纳费用，所以，求助于违宪审查机构来解决纠纷和矛盾对于公民个人来说，也是最方便和易行的。总之，违宪审查机制之所以能够在众多的民主法治国家建立起来，除了有各国本国具体的历史原因之外，其中一个重要的制度原因就是，违宪审查机制能够从制度源头上来给处理各种纠纷和矛盾提供一种制度上的充分保障。正因为如此，违宪审查机制在处理法律纠纷和社会矛盾方面的制度优势受到了越来越多的国家的关注。如20世纪90年代初，苏东剧变之后，绝大多数苏联和东欧国家都纷纷建立了违宪审查机制，并以违宪审查机制为基础，全面和系统地为通过法定途径来解决各种社会纠纷和矛盾提供可能的制度保障。

三　违宪审查机制在我国的历史演变、现状和存在的问题以及原因分析

（一）违宪审查机制在我国的历史演变及现状

从制度意义上来看，严格意义上的违宪审查机制在我国迄今为止尚未得到建立，但是，我国现行宪法以及有关法律、法规的规定为建立违宪审查机制以及发挥违宪审查机制在解决各种法律纠纷和社会矛盾方面的作用奠定了一定的制度基础。

违宪审查的观念，在我国最早可以追溯到 1954 年宪法。1954 年宪法在建立违宪审查制度方面的特征，可以概括为三点：（1）1954 年宪法作为新中国第一部宪法，在宪法条文中已经确立了宪法不能被违反的法治理念，宪法自身的规范性和权威性得到了重视；（2）从宪法解释学的角度来看，1954 年宪法中已经包含了违宪以及不得违宪和违宪的决议、命令无效的规范要求，但是，并没有在制度上形成一套实行违宪审查的程序机制；（3）违宪的价值理念没有在宪法实施的过程中制度化，没有具体的法律、法规来实现 1954 年宪法中所体现的"不得违宪"的思想。在 1975 年宪法和 1978 年宪法中，违宪审查的观念基本上消失了。1982 年现行宪法对于违宪审查制度是作了比较全面和系统的规定，具体来说有以下几个方面的特征：（1）现行宪法进一步丰富了违宪概念的内容，在许多条文中确立了"不相抵触"的概念。例如，宪法第 5 条规定：一切法律、行政法规和地方性法规都不得同宪法"相抵触"。再如宪法第 100 条规定，地方性法规不得与宪法"相抵触"。与宪法"相抵触"成为作出违宪判断的一个重要原则和方法。（2）确立了违宪概念的界限，将违宪问题紧紧地限制在宪法条文规定的范围内，防止违宪概念的泛化。如宪法第 5 条第 5 款规定：任何组织或者个人都不得有超越宪法和法律的特权。该条款的规定很显然将宪法文本作为行使权利的依据，超越了宪法文本的规定，都不具有正当性，因此，也就是违宪的。（3）违宪的行为必须要受到追究。1982 年现行宪法在承认违宪概念的基础上，对违宪行为表示明确的否定态度和惩戒态度。如宪法第 5 条第 4 款规定：一切违反宪法和法律的行为，必须予以追究。该条款体现出现行宪法否定违宪行为正当性的基本法律态度。（4）违宪问题由全国人大和全国人大常委会解决。为了使得违宪概念能够制度化、程序化，1982 年宪法规定了全国人大和全国人大常委会有权监督宪法的实施，特别是规定全国人大常委会有权解释宪法，这就意味着在实施宪法的过程中是否出现了违宪问题，由全国人大常委会负责解释和作出相关决定。从宪法的上述规定来看，现行宪法对违宪问题并没有采取放任和不管的消极立场，而是通过设立进行宪法解释的机构来为违宪审查提供组织上的保障。（5）现行宪法进一步明确了违宪的法律规定和行为无效和应当被撤销的法律上的后果，否定了宪法只是政治纲领、在实践中可遵守可不遵守的漠视宪法权威的各种不正确的观念。例如，现行宪法第 67 条第 8 项规定：全国人大常委会有权撤销省、自治区、直辖市国家权力机关制定的同宪法相抵触的地方性法规和决议。很显然，违宪的地方性法规和决议在现行宪法上面临的是被撤销的法律后果。而违宪行为的实施者面临的可能是被"罢免"的法律后果。例如，宪法第63条规定：全国人民代表大会有权罢免中华人民共和国主席、副主席，国务院总理、副总理、国务委员、各部部长、各委员会主任、审计长、秘书长，中央军事委员会主席和中央军事委员会其他组成人员，最高人民法院院长以及最高人民检察院检察长等。很显然，1982年宪法所规定的违宪审查已经完全制度化了，违宪问题不仅仅停留在对违宪概念的确认上，还确立了对违宪问题的处理方式以及明确了违宪所带来的法律上的后果。这一点即便在1954年宪法中也没有得到充分体现。所以，完全可以说，只有到了1982年宪法的时候，违宪审查制度在我国才真正地建立起来。当然也要看到，从1982年宪法通过至今已有24年的时间，在此期间，全国人大常委会并没有依据宪法的规定作出一例正式的具有法律效力的违宪审查，这一事实说明，虽然违宪审查在1982年宪法中已经制度化，但是，制度化的程度和水平还不是很高，特别是有关违宪审查的程序以及具体运行机制还存在很多缺陷，以致这种制度还无法真正有效地发挥其应有的作用。

　　1982年宪法虽然确立了违宪审查制度，但是，违宪审查的制度化水平并不是很高，主要表现在违宪审查的提请和审理程序不明确，有关违宪审查的各项制度之间的制度联系不够，所以，在实施宪法的过程中，由于关于违宪审查的各项制度彼此分散和独立地存在着，无法通过一个统一、有效的法律程序连接起来，所以，违宪审查的程序在实际生活中很难启动。为了克服这种弊端，2000年制定的《中华人民共和国立法法》（以下简称《立法法》）在违宪审查制度程序化方面向前迈出了巨大的一步。

　　2000年《中华人民共和国立法法》第90条规定："国务院、中央军事委员会、最高人民法院、最高人民检察院和各省、自治区、直辖市的人民代表大会常务委员会认为行政法规、地方性法规、自治条例和单行条例同宪法或者法律相抵触的，可以向全国人民代表大会常务委员会书面提出进行审查的要求，由常务委员会工作机构分送有关的专门委员会进行审查、提出意见。""前款规定以外的其他国家机关和社会团体、企业事业组织以及公民认为行政法规、地方性法规、自治条例和单行条例同宪法或者法律相抵触的，可以向全国人民代表大会常务委员会书面提出进行审查的建议，由常务委员会工作机构进行研究，必要时，送有关的专门委员会进行审查、提出意见。"《立法法》的上述规定至少明确以下几项程序和制度，进一步完善了违宪审查制度。（1）《立法法》确立违宪审查的启动程序，增加了违宪机构进行违宪审查的可能性。在《立法法》出台之前，违宪审查的启动程序是不明确的，1982年宪法没有明确规定违宪审查的启动程序，其他相关法律、法规也没有规定这一程序。在法理上可能存在和制度上可以确认的违宪审查启动程序只可能附属于全国人大及其常委会行使宪法实施的监督权限的过程中，也就是说，是否要进行违宪审查，完全由全国人大及其常委会说了算。全国人大及其常委会从法理上来说，在对宪法实施进行监督的过程中发现了违宪问题，必然会依据职权来对违宪问题进行审查，并作出是否违宪的审查结论或者是相关的宪法解释。这样的违宪审查启动程序很容易导致在违宪审查的启动程序方面的消极主义现象的产生。也就是说，如果全国人大及其常委会不愿意或者是不启动违宪审查程序，那么，尽管宪法规定了违宪审查制度，但在实际生活中，具有法律效力的违宪审查活动却很难发生。《中华人民共和国立法法》第90条的规定彻底改变了违宪审查的启动程序缺位的局面。根据该条规定，至少有两种途径可以启动违宪审查活动。一是国务院、中央军事委员会、最高人民法院、最高人民检察院和各省、自治区、直辖市的人民代表大会常务委员会可以通过向全国人民代表大会常务委员会书面提出进行违宪审查的要求的方式启动违宪审查程序；二是其他国家机关和社会团体、企业事业组织以及公民可以通过向全国人民代表大会常务委员会书面提出进行违宪审查的建议的方式启动违宪审查程序。这两种启动程序都会导致有违宪审查权力的全国人大常委会的相关工作机构必须采取一定的措施来处理相关的提请违宪审查的要求或者是建议。这样的启动程序可以弥补仅仅依靠全国人大及其常委会在行使宪法实施的监督职权时自己来启动程序的不足，降低了违宪审查的门槛，增加了全国人大常委会行使违宪审查权的机会。(2)《立法法》进一步明确受违宪审查的对象范围，将违宪审查的对象限制在行政法规、地方性法规、自治条例和单行条例上，避免了因为违宪审查的对象过于不确定和范围的过于泛化而在实际中导致违宪审查制度的能力缺失。依据《立法法》所规定的两种违宪审查启动程序可以提请违宪审查的对象仅仅包括行政法规、地方性法规、自治条例和单行条例四种法律形式，其他法律形式不得以《立法法》所规定的启动程序来提请违宪审查。(3)有权提请违宪审查的主体必须按照《立法法》的规定分别提请违宪审查，而不是随意地可以启动违宪审查，并且都必须以书面形式提出违宪审查的要求和建议。(4)违宪审查活动由专门机构进行，对于以书面形式提出的违宪审查要求和建议，根据《立法法》的规定，应当由全国人大的专门委员会进行审查。(5)违宪审查必须有相关的结论。《立法法》关于违宪审查的规定一个最重要的特点就是要求对提请的违宪审查的要求和建议，要有具体的意见，也就是说，依据《立法法》的规定提出的违宪审查的要求和建议不只是一般政治监督意义上的反映情况，而是必须认真加以研究和提出具体处理意见的法律机制。违宪审查程序在启动之后，必须要使具有违宪审查权的机构采取一定的措施来对违宪审查的要求和建议作出正式的答复和结论。

应当说，我国的违宪审查制度从无到有，目前已经在制度上发展出一套违宪审查的程序，违宪审查机制初步形成。但也应当看到，由于依据宪法和立法法等法律的规定，享有违宪审查权的全国人大常委会迄今为止并没有通过正式法律程序作出过一起违宪审查的结论，所以，违宪审查机制在解决法律纠纷和社会矛盾中的应有的制度功能还没有得到发挥，还需要通过健全和完善违宪审查机制的方式来发挥违宪审查机制在解决法律纠纷和社会矛盾方面所具有的特有的制度功能。

（二）我国违宪审查机制存在的问题及原因分析

我国目前虽然在制度意义上已经肯定了违宪审查的必要性，同时也确立了违宪审查的相关法律程序，但是，从实践情况来看，违宪审查机制并没有启动起来，特别是违宪审查机制本来应当在解决法律纠纷和社会矛盾方面发挥自身更大的作用，不过，由于政府决策层以及社会公众对违宪审查机制在解决法律纠纷和社会矛盾方面所具有的独特的制度功能认识不够，所以，实际中存在的大量的本来可以通过违宪审查机制来处理的法律纠纷和社会矛盾，由于违宪审查机制没有发挥作用，而被引导到信访以及其他的渠道来加以解决。由于其他法定渠道本身缺少像违宪审查机制那样的科学地解决法律纠纷和社会矛盾的理论依据以及比较规范和严格的法律程序，所以，导致了社会上始终存在着各种普通的纠纷和矛盾解决机制所无法处理的复杂纠纷和矛盾，同时，由于缺少违宪审查机制那样对纠纷和矛盾加以解决的制度上的终极性和权威性，因此，目前社会上存在着长期困扰各级国家机关的老上访户，缠诉和滥用申诉权利的公民，这些现象的存在不能不说与我国的违宪审查机制没有发挥应有的制度功能相关。

1. 不论是宪法理论上，还是在宪法制度上，目前仍然存在着希望通过立法途径来解决法律、法规之间矛盾的简单化想法。

改革开放之后，我国制定了大量的法律、法规，但是，由于在国家机关立法权限的划分上没有确立非常科学的标准，导致在实践中大量的法律、法规自相矛盾，严重地影响了法律、法规的实施工作。为了解决法律、法规自身的矛盾，2000 年全国人大制定了《立法法》，其立法宗旨就是要通过明确立法权限的划分，在法律、法规之间建立必要的立法秩序。但是，由于现行的法律、法规与宪法之间的基本法律关系不清晰，导致了法律、法规之间的法律关系不可能在制度上得到正确的说明，由此导致了一些法律、法规制定之后在与其他法律、法规发生冲突和矛盾时频繁地进行修改，所以，希望通过立法途径来解决法律、法规之间的矛盾，特别是法律、法规在实施过程中所引发的执法混乱现象，这种解决问题的思路在理论上显得非常浅显，在实践中根本无法解决法律、法规自身冲突的发生。

2. 目前解决法律、法规之间的矛盾主要依靠立法监督机制，而没有将法律、法规的矛盾和冲突解决纳入司法审查领域，致使解决法律、法规冲突和矛盾的方法和措施针对性不强。

我国目前存在的三大诉讼机制，包括刑事诉讼、民事诉讼和行政诉讼，人民法院在适用法律、法规审判案件时，自身不能对适用的法律依据是否与其他法律、法规存在矛盾和冲突，是否符合宪法规定，行使司法审查权。而且即便发现了下位法与上位法发生抵触，也不能在判决中明确指出这种冲突和矛盾的存在，只能以法官自己的判断来适用应当适用的法律、法规，这样就使得法官在审判案件的过程中，回避了法律、法规之间的矛盾，而对应当适用的法律依据是否符合宪法规定，是否与其他法律、法规存在矛盾和冲突，持消极放任的态度，严重地束缚了法官在审判案件时解决法律、法规之间矛盾和冲突的能力的发挥，也使得因之合法权利受到影响的案件当事人转向别的渠道来寻求权利救济①。在实践中，许多涉法涉诉类的信访之所以反反复复，常年纠缠，应当说，与信访人对法院作出判决的法律依据不满有关。正是因为法院对适用的法律、法规缺少合宪性或者是合法性的司法审查权力，使得很多本来可以在诉讼中加以解决的纠纷和矛盾又被推向了诉讼机制之外的途径来获取解决的途径和办法。

3. 宪法上规定的大量的基本权利得不到法律上的正当程序的保护，而承担违宪审查任务的全国人大常委会又没有正式启动违宪审查程序来对侵犯公民的基本权利的案件作出具有实质意义上的违宪审查，致使在实践中因为没有相应的主管部门来处理这一类侵犯基本权利的案件，而出现了大量的求

---

① 河南省洛阳市中级人民法院法官李素娟在行政判决中直接指出河南省人大制定的《种子条例》与《种子法》相抵触，而受到了撤职处分，很显然，要求法官在审判案件过程中对判案依据的合宪性或合法性进行主动审查，目前来说，还受到各种因素的制约。

决类的信访案件在现代民主和法治社会中，公民个人依靠宪法的规定，享有包括立法机关在内也不得侵犯的基本权利。这些基本权利是公民在一个国家和社会中获得最低生活水准的人权保障，因此，这些基本权利一旦受到国家机关的侵犯，就必须要通过法律上所确立的制度渠道来给予必要的权利救济。在建立了违宪审查机制的国家中，公民个人可以通过宪法诉愿机制来向宪法法院或者是履行违宪审查职能的普通法院提起自己的保障基本权利的诉求，并且可以通过违宪审查机构对包括国家立法机关在内的所有行使宪法职权的国家机关是否侵犯了公民的基本权利进行违宪审查，对公民实现有效的保护，从而使得公民不再求助于其他法律程序提出自己的维权诉求。

我国目前宪法所规定的公民的基本权利，许多内容还缺少具体立法的保护。而一旦公民的基本权利，如言论自由、结社自由、游行示威自由、宗教信仰自由等基本权利受到侵犯，尽管公民个人自身存在着强烈的维权诉求，但在制度上却缺少解决问题的专门机构，因此，就导致了许多基本权利受到侵犯的公民走上漫长的上访之路，企图在制度框架内能够找到解决问题的机构或者是办法。其实，公民的基本权利完全可以通过违宪审查机制来加以解决，违宪审查机构通过对侵犯公民的基本权利的违宪行为进行审查，对基本权利受到侵犯的公民给予权利救济，就可以最大限度地减少公民对基本权利受到侵犯而产生的申诉。但是，我国目前依据宪法享有违宪审查权的全国人大常委会并没有履行保障公民的基本权利的司法审查功能。2003 年"孙志刚案件"引发的"废止收容审查制度"事件，虽然"三公民"上书全国人大常委会，国务院也主动废止了《收容审查条例》，但是，作为享有违宪审查权的全国人大常委会并没有给予正式答复，丧失了一个利用违宪审查机制来解决因为公民的基本权利受到侵犯而引发的法律纠纷和社会矛盾的绝好时机。

与全国人大常委会没有充分利用违宪审查权来解决因为公民的基本权利受到侵犯而导致的法律纠纷和社会矛盾相对照，最高人民法院在 2001 年"8·13"批复中，又以司法解释的方式对公民依据宪法享有的受教育权给予了民法上的救济，尽管这一司法解释在保护公民的基本权利方面的态度是积极的，但是，这种做法在违宪审查理论上又存在许多值得进一步推敲的问题。

4. 新中国成立以来，人民法院在利用宪法解决法律纠纷和社会矛盾方面的作用没有得到充分的发挥，宪法在解决国家机关之间的矛盾和纠纷、国家机关与公民之间的矛盾和纠纷方面的制度功能没有在司法审查程序中得到体现，我国的诉讼制度没有吸纳所有的法律纠纷和社会矛盾，存在着诉讼机制所不能解决的大量的法律纠纷和社会矛盾。

新中国成立以后，在实践中，总的来说，司法审判机关对违宪审查采取了消极回避的态度。这一方面最典型的例子就是 1955 年 7 月 30 日最高人民法院研字第 11298 号"关于在刑事判决中不宜援引宪法作论罪科刑的依据的批复"的司法解释。该司法解释认为，宪法"在刑事方面，它并不规定如何论罪科刑的问题"，因此，"在刑事判决中，宪法不宜引为论罪科刑的依据"。[①] 这一司法解释，从违宪审查的基本理论来看，实际上回避了在刑事案件的审判中人民法院可以引用宪法对刑事案件审判依据的法律、法令进行合宪或违宪判断的可能性，因此，也就通过该司法解释明确排斥了在我国人民法院的刑事审判中，可以实行附带型的违宪审查的可能。这一点与美国 1803 年在马伯里诉麦迪逊一案中，最高法院通过作出积极的司法解释的方法来行使附带型的违宪审查权形成了鲜明的对比，具有非常明显的司法消极主义倾向。与日本最高法院将下级法院也解释为宪法第 81 条所规定的享有违宪审查权的主体的司法积极主义立场相比，也显示出比较消极和回避宪法判断的态度。

在司法审判机关进行违宪审查理论研究方面，宪法学界存在的最大分歧意见就是包括最高人民法院在内的国家审判机关有没有权力在作出司法判决或裁定的过程中引用宪法作为审判案件的法律依据。对此，赞同和反对的意见都有反映。从司法实践来看，不论是最高人民法院，还是地方各级人民法院，在司法判决或裁定中都有引用宪法作为审判案件的法律依据的情形。以地方人民法院为例，河北省石家庄市中级人民法院民事判决书（1988）石法民判字第 1 号就提到：本院认为：根据宪法和有关法律的规定，公民享有名誉权，人格尊严不受侵犯，禁止用侮辱、诽谤等方式损害公民的名誉[②]。天津市静海县人民法院民事判决书（1997）静民初字第 349 号主张："这一过错行为，既意味着红星分厂享受了超载所得利益的权利，又与交通事故的发生有着一定的因果关系，根据权利义务相一致的宪法原则和民法侵权之债中的过错责任原则，红星分厂应当在合同履行标的范围内承担连带的民事责任。"可以看出，不论是河北省石家庄市中级人民法院民事判决书（1988）民判字第 1 号，还是天津市静海县人民法院民事判决书（1997）静民初字

---

①　王振民：《中国违宪审查制度》，中国政法大学出版社 2004 年版，第 193—194 页。

②　王禹：《中国宪法司法化：案例评析》，北京大学出版社 2005 年版，第 8 页。

第 349 号，在引用宪法时都没有将宪法独立地作为审判案件的法律依据，而是作为法律原则来加以适用，宪法在作为司法审判的法律依据中不具有独立性。但是，在实践中，也有法院将宪法作为确立行为合法性的直接的法律依据。例如，上海市第二中级人民法院行政判决书（1998）沪二中行终字第102 号声明："根据 1982 年宪法关于城市土地收归国有的规定，舟山路二百三十四弄五号房屋所属使用的土地为国有土地。被上诉人市房地产所颁发的房地产权证确认房屋的所有权和国有土地使用权依法有据。上诉人范学珍等五人在城市土地收归国有之后，仍主张其土地继承权，于法相悖。"将宪法明白无误地作为审判案件的法律依据的法院判决以山东省高级人民法院民事判决书（1999）鲁民终字第 258 号最为典型和最具有代表性。该判决书认为："这种侵犯姓名权的行为，其实质是侵犯了齐玉苓依据宪法所享有的公民受教育的基本权利，各被上诉人应当承担民事责任。""依照《中华人民共和国宪法》第四十六条、《中华人民共和国教育法》第九条、第八十一条、《中华人民共和国民法通则》第一百二十条、第一百三十四条、《中华人民共和国民事诉讼法》第一百五十二条、第一百五十三条第一款第三项、第一百五十八条和最高人民法院（2001）法释 25 号批复的规定，判决如下……"① 很显然，在山东省高级人民法院民事判决书（1999）鲁民终字第258 号已经明白无误地将宪法与其他法律并列一同作为判决案件的法律依据。

　　由此可见，人民法院在司法审判中将宪法作为审判案件的依据，甚至作出实质性的违宪审查在司法实践中已经成为一项不可避免的司法态势。但是，如果在理论上和实践中不能将人民法院所进行的违宪审查与全国人大常委会依据宪法、立法法等规定所进行的违宪审查有机地协调起来，我国违宪审查的法理势必会越来越乱，而违宪审查的实践也会五花八门，导致违宪审查失去权威性和规范性。总的来说，我国的违宪审查制度虽然在宪法、立法法等法律、法规中有了相关规定，但是，该制度的程序化水平不高，在实践中还没有正式发挥其解决法律纠纷和社会矛盾的制度功能。应当说，目前在我国存在的大量的信访诉求，都是与"红头文件"违法、公民的基本权利受到侵犯得不到有效救济相关。这些法律纠纷和社会矛盾长期以来得不到有效解决，除了与上访人缠诉和滥用申诉权有一定的关系，在某种程度上也与在制度上缺少专门解决这一类问题的国家机关以及相关的解决纠纷和矛盾的

---

① 王禹：《中国宪法司法化：案例评析》，北京大学出版社 2005 年版，第 150—151 页。

法律机制密切相关。事实上，这一类法律纠纷和社会矛盾，完全可以通过启动违宪审查机制来加以解决。如果不通过违宪审查机制来解决"红头文件"的违宪、违法问题以及公民的基本权利受到侵犯的问题，那么，就很难在制度上杜绝这一类纠纷和矛盾在不同的国家机关之间实行公文旅行，就会严重地影响和干扰国家机关正常的工作，也会为上访人缠诉留下口实。

四　健全和完善违宪审查机制、不断推进我国解决法律纠纷和社会矛盾的法律制度的改革建议

作为通过法定渠道解决法律纠纷和社会矛盾的一种重要的途径和形式，违宪审查机制从产生一开始，就具有从制度源头上解决法律纠纷和社会矛盾的制度功能。而且违宪审查机制在解决法律纠纷和社会矛盾中与解决纠纷和矛盾的其他法定渠道相比，在解决纠纷和矛盾方面，具有集中性、最终性和权威性等特点。可以说，违宪审查机制是现代民主法治社会通过法定渠道和制度手段解决法律纠纷和社会矛盾的最后手段和最有效的途径。它可以最大限度地化解社会矛盾，减少社会冲突，在国家机关与国家机关之间、国家机关与公民之间以及公民与公民之间建立起和谐的社会交往秩序，最有效地维护社会稳定。因此，保持社会稳定、建设和谐社会，必须要从建立和健全违宪审查机制入手。

违宪审查，在我国现行的宪法制度下，虽然已经确立了行使违宪审查权的国家机关，规定了提请违宪审查的法律程序，确定了违宪的法律、法规和行为无效的原则，但是，作为一项以最终解决法律纠纷和社会矛盾为目标的宪法制度，目前在我国总体上说还只是处于起步阶段。为此，有必要结合解决法律纠纷和社会矛盾的其他法定渠道和机制，建立一个与其他解决纠纷和矛盾相配套的以着重解决法律、法规之间的矛盾和冲突以及保障公民的基本权利不受侵犯为制度目标的违宪审查机制，为此，可考虑采取以下几项制度性改革措施。

（一）扩大普通诉讼机制的"准入条件"，从改革目前的三大诉讼制度入手，将所有的发生在国家机关与公民个人、公民个人与公民个人之间的各种类型的纠纷和争议全部纳入普通诉讼的受案范围，做到"有诉必理"，确立诉讼机制作为解决社会纠纷和矛盾的主渠道的作用，提高诉讼机制在解决各种法律纠纷和社会矛盾方面的能力

目前我国的三大诉讼机制，虽然受案范围比较广泛，涉及刑事、民事和

行政领域，但是，在实际生活中，仍然有大量的具体案件被排斥在三大诉讼制度所确立的受案范围之外，这就导致了诉讼机制不具有解决法律纠纷和社会矛盾的制度上的唯一性。这种制度设计虽然有利于区分诉讼问题的类型，提高诉讼机制解决问题的效率，但是，从解决法律纠纷和社会矛盾的角度来看，特别是从维护社会稳定和建设和谐社会的角度来看，这样的诉讼机制其制度功能是非常有限的。由于诉讼机制具有当事人诉讼权利平等的特性，所以，诉讼机制在解决纠纷和矛盾方面，相对于其他解决纠纷和矛盾的机制来说，更容易使产生纠纷和矛盾的当事人各方处于一种公平有利的地位，也容易使当事人接受通过诉讼机制所实现的解决纠纷和矛盾的结果。从具体的制度设计来看，在刑事诉讼方面，可以将劳教对象也纳入刑事诉讼制度的管辖范围，建立轻罪制度，进一步完善犯罪的构成理论和刑罚制度，扩大刑事诉讼的制度功能；在行政诉讼方面，应当改革目前存在的各种形式的行政终局裁决制度，将所有的行政行为都纳入行政诉讼的范围，在制度上给予行政案件的当事人以充分的诉讼权利的保护和救济；在民事诉讼方面，建立仲裁制度与审判制度自由选择的纠纷解决机制，在充分尊重当事人诉讼权利的基础上，给予发生纠纷和矛盾的当事人各方解决纠纷和矛盾的途径和方法上的充分的自由选择权，特别是提高仲裁制度的法律地位，将仲裁制度引进到平等法律主体之间所发生的任何纠纷和矛盾的解决机制中，争取将绝大部分民事纠纷和争议通过仲裁程序加以妥善解决，此外，也要给予发生纠纷的当事人自由地利用民事诉讼机制来维护自己的合法权益的机会。

（二）改革目前的法院二审终审制度，对于符合法定条件的，可以采取四审终审制度，取消审判监督程序，允许当事人就新发现的事实和法律依据向更高一级的人民法院提起上诉，防止一部分涉诉当事人因为缺少诉讼上的终极救济机制，而不断地向上级法院提起申诉或者是将涉法涉诉类的纠纷带到其他法律纠纷的处理程序和机制中

目前有大量的涉法涉诉类的信访案件，最初的起因是因为审级制度的限制造成了信访人的个人的利益诉求没有得到充分的保障，或者是个人的意见没有得到法院应有的尊重，特别是目前地方人民法院在审理案件的过程中，容易受到地方保护主义的影响，所以，二审终审制度很难防范司法腐败现象的发生，许多当事人对二审终审制度也存在着不信任的态度，转而只能求助于审判监督程序。由于审判监督程序立案程序烦琐，导致了缠诉或者是累诉的现象不断发生。为此，应当彻底改革目前的二审终审制度，实行四审终审制度，给予涉诉当事人以充分的诉讼权利的救济，最大限度地通过诉讼机制来实现社会公正，有效地化解法律纠纷和社会矛盾。当然，实行四审终审制度，并不意味着当事人的诉讼权利完全不受限制。也就是说，当事人要提起更高级或者是更高层次的上诉，必须要有符合法律所规定的严格条件，否则，就很难启动上诉审程序。实行四审终审制度，表面上来看，可能会增加高级法院，特别是最高法院的审判任务，但是，实际上，只要通过法律确立严格的上诉条件，当事人在条件不充分或者是条件不具备的时候，可能就会放弃上诉。扩大审级制度，虽然表面上对于当事人来说，要比启动审判监督程序容易，但是，却需要法律上更严格的条件，所以，对于具有正常理性的涉案当事人来说，一般都会慎重考虑，不会随意滥用自己的诉讼权利。

（三）启动全国人大常委会的违宪审查程序，改革目前的不受限制的提请违宪审查的机制，将全国人大常委会启动违宪审查程序与最高人民法院作为终审法院对案件作出的最终判决或裁定制度结合起来，规定涉案当事人对最高人民法院作出的最终判决或者是裁定不服的，可以依据违宪审查程序，提请全国人大常委会审查可能存在侵犯公民的基本权利的案件，或者是存在人民法院审理案件赖以作出判决的法律依据违宪、违法的案件

目前我国立法法所规定的违宪审查提请程序实际上在操作中可能会导致违宪审查机构负担过重，因为不受任何条件限制的违宪审查提请程序，可能会导致大量的不符合条件的违宪审查提请要求或者建议的出现，这样很容易影响违宪审查机构的工作效率，也会增加政府不必要的财政支出，同时也助长了提请违宪审查当事人的不合理的期待，所以，要真正启动违宪审查程序，必须将提请违宪审查的当事人是否具有法律上的特定利益关系结合起来。如果实行了四审终审制度，涉案当事人在穷尽了最高人民法院的救济渠道之后，对最高人民法院作出的最终判决或裁定仍然不服的，可以给予相关当事人依据宪法、立法法的规定向全国人大常委会提请违宪审查的权利。这样既可以给予涉诉当事人以诉讼权利上的充分救济，也可以有效地防止滥用诉讼权利现象的发生。

（四）将各级信访工作机构集中加以管理，并在体制上归属各级人民代表大会常设机构管理，进一步加强代表机构在反映民意和加强与人民群众的密切联系方面的重要作用

目前的信访工作机构比较分散，既有隶属于各级党委和人民政府的专门的信访机构，也有各个国家机关设立的信访机构，由于信访机构林立，导致了信访人产生不切实际的幻想，不断地在不同的信访机构之间寻求获得解决自己诉求的机会，这种信访机制已经严重地影响了各级国家机关的正常工作，同时，作为代表机构的各级人大及其常委会也没有能够起到在沟通人民群众方面应有的作用。所以，对于传统信访意义上的建议类信访和求决类信访，这些信访内容都可以归结到各级人大及其常委会的工作范畴中。将信访工作统一到各级人大常委会进行集中统一管理，一是符合现行宪法所设计的人民代表大会制度的基本要求；二是可以最大限度地减轻各级党委和人民政府部门的信访负担；三是可以对除了涉法涉诉类的信访，通过各级人大及其常委会依据宪法对"一府两院"的监督职权，通过代表大会或者是常委会，或者是人民代表的活动，来解决信访中提出的各项问题。对于有重大影响的、涉及宪法制度本身的信访事项，还可以上报全国人大常委会，通过宪法解释或者是法律解释程序来加以解决。

（五）通过全国人大常委会的违宪审查活动，来解决在不同国家机关之间存在的权限争议，通过违宪审查机制化解政权建设中的矛盾和冲突，进一步理顺不同国家机关之间的法律关系

我国目前的政权体制是根据现行宪法的规定建立起来的，其中人民代表大会制度是我国的根本政治制度，各级人民代表大会是各级国家权力机关，各级国家行政机关、国家审判机关和国家检察机关由各级国家权力机关产生，对其负责，受其监督。但是，也要看到，在我国现行的宪法体制下，上下级国家机关之间的关系，包括上下级人大之间的关系，上下级政府之间的关系，上下级法院之间的关系、上下级检察院之间的关系以及人大与"一府两院"之间的关系，还存在着许多不清晰的地方，在实践中，很容易出现不同国家机关在履行自身的宪法职权时与其他国家机关发生不一致或者是处于冲突和矛盾的状况，为此，可以启动全国人大常委会的违宪审查程序，妥善地处理各级国家机关之间的权限之争，在不同的国家机关之间建立一个稳定和有效的权力运行机制。

（该文曾载于《吉首大学学报》2007 年第 3 期）

公益律师与公益法组织

公益律师的道德维度与方法维度

贺海仁[①]

正在形成中的公益律师及其群体在一系列有关公众的事业中逐渐确立了自己的地位和公众形象。然而，无论在实践中还是在理论上，对公益律师的认识还处于模糊阶段。这不仅因为公益律师的实践行为还处于起始阶段，它应当具有的内涵仍需要以各种可能的方式展开，而且投入到公益事业中的律师也忙于实践、忙于为他人谋福利，而无暇顾及对自身的评价，此外，对一种崇高形象的评论如果不是锦上添花般的溢美之词，就有可能被认为立足于对立面而有损这一形象，但对后者的顾虑并不能阻止人们去了解这一独特领域的特性和发展。本文对公益律师的概念作了初步的探讨，不过这种探讨限于公益法律所采取的方法与其目的之间的理论关联，而没有对正在引起人们广泛关注的公益法律人作出具体的评价。就本文而言，有没有结论或得出什么结论并不重要，提出这一问题以及介入这一问题的相关话语则是有必要的。

一 公益目的与道德困境

在一个明显具有公益属性的活动当中，人们对参与其中的人总是抱有敬意，在这种敬意之下人们的确看到了人间真情和美好的一面。然而，随之而来的对公益人的动机的讨论又使这一问题变得复杂起来。在第二次世界大战期间，美国的战时促销运动吸引了众多的知名人士。如果不搞促销，公债就卖不出去，如何既要实现这一公益目的，又要使对大众的说服不至于成为某些人借以实现自己特定目的的工具？例如，众多的生产厂家在其广告中就是把它们的产品直接界定为胜利、信心或好运的标志：买了牙医的假牙就可以获得胜利的微笑、穿上某种品牌的服装就能给人以勇气，甚至吃了某个牌子的冰激凌也暗示战场上的孩子能够凯旋等等。如果这些借助于某种巨大的公益目的而使自己的利益可以通过某种误导、威胁等方式迅速实现，从而易于

---

① 中国社会科学院法学所副研究员，北京市东方公益法律援助律师事务所主任。

暴露出虚假的目的，即用伪装的公众目的掩盖个人目的，从而使人们对一种戴上公益高帽的活动提高警惕，但是，默顿的问题是："某些类型的由知名人士发起的战时公债促销活动，是否在提高他们作为爱国者的声望方面所起的作用，比在促进公债销售方面所起的作用要大呢？"① 默顿的这个提问并非是一目了然的，甚至很难说一下子让人察觉到这一提问所包含的真问题。我们可以想象，一个以公益为名的人最终被证明用公众所捐助的资金为自己谋福利，那么，公益事业变成了手段，这是不能理解的。然而，即使公债最终没有因为知名人士的参与而推销出去，让这些知名人士增加爱国者的分量难道不也是一种公益性目的活动？也许，这里的问题不是大公益和小公益的关系问题，而是方法和道德的内在关系问题。在纯粹的意义上，公益目的排斥了任何借此同时获取任何有关实现个人利益的可能性，哪怕这种个人利益无损于公共利益。搭便车理论所解决的问题是，在形成公共产品的过程中，如何避免有些人不付出就享受其他人努力所产生的成果？② 但这里产生的问题不是在共同生产公共产品的过程中如何协调每一个参与其中的人的成本——收益的分配问题，而是所形成的公共产品本身对刻意追求它的人来说所具有的工具性能，尽管这一工具性能十分隐蔽。确实，公益活动通常排斥了任何明显或潜在的自私自利的行为和目的，而往往高扬着利他主义的旗帜，但遗憾的是，典型的利他主义实质上最终为自私自利的目的所掌控，哈耶克指出："利他主义者作为一种美德，当然不会预设一个人必须遵循另外一个人的意志。但是，那种极度虚伪的利他主义却表现出这样一种欲求，即力图使其他人为'利他主义者'认为重要的目标效力。"③ 因此，如果不区分出利他主义者所包含的终级价值观并且对这个价值进行必要的限制，利他主义者最终就会变成思想上的暴君而时时统治着人们。公益律师的动机、行为与目的之间的关系同样不能无视这一问题的重要性。

二　律师的技术价值和正义价值

正如人们所看到的那样，公益律师不像法律实证主义者那样宣称自己的

---

① ［美］默顿：《科学社会学》上，鲁旭东等译，商务印书馆 2003 年版，第 119 页。

② 参见［美］奥尔森：《集体行动的逻辑》，陈郁等译，上海三联书店和上海人民出版社 1995 年版。

③ ［英］哈耶克：《法律、立法与自由》，邓正来等译，中国大百科全书出版社 2000 年版，第 88 页。

活动和准则是价值中立的。事实上，公益律师在行动之初以及在行动的整个过程就鲜明地提出了价值目标，不论这些价值目标是什么，总之它们是关涉公益事业的。因此，一开始就宣称为公益目的服务的公益律师必然面临着许多挑战，包括不能回避上面所提到的公益目的的道德困境。不过，公益律师的价值不是外化的东西，公益律师所具有的公益属性源于律师作为一个特定的职业所具有的内在规定性，而不是基于远离这一内在属性的任何人的激情和想象，因此，从一开始就消解公益律师的超现实情绪是有必要的。现在我们从两个维度分析律师的价值。律师的技术价值包括以下几个方面：

1. 引导价值

律师作为法律专业人士，通过其系统专门的知识和经验，依法提供专业知识，指引当事人在法律范围内最大限度地设置和保护自己的合法权益。

2. 规范价值

律师通过其专业知识和经验，保障当事人在行使自己权利的时候不会超过自由和权利的界限，从而避免行为不规范而造成的违法、违约、侵权或其他不法侵害。

3. 制约价值

律师通过法定的或当事人的授权，监督诉讼或刑事案件的诉讼参与人，正确地行使各自的权利（权力），制约参加各方的权力或职责不被滥用，保障程序合法和程序公正。

4. 服务价值

律师在当事人受托范围内，代理当事人从事必要的智力或文字工作，体现了社会分工和专业化对当事人和律师的共同要求和理性表述。

应当清楚的是，不论律师的诉讼或非诉讼业务如何发达，这种现象并不表明律师是一个单纯的"技术工"。我们可以称律师是重视法律操作的人或法律专业人士，但律师不是纯粹的"打官司"的工具或代理文书的"师爷"，作为一种现代化的标示，律师具有维护和保障民权的基本功能。[①] 作为个体的律师，他（她）应当是正确实施法律的人，是富有正义且善良的人，是扶正祛邪的有生力量，是维护法律权威、社会秩序和世界和平的活生生的人，这就是律师的正义价值所具有的力量。

关于律师的正义价值，必须具体分析律师、社会、国家特殊社会主体的

---

①　参见张志铭《当代中国的律师业——以民权为基本尺度》，载夏勇主编：《走向权利的时代——中国公民权利发展研究》（修订版），中国政法大学出版社 2000 年版。

关系，才具有现实可能性。

——律师与社会

中国社会自 20 世纪 80 年代初推行改革开放政策以来，在社会政治、经济、文化等各个方面和各个环节发生了巨大变化，令世人瞩目。社会结构的合理设置和变迁遵从以人为本，关心和注重人的生存和发展，强调人的自主性质和独立性。法律显然不能无视这种社会变迁的发展趋势，力图迎合并极大限度地为之提供一切行之有效的手段。我们可以看到，市场经济的发展必然要求市场主体之间的平等，而平等的市场经济决定着平等的政治、文化、社会生活等各个方面。因此，改革的社会带来了平等的社会。律师在法律和当事人受托范围之内，有义务依法维护和保护人的这种平等关系，即人的财产和利益、人的尊严和品格以及人基于法律所决定的经济关系、政治关系、文化关系、社会生活关系。律师的价值就在于他（她）受托接受了一项当事人的固有权利，这项权利行使的正确与否，直接关系到他（她）的财产、自主与安全。可以想象，在一个日益世俗化且利益分化的现代社会，又有何人愿意随随便便将一项权利委托他人行使？因为从一般意义上讲，当事人的这项权利就是财产和利益的体现、尊严和人格的体现，总之私权的体现。

——律师与国家

律师职业的特殊性、相对自主性和独立性决定了律师应当维护各项合法的权利不受侵害。在一个以国家形式存在的社会中，权利（权力）受到侵害往往来源于不法权利（权力）。以正当的权利（权力）抵制不法权利（权力）的侵害是法律和律师行使救济的主要方式。其中，防止国家、行政权力在运作中违法操作并免于造成相对人利益上的损害，是现代社会法律的主要任务之一。相对于强大的、具有强制力的国家权力而言，公民个人的力量总是弱小的，甚至是微不足道的。但问题的关键是，正如马克思所言："在民主制中，不是人为法律而存在，而是法律为人而存在；在这里人的存在就是法律，而在国家制度的其他形式中，人却是法律规定的存在。"① 如人为法律而存在，人即为法律的手段，则显然是荒谬的。中国现行法律，如《行政诉讼法》、《国家赔偿法》等单行法规以及散置于众多的其他法律中的有关制约国家权力对公民、法人的不法侵害的规定，使国家权力与人的关系的制约与反制约得到基本确立，而具有历史意义的新的刑事诉讼法，从表面上看只是确立了律师提前介入的时间，但实质上也确立了如何防止司法权力

---

① 《马克思恩格斯全集》第 1 卷，人民出版社 1976 年版，第 279 页。

（如侦查权、公诉权、审判权等）任意非法行使的原则，从而使犯罪嫌疑人或被告人得以公平地审讯、公平地公诉、公平地审判等。无疑地，律师在上述一系列国家权力与公民、法人关系的定位中，发挥也必须发挥其代理、辩护的作用，从而防止国家权力对公民的不法侵害，以维护法律的尊严和国家机关的正常运作，保障社会的有序发展。

　　——律师与特殊社会主体

　　在现代社会中，平等的基本要义为同等地被对待，而没有什么差别，也就是讲，在起点上是平等的，但是，一律强调起点上的平等或形式上的平等，将不完全符合社会正义的要求。这是因为社会上一些特殊主体因客观原因永远无法与一般的社会主体达到起点平等或形式上的平等。我们在此同意当代美国著名哲学家约翰·罗尔斯关于实质正义的两个主要原则的论述，第一原则要求平等地分配基本的权利和义务；第二个原则认为社会的经济的不平等只要结果能给每一个人，尤其是那些最少受惠的社会成员带来补偿利益，它们就是正义的。① 律师的职责不仅是要依法维护和帮助一般的社会成员，也是要特别关注和维护那些特殊的社会主体，如残疾、贫困、年老、未成年人等。律师义务但是无偿地帮助特殊的社会主体，不仅体现了律师的职业伦理，也是社会正义的要求，从这个意义上讲，律师所提供的法律援助就具有道德、正义的内在含义。② 法社会学研究也表明，一些特殊社会主体潜在地具有较为低下的社会地位，尽管律师不能消除与社会地位优越者对抗的全部不利因素，但律师的固有的社会地位（特别是有名气的律师）可以在一定程度上提升地位较低一方的社会地位，从而使得司法机构对案件的处理均质化和平等化。③

　　因此，从律师的上述两种价值的划分和所介绍的简单内容看，律师这一职业自身就包含了公益的性质，特别是当律师在发挥其正义价值的时候。不过，律师的技术价值和正义价值不总是同时彰显的。这取决于众多的因素，其中，靠法律而生存的律师和为法律而生存的律师决定了不同律师的价值趋向。

---

　　① 参见［美］罗尔斯：《正义论》，何怀宏等译，中国社会科学出版社 1988 年版，第 2 编第 46 节的有关论述。

　　② 参见贺海仁《价值：律师与案例》，载《法律适用》2001 年第 12 期。

　　③ 参见［美］布莱克：《社会学视野中的司法》，郭星华译，法律出版社 2002 年版，第 10—11 页。

三　为法律而生存的律师

庞德在论述现代法律的起源时指出："法律始于交易传统、案件的判决以及争议当事人的咨询工作变成一种世俗化的事物并且转由专门职业群体所负责之际。"① 专门的法律职业群体既包括法学家、法律教师等创造和传播法律知识的群体，也包括法官、律师等将法律材料富有技巧地运用于具体案件的法律实践者，这些法律人（也许还可以包括其他一些专门从事法律工作的人）只因为对法律的解释和适用而组成一个共同体。然而，正像韦伯对政治人所做的区分一样②，法律人在内部也可以分为"靠法律而生存的人"和"为法律而生存的人"。

靠法律而生存的人，是将法律作为固定收入来源的人，靠它吃饭，否则就要改行或挨饿。任何一种职业的产生都源于对一种社会需求的回应和满足，当这种社会需求不是转瞬即逝而是长久存在时，为满足这种需要所产生的职业上的分工便产生了。不过，如果没有相关职业人的迅速跟进和维护，仍然谈不上对某种社会需求的满足。幸运的是，在一种社会需求还如同早春酝酿灿烂之初，几乎同时出现的职业嗅觉便也产生了。道理其实不难理解，人的生存需要是一切其他需要的前提，这已被马斯洛反复强调。靠法律为业的人，选择了法律的职业，并且孜孜不倦地把法律作为谋生和发展的工具，即把法律当成了专门的手艺和技术，就这一点而言，法律人与其他手艺人一样具有相同的性质。③ 不过，靠法律为业的法律人毕竟与铁匠打铁、庖丁解牛是有区别的。这与法律的公共性品质有关。在通常情况下，法律的特定目

① ［美］庞德：《法理学》第一卷，邓正来译，中国政法大学出版社2004年版，第29页。

② 参见［德］韦伯《学术与政治》，冯克利译，三联书店1998年版。并参见贺海仁《法律援助：政府责任与律师义务》，载《环球法律评论》2005年第6期。

③ 固然，手艺好的工匠可以大致上衣食无忧，甚至可以过上小康或富裕的生活，然而，法律人的生活却不是完全可以靠手艺的水准来衡量的。那些就职于中国中西部的某些法官有时面临着工资不能按时供给的局面，而2005年北京市党政机关一体化的工资改革方案使平均收入原本高于其他政府职业的法官收入降了下来，以致立即使一些人的生活水平发生了变化，如果把这些状况与美国等发达国家的法官的高收入相比，无疑产生了巨大的反差。同样地，已经走向市场化道路的中国律师业，因地区、城乡和市场发育程度不同而产生的律师收入之间的差距也是尽人皆知的，而这里面，对一些欠发达地区的律师而言也同样存在着实现温饱的问题。凡此种种均表明了，靠法律为职业仍然面临着职业对生存所造成的压力。不过，法官辞职当律师，一方面有解决温饱的动机，但是，寻求致富的动机却是十分显而易见的。为此，靠法律职业致富主要成为了合伙律师的一个方向，但这样的话题不适合同样是法律人的法官、检察官。

的并不排斥法律被公开，甚至这种特定目的恰恰需要它所治理的人应当知晓法律，然而，法律应当被它所治理的人所了解和掌握与事实上难以被人了解和掌握始终是一个矛盾，而这与法律是否正式公布没有直接的关系。① 此外，如果法律知识只是在一个相对封闭的共同体内被储存、复制和欣赏，而不是走向生活和实践，法律知识就不必有价值，然而，特定时空的法律知识必定要被有增强趋势的需求所推动，而它自身也会成为商品并且带有商品的内在属性。尽管说出售法律是荒谬的，但出售法律带来的副产品，即任何可现的法律知识形式——法律咨询、法律书写、法律讲稿、法律书籍等却是有可能的。法律知识的商品属性决定于等价交换规律，此规律同样在法律实践领域中发挥作用。因此，法律不仅造就了一个可以谋生的职业，也为借以谋生的人创造了垄断法律知识的权力。法律职业对法律知识的垄断以及资格认定的严格性质决定了具备这些条件的人易于在利益交易时处于优势地位，而交易的一方一开始就处于不利的谈判地位，这一矛盾其实是由下列内在的紧张关系决定的：法律知识的公共性与对这一公共性品质的法律知识的垄断，这种关系的性质应当引起我们高度的警惕和足够的重视。

与靠法律而生存的人不同，为法律而生存的人则是把法律视为一种事业并且为之献身的人。韦伯曾经大致描述过为政治而生存的人的特点，即他从内心将政治作为生命，他或者因为权力而得到享受，或者因为他意识到服务于一项事业而使生命具有意义，从而滋生出一种内心的平衡和自我感觉。② 这个定义的模糊性是显而易见的，而且仅从行为人的内心的意义上寻找快感是缺乏稳固的基础。不过，把法律当作人生的目的，而不是当作谋生或发家致富的手段，的确产生了丰富的想象力和解释空间。富勒曾经把法治解释为一项人们"服从规则的事业"，按照他的解释，这一定义可以诉诸法律的内在道德而为为之献身的人带来"一种托管人责任感和精湛技艺所带来的自豪感"。③

---

① 富勒曾经批评那种试图通过教育使每一位公民都能够充分理解可能会适用到他头上的每一部法律的全部含义的做法是十分愚蠢的，参见［美］富勒《法律的道德性》，郑戈译，商务印书馆2005年版，第59—62页。与此相关的论据是，一项实证调查显示，一个对美国心理医生的职业有重大影响的法律却很少被医生所正确理解，另外一些人对被问到法律所选择的有限正确答案更具有蒙和猜的性质，参见［美］埃里克森《无需法律的秩序——邻人如何解决纠纷》，苏力译，中国政法大学出版社2003年版，第175—177页。

② 参见［德］韦伯《学术与政治》，冯克利译，三联书店1998年版。

③ ［美］富勒：《法律的道德性》，郑戈译，商务印书馆2005年版，第52页。

就提升人的道德品质，发挥人的善的潜能，培育人做自由和负责的主体意义而言，为法律而生存的人并不必一定以法律为职业。然而，作为法律共同体的组成部分，职业群体的内在道德既保障了群体内的团结，也使一种社会中的有机团结成为可能，这也是涂尔干在《社会分工论》中所揭示和不断提示我们的一个观点，即分工产生了团结，而不是人们想象的分裂，不仅如此，"分工也产生了各种规范，可以保证相互分化的各种功能进行稳定和正常的协作"。① 我们看到，对职业本分的要求如同对人之本分的要求并没有随着时代的巨变而完全消失殆尽，不仅如此，职业分工所产生的相互依赖性为一个尽管抽象却可以感知到的人类的集体空间提供了客观真实的基础，那种表面上看是一个特定职业的分外之事却逐渐被内化为分内之事，当然，这种情况不是在所有职业当中都是普遍的显而易见的。但是，公益律师在最大限度地张扬律师的正义价值，倘若同时也不失去其精湛的技术价值的时候，就淡化了法律职业本来可以分离的分内之事和分外之事的界限，从而使一种为法律而生存的事业成为可能。

四　在法制框架内的权利斗争

公益律师不同于一般意义上的职业律师（后者也被称为社会律师、商业律师等等），也与公益法律组织中的众多的志愿者区别开来。大致说来，公益律师是在律师事务所执业并提供公益法律服务的职业人士。由于身份的法定资格特性，被称为律师的人不仅具备了法学教育专门训练，而且取得了特定资格的合格认证以及开展职业所必需的程序要件。这对于公益律师也不例外，不论是全职的公益律师还是兼职的公益律师，他们都应当具备被称为律师的一般素质并受到同等的规则约束。因此，为公益的目的而向社会提供法律服务的公益律师首先应当是遵守法律并且服从法律的人群，在这个前提下，公益律师开展了一系列有益于公益事业的斗争。

公益诉讼和公益上书在成为公益律师借以实现公益目的的主要方法（而不是全部的方法），尽管它们所遵循的具体程序有所不同，但总体上是为一项说理的事业而斗争。就公益诉讼而言，人们走向法院——而不是走向大街或走入山林——这一独特公共领域，使一种有关公众的纠纷或争议在程序法则的引导下，为公众并向公众展示了什么是合理的、什么是不合理的，

---

① ［法］涂尔干：《社会分工论》，渠东译，三联书店 2000 年版，第 364 页。

什么是正当的、什么是不正当的，什么是高尚的、什么是卑鄙的，总之，什么是正义的、什么是非正义的命题，并在此过程中接受来自公众的目视、讨论、质疑或评价。在这个意义上，最有可能的是，不是法官而是公众成为公益诉讼案件的最终裁决者。在和谐社会的大历史背景下，以非暴力的手段解决社会冲突和社会矛盾，已经成为饱受战争、各种形式的动乱之苦的社会的理性诉求，公益诉讼提供了人们同权力和资本进行斗争的典范，开辟了与民主政治相辅相成但独具特色的公众发言的场域，而这与时代所倡导的主流声音并非是背道而驰的。与此同时，公益上书所具有的公益游说性质也是在一个良好的宪法原则下指引的法制框架下的斗争行为，它所指向的对象已经不再是单纯的个体侵害行为，而是危及宪法原则并借助立法之名形成和维护的地方利益、部门利益及其他小团体的利益。我们看到，即使在社会发展的关键时期，合法性也没有失去它作为个体和集体行动出发点的品质，这已经或多或少地成为人们的一般共识，但仅仅借助于立法形式所产生的合法性标志并不能掩盖有损公众利益的潜在动机，因此，在任何时候，人们对恶法的斗争都没有停止过。当然，对这种集体的非法行为并不导致与之对抗的非法的集体行为，以恶治恶所产生的后果不是制止了恶，而是扩大了恶，同样地，以违法行为对抗违法行为必然是扩大了违法行为的领域，在其中，人们互为受害者而无从救济。

在《经由法律的正义》一文中，何怀宏先生高度评价了美国著名公益律师丹诺投身于公益事业的壮举，为此他总结道："经由法律的这些斗争乍看起来只是为个别企业的工人，乃至个别人的斗争，但却帮助塑造了一种社会气氛和推动了制度的改善；这些斗争乍看起来也是缓慢的、点滴的，但最后汇聚起来的成果却相当可观且基础牢固——因为它是建立在法律的基础上。它也帮助塑造了一种尊重法律的气氛。人们越是对法律有信心，越是主要通过法律进行斗争并致力于法律的改造，这法律也就越是有可能有效地保障他们自己。"[1] 如果说法律面前人人平等是现代法治国家的牢不可破的重要原则，那么，任何人都平等地服从法律就是这一原则的题中应有之意。它意味着对任何不平之事的发起，不是那种江湖义气般快意恩仇，也不是拍案而起的个人英雄主义，而是服从规则的不倦事业；它意味着一种理性的纠纷解决机制展现于公众面前，也就是说，不是血的逻辑而是话语的逻辑成为力量性逻辑，为此出现了一个真正的公共领域，用让-皮埃尔·韦尔南总结希

① 何怀宏：《经由法律的正义》，载《读书》2005 年第 12 期。

腊城邦的精神世界的话，就是话语不再是宗教仪式中的警句格言，而是针锋相对的讨论、争论、辩论。它要求说话者像面对法官一样面对听众，最后由听众以举手表决的方式在辩论双方提出的论点之间作出选择。这是一种真正由人作出的选择，它对双方话语的说服力作出评估，确认演说中的一方对另一方的胜利。知识、价值和思想技巧在变为公共文化的组成部分的同时，也被带到公共广场上去接受公众的批评和争议，它们的公开化带来了各种各样的注解、阐释、反对意见和激烈争论。① 在一个缺乏服从规则，特别是法律规则的社会中，对公共利益的维护往往成为强者加仁慈者的事业，或者，如上面所提示到的，成为江湖侠客的英雄壮举，这种事业或壮举都可能导致一种破坏规则的后果。正如依靠人治的手段实现法治，其结果仍然是人治，在破坏规则中建立规则固然有维新的使命，却往往使维新的成果处于风雨飘摇的状态之中。

五　结语

以上我们把公益律师界定为在法制框架内为法律而生存的人，但并不意味着其他类型的为法律而生存的人就不具备从事公益法事业。此外，对公益律师的上述定义也没有使下列两组关系发生断裂，即靠法律而生存的人与律师的技术价值、为法律而生存的人与律师的正义价值，事实上，它们相互之间所表达的内涵更具有互补性和某种程度上的一致性。公益律师是一个分析性概念，以它为视角所展开的一系列命题才刚刚开始，其中，不可避免地涉及公益律师群体及其在历史进程中的角色和定位。我们相信，只有把握好公益律师的边界，不论是方法边界还是道德边界，就会为一种可能的理论模型，即为一种天下法的理论和实践提供条件。最后，我愿意用余英时在《士与中国文化》一书自序中关于公共知识人的定义作为结语："这种特殊含义的知识人首先必须是以某种知识技能为专业的人；他可以是教师、新闻工作者、律师、艺术家、文学家、工程师、科学家或任何其他行业的脑力劳动者。但是如果他的兴趣始终限于职业范围之内，那么他仍然没有具备知识人的充足条件。根据西方学术界的一般理解，所谓'知识人'，除了献身于专业工作外，同时还必须深切地关怀着国家、社会以至世界上一切有关公共利害之事，而且这种关怀又必须是超越于个人的私利之上的。"诚哉斯言。

---

① 参见［法］让-皮埃尔·韦尔南《希腊思想的起源》，秦海鹰译，三联书店 1996 年版。

法律人的使命：通过行动实现法治

吴　革[①]

一

法律存在于何处呢？是立法机关所制定并颁布实施的那些法律文本吗？是司法机关所作出的判决或者那些司法解释吗？如果立法机关颁布的"法律"就是法律，那么法律是立法机关宣布了的还是它所发现的东西呢？如果是前者，那么是否意味着只有它宣布的才称之为法，是否恶法亦法？

改革开放三十年不仅创造了中国经济发展的奇迹，也造就了中国近代以来最好的变法图强时期。所谓变法，更多的是学习借鉴他国的法律制度。短短三十年，中国就已初步形成了有特色的社会主义法律体系。有人称这是一个法律移植时代。回顾一下这个时代，我们发现移植的不仅仅是法律文本，而且还包含法律思想、司法体制、法律文化等等。我们移植的对象不仅来自制定法国家，而且也来自判例法国家；不仅来自有着古老法律传统的国家，也来自那些移植别国法律较为成功的年轻国家或地区。

但与此同时，中国本土的法制传统和法律资源并没有退出现实生活，仍然在不同层面发挥着影响，甚至起着实质性的作用。"法律秩序的建立不能单靠制定若干法律条文和设立若干法庭，重要的还得看人民怎样去适用这些设备。更进一步讲，在社会结构和思想观念上还得先有一番改革，单把法律和法庭推行下乡，结果法治秩序的好处未得，而破坏礼治秩序的弊端却已先发生了。"[②] 即使传统的法律资源不足，国家改革开放迅猛发展的形势也仍然需要法律及时给予回应，其创新成果需要法律给予保障，暴露的问题需要法律给予解答，呈现的矛盾需要法律给予化解。我们在充分肯定法律理论工作者参与立法成绩的同时，应该反思一下又有多少法律理论和立法技术是我们自己的原创，是我们自己的贡献？我将这些年的立法过程称为法律移植时代。我并不反对立法移植，移植也许是一个必须的过程，但是移植本身并不

---

① 北京市中闻律师事务所主任。

② 费孝通：《乡土中国　生育制度》，北京大学出版社 1998 年版，第 58 页。

是根本的目的。我们这个时代不仅需要少数法学精英以立法为主要模式自上而下地参与，也需要普通大众和法律职业群体通过关注个案公正的制度价值对法治进行自下而上的参与。

二

中国法治的道路何在？有观点认为，"立法文本＋司法机构"所形成的系统就是法治，至少能够自动生成法治。有人认为，冤假错案的发生正是因为立法和司法系统未完善之故，而防止冤假错案发生的办法仍然是完善立法和加强执法。或许在他们看来，冤假错案其实是无所谓的，至少是瑕不掩瑜的，法制的成果就在于法律文本的完备和司法机构的强大高效。

然而，是否如某些法学家、法律家告诉我们的那样，"立法文本＋司法机构"所形成的系统就会生成出中国的法治来呢？多年的法律职业生涯让我对此深表怀疑！立法，法律移植不会自动生长出法治。单纯依靠自上而下的法律改革、司法改革也很难生长出法治。法治的实现需要斗争，正是斗争的过程产生法治，产生出法治文化和法治精神。当然，这里的"斗争"是耶林意义上的"为权利而斗争"，而非中国传统意义上的"为权力而斗争"。经济活动、社会生活，乃至公民维权行为的政治化，是中国传统社会的特征，但我们要突破传统，就必须将政治问题、经济问题、社会问题法律化，将公民具体权利诉讼化，这种法律化和诉讼化就是中国的法治化过程。我们并不需要沉默或者诉诸暴力，而是需要通过法治达成社会和谐，通过法治的建构，达成人与人之间的尊重。立法需要斗争，需要争论，需要不同利益的表达，个案公正的实现也需要斗争。个案公正可以体现立法的制度价值，通过对个案公正的追求，也可以发现个案背后的制度价值。公民为实现个案公正的斗争过程和结果，也需要国家参与和承认，如果国家能够承认司法发现的个案的制度价值，那么也是对人们发现和创造的法治成果的一种极大肯定。

有法可依是一件好事，但那些写在纸上的法律的实际运行效果如何呢？这就需要一个个的个案来验证。影响性诉讼的制度价值就在于它能够通过个案促进法治。我们应该承认，这么多年大规模的立法运动为我们提供了必要的法律文本，也让我们初步建成了有一定中国特点的法律体系。如果说这个时代是一个法律移植的时代，在法律移植时代之后，是开始通过个案测试法律的时候了。这些年兴起的公益诉讼、影响性诉讼，就是通过个案来激活写在纸上的法律。但是，这种激活不是一个简简单单的过程，它不仅仅是追求个案公正的过程，也是追求中国特色的法治的过程，是法律的一个创新过程。

影响性诉讼研究不是开专科诊所，而是一种中西医结合治疗的方案。"法律是一个带有许多大厅、房间、凹角、拐角的大厦，在同一时间里想用一盏探照灯照亮每一间房间、凹角和拐角是极为困难的，尤其是当技术知识和经验受到局限的情况下，照明系统不适当或至少不完备时，情形就更是如此了。"① "人类的历史经验告诉我们，不可能根据任何单一的绝对的因素或原因去解释法律制度。若干社会的、心理的、历史的和文化的因素，以及若干价值判断影响着和决定着立法和司法。"② 一个刑事案件之所以会产生重大社会影响，它已经不单单是刑法学者的研究对象了。如果我们能够抛开部门法的成见，运用综合法学的研究方法，甚至是其他学科的方法，将其作为一个影响社会变迁的法律公共事件来研究，那么我们就更能够有机会感受时代的脉动，追随时代的足音。

三

法条和法院不会自动产生正义，除非有人去追求它。而其中最直接、最关键的力量就是要有一批足以担此重任的法律人。

在走向法治的社会转型时期，除了文本的、制度的、学术的和司法机构设置层面的建设之外，新兴的日益壮大的法律职业群体的培养也至关重要。那些操纵法律的人，应当是一些什么样的人？他们应该具有什么样的精神品格？他们与中国的其他职业群体有什么区别？与从前的法律从业者有何异同？与国外的法律职业群体相比有何差异？法律人应如何树立符合法治的职业精神？

法律职业与其他职业区别不仅仅在于法律技术本身，也不仅仅在于具备诸如严谨、道德和品行等一般职业都需要具备的那些素质。法律人不是法律的工具，而应当是法律的灵魂，是法治进步和法律完善的探索者。法律职业

---

① ［美］埃德加·博登海默：《法理学：法律哲学与法律方法》，邓正来译，中国政法大学出版社 1999 年版，第 198 页。

② ［美］埃德加·博登海默：《法理学法哲学及其方法》，邓正来、姬敬武译，华夏出版社 1987 年版，第 200 页。

是世俗社会的维护力量，是理想社会的建设力量。

法官、检察官、律师参与的许多个案都具有超越个案价值的潜力。从寻求个案公正到追求个案的制度价值，是对法律职业价值的提升；从对个案的关注，到积极主动地对法律职业的社会责任的关怀，是法律职业价值的一种升华。正是在对个案公正及其制度价值的追求中，法律职业的血肉和精神开始变得丰满健硕。

我认为，作为法律人应当具备的法律职业精神气质包括：坚守法律职业者的独立性；不懈追求公平正义；维护专业性；对社会抱有深厚的人文关怀；具备同情心和公益心；具备执著的精神；奉行程序正义和非暴力精神；坚持广泛地社会参与；坚持世俗性和法治的渐进性，等等。

四

法律职业承担社会责任的方式并不仅仅限于参与司法的个案并通过这些个案维护法治，上书、游说、参与立法等也都是法律职业可以努力拓展的行动方向。

上书是历来中国士大夫参政议政关心国家社稷的传统路径。士大夫之所以甘愿抛头颅、洒热血为君主为社稷虑者，尽管也反映了他们的主体自觉，但终归难以摆脱臣民的思维。目前方兴未艾的公益上书活动在一定程度上仍然还难以摆脱这种性质，其根本的原因就在于，目前的上书并不能自动启动对规范性法律文件合法性审查的程序，在很大程度上仍然要依赖于长官的意志。即使上书引发了立法或司法程序的启动，那也是巧合或因舆论压力所致，而不是制度发挥作用的结果。然而，在新的时代下，上书也开始发挥古代所不能发挥的作用。目前的上书尽管难以自动启动合法性审查的程序，但这种行动却可以为媒体提供报道的题材，可以通过媒体诱发舆情，从而间接地触动决策者有所作为。从这个意义上说，将上书作为一种"公益游说"或许是非常恰当的。

上书是通过并不那么有效的法律行动游说立法者，而提出议案或者提出法律建议则是两种更为直接参与立法的方式。尽管法律职业者的人数有限，但仍然可以通过目前的人民代表大会机制提出某些法律议案；作为深谙法律问题的专家，法律职业者完全有能力做一个立法者，因此每当有重要的法律需要修改，法律职业者也都可以提出自己的法律建议稿。目前律师协会对《律师法》和《刑事诉讼法》修改活动的参与就是一个很好的证明。

　　不管法律职业者采用什么样的形式参与法治的建设过程，他们努力的方向都是为了建立一个能够为民众遮风挡雨的法律体系，都是为了要让已经制定的法律能够切实运行起来。改革开放以来法律职业者的经历告诉我们，法律职业者们再也不能仅仅被动地接受那些华丽美好的规范性结构了，他们现在更需真切关注行动中的法律（law in action），更需要通过个案维护制度价值，通过参与立法塑造正义的具有可操作性的法律。总而言之，为了法治，法律职业者现在需要的是行动，积极的行动。

　　（该文原载于《公益诉讼》（第二辑），中国检察出版社 2006 年版）

公益性组织在行政公益诉讼中的作用

张明杰①

一 公益组织与行政公益诉讼

（一）行政公益诉讼与公益组织

行政公益诉讼是指涉及公共利益的行政诉讼。由于公益诉讼涉及的是公共利益，而且个人在诉讼中承担相关诉讼负担的能力有限，个人提起公益诉讼的积极性相对较弱，而组织，特别是公益性组织对于推动公益诉讼具有重要的意义。

公益性组织是以促进和保护公共利益为宗旨的非营利性组织，例如消费者协会、残疾人协会、少年儿童保护组织、动物保护组织以及公益性的律师事务所。由于公益性组织是以推动和保护公共利益为目的，因此它们对相关公共利益更为关注，是行政公益诉讼的积极推动者。

（二）公益组织对公益诉讼的意义

公益组织对行政公益诉讼的意义是与行政公益诉讼的特点联系在一起的。行政公益诉讼具有三个特点：其一，原告与被诉的行政行为并不以有利害关系为限。在公益行政诉讼中，原告与被诉的行政行为可能没有直接或者间接的利害关系，原告是以公共利益的代表而提起诉讼。其二，被诉的对象是行政行为。包括抽象的行政行为和具体的行政行为。因为抽象的行政行为是针对不特定的人反复适用的一般性的规则，所以，抽象的行政行为更有可能威胁或者损害公共利益而成为行政公益诉讼的对象。其三，被诉的行政行为损害或者威胁到的是公共利益。因为损害公共利益或者对公共利益造成威胁的行政行为，常常没有具体的直接利害关系人。因此，在这样的情况下，就可能出现没人诉的现象。由于行政公益诉讼的对象是行政行为，诉讼指向政府。因此，即使有些人意识到行政行为对公共利益有损害或威胁，也不愿

意与拥有强大的行政权的政府"讨说法"。即便有些人想为公共利益而提出行政公益诉讼，也因诉讼所发生的费用及时间的投入非常人所能承担而退缩。而公益性组织的积极参与就能在相当程度上改变没人诉、不敢诉和没有能力诉的问题。特别是公益律师事务所作为以维护公共利益为宗旨的非营利性律师事务所，以解决涉及公共利益法律问题为其主要的业务，因此，在行政公益诉讼中具有重要意义。

二　公益组织在公益行政诉讼中的作用

公益性组织在行政公益诉讼中的作用主要表现为三种形式，即行政公益诉讼的代理人、支持起诉、直接作为原告提起行政公益诉讼。在此时以公益律师事务所为例，分析公益组织在行政公益诉讼中的作用。

公益律师事务所在接受与行政行为有利害关系的人的委托的情况下，可以以权利受到行政行为侵害的个人和组织的代理人身份参与行政公益诉讼。从形式上看，这与非公益律师事务所在一般的行政诉讼案件中作为原告的代理人参与诉讼是没有区别的，但两者的本质区别是诉讼的目的不同。在行政公益诉讼中，诉讼的目的是为了维护公共利益，而在一般的行政诉讼中诉讼的目的是个体的利益。

支持起诉是帮助、鼓励具有公共利益因素的行政争议中的个人和组织提起行政诉讼。公益律师事务所提供的帮助包括物质上的帮助和法律上的帮助，但是不能代为行使诉权。支持起诉只能以法律上的援助或者道义上的支持为手段，并不享有诉讼上的权利和义务。

作为原告直接提起行政公益诉讼是公益律师事务所参与行政公益诉讼的重要形式。公益律师事务所作为原告直接提起行政公益诉讼的前提是公益律师事务所对与其没有利害关系的行政行为享有原告资格。所谓原告资格是指什么人有权提起行政诉讼，请求法院对有关的行政行为进行审查。设置原告资格的目的是为了防止滥诉，保障行政机关的工作效率，节约有限的司法资源。世界各国行政诉讼原告资格理论的发展经历了三个阶段：一是直接的行政相对人诉讼。这是行政诉讼法最基本的原告资格限制，多是在刚刚建立行政诉讼制度的初期所采用。这样规定原告的范围最窄，公益律师事务所不可能以公共利益的代表而提起行政公益诉讼。二是利益影响人诉讼。据此，除了行政行为的相对人之外，其利益受到了行政行为影响的人也可以提出行政诉讼，也就是与行政行为有间接利害关系的人，也享有原告资格。三是民众诉讼。原告可以作为公共利益的代表而提起诉讼。行政诉讼的原告资格的不断拓宽，是保护的利益范围的不断扩大，使行政诉讼对个体利益的保护扩大到对公共利益的保护。利益影响人诉讼和民众诉讼为行政公益诉讼奠定了基础。公益律师事务所以原告身份起诉的行政行为一般包括：抽象行政行为、行政不作为、公益性行政行为、非法授益行为等。

三　建立和发展我国行政公益诉讼制度

目前，我国的行政公益诉讼还处于起步阶段，偶见涉及公益的行政诉讼，其结果也多不尽如人意。建立和发展我国的行政公益诉讼制度还需进行深入的理论研究和实践的探索：一是要进行必要的宣传和教育，在全社会范围内提高对公共利益的认识，对公共利益与个体利益的关系以及公益行政诉讼对保护公共利益和个体利益的认识；二是拓宽原告资格，不应当苛求原告与被诉的行政行为有直接的利害关系；三是拓宽受案范围，例如，将抽象行政行为纳入到行政诉讼的范围。

中国公益法律服务的网络化[①]

——北京青少年法律援助与研究中心调查

谢海定[②]

公益法律服务在中国的兴起

公益法律服务是以维护公共利益为旨向而提供非营利性法律服务的活动。所谓公共利益，是一个历史语境化的概念，即不同社会在不同时期所认识到并被作为共同价值予以尊重和维护的愿望、要求、需要。"公共利益"之"公共"，并非指示利益之主体，而是强调特定利益具有超越于特定主体的公共属性，因而它既可能现实地表现为个人利益，也可能表现为群体利益。一种利益，无论现实地表现为个人利益还是群体利益，是否具有超越于特定主体的公共属性，通常与该社会的主流价值观念以及对与该利益相关的特定事项的认知状况相关。例如，儿童参与与儿童相关之政策法律的制定的愿望，只有在该社会把儿童作为与成人一样的平等主体并尊重儿童的愿望表达之前提下，才可能被视为具有公共性的事项。所谓非营利性，主要是与商业性相对而言的，即此种法律服务的提供不为谋取利润，其各类收入除保障法律服务工作运转（包括专职工作人员的正常工资、保险等）所需外，不在服务提供者之间进行分配，通常只用于公益法律服务或者其他相关公益活动的拓展。"公益法律服务"之"公益"，既体现在对公共利益的维护方面，也体现在法律服务的非营利性方面。

当代社会，以平等、自由、和谐、公正等价值观为基础，涉及公民权利、公民自由、儿童保护、性别平等、消费者权利、农民权利、环境保护、公共健康、公共安全等范围广泛的事项，常都被视为与公共利益相关。从法律服务的实际操作角度，这些范围广泛的公共利益事项需要提供公益法律服

---

① 本文是"中国公益法律服务组织调研"项目的初期成果之一。本次调研的准备工作始于2005 年 7 月，正式调研于 12 月 21 日开展。中国社会科学院法学研究所法律硕士研究生许琳、车英剑同学参加了本次调研活动，记录、整理了调研资料。北京青少年法律援助与研究中心主任佟丽华律师、副主任张雪梅律师及时福贸律师，为调研活动提供了大力支持。在此，谨对这些尊敬的先生、女士们表达诚挚的感谢。

② 中国社会科学院法学研究所副研究员，法学博士。

务予以维护的，多为下述几种类型：（A）现实案件中应予保护的公共利益被现行法律制度所忽视，法律制度上存在公共利益盲点；（B）与现实案件相关的现行法律制度的特别规定，可能违背了维护公共利益的价值取向，甚至构成对特定方面公共利益的侵害；（C）现行法律予以维护的公共利益在现实中受损，需要依法捍卫；（D）案件中受损公共利益涉及的具体当事人无力承担商业法律服务所需要的费用。其中，为 A、B 提供的公益法律服务主要是公益游说或公益上书①，为 C 提供的公益法律服务主要是公益诉讼②，为 D 提供的公益法律服务主要是公益法律援助。③ 也就是说，公益上书、公益诉讼和公益法律援助都是公益法律服务的特定类型，三者都是在现行法律制度框架内进行操作的。不过，公益上书针对的是现行法律制度本身存在的问题，公益诉讼和公益法律援助则是针对现实中因违法所造成的公益受损案件。在公益诉讼和公益法律援助之间，前者侧重的是所提供法律服务的"诉讼"形式，后者则强调对涉案当事人以"减、免费"方式提供的"援助"，二者侧重点不同，在范围上存在交叉重叠的部分。

就我国情况来说，上述几种类型的公益法律服务活动均以不同形式在历史上存在过。但整体而言，公益法律服务活动规模化的开展则始自 20 世纪 90 年代。

20 世纪 90 年代前，公益法律服务主要由法律知识拥有者以个人身份零星地提供，如律师、法学家等。这种状况随着 1991 年底武汉大学社会弱者权利保护中心的设立而开始有所改变。④ 作为改革开放以来国内最早设立的公益法律服务组织，该中心以维护妇女、老人、未成年人、残疾人等社会弱势群体

---

① 关于"公益游说"、"公益上书"，参见朱晓飞《公益游说概念》，黄金荣：《一场方兴未艾的法律运动——对当代中国公益法实践的观察与评论》，载北京市东方公益法律援助律师事务所编：《公益诉讼》第一辑，中国检察出版社 2006 年版。

② 一般来说，公益诉讼是指以公共利益为标的或者以维护公共利益为目的的诉讼，其既可以由案件当事人自己提起，也可以由国家机关、社会团体提起。此处从公益法律服务角度所说的公益诉讼，则主要是指公益法律组织为维护公共利益以自己名义提起的诉讼以及基于维护公共利益之目的向此类案件当事人提供法律服务的诉讼。

③ 从概念上说，法律援助与公益法律援助有着外延大小的区别。法律援助概念强调的是"援助"，即提供减、免收费的法律服务，其并不以"维护公共利益"为目的。当法律援助案件涉及的利益具有公共性，而且提供援助行动以这种外溢的公共性为追求目标之一时，该法律援助案件就属于公益法律援助。

④ 从 1991 年底设立到 2001 年正式获得注册的十年时间里，该中心主要以武汉大学的内部机构身份存在，不过，这并未影响该组织法律服务的提供。关于武汉大学社会弱者权利保护中心的具体情况，我们将在另一个调研报告中给予描述。

的权利为旨向，向这些群体提供法律援助服务。这就开启了我国法律援助的专门化、组织化、规模化的发展之路。此后，以维护妇女权益为旨向的首家城、乡民间法律援助机构——北京大学妇女法律服务与研究中心和迁西县妇女法律服务中心于1995年底成立①，以维护青少年权利为旨向的首家民间法律援助机构——北京市青少年法律援助与研究中心于1999年成立，以"公益法律援助"冠名的首家律师事务所——北京市东方公益法律援助律师事务所于2003年成立。公益法律服务的组织化、规模化在民间日益繁荣起来。

20世纪90年代初期、中期，公益法律服务主要表现为法律援助的提供，其主体是政府法律援助机构和为数不多的民间公益法律组织。法律援助包括但不限于公益法律援助，公益法律援助与公益诉讼也存在着逻辑上的交叉重叠。也就是说，在90年代初期和中期，公益诉讼在实践中应该已经广泛存在。不过，由于公益诉讼概念最近几年才开始在我国逐渐流行，早期的公益诉讼实践仍然多以法律援助的名义开展。② "公益上书"语词常被使用者赋予与"合法性审查建议权"相关的含义，而"合法性审查建议权"在法律上的明确规定则始自2000年的《立法法》，因而此类公益法律服务主要应该是2000年以后才出现的。从研究者搜集的资料看，2003年开始，公益上书已经开始有规模化发展的趋向。③

公益法律服务在20世纪90年代的规模化发展，有着多方面的背景。首先，1980年我国律师制度恢复后，随着法律服务业的发展和律师制度的完善，在正式的国家制度方面，律师逐渐从"国家的法律工作者"变为"法律服务社会工作者"，④ 这为律师活动的开展扩大了许多自由空间。其次，

① 关于迁西县妇女法律服务中心的情况，参阅谢海定《公益法律组织与农村公民社会——迁西县妇女法律中心调查》，载北京市东方公益法律援助律师事务所编：《公益诉讼》第一辑，中国检察出版社2006年版。

② 黄金荣博士认为，"我国的公益诉讼肇始于20世纪90年代中后期，但真正达到规模化程度则是在进入新世纪以后"。关于公益诉讼的发展情况及诸多案例，参见黄金荣《一场方兴未艾的法律运动——对当代中国公益法实践的观察与评论》，载北京市东方公益法律援助律师事务所编：《公益诉讼》第一辑，中国检察出版社2006年版。

③ 参见黄金荣《一场方兴未艾的法律运动——对当代中国公益法实践的观察与评论》，载北京市东方公益法律援助律师事务所编：《公益诉讼》第一辑，中国检察出版社2006年版。

④ 1980年的《律师暂行条例》规定，"律师是国家的法律工作者"，"律师执行职务的工作机构是法律顾问处。法律顾问处是事业单位。受国家司法行政机关的组织领导和业务监督"。而到20世纪80年代末期及90年代，律师执业机构开始出现合作制、合伙制律师事务所。1997年的《律师法》则明确规定："本法所称的律师，是指依法取得律师执业证书，为社会提供法律服务的执业人员。"

法律援助制度在 90 年代中后期的建立，直接推动了公益法律服务的规模化发展。1994 年初，司法部长肖扬在一份关于律师工作的材料上提出建立法律援助制度的设想，此后，该设想以政府法律援助系统的设立和法律援助立法两方面得到体现。① 政府提供法律援助的制度化一方面直接诞生了数量庞大的政府法律援助机构，② 另一方面也推动了民间公益法律组织的发展，为民间公益法律组织的设立、运作赋予了合法性。再次，正如法律援助制度创始者所意识到的，"实施法律援助既是为改革开放和社会主义市场经济的深入发展创造社会稳定条件的客观要求，又是健全完善社会主义法制的实际需要"，建立法律援助制度"目的是要解决在改革开放不断深化的形势下，公民之间由于贫富悬殊而存在的获得法律服务权利不平等的问题"，"是一个关系到法律和国家本质的政治问题、原则问题"，③ 公益法律服务的规模化发展是国家整体改革发展到特定阶段的产物。最后，对国际社会法治、公民社会的理论与实践的了解，以及国际社会为我国民间公益法律服务组织提供的资金支持，也是一个重要的因素。④

以此简要描述为背景，本文关心的宏观问题是，在我国公益法律服务已经逐渐规模化发展起来之后，其进一步发展的潜力和方式是什么？在那些曾经对公益法律服务规模化发展发挥着重要推动作用的因素中，哪些因素将可能继续稳定地发挥作用，哪些因素却是不稳定的？从公益法律服务的发展现状中能否发掘出推动其进一步发展的因子？

---

① 关于法律援助制度确立的过程，参见张耕、宫晓斌《中国法律援助制度诞生的前前后后》，中国方正出版社 1998 年版；佟丽华、白羽：《和谐社会与公益法》，法律出版社 2005 年版，第 4 章；徐卉：《中国法律援助制度的建立和发展：从合法性危机到社会安全阀》，《环球法律评论》2005 年第 6 期。

② 关于法律援助的现有规模，根据中国普法网记者王宇在司法部法律援助中心的调查，截至 2006 年上半年，全国已建法律援助机构 3155 个，共设立乡镇法律援助站点 31822 个，其他站点 7770 个；全国法律援助机构工作人员总数达 11705 人，其中本科以上学历人员数为 5997 人，占工作人员总数的 51.2%，执业律师数为 5003 人，占人员总数的 42.7%，法律专业人数为 7730 人，所占比重为 66%；2002 年全国法律援助经费总额仅有 8444 万元，到 2005 年增加到 28052 万元，2006 年上半年达到 21803.40 万元；2002 年，全国法律援助案件办案数为 13.57 万件，到 2005 年达到 25.3 万件，2006 年上半年达 12.48 万件。

③ 转引自徐卉《中国法律援助制度的建立和发展：从合法性危机到社会安全阀》，《环球法律评论》2005 年第 6 期。

④ 例如，武汉大学社会弱者群体权利保护中心是当时在美国学习国际人权法的万鄂湘教授回国后推动成立的，北京大学妇女法律服务与研究中心和迁西县妇女法律服务中心的成立，均与"95 世妇会"的召开相关；从资金来源上说，我国目前大多数民间公益法律服务组织均以接受国际社会的资助为最主要资金来源。

本次调研的准备工作始于 2005 年 7 月，实际调研始于 2005 年 12 月。本次调研的对象是北京青少年法律援助与研究中心。之所以将之列为调研对象，主要的考虑是：（1）该中心从 1999 年成立到调研准备工作开始（2005 年 7 月）仅用了六年时间就发展成为我国公益法律组织中的"名人"，想必是怀揣了某种"独门秘笈"，而此种"独门秘笈"是否蕴涵了推动我国公益法律服务进一步发展的普遍性因子呢？（2）与诸多其他民间公益法律组织不同，该中心在成立时并没有国际社会的资金支持，而是由律师自己掏腰包创立起来的。这种成立背景上的差异，对其发展会不会有特殊的影响？或者说，如果它真的怀揣某种"独门秘笈"，那么这种成立背景的差异是否其获得"独门秘笈"的最初因缘？它们之间究竟是否存有某种联系？（3）作为一家民间公益法律服务组织，它如何处理与政府法律援助机构的关系？其处理方式的效果如何？对于公益法律服务的进一步发展来说，应该怎样确立民间公益法律服务组织与政府法律援助机构之间在提供公益法律服务方面的关系模式？在这方面，它又提供了什么样的启示？

当然，上述这些或宏观或微观的问题并不是本文能够完全回答的，只能说它们是本调研试图思考的问题，构成了本次调研之初的问题背景。在实际的调研过程中，我们其实也并没有完全局限于这些问题，只是以这些问题为调研的主导线索而已。

北京青少年法律援助与研究中心

1999 年 4 月，北京致诚律师事务所律师佟丽华个人出资，在丰台区成立了"丰台区青少年法律援助工作站"，这是全国第一家由律师承担的专门的未成年人法律援助机构。同年 8 月，佟律师与另一位同事一起，以致诚律师事务所名义，联合中国青少年犯罪研究会共同成立"青少年法律援助与研究中心"，这是全国第一家专门以全国范围内未成年人为援助对象的民间法律援助机构。2003 年，中心以北京市司法局为业务主管单位，经北京市民政局批准，以"北京青少年法律援助与研究中心"为名登记为具有法人资格的民办非企业单位。

从 1999 年成立时起，中心的运作主要分布于四大板块：案件咨询和援助，专题调查、研究，法律培训和普法宣传，推动、参与立法。

案件咨询和援助。以存管档案载明（2001 年起）的数字计，截至 2006 年底，中心通过电话、网络、来信、来访等形式提供法律咨询达 19311 人次，提供直接援助的案件数达 152 件。从中心关于接待咨询的制度建设来看，在接待、回复、记录咨询等方面均有相当完备的规定。例如，关于咨询接待制度规定："法律咨询由专门律师负责接待；接待律师应当主动接听电话和接待来访，主动答复信件咨询和网上咨询，不得相互推诿；中心实行律师负责制"，"咨询律师在接听电话咨询及来访咨询时应当首先说"你好"，用语文明礼貌，热情接待，耐心解答，不准与咨询人争吵；在接待未成年人时，要注意使用适合于未成年人身心特点的语言与方法"，"电话与来访咨询应做到及时答复；来信咨询应当在 2 个工作日内进行答复；网上咨询应当于当日进行答复"，"中心于每月月底在当月的咨询登记表中抽查每人 3 份咨询记录进行检查"。关于咨询登记制度规定："律师在接待电话、来访咨询后，必须及时进行记录，并认真填写《未成年人法律咨询登记表》。内容包括：1. 咨询人姓名、住址、联系方式等情况；2. 咨询方式。（来电咨询，要写明哪部热线）；3. 当事人姓名、年龄、性别等基本情况；4. 对方当事人情况；5. 案件发生的时间、地点、主要经过；6. 咨询问题以及答复内容；7. 当事人是否向其他机构求助及求助情况；8. 律师认为其他需要记录的内容。"中心还于每月 25 日对上月 25 日到当月 25 日接待的咨询进行统计和分析，统计内容应当包括：接待人次（来电、来访、来信、网上咨询）；案件当事人分类，包括未成年人案件、青年（18—35 岁）案件、其他案件；案件发生地；当事人性别；案件类别（刑事案件、民事案件或行政案件）；咨询的重要内容；对未成年人案件和青年案件的详细分析；分析当月咨询情况的特点，对典型、特殊案件集体讨论的情况；等等，在每月案件统计分析的基础上，中心进行季度总结、半年总结和年终总结。此外，中心还确立了重大、典型、复杂、疑难案件的集体讨论制度，每周组织一次集体讨论。

专题调查、研究。作为一家法律援助与研究机构，中心自成立起，就特别注重调查研究。其中主要包括：参与《北京市法律援助条例》立法调研、《北京市未成年人保护条例》立法调研、《北京市中小学生人身伤害事故预防与处理条例》立法调研，组织实施了流浪儿童救助项目的调研、农民工子女权利保障项目的调研等等。在调研基础上，中心发表了不少优秀的论文和著作，如《未成年人法学》、《对中国与未成年人有关的法学研究反思与挑战》、《中国未成年人权利保护与犯罪预防工作指导全书》、《流浪儿童救助制度研究》、《对民法典中监护制度的质疑与建议》、《关注儿童性侵害》、《我国服刑人员子女保护问题研究》、《和谐社会与公益法》等等。尤其值得指出的是，中心于 2001 年创办了《为了孩子——未成年人权益保障在行动》的工作通讯，这个内部通讯于 2004 年正式改为由全国律协主管、未成年人保护专业委员会主办的内刊（名称改为《中国律师与未成年人权益保障》）。对于中心的发展，以及更为重要的未成年人保护法律服务的网络化来说，这个通讯有着沟通、交流的重要意义。

法律培训和普法宣传。中心在培训方面的工作主要分为两大块：一是针对志愿律师的业务培训，一是针对与未成年人权益保护相关的特定人群（如中小学校的校长、老师，相关部门的政府官员、法官、检察官）的培训。由于我们未能拿到培训的总体统计数字，不好准确描述培训的总体情况，不过，这个数字无疑是很庞大的。以 2005 年的数字为例，中心法律事务部律师直接培训的政府官员、法官、检察官、律师、老师和未成年人就接近两万人。① 在普法宣传方面，中心所做的工作也非常多。自中心成立以来，中心的律师在《法制日报》、《中国律师》、《中国教师》、《现代教育报》、《人权》、《中国社会导报》、《法律援助》、《北京律师》等报纸、杂志上发表文章，就未成年人保护、农民工维权和公益法发展等问题接受中央电视台、北京电视台、人民日报、新华社、法制日报、中国日报、中国青年报、北京青年报、公益时报、南华早报、中国律师网、中国普法网、北京晚报、北京晨报、中国律师、党建、民主与法制等媒体和刊物的采访，与《中国少年报》合作开设专栏，与中央电视台、中央人民广播电台、中国教育电视台、《北京法制报》、《中学生科学报》、《幼儿教育报》、《北京青年报》等媒体合作开展普法宣传。此外，中心 2003 年编写了《中小学法律适用丛书》，包括《学生伤害事故预防与处理手册》、《中小学法制教育手册》、《中小学师生权益保护法律手册》3 本，对中小学校的法制教育提供了较好的读本。

推动、参与立法。中心推动、参与立法的工作主要涉及《北京市未成年人保护条例》（修订）、《未成年人保护法》（修改）、《法律援助条例》、《北京市中小学生人身伤害事故预防与处理条例》、《北京市法律援助条例》等。其中，《北京市未成年人保护条例》的修订工作，中心的几名律师几乎参与了全过程。

中心实际开展的工作并不止于以上描述的内容。由于我们的调研在时间、能力上的限制，这里的描述只是画出一个大致的轮廓，目的也只在于给读者一个简单的印象。在调研过程中，引发我们更大兴趣的，是中心推动了

---

① http：//www.chinachild.org/zhi/3fyzx/jhzj/nd008.asp.

未成年人保护法律服务的网络化。

推动公益法律服务网络化，在网络中发展

　　1999 年 11 月，即中心成立三个月后，就开始发起创建"中国青少年法律援助律师协作网"。2000 年 7 月，在英国救助儿童会的资助下，协作网第一届年会召开。到 2001 年底，协作网律师达到 96 名，其中北京市致诚律师事务所律师 15 名，其他协作律师 81 名，共分散在 20 个省、市、自治区；建立了 4 个工作站，分别是河北张家口、山西太原、广西柳州、广东汕头，这些工作站一般由律师负责，与当地共青团、关心下一代工作委员会等组织合作，除为未成年人提供法律咨询和法律援助外，还面向中小学开展普法宣传等工作。① 协作网不是一个严格意义上的组织，没有共同认可的章程或协议，其定位是："大家都是朋友，互相协作，共同推动律师参与未成年人权利保护事业。"②

　　2001 年底，北京市律师协会换届，佟丽华律师在分组讨论时联合其他几十位律师共同提出在北京市律师协会设立"未成年人保护专业委员会"的提案。该提案最终得到了北京市律师协会及其主管单位北京市司法局的支持和采纳。2002 年 1 月，北京市律师协会未成年人保护专业委员会正式成立。同年 9 月，在专业委员会的倡导下，"北京市未成年人维权律师网络"建立。2002 年 9 月 6 日，"北京市未成年人维权律师聘任仪式暨未成年人法律援助专业知识培训"成功举办，计有 150 名律师报名参加。到 2003 年底，网络发展到 251 位维权律师的规模。③

　　2003 年初，在北京市未成年人保护专业委员会主任佟丽华律师的建议和推动下，中华全国律师协会五届四次常务理事会讨论决定，在全国律协成立未成年人保护专业委员会。5 月，中华全国律师协会未成年人保护专业委员会成立，佟丽华律师被任命为专业委员会主任。2004 年 3 月 26、27 日，全国律协召开"推动律师参与未成年人保护工作会议"，专业委员会委员、各省律协秘书长参加了会议。会议讨论并最后下发了《中华全国律师协会

---

　　① 协作律师中有 28 名律师对于这项工作非常热情，这 28 名律师分布在 14 个省（市）。另外有 8 名律师与中心建立了紧密的联系，其中安徽协作律师孔维钊办理的刘宝灯被劣质柴油烧伤案件曾被中央电视台《今日说法》栏目报道。参见"青少年法律援助与研究中心 2001 年度工作总结"。
　　② 参见佟丽华、白羽《和谐社会与公益法》，法律出版社 2005 年版，第 299 页。
　　③ 同上书，第 300 页。

关于全面推动律师参与未成年人保护工作的意见》，明确提出：（1）各级律协要结合司法部加强律师队伍建设的近期目标和长远规划，将开展未成年人保护公益活动作为建树行业文化、树立律师行业良好形象的重要内容之一；要积极倡导律师参与维护未成年人合法权益的公益性活动，探索推动这项工作的有效形式和措施，提高律师参与未成年人维权责任意识，加强对这一工作的研究指导支持和宣传，加大对未成年人法律援助的力度。（2）各省、自治区、直辖市律协，应当在当年年底前组建未成年人保护专业委员会，在所辖市、区、县建立律师志愿者队伍；力求用两年左右的时间，形成有全国律协和各省、自治区、直辖市律协两级律协未成年人保护专业委员会与广泛分布于基层的律师志愿者组成的点面结合、纵横相顾的未成年人维权网络。（3）全国律协未成年人保护专业委员会负责全国律师参与未成年人保护工作的指导、协调与培训工作，总结行业开展未成年人维权工作情况，交流工作经验；就未成年人保护工作的全局性、重大、紧迫问题向国家有关部门汇报反映，提出工作对策；参与相关立法活动，提出立法建议和意见；开展未成年人法学研究，参与重点课题研究，参与重要问题的调研；争取社会各界和国际组织的支持，拓展法律援助、业务培训研讨、考察与交流等渠道；支持和帮助地方未成年人保护专业委员会开展工作；筹集并使用好各种社会赞助资金；向全国律协提请表彰突出人员和突出事迹等。（4）各省、自治区、直辖市律师协会未成年人保护专业委员会，与各地党委、政府、人大、公检法机关、共青团、妇联、法律援助和社区工作等单位和相关职能部门建立密切联系，配合有关单位开展当地未成年人保护工作，逐步形成良好的律师维权环境；组织当地律师参与未成年人保护工作的宣传、咨询活动，研究和推动当地未成年人法律援助工作；建立和发展志愿者网络；总结当地律师开展这项工作的情况；办理全国律协未成年人保护专业委员会委托的事项，开展未成年人维权区域合作；向地方律协提请表彰突出人员和突出事迹等。（5）各级律协对未成年人保护专业委员会活动要给予更多的支持和指导，加大对这项工作的宣传和表彰力度；帮助和支持他们与各级党委、政府、人大、公检法机关、共青团、妇联、法律援助和社区工作等机构建立联系；在活动经费、人员培训等方面给予更多支持，切实关心和解决他们在维权活动中的困难和问题；指导和帮助建立律师志愿者服务网络。（6）各级律协应重视未成年人保护专业委员会的队伍建设，其委员应具有良好的执业评价、较强的社会责任感和公益心；对不能认真履行职责、不能完成委员会交办工作的委员要适时调整，切实保证委员会能在未成年人维权工作中开拓局面，发挥作用；各地律协应将从事未成年人维权活动突出的律师推荐到全国律协未成年人保护专业委员会，以便总体工作的沟通与协调。（7）对地域辽阔、经费紧张、律师资源少的西部不发达地区的律师未成年人维权工作要给予特别关注，要在培训、经费、活动方面给予照顾，要把这项工作列入对口支援内容之中。①

2004 年 6 月，得到加拿大开发署公民社会项目资助，全国律协未成年人保护专业委员会专门组织了对各地律师协会推荐的骨干律师的培训，各地律协未成年人保护专业委员会开始普遍筹建，各省、自治区、直辖市的律师志愿网络纷纷组建。截至笔者从事本项调研时，全国已有 22 个省级律协成立未成年人保护专业委员会，志愿律师已发展到 2300 多名，全国每 60 个律师就有一个未成年人维权的志愿律师。至此，一个以各级律师协会未成年人保护专业委员会为平台、以各地的律师志愿网络为主体的全国未成年人保护公益法律服务网络开始初具形态。

这种借助各级律师协会的力量建立起来的公益法律服务网络一旦形成，就完全改变了未成年人保护领域公益法律服务运作的基本态势。它提供了一个整合资源的平台，将民间公益法律服务组织、公益法律服务律师个人、政府法律援助机构、国家有关职能部门以及国际社会中可以使用的人力、物力、财力资源有机地整合起来；促进了未成年人维权领域中国家与民间的合作关系，部分地打消和解除了政府对民间维权活动的顾虑和民间对政府机构在权利保护方面的不信任；其对公益法律服务本身的拓展，改变了过去散兵游勇式单兵作战的服务方式，通过个案维权、培训、宣传、推动立法等方式，大大提高了资源的使用效率。

网络化：从公益法律服务组织到公民社会组织

通过推动未成年人保护法律服务的网络化来发展自己，通过自身发展推动公益法律服务在未成年人保护领域的网络化，在我们看来，这是北京青少年法律援助与研究中心的最重要智慧。正是由于这样的智慧，北京青少年法律援助与研究中心远远超越了它的名字"法律援助与研究中心"给人的字面印象，它不仅仅是一个公益法律服务组织，特别重要的是，其网络化的努力在一个特定领域显现了中国公民社会的健康成长。

---

① 参见佟丽华、白羽《和谐社会与公益法》，法律出版社 2005 年版，第 301—303 页。

在谈及这个未成年人法律服务网络的形成过程时，中心主任佟丽华说："永远不要认为只是自己有公益心，其他人都不关注公共利益。"① 这样的认识，或许是中心推动公益法律服务网络化的动因，而公益心的普遍存在可能也是网络得以形成并良性运转的客观前提。人生活在现实世界中，免不了为了生存而斗争，不过，且不说任何社会都存在大批为了社会的和谐发展、将社会公共利益置于自己的个人利益之上的人们，即使就个人利益和公共利益之间的关系来说，二者也并非决然非此即彼的对立关系。因此，可以说，即使一个公共利益遭受严重忽视、损害的社会，也不缺乏普遍的公益心。然而，有公益之心未必能成公益之事业。公益事业的繁荣，需要在公益心的推动下，有效整合人力、物力、财力，有钱的出钱，有力的出力，需要有制度和实践的平台。

就我国未成年人保护领域来说，尽管国家出台了未成年人保护方面的法律法规，尽管社会上关于提高未成年人保护力度的声音不绝于耳，尽管很多富有爱心的人们愿意为此付出自己的努力，但是由于整个社会处于转型时期，法律法规在制定、实施方面还存在着一定程度的缺陷，社会内部又缺少自组织的大众参与平台，未成年人权益受到非法侵害的现象还是相当普遍。在这样的背景下，由中心推动形成的未成年人权益保护的法律服务网络，有着社会自组织的大众参与平台的作用。

首先，它是志愿律师的参与平台。经过了五六年的发展，该网络集合了全国 2300 多名志愿律师，平均起来，全国每 60 名律师中差不多就有 1 名未成年人维权的志愿律师。由于我国法制建设的不健全，律师职业素养整体上不高，律师职业伦理尚未内化为律师个体的内在道德准则，在不少人眼里，中国的律师与商人没有本质的区别，都是个人利益最大化的追逐者。然而，正如上文所言，任何社会可能都不缺乏公益之心，倘若我们看不到它，很可能是因为缺乏公益参与之渠道。律师参与未成年人权益保护法律服务网络工作的踊跃，或许可以作为一个证明。

其次，它推动了政府与民间组织在未成年人保护领域的有效合作。未成年人保护法律服务网络的首要工作自然是维权。但是，"维权"，在处于转型时期的中国，在民间组织领域，多多少少是一个比较敏感的字眼。网络成立初期，作为发起人的佟丽华律师就明确反对为该网络制定一个章程性文件的做法，"在中国律师行业只有律师协会是合法的律师团体，如果我们制定

① 佟丽华、白羽：《和谐社会与公益法》，法律出版社 2005 年版，第 315 页。

了章程，渐渐组织化，那么就可能被人称为'非法结社'，这是大问题"。①
后来，该网络以全国律协和地方各级律协为依托得以形成并发展壮大。不
过，我国的律师协会虽然也是社会团体，但它不同于一般的民间组织，它既
是律师的自治组织也行使着政府管理律师的职能，在很大程度上，可以视为
政府职能部门的延伸。在网络开展未成年人维权、未成年人保护培训等工作
时，由于有着律协的参与，各级政府部门往往都给予很大的方便、很多的支
持。在这个意义上，表面上看似松散的网络，其实发挥着政府和民间力量共
同参与未成年人保护事业的黏合剂的作用。

　　再次，通过维权、培训、普法宣传等工作，它推动了未成年人保护事业
的深入和发展。与个体律师、单个法律援助组织不同，网络化发挥了资源整
合的优势，可以调动更多的人力、物力、财力，在更广的范围、更深的层次
上，推动未成年人保护事业的发展。就未成年人维权法律服务来说，随着网
络化的发展，表现出从被动受理案件到主动介入重大典型案件、从办理个案
到关注同类案件的发展过程，个案效应得以扩大，辐射到同类型的案件。与
此同时，通过大量的法律培训、法制宣传，不仅增强未成年人的自我保护意
识和能力，也提高整个社会保护未成年人合法权益的意识、观念，从而使未
成年人保护从"维权"迈向"预防"。

　　有了上述关于未成年人保护网络的粗浅看法之后，我们倾向于认为，网
络化发展是北京青少年法律援助与研究中心成长的重要因素，正是这个因素
的作用，使它从一个富有爱心的公益法律援助组织变为一个真正的公民社会
组织。倘若这个看法大致有些道理，那么，它对于中国公益法律服务事业的
发展，是否算是一种启示呢？

---

① 佟丽华、白羽：《和谐社会与公益法》，法律出版社 2005 年版，第 299—300 页。

支持正义：美国律师公益工作报告①

美国律师协会编　廖凡②译

如果格言"给所有人正义"变成"给那些付得起钱的人正义"，那么我们就动摇了我们社会契约的支柱。

——罗纳德·乔治首席大法官（加利福尼亚州最高法院）

法律下的平等正义并不只是最高法院建筑正面的铭文。它或许是我们这个社会最激动人心的理想……无论经济地位如何，正义在内容和可得性上都应当相同，这是至关重要的。

——小刘易斯·鲍威尔（美国最高法院大法官）

一　概述

本报告是美国律师协会（ABA）公益与公共服务常设委员会所进行的为期一年研究的成果。委员会的目标是开展一个全国性调查，获知美国律师所从事的公益工作的数量，并对律师为或不为经济拮据者志愿提供法律援助的原因有更清晰的了解。2004年底进行的这项调查对全国范围内的律所、公司、政府及学术机构的1100名律师进行了电话访谈。样本反映了实际的律师人口构成。按照代表程度，ABA成员和非ABA成员均包括在内。

这项调查检视执业律师大致从2003年11月至2004年11月这一年期间的公益贡献，询问其所提供的志愿法律服务的数量和种类，主要在哪些领域提供服务，以及为何从事或不从事公益活动。调查随机挑选律师，以便建立代表美国50个州的全职执业律师样本。

这项全国性公益服务调查的主要结果包括：

➤ 66%的回答者表示向经济拮据者及/或服务穷人的组织提供了某种程度的免费公益服务。

---

① 该文为美国律师协会2005年8月完成的有关美国律师从事公益法活动的调查报告。
② 中国社会科学院国际法研究中心副研究员。

➤ 被调查律师平均向经济拮据者及/或服务穷人的组织提供大约 39 小时的免费公益服务。

➤ 被调查律师平均向寻求确保或保护民权的个人或团体、社区组织及其他非营利组织以及旨在改善法律体系的活动额外提供 38 小时的免费公益服务。

➤ 46% 的被调查律师达到了提供至少 50 小时免费公益服务这一 ABA 所渴求的目标。

➤ 在年龄和公益服务次数之间存在直接关联。老年律师比年轻律师更多从事公益工作。

➤ 促使律师提供公益服务的首要因素是职业责任感和工作所带来的个人满足感的结合（70%）。第二重要的因素是认识到穷人的需求及回应具体援助请求。

➤ 妨碍提供——或者提供更多——公益服务的主要因素是缺少时间（69%）。其他因素包括与雇主相关的事项（15%）如计费工作时间要求，以及缺乏相关领域的专业知识或技能（15%）。

➤ 通过实质性减少收费来提供公益服务远比提供免费法律服务少见。只有 33% 的律师表示曾从事"实质性减少收费"类公益工作。

➤ 总体而言，公益服务客户最有可能是经朋友或家庭成员（40%）或者某种形式的有组织公益项目（36%）介绍而来，但这一结果随执业地点、背景和规模以及律师年龄而有显著不同。

本研究既显示律师具有从事公共服务的深刻责任感，也表明存在增加律师为穷人所提供的公益法律服务数量的需要。这是首例此种类型的研究，是衡量公益活动和制定全国范围内公益服务扩展战略的有效手段。

二　引言

公益服务对于法律实践至关重要，自有法律职业以来即被正式和非正式地视为律师的一种道德责任。尽管有大量证据显示公益服务在过去 25 年来有所增长，但全国性的定量数据寥寥无几，难以揭示增长程度及每个律师所做公益工作的性质。本项目旨在建立从事公益工作律师的全国性综合档案，使得 ABA 能够更好地支持他们的工作，并帮助其他人提供公益服务。作为法律职业的全国代表，ABA 有着承担这项研究的独特资质。

1. 美国公益服务的历史和概貌

确立一个能够被广泛接受的公益工作定义一直是个挑战。州律师协会、私人组织、法院、律所和许多其他组织都考虑过什么是公益工作。所有定义共通的一点，是都承认在民事案件中代理低收入者是必不可少的一个因素。一些更宽泛的定义还包括代理慈善组织，民权工作，改善法律体系的活动以及为宗教、市民、社区、政府及教育组织提供法律服务。在地方层面存在的范围广泛的公益服务定义也许表明在定义方面需要更高程度的一致性，而本研究的全国性视角可以满足这种需要。

在过去 25 年中，已有辩论认为公益服务政策是界定和促进公益服务的有用战略。1983 年，ABA 代表会议（House of Delegates）通过了《ABA 职业行为示范规则》第 6.1 号示范规则，称律师"应当提供公共利益法律服务"。该规则足以作为鼓励律师在其社区中做善事的声明，但却并未充分说明律师为其社区中那些最穷困者志愿提供免费民事法律服务的重要性。

该规则在 1993 年进行了修改，强调免费代理低收入者，同时也包括其他形式的志愿法律服务以及某些情况下的减少收费安排。自 1993 年新 6.1 号示范规则通过以来，已有 17 个州原封不动或经过细微修改后予以采纳，将重心放在律师为穷人提供法律服务的公益责任。另有 26 个州采用 1983 年版本的 6.1 号规则，使用更为一般性的公益定义。在 6.1 号规则之外，或者尽管有 6.1 号规则，各地州和律师协会还/仍制定了自己的政策或决议，规定公益服务承诺，其中少数地方律协将公益服务作为获得成员资格的一个条件。

2. 我们对全国范围内公益服务知道什么

长久以来公益服务就是律师职业文化的一个内在方面。为付不起钱的人提供免费法律服务的传统位于维系公平和公正的法律体系这一任务的核心。在过去 25 年中，民事法律事务方面的公益工作在范围和可见度方面都有所增加。律所、法学院、公司法律顾问办公室和政府法律办公室都致力于将公益服务功能和政策融入其环境中。

法学院集中于向学生灌输公益贡献的重要性，使之成为学生对其法律职业生涯感受的一部分。83 家法学院有正式的公益项目。14 家法学院有公益服务教育要求，另有 13 家将某种形式的公共服务作为毕业条件之一。为通过或维持 ABA 的鉴定，法学院必须为学生提供参与公益活动的机会。

有组织的公益项目在律师协会、法律服务组织之中或作为独立机构的增长，是将公益服务融入法律职业的又一个例子。1980 年大约有 83 个公益项目，致力于为低收入客户的民事事务介绍律师。现在，25 年之后，有 900 多个此种项目，为客户日益多元化的法律需要提供服务，并且拥有同样多元化的志愿者群体。

大律师事务所将公益项目强度作为与同行实力对比的一个指标。1989 年，利用福特基金会的捐款，ABA 公益与公共服务常设委员会制定了"律所公益服务计划"，1993 年号召全国范围内的律所将其 3% 至 5% 的总计费工作时间用于提供公益法律服务。今天，有 138 家律所响应这一号召，贡献数以十万小时计的公益法律服务。这些律所及其他律所中有很多正越来越多地雇用全职律师和职员来协调其公益工作。一些中小律所、政府法律办公室和公司法律部也正在提高其有组织参与公益服务的程度。

一些州已经制定规则鼓励公益贡献。有 4 个州——佛罗里达、马里兰、内华达和密西西比——强制要求每年报告公益服务小时数，对不报告者（但不是不从事公益工作者）有多种处罚措施。公益服务委员会意识到，在增加公益活动数量、促进对于所存在的法律需求和可获取的公益服务机会和资源的更好了解方面，能够也应当做得更多。开始在全国范围内测算公益活动，正是实现这些目标过程中的一步。

3. 我们对于已有公益服务的数量知道什么

在测算律所公益工作数量方面的兴趣正在增长。州正开始通过调查和志愿或强制报告的方式测算公益服务数量。独立组织也在收集和报告信息。

在大律所方面，《美国律师杂志》每年对其认定的 200 家顶级律所前一年的公益工作数量和参与律师数目进行调查。2003 年，有 183 家律所提供了数据，显示共有 93175 名律师为无钱聘请律师的个人和组织提供了总计 3335375 小时的公益法律服务。需要说明的是，这些大律所只占全国范围内执业律师的 18%，这意味着上述数字不包括个体律师及中小律所中的律师。

马里兰州从 2002 年开始实行强制报告制度，在该州有营业地址的全职律师中，2003 年有 63.7% 参与某种形式的公益活动。在 2001—2002 年度报告中，佛罗里达州的律师报告其提供了 1247546 小时的公益援助。内华达州在 2003 年完成了其首年度强制公益报告，有 51.2% 的报告者表示在当年提供了某种形式的公益服务。密西西比州在 2005 年 3 月制定了强制公益服务报告规则，但尚未收集到数据。

在自愿调查中，纽约州律师协会发现 2002 年该州律师有 46% 为穷人提供某种形式的公益服务，每个律师平均工作时间为 41.3 小时。得克萨斯州律师协会发现 2002 年有 57.5% 的律师"为穷人提供免费法律服务或者使穷人实质受益的免费间接法律服务"，每个律师平均 47 小时。密苏里州律师协会委托进行的一项研究显示，2002 年该州律师平均为贫困客户提供 42 小时的公益法律援助。

根据美国劳动统计局的统计，2003 年 9 月至 2004 年 9 月间美国人口中志愿工作者比例为 28.8%。志愿者在志愿活动上平均花费 52 小时。尽管这些统计涉及律师和非律师，并包括所有形式的志愿活动，但可以为分析律师所做的公益工作提供一个比较视角。

4. ABA 公益与公共服务常设委员会数据收集计划

ABA 公益与公共服务常设委员会负有责任审查、评估和鼓励由律师、律所、律协、公司法律部门和其他法律服务提供者进行的公益工作。作为其使命的一部分，公益委员会及其公益服务中心支持公益服务项目，提供资源，并开展行动增强律师提供公益服务的能力。

2004 年，公益委员会委托进行本调查，以建立在全国范围内追踪和测算律师个人公益活动的准确和可信的基准线。委员会进行本调查的目标之一是发展用于收集公益服务数据的示范方法和一套手段，作为将来具有连贯性的全国和各州研究的基点。委员会打算利用本研究的成果来促进和鼓励公益活动和设计用于州和地方层级的可复制的材料。

5. ABA 全国公益服务调查的目标

在对律师个人公益活动进行全国性统计调查时，ABA 公益委员会的首要目标是：

（1）提供有关律师公益活动的广泛和可定量的信息，包括：

——美国参与公益服务的律师的数量，

——律师每年提供公益服务的小时数，

——律师志愿贡献时间的主要执业领域；

（2）了解律师提供或不提供公益服务的动机，包括从事公益工作所面临的障碍；

（3）深入理解影响公益活动的人口统计学问题。

6. 调查所使用的 ABA 公益服务定义

调查使用 ABA 新 6.1 号规则作为有关公益服务问题的基础。新 6.1 号规则称：

"律师应当追求每年提供至少 50 小时的公益法律服务。为履行这一职责，律师应当：

（a）将 50 小时法律服务中的大部分在免费或无收费预期的情况下提

供给：

（1）经济拮据者；

（2）慈善、宗教、市民、社区、政府和教育机构的主要用于满足经济拮据者需求的事项。

（b）通过下列方式提供额外服务：

（1）在免费或者实质性减少收费的情况下向寻求确保或保护民权、公民自由或公共权利的个人、团体或组织，或者在慈善、宗教、市民、社区、政府和教育组织的促进其组织目的的事项上（条件是若收取标准律师费用将会严重消耗该组织的经济资源或有其他不合理之处）提供法律服务；

（2）在实质性减少收费的情况下向经济拮据者提供法律服务；

（3）参与旨在改善法律、法律体系或法律职业的活动。

此外，律师应当自愿向为经济拮据者提供法律服务的组织给予财务支持。"

7. 研究方法

公益委员会委托俄亥俄州辛辛那提市的卡罗研究服务公司设计和实施这项调查。卡罗公司访问了 1100 名律师，调查结果的统计误差为正负 3%，可信度为 95%。全国律师样本为"代表性样本"，使用分层取样设计，基于美国律师基金会《2000 年律师统计报告》所提供的美国律师人口估计进行按比例分配。全国各州的律师都参与了这项研究，各州律师数量分配反映实际的律师人口。

本调查的律师样本分布于四种执业背景：律所（81%）、公司（9%）、政府（8%）和学术界（2%）。由于本调查的目的是集中于执业律师，因此法官和退休或已不再活跃的律师被有意排除在样本之外。法律援助/公共辩护律师也被排除在外，因为他们是被雇用来为经济拮据者提供法律服务。

回答者的平均访谈时间为 16 分钟，涵盖回答者的法律执业类型和人口统计学信息，如年龄、性别、执业年限、年收入和 ABA 会员资格等。

在电话访谈中，律师在回答问题时被要求集中于过去 12 个月（2003 年 11 月至 2004 年 11 月）。他们被指示只谈那些他们亲自进行的活动，而不是那些可能是由其职员进行的活动。

回答者被首先问及是否做过满足下列定义的任何公益工作：

在过去 12 个月内，在免费或无收费预期的情况下，你是否

a. 向经济拮据者提供免费法律服务；

b. 向应对穷人需求的组织提供免费法律服务；

　　c. 通过律师协会或司法委员会等团体参与旨在改善法律体系或法律职业的活动；

　　d. 向寻求确保或保护民权、公民自由或公共权利的人或组织提供免费法律服务；

　　e. 为慈善、市民、宗教、教育或其他非营利组织提供免费法律服务。

　　为内部目的，研究者将（a）和（b）归为"一级"公益服务，代表ABA 第6.1 号规则给予最高优先性的工作。（c）至（e）则为内部目的被指定为"二级"公益服务。

　　如果回答者对这些定义中的任何一个回答"是"，那么他们将被要求提供其在过去12 个月内用于这些活动的小时数。

　　接下来回答者被问及是否在实质减少收费（被界定为"预先同意给予超过50％的折扣"）的情况下提供过额外的二级公益服务。减少收费的服务也被归为"二级"。

　　最后，调查询问律师是否提供过不符合 ABA 定义但符合其个人对公益服务定义的任何公益服务。这类工作被指定为"三级"。

　　其他调查问题包括公益服务介绍来源、促使或阻碍个人从事公益活动的因素、能够对未来公益服务起到潜在鼓励作用的因素、人们进行公益工作的主要领域、旨在支持法律服务或公益项目的金钱捐赠等。

三　主要调查结果

1. 有多少律师在做公益工作

　　在调查所涵盖的12 个月内，60％的回答者向经济拮据者提供过免费法律服务，33％向服务穷人的组织提供过免费法律服务。总的说来，66％的被询问律师表示提供过一定数量的上述一种或两种公益服务，18％的回答者报告做过符合 ABA 定义其他部分的公益工作。只有2％的回答者提及不符合ABA 定义任何部分的公益工作，还有14％在过去一年中没有做过哪怕一个小时的符合 ABA 或其自己定义的公益工作。只有33％的回答者表示在此期间做过任何"实质性减少收费"类公益工作。

　　律所律师远比公司和政府律师更有可能向经济拮据者和服务穷人的组织提供免费法律服务。73％的律所律师报告做过此种类型的公益工作，而只有35％的公司律师和33％的政府律师报告做过类似工作。

2. 律师在做多少公益工作

那些报告做过符合公益定义中任何一项的任何公益工作的律师，进而被问及在过去 12 个月内做了多少工作。鉴于他们的答复，再考虑到那些表示没有为任何实体提供过免费公益服务的律师，最后确定每个律师平均为经济拮据者或服务穷人的组织提供 39 小时免费法律服务，并为其他非营利组织、民权和旨在改善法律职业的活动额外进行 38 小时的公益工作。符合 ABA 任何一项公益定义的免费公益服务的平均小时数为 77 小时。46% 的律师提供了 50 小时或更多时间的免费公益服务。

3. 公益案件从何处介绍而来

报告做过任何一种形式公益服务的律师进而被问及案件的介绍来源。关于介绍来源有 7 个选项：

（1）由法律服务组织公益项目介绍；

（2）由律师协会公益项目或独立公益项目介绍；

（3）由雇主介绍；

（4）由宗教机构介绍；

（5）由家庭成员或朋友介绍；

（6）来自潜在客户的陌生电话；

（7）其他＿＿＿＿＿＿。

这个问题允许回答者选择多个答案，这使得最终统计数字超过 100%。在报告提供过一级服务（为经济拮据者或服务穷人的组织提供的免费法律服务）的律师中，43% 表示案件是由家庭成员或朋友介绍，40% 则表示案件是由有组织公益项目（法律服务组织、律师协会或独立公益项目）介绍。客户陌生电话、雇主和宗教团体介绍的比例分别为 25%、21% 和 19%。

统计数字随执业地点（城市、郊区或农村）、执业环境（律所、公司或政府）、执业规模和律师年龄而差异甚大。从事一级公益工作的城市背景回答者表示从有组织公益项目（41%）和朋友或家人（41%）处接到同等数量的介绍。相反，在农村地区，33% 的介绍来自有组织项目，44% 来自朋友和家人。

在大律所工作的从事一级公益工作私人执业者更有可能从有组织项目（46%）而非朋友和家人（34%）处接到介绍。相反，个体或在小律所执业的律师更有可能从朋友和家人（49%）而非有组织项目（37%）处接到介绍。

律所律师（41%）和公司律师（38%）远比政府律师（19%）更有可

能将家人和朋友列为介绍来源。

老年律师（61 岁以上，50%）远比年轻律师（21—40 岁，35%）更有可能从朋友或家人处接到介绍。

4. 公益工作在哪些执业领域被开展

调查问道："过去 12 个月内你在哪些执业领域做过公益工作?"有 13 个具体选项及一个"其他"类别。在此问题上回答者被允许多选，这使得最终统计数字超过100%。

在报告做过一级公益工作的律师中，特定执业领域所占的百分比如下：

- 家庭（34%）
- 商业/公司（31%）
- 消费者（26%）
- 遗产/遗嘱检验（22%）
- 老年（19%）
- 住房/强制搬离（19%）
- 刑事（18%）
- 民权（16%）
- 公共利益（12%）

在报告做过任何一种形式公益工作的回答者中，百分比排列为：

- 商业/公司（32%）
- 家庭（30%）
- 消费者（23%）
- 遗产/遗嘱检验（20%）
- 刑事（17%）
- 老年（16%）
- 住房/强制搬离（16%）
- 民权（15%）
- 公共利益（11%）

公司律师远比律所或政府律师更有可能提供商业和公司法律方面的公益服务。在其他执业领域，如家庭、刑事、老年法和民权法，公司律师承接的公益案件数量则远比律所和政府同行少。

5. 在公益参与程度方面有性别和年龄差异吗

老年律师比年轻律师更有可能从事公益工作。在向经济拮据者提供免费法律服务这一类别中，年龄在 21—40 岁之间的回答者中有 56% 表示做过某种公益工作，而 41—60 岁年龄组和 61 岁以上年龄组的相应比例分别为 59% 和 79%。

总体而言，男性比女性更有可能进行各种形式的公益工作。62% 的男性回答者表示他们为经济拮据者做过免费公益工作，34% 表示为服务穷人的组织提供过免费法律服务。女性回答者的上述比例分别为 53% 和 30%。

6. 律师向公益和法律服务项目捐赠多少款项

人们被问及在过去 12 个月内是否曾向法律服务组织或公益项目提供任何捐款。如果是，他们进而被要求按以下档次评估其捐款额：

- 少于 50 美元
- 50—99 美元
- 100—249 美元
- 250—499 美元
- 500 美元以上

在被访问的 1100 名律师中，43% 报告在过去 12 个月内向法律服务组织或公益项目做过捐赠。在做过捐赠的人中，平均捐款额为 276 美元。

7. 是什么促使律师从事公益工作

做过公益工作的律师被要求对在过去 12 个月内促使其提供公益服务的若干因素的影响力进行评级。评级从 5 到 1，5 代表"很有影响"，1 代表"毫无影响"。这些因素有：

- 职业责任感
- 提供服务所带来的个人满足感
- 增强法律技能的机会
- 能够将该活动用于满足持续法律教育（CLE）要求
- 雇主的政策（如相关）
- 雇主的鼓励（如相关）
- 律所客户的鼓励（如相关）
- 联系、介绍等职业收益
- 在整个社区中获得曝光的机会
- 法庭的指令
- 知道穷人的法律需求
- 基于信仰的承诺
- 奖励或职业和司法认可

回答者被要求列举鼓励其从事公益工作的两个最重要因素。因为允许多选，所以最终统计数字超过 100%。在调查涵盖的 12 个月内，最大的激励因素是职业责任感和提供服务所带来的个人满足感的结合（70%），其次是对认识到并理解穷人的需求（43%）。相比之下，较少有律师（15%）将任何形式的职业收益列为动力。

8. 是什么阻碍律师从事公益工作

所有律师都被要求对在过去 12 个月内阻碍其从事公益工作的具体因素进行评级。评级从 5 到 1，5 代表"很有影响"，1 代表"毫无影响"。这些因素有：

- 缺少时间
- （与此）冲突的计费工作时间预期和政策（如相关）
- 对家庭义务的承诺
- 欠缺公益客户所需执业领域的技能或经验
- 缺乏有关公益工作机会的信息
- 雇主的阻碍（如有关）
- 缺乏行政支持或资源
- 没有不当执业保险
- 缺乏意愿

回答者被要求列举阻碍其从事公益工作的两个最重要因素。因为允许多选，所以最终统计数字超过 100%。调查发现感到"缺少时间"是首要阻碍因素（69%）。其他阻碍从事公益活动的因素包括与雇主有关的事项如计费工作时间预期和雇主的阻碍（15%）、欠缺经验或所需技能（15%）以及成本方面的考虑（12%）。

9. 哪些激励措施能够鼓励更多的公益参与

所有律师都被要求就他们有多同意"如果……我想律师会更倾向于从事律师工作"这一陈述对下列因素进行评级：

- 他们可以获得范围广泛的志愿工作机会
- 他们可以承担初期咨询等单项法律任务，而不是对客户的整体代理
- 他们为所提供的服务获得免费培训和 CLE 学分
- 他们被法官鼓励承接公益案件
- 他们可以获得与所承担任务有关的免费手册和表格
- 同事直接请求他们承接公益案件
- 为他们提供辅导律师和合作律师
- 对客户合格性有可靠的事先筛选

- 获得与公益工作有关的免费不当执业保险
- 可以为公益工作免费使用办公场所和行政支持
- 律师协会对公益志愿者给予更多认可
- 雇主对公益服务提供者给予更多认可

回答者被要求进行从 5 到 1 的评级，5 代表"强烈同意"，1 代表"完全不同意"。提供过公益服务的律师选择最多的因素包括免费培训和 CLE 学分（3.6）、与所提供公益服务有关的免费不当执业保险（3.5）、允许律师承担单项法律任务而非整个代理（3.5）、同事（3.4）和法官（3.3）的直接请求、提供范围广泛的公益工作机会（3.3）以及提供辅导律师和合作律师（3.3）。

律师进而被问及是否"个人认为公益工作是律师应当做的事"。绝大部分的回答者（93%）觉得公益是律师应当做的事。

四 使命及政策和计划建议

本研究显示，大量律师有着从事公益工作的深刻责任感，并从中获得个人满足。大多数律师都提供某种性质的公益服务，贡献相当于每年一个星期的公益工作时间。

尽管之前的研究已经关注过通过公益项目、律所或在较小地理区域进行的免费法律工作，但本调查是对全国法律职业类公益工作状况进行实证定量分析的首次尝试。公益委员会寻求发展用于分析全国层面律师公益活动数量和类型的有效手段。这个首次调查增强了对于全国范围内公益实践的了解，并为开展增加公益活动数量的行动提供了基础。

作为这一过程的一部分，公益委员会期待分析本研究作为"试点"的强项和弱项，以便使 ABA 能够更好地评估公益法律服务的状况并逐渐提高对其的参与。有了这一新数据，委员会已准备好制定目标确定的有效战略，增加公益机会和参与。

作为本调查所获之深入观察的结果，委员会预期采取的一些具体行动包括：

- 扩大调查范围，涵盖退休和已不再活跃的律师，并集中于对特定人口统计学群体，如晚期婴儿潮出生者、女性、兼职律师等的调查
- 发展能够在州和地方层面被用于追踪律师的公益活动及更好地了解如何增加对参与的支持和减少障碍的调查文书、议定书和最佳实践等数据收

集手段

- 精制用于减少阻碍因素冲击和增加激励因素影响的教育和公众意识材料，以鼓励律师更多地开展公益活动
- 发展全国性的公益工作机会在线资源中心，帮助律师全面了解愿意从事志愿工作的人所能获得的项目和资源
- 改善公益项目、律所和法学院公益协调人的招募手段，包括对请求同事进行志愿工作的最佳方法的描述、法院预约模式、强有力的辅导计划等
- 面向特定人口统计学群体推出 CLE 和公益培训单元

上述这些并不意味着全部清单。委员会打算从范围广泛的社群中征集有关扩展公益参与的想法和战略。

五 结论

本调查表明，律师为经济拮据者和服务穷人的组织提供大量免费法律服务。大多数律师提供公益服务是出于责任感和因为帮助穷人和支持特定组织或事业而产生的个人满足感。较少但仍然有实质性数量的律师是因为意识到穷人大量不能被满足的法律需求而从事公益工作。不从事公益工作的律师所指出的主要阻碍因素是缺少时间、与雇主有关的事项（如计费工作时间预期）和欠缺公益客户所需执业领域的专门知识。

本调查显示，目前律师每年向穷人提供成千上万小时的免费法律帮助，这与法律职业长久以来的"价值观"一致。但是，ABA 公益与公共服务常设委员会仍然寻求进一步增加提供公益服务的律师的数量，增加律所提供的公益服务的小时数，以及增加公益工作所服务的穷人的数量。委员会将继续为旨在强化州和地方层面公益行动的努力提供全国性支持。

美国律师协会认识到并赞扬那些为穷人的法律需求提供公益服务的人对司法所作出的贡献。与此同时，这一领域的工作远未完成。组织起来的律师界有责任为寻求处理穷人未获满足的法律需求的公共—私人合伙贡献力量。为应对这一挑战，ABA 将继续积极鼓励和支持每一名律师都成为公益合伙人。

公益法的国际与国内经验

从无到有：中国法律援助制度的发展

Hatla Thelle[①]　朱书龙[②]　译

一　引言

让法律运作起来是一个复杂的过程，涉及在动态互动过程中制定、执行和运用法律。在此过程中，立法者也是法律的执行者和使用者，而执法者会影响立法者，使用者也会促使立法者和执法者修订立法或改变实践。我们将此类相互影响的运作之结果称为"实施"。法律的实施可能会成功也可能会不那么成功，或者说在实现特定法律或法规的目标时可能会比较有效或无效，这要取决于所存在的社会问题。法律的制定是为整个社会——政府、社区和个人服务的，因此，公民本身也是能促使法律有效的积极参与者。普通人在法律的实施中所充当的角色既是使用者也是执行者。本文所要讨论的是立法问题。此类立法能够保障公民利用法律系统解决自身问题的权利或在受到国家机关或其他公民的侵犯时能够捍卫自身的权益。现在中国已经通过了一部行政法规，该法确认将建立一个能为经济困难公民提供保护其权利所需之法律服务的法律援助机构体系。本文的研究主题就是这样一部为确保其他法律的实施而制定的法律的实施问题。本文所要探讨的核心是，此法规的实施是否实现了其所要达到的目标？我的结论是，尽管该法依文本进行了实施，但并未实现其设立的目标。该法规的一个直接后果是在全国都逐步建立了法律援助机构并且各地都制定了实施细则，但一个更广泛的后果是，仍只有很少的人能从获得免费法律援助的机会中获益，大部分人不得不依靠他们自己的资源捍卫其权利和利益。法律见效甚微的主要原因既可以在法规的设计中找到，也可以在最重要的专家群体的态度以及中国人实际的行为模式中找到。

本文第一部分将以国际为背景，澄清某些基本的概念；第二部分将介绍中国讨论新法律援助制度的立法和实践的基本情况以及在此法规实施过程中

[①]　丹麦人权研究所研究员，社会学博士。

[②]　译者为中国社会科学院研究生院博士研究生。

出现的问题；第三部分将对依据某些指标对这个法律援助制度进行分析并得
出结论。

二　法律援助：定义和背景

（一）基本法律服务

　　尽管所用的名称不尽相同，但学者们都同意将能确保穷人获得司法保护
的一系列国家行为纳入一个框架中。"基本法律服务"这一术语经常被用于
指称此公共体系，通过该体系穷人得以接近司法的方式包括获得公平的审判
和通过其他方式获得解决社会或法律问题的能力。其他关键词包括"法律
援助"、"社会律师服务"、"无偿律师服务"（pro bono）、"公益法"或"公
益诉讼"。有些学者认为，基本法律服务包括无偿律师服务、对民事问题的
法律咨询和公益诉讼（Maru 2006：2），另有学者认为法律援助是公益法的
组成部分（Liebman 1999：215），还有学者将法律援助视为基本法律服务的
主要类型，它包括国家提供资助的辩护、法律咨询、法律教育、公益诉讼和
立法倡议（Rekosh 2004）。除非在上下文中有特别说明，我在本文中将"法
律服务"、"法律援助"、"法律帮助"和"公益法"作为同义词使用。另
外，我是在广义的意义上使用"法律"（law）一词的，它包括行政法规和
部门规章。严格地说，在中国，"法律"是指由全国人民代表大会及其常委
会通过的规范性法律文件。然而，在法律援助领域尚无此类文件，并且本文
所要讨论的主要文件是由国务院颁发的行政法规，但尽管如此，我在本文中
仍将它称为"法律"。基于简化的理由，第一部分所指的"穷人"既包括那
些不具有充分经济手段的人，也包括那些被称为弱势群体的人，如经受非单
纯经济困难的老年人、未成年人和残疾人。

　　为穷人提供免费法律帮助的机制通常被认为是福利政策的必要组成部
分，因此有关全球社会政策发展的趋势和讨论对本文的主题也可以适用。从
20 世纪 90 年代初起，我们在西方国家已见证了从国家资助的服务开始转向
更私人化的解决方案的发展趋势（Dalberg-Larsen 1995；Eide 2001；Deacon
2005）。那些正由计划向市场经济转型的国家则欲将此社会福利负担从国家
转移给公民社会或家庭（Hort & Kuhnle 2000；Thelle 2004）。

　　世界各国法律援助计划中的基本元素都是基本相同的，但与基本元素相
关的组织则有所不同。区分不同的基本机制将有助于区分刑事案件和民事案

件的需求差异。很多西方国家将刑事辩护和民事案件法律服务区别对待。对于前者，存在保障被告权利的特别措施，据此即使最无助的被告也能在侦查和庭审阶段得到辩护律师。对于民事案件的支持机制，各国差异甚大，通常会对特定案件类型以及条件进行限定。民事案件中的基本法律服务涉及不同的服务，如代理出席法庭、仲裁或调解、准备诉讼文书、提供基本法律教育或提供关于案件在何种程度上可以获得成功的适当建议。通常会有不同的机构提供此类服务。政府机关、律师协会、律师事务所、大学研究中心、非正规法律工作者以及由各种基金资助的社会团体都会根据政府或公民社会设定的不同限制条件提供免费支持。

在有法律援助计划的国家中，通常会存在一个劳动分工，这样政府就能确认总体的责任并对部分活动进行资助，而律师或其他或多或少比较专业的群体将从事此项工作。国家要么会建立一个专门机构——通常挂在某个政府部门下——以监督全国的法律服务情况，要么会责令律师协会或法院指派律师，并制订为穷人提供法律服务的计划。该政府机构将配备专门的公务员，它可能被称为法律援助委员会或理事会——在中国则被称为司法部法律援助中心。在调整作为一方的国家（或有或无专门机构）和作为另一方的实务工作者的关系方面，各国会有不同规定。实务工作者通常是律师，但也可能是社会工作者或受过基本法律训练的热心公民，它们通常被称为非正规法律工作者（paralegals），在中国则通常被称为"赤脚律师"①。在刑事案件中，国家（通过专门机构或法院）以个案为基础或通过长期合同指派律师，或单纯地聘用专职律师解决各种公益案件。在不同的模式中，律师的报酬也有所不同，但各国通常都选择只为法律援助案件提供很低的报酬。很多国家的制度都是各种法律援助模式的结合。民事、行政案件中的法律援助服务涉及诸多不同的方面和机关。法律援助服务的活动可以是正式的活动，如政府机关负责帮助人们联系仲裁或调解机构，也可以是不怎么正式的活动，如任何人都可以随意走进法律诊所、街道法律项目办公室或拨打热线电话进行咨询，从而使他们的问题得到初步的诊断。现有的研究已经指出了这样一个事实，即对法律援助"模式"的选择反映了特定社会的深层价值观，在试图保持国家资助和公民自力更生之间的平衡方面尤其如此（Regan 1999：180—181）。

当然，基本问题和压力几乎无所不在。主要的问题是，资金和人员过于

---

① 这是中国学者经常使用的一个术语，类似于"文化大革命"期间的赤脚医生。

紧缺以致很难满足需求。在所有社会中，财务问题都是通过各种混合方式进行解决的，包括国家或地方政府预算、社团或个人的捐赠、对实施团体费用的减免以及国家发起的保险项目（Regan 2003）。时至今日，大部分律师都不愿意免费或为低薪而工作。国家指派的法律援助律师通常并非都是专业律师或都能胜任被分派的案件。国家一般并不会对穷人分三六九等，当它帮助他们提出的控诉属于国家职责范围时更加不会如此。① 在没有公正独立审判传统而在社会和法律圈内又可能腐败成风的国家中，人们并不信任法律系统，因此即使在有可能获得帮助时，他们也不愿和此类机构进行联系。在下文的讨论中，我们将会看到，这些问题也阻碍了中国法律援助制度的实施。但我们首先考察一下国际范围内的情况。

（二）国际背景

获得辩护和无偿法律帮助的权利作为人权不可分割的核心部分早已成为一种普遍的共识，并且获得公正裁判的权利也早就被写入了诸多国际公约。国际人权公约对刑事责任领域内获得律师帮助的权利的规定比较详细，而对民事案件的此类权利却语焉不详。《公民权利和政治权利国际公约》第 14 条第 3 款（乙）项规定人人均能享受到 "……有相当时间和便利准备他的辩护并与他自己选择的律师联络"，并且在（丁）项补充说 "……为他指定法律援助，而在他没有足够能力偿付法律援助的案件中，不要他自己付费"。中国政府签署了该《公约》，但仍未批准②，中国的法律体系此刻正忙于修改国内法律以满足《公约》设定的要求。预计在修订的《刑事诉讼法》将会体现上述内容。在为修订稿提出建议时，国际标准经常被学术界和法律实务工作者作为参考。例如，在修订过程中，对有关辩护律师角色的定位就是一个关键问题，笔者相信最后新的法律将对此作出比较大的修订。《欧洲人权公约》第 6（3c）条重申了获得免费辩护的规定。《非洲人权和民族权宪章》第 7（c）条仅授予个人获得辩护权，但未提及获得免费法律帮助的权利。此外，大部分国家的宪法和国内法都会在一般条款中要求政府为刑事案件（有时也在民事案件）中的当

---

① 例如，加州农贸社区和加州参议员一起试图阻止法律援助律师为抗议里根州长（后来当选为美国总统）削减医疗保险的计划的农业移民工人提供帮助（Earl Johnsen 1999：22）。

② 联合国人权体系的加入程序是先由各国通过签署某条约表达其加入的意愿，在公约发生法律约束力前，各国一般都会在修改国内法之后交由该国议会批准。签署和批准之间可能相隔很久，如中国早在 1998 年即已签署了《公民权利和政治权利国际公约》。

事人提供法律援助。

以建立公共基金项目替代早期的慈善项目是一个相对较新的现象（Earl Johnsen 1999：15，17）。在 20 世纪 70 年代，法律援助问题提到了西方国家的政治议程。这种关注部分是受到了左翼运动的激发，此运动要求保障社会公正，要求更加平等，要求关注社会底层人民的生活（Jon Johnsen 1987：35）。有些国家通过颁布新立法扩大了穷人（有时在更大范围水平上）免费接近司法的机会。然而，从 20 世纪 80 年代福利政策受到新自由主义意识形态的挑战并且新自由主义取得了主导地位后趋势又开始改变了（Regan A. O. 1999：1；Clasen 2001：2）。在过去的十年里，法律援助的制度化努力开始在前社会主义国家中出现，这些国家朝着市场经济和法治方向改革其社会体制。它们建立起了类似于西方的法律体系，并在法律中明确规定了国家和个人的权利和义务。这些国家的经济和社会改革让大量的人不再享受曾经有过的社会福利，与此同时，政府开始日益感受到源于收入不公平和社会分化的政治危机。因此它们开始采取措施，以确保弱势群体能进入新的法律秩序从而弥补因经济政策变化导致的保护缺失。中国就是这样的国家之一。

将中国和中东欧国家进行对比可能会更加有趣，后者同样走在从社会主义到法治的道路上。这些国家的新宪法都确认法律面前人人平等并认同个人获得法律辩护和律师服务的权利。大部分国家区分了必须有辩护律师的（严重）刑事案件类型和所有取决于被告或有潜在法律问题之人的资源的其他案件。在前一类案件中，法院或其他公权力机关有义务指派律师，绝大多数该类律师服务对被告而言通常是免费的；对于其他案件，许多国家也都有一个体系，以确保穷人能在不严重的刑事案件或民事案件中获得法律建议或代理。强制辩护在涉及严重惩罚的案件中是必须的；在东欧是五年或十年以上的监禁；在中国则仅是受到死刑指控的案件或被告属于特定弱势群体的案件。在其他刑事案件中，政府的义务只限于不得干涉辩护权，这意味着它们不必提供免费法律服务或为法律服务付费，但司法机关必须在法庭接受辩护活动。然而，是否根据贫困情况提供免费的辩护服务是由法官或其他公权机关自由裁量的。国家也为民事案件设立了一些制度，在特定的条件下原告也能申请免费的法律意见和代理。因此，在大部分刑事案件和民事案件中，被告或原告并不一定能够获得支持，但确实可以通过自负费用获得法律服务或依据很狭窄或不明确的标准向政府机构提出援助申请。此外，国家经常会通过行政法规而不是法律将提供法律服务的义务转嫁给律师职业群体，这使得执行的法律基础更加脆弱或更加困难（Rekosh 2004：215）。

在下一部分，我们将会看到中国正在建立的制度也包括了大部分这类元素。国家层次的政府机构协调和指导政府法律援助机构或律师事务所的律师以及不同社会组织或高等教育机构中"有法律知识"的公民提供法律援助服务。中国法律规定律师有义务每年接几个无偿的法律援助案件，他们只能从当地政府获得很少的案件报酬。

三　中国的状况

（一）政策

自1994年开始，中国确立了要建立一个帮助穷人获得司法救济的体系的目标，并通过2003年的《法律援助条例》（这是本文研究的核心文件）建立现有的法律援助制度。该条例的第1条规定，"为了保障经济困难的公民获得必要的法律服务，促进和规范法律援助工作，制定本条例"。实现此目标的制度在过去的十年里已经逐步完善，下一部分将概述政府在这方面的法律和制度措施的发展情况。官方表达的政策背后的情境涉及法律、社会和经济问题。中国的政策制定者一再强调，该制度是从无到有发展起来的。[①]它被认为是中国发展社会主义市场经济和法治建设的客观需要（宫晓冰2002：26），但深层的动力是世界上很多发达国家都有此制度（FLNJ 2004：92）。中国官方对该政策的论证如下：首先该条例有助于实现法律面前人人平等的宪法原则；其次，确保社会公正和有助于完成社会保障体系；再次，有助于提高社会的精神文明（FLNJ 2004：541）。[②] 因此，此时期对法律援助的重视原因在于实现法治、建立普遍的社会保障体系以及确保社会秩序等政策需要。这三个目标确实存在相关性。经济改革引发的日益严重的社会不公平导致社会不安和动荡，但一个确保获得司法救济的体系能够在一定程度上缓和这种局面。最后，政权的稳定受到威胁，故当权者不得不采取措施以图将动荡和不满纳入正规渠道。

---

① 官方一个常用的说法就是"从无到有，从小到大"，如2005年5月19日《司法部关于表彰全国法律援助先进集体和个人的决定》的前言。

② 2003年9月12日《司法部关于贯彻落实〈法律援助条例〉促进和规范法律援助工作的意见》。

（二）机构建设与立法

1. 国家层次

1994 年，中国政府宣布要起草一个为穷人提供法律援助的国家政策[1]。在此前，从 20 世纪 90 年代早期开始，中国即已出现非官方的行动。1992 年，武汉的大学教师即建立了一个法律援助中心。立法过程遵循了众所周知的路径，从实验、研究到总结经验、召开全国论坛、建立新机构、公布法律草案等等。在 1994 年至 1996 年期间，分别在广州、北京、上海、深圳、武汉和其他城市试点了不同的模式。这些模式的共同之处是都建立了专门的法律援助机构并在不同程度上利用了受过法律训练的人员，不同之处在于是否聘用专职法律援助律师或将法律援助案件分派给"社会上的"律师事务所（宫晓冰 2002：35—39）。同时，司法部体系之外的组织（包括诸如妇联这类知名群众组织和一些大学）也开始提供法律援助服务。在这些试点之后，1996 年 11 月司法部在广州召开了一个全国性工作会议，与会的包括中央和地方的相关部门领导人。12 月司法部成立了国家法律援助中心，1997 年 5 月设立了中国法律援助基金会。[2] 在交流经验、效果研究基础上，司法部发布了一个通知，要求所有省份在辖区建立负责法律援助工作的机构并应起草发展法律援助活动的五年计划[3]（宫晓冰 2002：35—37）。然而，早在 1995 年广州即成立了全国首个市级法律援助中心，第二年夏季在四川也成立了首个省级中心。可以说，法律援助机构的建立要先于行政法规的出台。

从 1997 年初开始中国即确立了机构设置的基本原则，在接下去的几年里建立了很多地方性法律援助中心。1997 年 5 月，司法部所发的通知[4]规定了司法部及地方司法部门的职责在于指导和协调法律援助工作。律师事务所、公证处、基层法律服务所和社会志愿者应在司法机关的监督下从事法律援助活动。法律援助机构应按国家、省、地和县四级建立。中心有权在接受公民申请或法院指派后统一接案、调查、分派和监督法律援助案件（即"四统一"）。它们能指派不同的群体——律师、基层法律工作者和社会志愿

---

① 司法部长肖扬在 1994 年 3 月 1 日正式提出要建立法律援助体系，参见《法律援助大事记》，载《人民日报》2004 年 9 月 8 日。20 世纪 90 年代中期之前中国要发展法律职业和为穷人提供法律服务，见 Liebman 1999：215—219。

② 基金会的目标是从社会募集法律援助资金并推动法律援助事业。

③ 1997 年 5 月 20 日《司法部关于开展法律援助工作的通知》（宫晓冰 2003：81—86）。

④ 其基础是 1996 年的《法律援助条例（草案）》（Liebman 1999：221）。

者——从事法律援助。法律援助资金来源于政府预算、律师事务所、公证处或其他机构的费用豁免以及社会捐助（宫晓冰 2002：37）。

其他法律发展也支持了法律援助机制的建立，一个突出的例子就是 1997 年 1 月开始生效的修订后的《刑事诉讼法》和《律师法》。《刑事诉讼法》第 34 条规定："被告人是盲、聋、哑或者未成年人而没有委托辩护人的，或者被告人可能被判处死刑而没有委托辩护人的，法院应当为其指定辩护律师。"在其他案件中，如果法官认为合适，法院也可以指定律师。根据《律师法》第 42 条，律师有义务"按照国家规定"提供法律援助，因此行政机关将就如何履行此义务制定细则。《刑事诉讼法》和《律师法》是管理法律援助的行政法规所援引的基本文件，地方法规则直接提及这两部法律。这一时期的涉及特殊群体的法规也包括了某些法律援助条款。例如，1996 年 8 月通过的一部保障老年人权利的法律规定，由于经济困难无力保护其利益的老年人有权获得法律援助（第 76 条）[1]。一个类似的条款也体现在 2005 年修订的《妇女权益保障法》中（第 52 条），但在修订之前，该法却没有类似规定。2004 年政府发布的一个通知也强调，在劳务市场为农民工提供基本的法律帮助，并呼吁律师为农民工讨要工资提供代理服务[2]。

因而，此制度背后的动力通过最高人民法院的支持得到进一步强化。就谁有权以及在何种条件能申请法律援助的问题，最高人民法院和司法部在 1997 年和 1999 年分别下发了两个联合通知[3]。第一个通知强调了修订后的《刑事诉讼法》第 34 条，即被告人是盲、聋、哑或未成年，或者被告人有可能被判处死刑的，但又没有聘请律师的，法院应当为其指定辩护律师。第二个通知是针对民事案件在何种情况（如要求获得赡养费、抚养费、工伤赔偿、劳动报酬的案件）可以申请法律援助的问题以及接收法律援助案件的标准（如申请人应证明其权利受到侵犯且应证明经济困难）。

根据这些有效的基本条款，地方政府开始制定地方规章。1999 年 8 月，广东省首开先河，其他省份则紧随其后。在国务院颁布自 2003 年 9 月 1 日开始实施的全国性法规之前，已经有一半以上的省份制定了本地的法律援助条例。《法律援助条例》首次认识到国家有义务在全国范围内为穷人寻求法

---

① 1996 年 10 月 1 日开始生效的《老年人权益保障法》。

② 2004 年 11 月 6 日司法部、建设部《关于为解决建设领域拖欠工程款和农民工工资问题提供法律服务和法律援助的通知》。

③ 1997 年 4 月 9 日最高人民法院、司法部《关于刑事法律援助工作的联合通知》和 1999 年 4 月 12 日最高人民法院、司法部《关于民事法律援助工作若干问题的联合通知》。

律救济或代理提供律师服务。它回应了 1997 年 5 月的通知要求。它规定地方司法机构应在县级以上建立法律援助机构，这些机构负责监督和管理辖区内的所有法律援助活动。它们负责接受和审查公民提出的申请，并根据法院的要求为被告指派辩护律师。地方律师协会应协助法律援助工作，国家也鼓励社会组织和机构积极参与。

在世界各国法律援助体系中，一个重要的问题是谁以及在什么条件下能获得免费的法律服务。根据中国的《法律援助条例》，任何人只要证明其经济困难且权利或利益受到侵犯均能申请法律援助。这两个条件应通过文件材料予以证明，并且申请人应提交有效身份证件以证明其身份（第 17 条）。如果高于本地的最低生活保障标准，"经济困难"的标准就由地方政府进行界定。① 《法律援助条例》列举了公民能申请法律援助的六类民事案件范围：

（1）依法请求国家赔偿的；

（2）请求给予社会保险待遇或者最低生活保障待遇的；

（3）请求发给抚恤金、救济金的；

（4）请求给付赡养费、抚养费、扶养费的；

（5）请求支付劳动报酬的；

（6）主张因见义勇为行为产生的民事权益的。

地方政府可以扩大此范围，但不能缩小。在刑事案件中，在法院为被告指定辩护律师时法律援助机构应提供法律援助，有义务提供的案件包括被告是盲、聋、哑或可能被判处死刑的案件，也可能是其他类型的案件，只要被告因经济原因未能聘请律师。

《法律援助条例》在 2003 年 7 月 16 日由国务院常务会议通过后，司法行政机关立即开始组织实施。8 月 4 日，司法部邀请了相关部委、研究机构和律师召开会议学习该条例。紧接着在 8 月 26 日至 27 日在广州召开了一次类似会议。为促进实施，9 月 12 日司法部公布了《关于实施〈法律援助条例〉的若干意见》以推进和规范法律援助工作（见注 7），组织了五期培训班，共培训了 400 人（律师和基层法律工作者），并通过媒体、法律援助杂志和法律援助通讯公布了这些文件。司法部也组织了公开会议并组织了募集基金性质的典礼。

---

① 最低生活保障标准是一个社会保障措施。地方政府设定标准，通常是月收入 200—300 元（准确数据见民政部网站 www.mca.gov.cn）。如果家庭的人均收入低于此标准，该家庭可以获得政府补助。

发动社会活动普及新条例知识。六个中央机关（包括共青团、中央电视台等）分别在3月、9月和10月发起运动和组织公益基金募集典礼。财政部和税务总局公布了法律援助服务捐款的免税政策。为推进地方实施，司法部向各省发函要求支持法律援助措施和建立合适的机制（FLNJ 2004：206）。从此，有更多的地方公布了有关规定，并根据现有规定建立了法律援助中心。

上述描述显示了中国立法的诸多有趣特征，如有关试点的展开，机构的建立，地方规定先于全国性规定颁布。诸多法律文件先建立和发展了某些援助，然后通过全国性文件进行确认，并及时形成了法律的基础。

2. 地方层次

各地在2003年夏天前后颁布了和国家规定类似的地方性规章。中国的地方立法权限并不大或未获广泛运用。① 地方性规章对基本概念作了几乎一样的界定。新疆2006年才颁布的规章就是典型之一。根据这些规定，法律援助被定义为，一个据以组建法律援助组织、指导和协调律师、公证员和基层法律工作者（统称为法律援助人员）以确保减免穷人或处于特定情形中的人费用的系统。法律援助组织包括律师事务所、公证处和基层法律服务所。法律援助中心的职责就是制订法律援助计划、组织和监督本地法律援助工作、培训法律援助人员、根据法院要求指派人员、募集和管理法律援助基金以及向公众普及法律援助知识。因此法律援助中心对有义务向其提供服务的律师事务所和基层法律服务所享有监督职能。实际上国家有关规定并未强制要求设立中心，但似乎各省都建立了这样的中心。如果未建立中心，上述职责则由司法局承担。所有规定都包括了一个有关社会力量的条款，该条款鼓励社会团体（包括妇联、共青团之类的组织）参与提供服务并对它们的贡献给予奖励。志愿者常和法律援助人员相提并论，因此看起来似乎对什么人可以担任法律援助者并无严格的资格限制。在地方性规章中，仅宁夏的规定对此有一个宽泛的限制，即参与者仅限于"有法律知识的"人，并且他们应在当地法律援助中心注册成为志愿者。社会团体和志愿者的法律援助工作也受到法律援助中心的监督、指导和协调。

---

① 本文研究了代表中国不同地区的15个省份的条例：广东（1999），广西（2004），河南（2002），湖北（2003年5月），湖南（2002），江苏（2005），辽宁（2004），宁夏（2006），山东（2001），陕西（2003年11月），山西（2001），四川（2001），新疆（2004），云南（2001），浙江（2005）。括号中的年份为发布年份。许多地方条例在2003年7月前即颁发了，并在国务院颁布国家条例后加以修改并重新颁发。此外还参考了其他城市的规定，但差别不大。

如上所述，各地能够扩大在何种情形下公民可申请法律援助并由地方设定经济困难的标准。在法院指定时，各地都会强制要求指派律师。但对于公民的直接申请，大部分地方则包括了比国家规定的范围稍多一点的情形；绝大多数地方都规定了工伤、交通事故、医疗事故争议，有些还包括了家庭暴力。辽宁还对环境污染、公共卫生、安全生产产生的民事权益纠纷做了专门规定，但唯有宁夏规定了涉及农机具和化肥农药造成的损失。甘肃省嘉峪关市则规定了与人身和财产密切相关的事项。

对于程序，有些地方规定在紧急案件（定义很笼统）中，能先行提供法律援助，此后再补充申请手续。在有些地方同样允许当事人直接和律师联系，然后由律师事务所完成申请程序并将该案分派给自己。

总体而言，各地规定并无显著差异，在地方规定与国家规定不一样的地方，各地对立法空白几乎做了一样的规定。有些地方对申请资格做了更宽松的限制但并不足以解决整个系统的实际问题。下文将对这些问题进行讨论。

（三）统计数据

要理解统计数据，我们就有必要将该制度置于其社会背景之中，并阐明如何评价法律援助需求是否得到满足这个问题。一方面，在对此进行判断时，有几个重要的问题会让人觉得很难进行准确判断。另一方面，我们也不能忽视有多少人通过该制度获得了什么样的帮助这个问题。对于多少人获益于这个制度是一个很难精确回答的问题，但更糟的是要回答这些帮助是否充分以及如何定义"该制度"问题。

司法部下属的法律援助中心只是受侵害公民获得补偿或救济的诸多渠道之一。在中国，有大量机构和组织可以接受投诉，并为权利受到各种侵害的人和面临犯罪指控的人提供法律咨询和辩护。其中部分渠道是免费的或只需付出很低成本的，这些渠道对于法律援助制度的对象也同样适用。和世界上其他社会一样，中国的大部分问题和冤屈都不是通过法院而是通过当事人之间的谈判或调解解决的，有时候会有第三方（可能是法律执业机构、社会团体或行政机关）的协助。人们会同时尝试不同的途径，并利用正式的或非正式的机构主张其权利或帮助其亲人或朋友。在中国，有些解决争端或问题的方法是非常传统的，有的甚至源自封建时期，但也有些方式是根据现代法律思想新建立起来的，法律援助制度就是如此。它们的范围非常广泛，既有独立的草根性质的组织，也有商业律师事务所以及比较接近政治精英的研究机构。这些状况说明中国公民社会非常具有多面性，对此，其他研究已经有详细的论述（Ho 2001；Lu 2003；Li 2005；Cho 2006）。各种组织之间存在多种互动方式，而国家机关与律师事务所和独立非政府组织（有时受到外国资助）一样，只是其中的诸多参与者之一。

根据官方统计资料，2004 年司法部系统接受了约 19 万件案件（10.8 万件民事案件、7.9 万件刑事案件以及少量的行政诉讼和仲裁案件），涉及近30 万人。这些案件是由全国 3000 个法律援助中心完成的（FLNJ 2005：1079）。① 有将近 200 万人在法律援助中心接受过法律咨询（Legal Aid Center 2004：21）。想获得法律咨询的人并不需要符合贫困标准，原则上每个人无须任何正式程序就可以走进法律援助中心并接受法律咨询。因此，这 19 万件案件的当事人都是那些经法定程序获得帮助的人。我们应将此数据与其他数据联系起来看待，我在此仅讨论其中某些其他数据。有将近 5 万件法律援助案件是由中华全国总工会、全国妇联、共青团、残联和老年人协会处理的（Legal Aid Center 2004：28—29）。这些群众性组织的工作也被纳入到了法律援助中心的年度报告中，因此它们也应被视为是该制度的组成部分。其他争议解决渠道包括调解委员会和信访制度，前者在 2004 年共解决了 440 万件民事纠纷（FLNJ 2004：1078），后者估计每年受理了 1100 万件投诉案件（Minzer 2006：2）。在法律援助中心和调解委员会、信访机构之间并无正式关系，但后两者也致力于为人民解决问题，尽管它们的决定并不像法院判决那样具有法律约束力。不同的组织有时也能运用其他组织的资源，例如，海淀区法律援助中心就报告说，它在社区建立了联络人，并且这些联络人也可以担任调解委员会的主任。

在中国，各地方之间的差异总是很大。尽管我并未找到包括地方数据在内的全面统计数据，但下文讨论的数据将表明，这种差异是存在的。在北京城区，每 3200 位居民就有一个法律援助案件，而在农村地区，12800 位居民才有一个法律援助案件；在城区每 13500 人就有一个律师事务所，而在农村每 45000 人才有一个律师。但这种比较复杂并且也不一定公正，因为在农村地区也可能存在城市所没有的其他渠道，② 此外，实际上受案情况很难告诉我们结果的处理情况——是否每个案件都得到了公正解决？要对事关保护效果的结果进行评估，现在还为时尚早。

---

① 法律援助中心的数量从 1997 年的 133 个增加至目前数量（Legal Aid Center 2004：15）。

② 例如，参见朱苏力的有关基层法官如何作为调解者解决农村纠纷的分析（朱苏力，2000：176—196）。

　　我们也可以将司法部的法律援助案件与所有法院受理的案件联系起来看。2004 年，中国法院受理的一审案件超过 500 万件，其中 430 万件为民事案件，647000 件为刑事案件（FLNJ 2005：1064）。就民事案件而言，实际需要法律援助的难以估计，但获得法律援助的 108000 件仅占 2004 年法院受理案件总数 430 万件的 2.5%。并且并非所有获得法律援助的案件都是经过法院审理的，考虑到可能通过仲裁或调解委员会处理的情况，法律援助案件在法院受理的案件中的实际比例会更低。尽管与刑事案件中的被告相比，卷入民法诉讼的人更可能属于拥有资源优势的群体，但目前有关其他申诉机制的调查数据表明，人们对民事案件也存在很多的需求。法院受理的民事案件数与通过其他方式解决的纠纷数之比可能能够反映上面提到的事实，即绝大部分纠纷并非是通过法院解决的，因此，要回答对民事案件法律援助的需求是否未能得到满足的问题还需要更多的文献和比较研究。然而，对某些社会问题的很多日常报道就能表明，人们无疑需要比目前他们所能得到的更多的帮助。

　　对刑事案件我们能进行更为准确的判断。根据《刑事诉讼法》的规定，所有未成年人被告和所有可能被判处死刑的被告如果未聘请律师，都将获得法院指定的辩护律师。司法部法律援助中心的统计数据显示，2004 年，法院指定辩护的案件数量中有 39000 件是未成年人案件，25000 件为死刑案件（Legal Aid Centre 2004：22）。同时我们知道同一年度中被指控犯罪的未成年人有 70000 人，而被判处五年有期徒刑或更严重刑罚的人数为 146000 人（包括被处死刑的人数）（FLNJ 2005：1064—1065）。因此，有 45% 的未成年人和 11% 的被指控严重犯罪的人通过法律援助体系获得了律师帮助。我们还难以对死刑类案件的需求作出判断，因为我们无法知道 158562 件严重案件中有多少会涉及死刑。但对未成年人案件仅有一半的人通过法律援助体系获得律师帮助则很奇怪。他们可能自己或通过监护人聘请了律师，但有一半的人可能负担不起律师的费用。

　　另一种评估方法是由李本（Ben Liebman）在 1999 年提出的。2004 年，中国有 8500 万人生活在最低收入线以下，获得法律援助的 30 万人只占所有贫困人口的 3.5%。① 很难想象，在一个收入不平等日益严重、经济和政治结构急剧转型、仍存在严重腐败现象的国家中只有如此低比例的贫困人口需要法律援助。

---

　　① 国家统计局在 2004 年报告有 2900 万人生活在月收入 637 元的贫困线以下，而有 5600 万人生活在贫困线和月收入 882 元的最低收入线之间。后者相当于每天 1 美元赤贫概念（Rural Survey Organization 2004：3—7）Liebman 也引用 1997 年的数据提到中国有 8500 万穷人（Liebman 1999：241）。

（四）各种实践

尽管从财政经费和人力资源上看政府举办的法律援助中心并非占据主导力量，但法律要求这样一个机构承担起所有法律援助活动的协调者和监督者的重要职能。正是通过这些中心，国家承担起了《法律援助条例》第三条规定的政府责任①，即政府既是活动的组织者又是确保其他组织以正确方式提供免费法律服务的保证人。很多地方规章都包含了一个有关职业道德和正当行为的条款，如律师应遵守执业行为规范；应恪守保密规则等等。因此法律实施的范围包括组织、鼓励和控制的要素。在和法律援助中心人员的会谈中，我们发现他们也经常很难精确把握协调、指导、组织或监督之类术语的实际内容。大部分工作人员关注"指导"一词，并强调这不是一个上下级的辖属关系，而是一种平等伙伴之间互利的交流关系。为表明此种关系在不同机构和组织的实践中的境况，先看看我们在 2006 年春夏期间所做的访谈。

1. 农村

在陕西省农村地区的华县②，各种不同的顾问机构规模很小并在地理位置上很近，这为我们提供了一个观察该体系状况的缩影。该县的人口为 36 万，县政府位于县城中心，马路泥泞。在县政府大门左侧就是配备两三个房间用以接待来访者的县信访办公室（County Letters and Visits Office）③，街对面就是法律援助中心，它同样也有一个房间用来接待来访者。沿街走三分钟就有两个律师事务所，街道两边各一个，还有两个基层法律服务所，县党委占据的则是一栋三层大楼。县党委大楼还驻扎了妇联、共青团以及工商联的本地分支机构，人们可以在规定的时间进入并就他们的问题进行咨询。当地党委楼梯入口处也有个信访办公室，工作人员每周一上午接待来访者。

此类在行政上隶属于政府的信访办公室自 20 世纪 50 年代以来就一直存在，但并非一专门机构。该办公室接待个人和集体来访并将其投诉转交有关部门。其工作人员是没有经过特别训练的政府公务员。该办公室并不跟踪其受理案件的进展情况，且其活动也无法律上的意义。

对面的法律援助中心是在 2005 年 9 月设立的，隶属于县司法局并有四个全职工作人员。他们都不是法律专业人士，但通过当地司法局的人事培训

---

① "法律援助是政府的责任"。

② 华县并非是研究者眼中典型或者知名的地方，选择该县仅仅是通过我的合作者的个人关系。

③ 如上所述，这只是信访制度的一个组成部分。

而获得了法律工作人员的执照。因此，他们属于法律援助人员和其他条例提到的基层法律服务工作者的行列。中心建立的依据是 2003 年国务院颁发的《法律援助条例》。从 2003 年至 2005 年司法局法律援助办公室有三个人负责提供法律援助的工作。如果申请人能证明其无力负担律师费的话，他们就受理案件并将案件分派给城里的律师事务所。目前法律援助中心负责同样的工作，但在案件不复杂时法律工作人员自己也处理一些案件。在从 2005 年 9 月成立至我们会见中心主任时的 2006 年 3 月的 6 个月中，该中心正式受理的案件为 14 件，其中民事案件 9 个，刑事案件 5 个。

沿街的两个律师事务所主要从事经济法律业务，它们共聘用了 8 名律师，其中一个 5 名，另一个 3 名。这 8 名律师是该县仅有的律师，因此在正常的业务之外，他们还须负责法院指派的所有刑事法律援助案件，因为基层法律服务所不能接受刑事案件。由于被告符合法律援助要求的刑事案件每年仅有 6 件，因此这完全是可能的。县法院每年处理的案件有 600—700 件，因此仅有 1% 的案件是法律援助案件。两个基层法律服务所共有 8 人，他们并非律师但有和法律援助中心工作人员一样的法律工作人员执照。基层法律服务所是司法体系的最基层组织。法律援助工作人员在此为民事案件当事人提供廉价的服务，他们也能和律师事务所一样从法律援助中心接到案件。

所有上述单位之间都存在正式或非正式的关系。法律援助中心领导着基层法律服务所并能命令他们受理案件。中心人员和信访办公室、妇联、残联和老年人协会等处于平等地位并相互协作。法律援助中心的办公室还有一个妇女和儿童中心，由妇联和法律援助中心共同运作。妇女和儿童中心可以以妇联名义到各村调查他们确定的诸如家庭暴力等特定案件；他们还能因妇联的地位而驻扎在党委大楼。作为回报，法律援助工作者为妇女干部提供法律知识培训，如果在和妇女接触中发现有人符合法律援助条件，妇女干部则向法律援助中心转交案件。此外，在小城镇，很多人都相互认识并知道所发生的事情，附近农村的情况也同样如此。

2. 城市中的区

城市中的区在行政级别上是和县一样的，它们都是国家机构的倒数第二低的层级①。我们访问了北京市海淀区法律援助中心②。该区居住了 240 万

---

① 或者说是最低的，这要取决于解释的方法。

② 值得指出的是，该区作为首都的大学城是全国最发达的区。在北京市，2004 年该区法律援助中心处理的案件也最多（参见《海淀报》，2005 年 8 月 1 日第 1 版）。

人口，该区的法律援助中心有 10 个工作人员。该区有 177 个律师事务所。法律援助中心和区检察院在同一大楼中，并与后者共用食堂。除此之外，这两个机构之间似乎并无紧密的关系或协作，尽管有人说它们有共同的目标。该中心有一部热线电话和一个网站，通过这种途径，人们可以直接和它联系并获得初步法律咨询。2005 年，该中心接收了 743 件案件，其中 370 件刑事案件，372 件民事案件和 1 件行政案件。北京市法律援助中心扩大了法律援助的案件范围。北京市法律援助中心在 2005 年 2 月发布的一个通知规定，在国务院条例规定的六类案件基础上又增加了三类案件。因此，现在人们也可以就工伤、交通事故和家庭暴力案件申请法律援助。扩大的原因在于，各区法律援助中心向北京市法律援助中心提交的报告都将此三类问题确定为穷人中存在的突出问题。看起来似乎涵盖这几类案件是一种全国共识，因为大部分地方政府在选择增加案件类型时都将这些类型的案件纳入法律援助的范围。

区以下为街道办事处和社区。在街道办事处共有 29 个工作站负责法律援助，它们大部分都和街道办事处一起办公，但也有些依附于妇联和残联等群众性组织。每个工作站至少有三个工作人员。他们不能审批法律援助申请但能接受案件并将它们转交给区里作最后决定。街道同样有法律服务所，它们也从事法律顾问和民事案件的代理工作。它们在经济上并不独立，收取的费用也相对较低，但在接受区里分派的法律援助案件时则是无偿的。法律援助中心在街道下的社区中指定了联络人（通常也是调解委员会的主任）。如果调解失败且当事人符合法律援助的资格，联络人则向上级转交案件。因此，在理论上，人们可以进入一个低层次组织并逐级到达适当的机构。只有区法律援助中心才能审批法律援助申请，因此如果人们通过更低组织提出申请，该组织还须获得区里的同意。法律援助案件费用很低，北京市设定的标准是民事案件 800 元，刑事案件 500 元。区法律援助中心将向律师事务所支付此费用，但一般不足以补偿办理案件的实际费用，因此律师还得免费提供服务。

除了和下级合作外，区法律援助中心也通过书面协议和同级的检察院、公安局、政府、大学和律师事务所展开合作。2004 年 5 月，区司法局（它负责监督法律援助中心）分别和区检察院、公安局和法院签署协议，确定了这些机关与法律援助中心进行互动的程序。这些协议规定，这些机关之间每年将召开两次会议；各方都有义务调查、分析典型案件并交流经验。此外，该法律援助中心还与 177 家律师事务所中的 54 家签订了协议，这些律师事务所愿意处理法律援助案件。同样的协议也与经过挑选的几所大学签订了。法律援助中心会将不符合法律援助条件的案件转给大学的法律援助机构，大学的其他机构也向后者提交它们认为适合法律援助的案件。区法律援助中心就不同的问题与不同的大学签订协议。它和北京大学法学院一起成立了一个法律援助研究中心以促进理论与实践相结合。该大学的研究中心研究代表性案件并为法律援助中心提供法律意见和建议。法律援助中心也和妇联、工会、残联等合作。每个单位都指派了一个联络员负责法律援助工作，法律援助中心培训他们的工作人员，并通过其他方式参与各群众组织的能力建设。

3. 非政府层次

根据《法律援助条例》第 7 至 9 条规定，司法行政部门应采取各种措施鼓励和支持社会团体、事业单位等社会组织参与法律援助工作。下面将讨论两个政府机构之外的组织。它们代表了为弱势群体提供法律援助或类似服务的两种不同类型的机构。① 一个是大学设立的维护妇女权利的组织，另一个是为农民工维权的独立小团体。

在陕西省，2000 年设立了一个从事女工权利研究的大学研究中心②，其目标在于通过建立网络、调研以及理论和实践相结合的工作促进性别平等，同时也免费处理一些个人或集体案件。该中心致力于影响立法和政府实践。他们仅接受那些他们认为有社会影响力的案件，但一旦接受则将免费为此类案件做所有工作。比如，该中心的律师和活动人士通过 20 年前的一个案件提出了一个"性别盲点"的说法以保护孕妇免受工伤危害，在该案中，一孕妇因在上班途中发生事故而产下了一智障儿子。③ 该研究结果有助于处理今后的案件，并用作培训法律援助工作者和志愿者的材料。该中心约有 20 名学者、律师和活动人士，它特别和妇联、中华全国总工会展开协作。志愿者律师为年轻人和下岗女工培训有关劳动者权利并促使她们相互协作。该中心由福特基金④和香港乐施会提供资助，并在西北工业大学租用场所，但除

---

① 在其他地方讨论过很多此类机构，见 Liebman 1999：248—250；Ho 2001：908；Hennock 2003；China Development Brief 2004.

② 正式名称为"妇女发展与权益研究中心"或"西北工业大学妇女发展与权益研究中心"。

③ 郭慧敏：《孕妇工伤胎儿受损的个案分析》，《妇女研究论丛》2004 年第 4 期。

④ 自 2002 年以来福特基金积极资助中国大学的法律援助机构。该中心将法律咨询和教育目标相结合，因此被称为法律诊所。学生在老师的监督下提供咨询。2006 年有超过 36 个此类机构形成一个体系并接受了该基金的资助。上文描述的西安中心的特别之处在于，它不将法律援助活动用于教学。

了按照法律要求作为挂靠机构外并未从该学校获得支持。市和区法律援助中心也向该中心分派案件。此时他们每个案件能获得 300 元,这是西安市司法局规定的收费标准。除此之外,在法律援助中心和大学的妇女权利保护研究中心的工作之间并无特别关系。

在北京的一个村里,一群年轻的农民工成立了一个为该地区农民工维权的办公室。该团体也部分地接受了国际组织的捐赠。他们将音乐、街道剧场和法律咨询结合起来为与老板常有冲突的农民工提供帮助。该组织共有三个专职人员负责组织志愿者学习如何帮助京外建筑工人和女工了解和主张权利,其目的是强化人们的自助意识。这些课程讲授一些法律常识、谈判技巧、心理学以及更多的实践技巧(如如何上网)。志愿者部分是北京高校的年轻学生,部分本身就是农民工。他们通过媒体按月招募,由于该团体的活动在报纸和电视节目上曝光,该团体和北京市的很多法律学者和知名知识分子合作并从他们那里获得了很多帮助。然而,他们和朝阳区法律援助中心(该村所在地)却很少或几乎没有联系,尽管该团体成员在为农民工维权而与老板交涉时经常会利用"法律援助中心"的名号。

该团体也积极向他们生活的邻近社区扩展。他们在一个三分之二居民都是移民的村里租用了一个废弃的厂房,并为农民工子女举办了一个小学。此外他们还收留了几个因为和老板发生冲突而无住处的农民工。由于没有住处是非常可怕的情形,很多工人不敢和老板冲突,因为他们常年居住在公司提供的住处。因此该团体通常会全面地看问题并在为他们的"客户"提供帮助时注意到各个方面。他们和工人一起去找老板并尽量协商。通常他们仅组织和参与一次工人和老板之间的对话。很多农民工的老板都设法推卸他们的责任,但在遇到争执或威胁(如向劳动局举报)时,老板们往往都愿意协商以避免更多的麻烦。问题的最后解决往往是妥协性的,因此若客观而论,控诉方并没有获得充分的公正,但他或她常常能得到比原先更多的东西,至少能满足他们的一时之需,尽管这经常可能只是获得足够买一张回老家的火车票的钱而已。

(五) 法律实施中的问题

通过实施《法律援助条例》实现为经济困难的公民提供"必要的法律服务"的目标过程中存在很多不同的问题。对这些问题,中国和西方的文献都曾进行讨论,有关的访谈和案件材料对此也有所反映。有些问题和立法(即条例的内容)缺陷有关,其他则是现有规定的实施问题。这两方面具有内在关联性，因为有些实施的问题可能并非由立法的措辞直接导致，但却和立法背后的基本思维或"意识形态"中的缺陷有关。我将首先揭示这些问题，然后讨论这些问题背后的原因。

第一，资金问题。条例一方面要求地方政府应为法律援助活动提供财政支持，另一方面又为资金设定了不论绝对或相对而言都是很低的水平，并且对于未提供资金的地方政府并无直接的处罚措施。资金筹集义务由中央下放到地方是改革后社会政策（官方的法律援助是其中的一部分）的一个普遍趋势，筹资渠道的后果被扭曲也是中国当下的一个普遍现象。[1] 扭曲的原因在地区之间差异很大。在有最大需求的贫困地区却由于贫困而只能提供很少的服务，这就形成了一种恶性循环。贫困地区政府更愿意优先将资金投入到经济发展（如吸引投资），在这种情况下自然只有很少的资金能投入到无经济产出的活动（如法律援助）中去。基于此，最近几年，中央政府通过向落后地区专门拨款的方式为法律援助建立了一种再分配机制。2005 年司法部全国法律援助中心共向落后地区分配了 5000 万元。该中心考虑到了各地的案件负担、资源和成本差异并在此基础上分配额外资金。[2] 国家法律援助基金会以多种方式支持落后地区，如通过安排北京的法学院学生到边远地区服务。有些地方也重新分配法律援助资金。比如在广东，80 个贫困县从省政府获得了 1000 万元资金。[3] 2006 年全国法律援助的经费为 3.7 亿元[4]，其中 90% 来源于政府（*China Daily*，6 February 2007）。[5] 据报道 2003 年，非政府捐赠主要是在华东发达地区，而三分之一的地区未收到任何捐赠（《中国司法》2003：79）。为此目的获得捐赠是很难的，且未来几年仍将如此，因此未来国家资金仍将负担绝大部分费用。

第二，由地方政府设立并资助法律援助中心在其他方面同样也构成一个问题。作为司法局组成部分的区或县法律援助中心的人员和资金都受当地人民代表大会控制。当地政府为法律援助案件设定价格，并向法律援助中心拨

---

[1] 比如，在教育领域曾导致的一个此类后果是，贫困家庭甚至无法支付子女的基础教育费用，见 Thelle 2004，第 7 章。

[2] Interview JJF 5 September 2006.

[3] 2006 年 3 月对广州法律援助中心的访谈。

[4] 包括刑事和民事案件在内，中国人均费用为 0.30 元。某些西方国家在 20 世纪 90 年代中期此费用在 2.25 美元（美国）和 26 美元之间（英国）（Rekosh 2004：243）。然而后者仅包括民事案件的法律援助费用支出。

[5] 该基金从 2000 年的 1900 万元增加了 19 倍多（Legal Aid Center 2004：18）。

付相关案件的费用。通常是刑事案件一个价格，民事案件一个价格（通常更高），从大概 300 元到 800 元不等。根据法律援助中心接受的案件数量来判断，承办的每个案件都能获得费用。因此他们倾向于接受更容易的案件和那些与重大地方利益没有冲突风险的案件。一个法律援助中心也提到他们经常面临矛盾，一方面想避免提起诉讼，但另一方面却又只有承办这类诉讼案件才能获得拨款，因为政府并不资助调解案件。①

第三，与经济有关的问题是获得法律援助的条件非常严格。条例规定经济困难的标准由地方政府界定。根据司法部 2003 年 9 月所发的通知以及在各地规章中一再被重申的通常做法是将此标准设定为该地区的最低生活保障标准。如上所述，该标准是很低的，而有更高收入的人也同样会在自费聘请律师时很容易遇到问题。申请法律援助的理由同样也很严格，只限定于法律提到的几个案件类型，如请求支付国家赔偿、救济金等等。有些地方扩大了范围但仍进行严格的限制。此外，要求人们提供有效证明文件也是个大问题，因为这意味着没有获得城市暂住证的农民工无法申请。农民工是中国社会最弱势的群体，并且很多都是应得到帮助的。在刑事案件中，仅有很小一部分人能确保获得辩护律师，如未成年人、可能被判处死刑的人等。对其他人而言，获得合格律师的适当辩护并不是一项权利，只有负担得起费用的人才有可能获得这种服务。此外，《刑事诉讼法》第 151 条仅要求法院在开庭前十天指定辩护律师，这导致被指派的律师几乎没有足够的时间组织有效的辩护。

第四，就是该制度非常依赖于执业群体——律师——进行免费工作的意愿和能力。给律师强加义务难以保证执行和工作的高质量。法律规定律师有义务提供法律援助，即免费服务，而对诸如社会组织等其他群体则仅仅是鼓励其从事道德义务上的法律援助事业。其结果是导致法律援助律师的素质普遍偏低，他们不仅要受到官僚体系的监督，而且通常还不是专业人员。有关法律援助制度的讨论通常关注律师不太高的积极性②以及律师协会制定的要求律师献身于社会正义事业的律师职业规范。法律援助中心的工作人员难以监督律师的工作质量，而仅能进行数量控制以确保每个律师每年至少接一个或两个案件。很多律师不愿意接无偿案件而更愿意接收入高、麻烦少的经济案件（Cai and Yang 2005），他们有时甚至愿意为他们的法律援助义务付费。

---

① 2006 年 3 月 30 日对朝阳区法律援助中心的访谈。

② Interview JJF, 5 September 2006.

每个案件的费用都一样而不论律师要花费多少时间也是个问题——该制度再次表明它对律师认真从事法律援助案件缺乏激励机制。

第五，很多人也抱怨法律援助制度缺乏真正的法律基础。《法律援助条例》仅仅是行政法规，并不具有全国人民代表大会通过的法律的分量。最重要的是，法律也需要对其他群体（如检察官、法官）义务进行规定，并对违反者设定相应的惩罚措施，然而，行政法规却仅能涵括小范围的人员和活动。[①]

三　讨论

如我们所见到的那样，发起建立一个法律援助制度的政策的动力来自上层，但毫无疑问的是，人们对日常生活变化带来的不满和对腐败和受政治干预的法律系统的抱怨这些日益严重的社会不稳定因素也促使领导者寻求一种解决问题的方式。改革期间发生的越来越多例子和事件充分证明，人们的个人权利和司法公正意识正在不断增强（Diamant a. o. 2005；O'Brien a. o. 2005；Michelson 2006：4；Gallagher 2006：784）。在某些外国经验的激励下，诸如高等教育机构和有理想的个人这类外在的行为者对大众抗议提出的挑战的回应方式是为申诉提供救济渠道并且提供基本的法律服务[②]。因此，用弗兰西斯·里根（Francis Regan）的说法描述可能更为恰当："中国的法律援助体现了最为常见的自上而下和自下而上发起的混合模式"（Regan 2004：174）。首先会存在一个或很多社会问题，然后政府设计出能将这些问题引向人们可接受的解决结果的政策，并由此推进社会稳定。法律援助和社会稳定的关系在官方文件中提得很多以致很难否认法律与秩序是立法者的重要动因。[③]但事实上，也有迹象表明，帮助穷人获得司法救济的政治意愿并不强烈，或者至少可以说，决策者对于此努力的方向是相互矛盾的。国际媒体报道了不少骚扰试图帮助那些对拆迁安置或侵吞集体财产行为进行抗议的贫困村民的案例。在有些案件中，对地方政府的保护似乎压倒了为下层人民

---

① Interviews December 2006.

②　注意上文提到的美国福特基金的重要作用。亚洲基金会和加拿大国际发展署（CIDA）也非常积极资助部委机关。

③　其中一个例子是蒋建峰为司法部法律援助中心所写的。

伸张正义，在农村地区尤其如此。① 我们有时也能听到，官方对试图利用法律援助影响社会稳定的行为进行了警告。因此，对于赋予更多权利诉求空间所带来的潜在威胁，领导者们的感情是非常复杂的。人们提出新的规范要求迫使政府采取行动，并且也像世界其他国家一样寻求解决之道。正在建立的法律援助制度就受到了全球类似制度的影响；唯一有中国特色的地方就在于，《律师法》规定，律师提供无偿服务是一项法定义务，这在其他地方是没有的。

要判断我们研究的法律是否发挥了作用，就有必要对法律本身的问题和法律实施（即对法律条文明文规定的要求的实现）中存在的问题都加以分析。上文分析了条例中存在的诸多问题，因此仅关注条例是否得到正确执行仍难以充分判断法律的目标是否实现。该领域的强制性法律的特殊之处就在于，它工具性地强迫个人或机构做一些他们通常不愿意做的事情，而非防止他们做某些事情（Håkan Hyden in this volume；Rooij 2006：5）。有效实施的各种障碍之间也会相互影响，如法律文本规定的命令预设了关键角色的合作，却没有为他们遵守这些命令提供充分的激励。因此，他们不遵守法律，既源于法律文本的问题同时也源于该文本执行的问题。文本自身呈现的表面价值似乎可能会促进政策导向此目标，但现实却又表明并非如此，因此我们必须回到文本或规范命令，并对此加以改变。

这些法律援助条例责令一个行政机关"指导"和"协调"法律援助工作，但指导和协调的准确内容并不清楚，各法律援助中心与其他提供法律援助的参与者的强制关系也是如此。地方法律援助中心一方面似乎并未认真监督或控制法律援助活动，另一方面又似乎并没有能力动员制度之外的实质性资源。它们和由群众性组织实施的半官方法律援助的关系似乎更为紧密，并且合作也是建立在平等互利的基础上。从访谈的情况看，真正的非政府法律援助提供者并不认为各法律援助中心对它们的工作很重要。它们并未从法律援助中心获得支持，也未受到其干扰。在发达的北京海淀区，除了个别特殊案例外，它们与法律援助中心之间实际上并没有多少联系。如果这些条例的目标是让地方政府帮助扩大服务范围，那这也不是政府能发挥作用的方式。问题可能并非出在缺乏对权力的清晰分配，而是缺乏激励和惩罚机制。法律

---

① 见 2007 年 1 月 30 日，新华社的报道力劝政府官员尊重因征地而上访的农民，也可见《中国日报》2007 年 1 月 30 日的报道。

援助中心既没有资源鼓励替代性法律援助工作者，也不拥有对工作未达到质量要求的人施加惩罚的手段。它们给人留下的普遍印象是，在政治上，法律援助并非是非常重要的工作；范围窄、资源匮乏、缺乏有效惩罚措施都指向了一个脆弱的组织，这也在一定程度上反映了中国社会中律师传统地位的低下。不尊重律师的观念在刑事诉讼程序中表现得最为明显。辩方和控方在调查和庭审过程中实行"平等武装"本来是一种常识，但中国的刑事诉讼法却明显偏向于控方。律师无法秘密会见当事人；他们仅能看到检察官允许他们复印的材料；此外，律师要实现有效辩护还存在许多其他阻碍。再加上还受到那种认为国家利益高于个人利益的传统社会主义观念的影响，所有这些因素都构成了阻止穷人主张权利的障碍。当然这些因素也在不断发展变化，然而，调转船头前进方向的过程毕竟是非常缓慢的。

　　虽然法律明确规定了负担的最终承担者，但这基本上是为捍卫一个群体的利益而强迫另一个群体的人提供无偿帮助，换言之，这是在仁慈和互助的道德观念基础上创制了一种法律义务。这种戴着法律面具的道德义务可能成为一个"明确而一致的规则"，但因其具有准道德性，其正当性是比较脆弱的。要求律师为解决一种明确规定为国家责任的社会问题而比其他人付出更多，这对律师显然是很不公平的。其结果是提供的帮助在数量和质量上都不能得到充分保证，因为很多律师（可能更多的是高水平的律师）都不愿意履行此道德义务。然而，中国律师职业的发展呈现出了不同的方向。一方面，律师不得不在私人商业领域为了生存而竞争；做影响性诉讼的经济回报甚微；为穷人维权也很危险，尤其是在劳动争议领域（Michelson 2006：19）；律师还通常不愿意在刑事案件中代理被告（Cai and Yang 2005：134）。另一方面，全新的观念和态度也在不断产生，这又为思维和行动不断提供了新的方式。"维护合法权益"一词在大量大众作品中获得了广泛使用；社会学家在研究和宣传"送"法到基层①；赤脚律师的概念开始众所周知；国际人权组织出版了诸多有关勇敢的律师冒着生命和健康危险保护社会、公民和政治权利的报道；业外活动者，如大学学生、妇女活动家或环保团体，都愿意从事法律援助工作。从更长远看，这些例子都将有助于支持公民社会的健康发展并为社会性律师活动缔造新的规范。

---

　　① 在诸如"送法下乡"或"法律进社区"的口号下，参见有关朱苏力的论文，Chen，Albert（2004）。

四　结论

就本文所讨论的新法律援助政策的实施而言，可以说有些法律本身的问题也转变成了法律实施中的问题，因为对法律的实际适用过程也可以说明和反映立法的缺陷。如地方政府未拨付足够的资金实际上是个实施的问题，但它却也说明了法律要求地方人民代表大会在制定预算时对法律援助应予考虑这种规定是失败的。然而，如果地方政府贯彻了该条例的"精神"，它们也将不得不拨付更多的资金。如果地方人民代表大会拨付了资金，但却不够，这种资金不够的问题也是个实施的问题。同样，律师工作质量低下的问题也应追溯到他们工作的具体条件，即法律条款所规定的条件。然而这也可以说是律师未能遵守法律的"精神"所致，因为他们并未对分派的辩护案件投入足够的精力。他们接了案件，因为他们有义务这么做，但他们又没有对此项工作投入充分的精力。

就机构设置而言，说条例正在得到实施或正处于实施过程中也是很公允的。法律援助中心的数量和从法律援助中获益的人都在急剧增长，尤其是自2003 年年中《法律援助条例》实施以及司法部法律援助中心开始募集资金以来，这种趋势非常明显。如今大部分地方已经有了地方规章，且将会出现更多。志愿提供法律服务的人也在稳步增加，为穷人提供法律援助的观念在公众辩论中开始日益深入，这些都有助于实现向建立在法治基础上的制度转变。

总而言之，法律在某些方面很模糊。它涉及多方力量，但相互间的关系却不甚明确。法律在其他方面则很明确，这应该肯定是一个成就并且也符合法律确定性的标准，但这些方面却又对主要参与者产生了负面影响。法律明文规定执行的费用由地方政府承担，而中央政府在形式上却并未承担任何经济义务。第三条明确规定法律援助是政府的责任，但接下的一句却又将责任转嫁给了"县级以上人民政府"，这就暗示中央政府不负担任何经济责任，而仅负责规则的制定。文件因此形成一种地方分权，这和其他社会保障领域的政府政策是一样的，这就导致一种在全国范围内难以平等获得司法公正的风险。此外，地方分权政策也为地方保护主义留下了更多空间。

上述讨论表明，中国的法律援助制度体现了一种自由的慈善而不是权利思想，它体现的是一种道德义务而不是经济激励机制，它同样也不能反映法院的独立性和市场经济的需求。实施的问题揭示了关键参与者缺乏参与积极性和缺乏作为最重要因素的惩罚措施，这导致实现《法律援助条例》第一条规定的保障经济困难公民获得必要的法律服务目标的过程更为复杂。缺乏参与积极性主要是因为缺乏激励，因此改革现有制度的核心就是要为律师和法律工作者履行其义务提供更多的激励措施。

复式诉讼与局部改良

郝劲松[1]

一

　　一位前辈告诉我们成功的真正意义——让这个世界比你发现的好一些。当前中国面临着各种各样的问题：贫富两极分化，社会分配不公，腐败严重，就业率大幅下降，诚信缺失，等等，我们看到很多不公平所导致的结果，于是很多人抱怨法律的软弱，他们不再相信法律，但是那些心中的愤懑和牢骚帮不了我们，也不会使这个社会更安全。我们应该扪心自问：宪法与法律目前的软弱状况是不是和我们每个人有关？我们有没有为改变这种状况而做过什么？有人说，如果你希望这个世界有所改变，你自己就要去做那个改变世界的人。

　　十六大以来，中国生产力迅猛发展，科技手段日趋先进，经济快速增长，但同时，诸多社会因素也构成了对公共利益的威胁。例如，国有企业垄断、国有资产的流失、环境污染、强制拆迁、农民耕地被侵占，一些社会矛盾变得日益尖锐，甚至演变为"群体性事件"。面对这种困境，我们一直在思索，我们试图在法治领域内开垦一块公民权利保护的"试验田"，在全国范围内推广一种理性维权的新模式——复式诉讼，用法律手段从局部对某些不合理的状况进行改良，通过诉讼为人民参与国家事务和管理提供新的途径，从而推进法治的完善与和谐社会的构建。2004 年 5 月，我开始了我的课题调研：复式诉讼维权模式在中国的可行性研究。

　　英国前首相撒切尔夫人曾遭遇过一次尴尬的记者招待会。第一个记者向她提问：关于政府的股改政策会对社会构成什么样的冲击？撒切尔夫人不愿意回应，她用手指了一个她认识的记者："汤姆，你的问题。"汤姆起身回答："尊敬的撒切尔夫人，我想问的就是他刚才提到的问题。"撒切尔夫人仍然不愿意回应，"下一个！"她说。然而，每一个记者都说："我想问的就是他刚才提到的问题。"直到撒切尔夫人对此问题作出回应。

---

[1]　北京市国纲律师事务所公益部主任。

复式诉讼是指在短时间内，对某种不合理的现象发起持续的诉讼，以激起对方回应，并结合舆论来迫使不合理的状况发生改变，以个案来推动法治进程，宣扬法治理念，激活公民意识。

二

从 2004 年夏天开始，我先后数次提起带有公益性质的诉讼，其中三次针对铁路售货、用餐、退票费拒开发票现象，两次针对税务机关拒不履行"查处不开发票"的法定职责，两次针对地铁花费 75 亿元纳税人的钱却不设计公厕及收费不开发票。这些案件直接导致的结果是，北京地铁复八线从无到有，在所有的收费厕所配齐了五角的发票，并被西城地税局追缴偷漏税款两万余元。在四个月内，三次起诉铁路局，也使得铁道部连续下发《关于在铁路站车向旅客供餐及销售商品必须开具发票的通知》和《关于进一步规范站车经营的通知》，文件要求全国各铁路局必须在火车上向旅客开具发票，依法缴纳税金。2006 年 2 月，国家税务总局与铁道部联合下发文件，从 3 月 1 日起在全国的火车上配备统一印制的餐车发票。

2006 年 4 月，我起诉铁道部春运车票涨价不开听证会程序违法。北京一中院裁定不予立案，我随即上诉。9 月，北京市高级法院撤销一中院不予立案的裁定，指定一中院立案受理，同年 12 月 1 日，北京市一中院一审宣判我败诉。我随即向北京市高级人民法院提起上诉。2007 年 1 月 7 日，我发表致铁道部部长刘志军的公开信，呼吁春运彻底停止涨价。2007 年 1 月 10 号，铁道部宣布今后不再实行春运涨价制度。3 月 22 日，北京市高院终审判决驳回我的上诉。

2007 年 10 月，陕西省林业厅向社会公布陕西镇坪发现野生华南虎，11 月 8 日，我认为陕西农民周正龙所拍华南虎照片系伪造、欺骗了个人感情，在山西省定襄县人民法院对周正龙提起民事诉讼，要求周正龙公开道歉并赔偿 1 元精神损失费，山西省定襄县人民法院裁定不予立案。我随后向忻州市中级法院提起上诉，忻州市中级法院二审驳回了上诉。11 月 12 日，我以特快专递的方式，向国家林业局递交行政复议申请书，要求国家林业局委托专业机构对周正龙拍摄的华南虎照片鉴定真伪。11 月 26 日，我收到了国家林业局对其作出的行政复议不予受理决定书。12 月 10 日，我向北京市二中院提交了行政诉讼状起诉国家林业局，要求撤销行政复议不予受理决定书，但二中院以"本案中郝劲松申请复议的行为并非具体行政行为，故郝劲松的起诉不符合法律规定的起诉条件"为由拒绝立案。我随后向北京市高院提起上诉，2008 年 5 月 6 日北京高院终审裁定郝的起诉不属于法院受理范围。5 月 12 日，依据 5 月 1 日生效的《信息公开条例》我向国家林业局递交三份信息公开申请表，国家林业局给我开具了回执。我提出的三个要求是：第一，公开虎照二次鉴定所取得的突破性进展包括哪些以及二次鉴定的截止期限；第二，在陕西华南虎事件中，国家林业局一共向陕西省镇坪县派出几支科学考察队伍，分别有几名队员，考察时间分别是几日，所花费的纳税人钱款分别是多少？第三，陕西省林业厅为建立陕西镇坪国家级自然保护区而向国家林业局申报的材料中，除了周正龙所拍摄的华南虎照片，还包括哪些内容？国家林业局一方面声称鉴定照片不属于国家林业部门职责，一方面却又要求陕西省林业部门对华南虎照片进行第二次鉴定，同为林业部门在鉴定照片上为何职责不同？5 月 27 日，国家林业局政务公开小组邹姓工作人员电话通知我，信息公开回复将延长 15 个工作日答复。

2008 年 1 月 3 日，我从新闻得知国家发改委将在 1 月中下旬召开手机漫游费听证会。1 月 4 日，我写了"听证会代表申请书"和"听证会旁听申请书"，用两份特快专递分别寄给国家发改委价格司和国家发改委邮电运输价格处。1 月 16 日，我收到了国家发改委价格司的答复。答复称，本次听证会代表由消费者代表、经营者代表、专家学者代表、有关部门代表组成，将按《政府价格决策听证办法》规定产生，本次听证会消费者代表已委托中国消费者协会推荐。同时由于受会场条件限制，无法安排我旁听会议。在得知 1 月 22 日将召开听证会，1 月 21 日我向北京市第一中级法院起诉国家发改委，请求法院撤销国家发改委针对我所作出的不允许原告旁听手机漫游费价格听证会的具体行政行为并对我提交的手机漫游费价格听证会旁听申请书重新答复作出新的行政行为。1 月 28 日，北京市第一中级法院裁定不予立案，我随后向北京市高院提起上诉，2008 年 5 月 6 日，北京市高院二审裁定驳回上诉，维持一审裁定。

三

事实上，我们发现纳税人权利被侵犯的背后常常有政府职能机构不作为或乱作为的影子，公权践踏私权的现象屡屡发生。我们常说要为人民服务，对企业来讲，人民就是顾客，顾客就是上帝，为人民服务关系到企业的生存与发展；对政府来说，人民就是纳税人，纳税人是政府官员的衣食父母。为人民服务是其法定的职责，天经地义，不论你是资产几百个亿的大型企业，还是什么国家部委，如果你不能很好地为人民服务，甚至侵犯人民的利益，那么对不起，人民会毫不客气地把你送上法庭，接受法律的审判。

根据宪法规定，任何党派、团体、组织、个人包括政府和军队都不得凌驾于宪法和法律之上，未来的中国什么最大，应该是法律最大，只有法律最大，一个国家才可以真正称之为法治国家。我们也希望有更多的公民加入到建设法治中国的队伍中来，为纳税人权利而奋斗。

当前，中国正处于民主法治的转型期，我认为公民可以通过法律来督促政府改变不合理的公共政策，公民可以通过使用法律的方式让司法获得变革社会的力量。我们运用体制变革的策略来探讨现行的公民参与政治的空间，我们用法律知识武装自己，并试图用法律来实现自己的目标。我坚信在中国能够实现公民参政的个人行为。尽管我的很多案件败诉了，但是我们没有停止努力，我相信每一次冲击都会留下痕迹，每一次起诉都会对不法现象产生震慑！我相信我们每一个人，都会以自己的方式——不论是付出我们的时间，金钱，还是知识，都有责任为公共利益而服务，有责任为公平而奋斗！为正义而奋斗！为良知和真相而奋斗！

民主与法治是一种理性的推进，真正的民主不可能一蹴而就，它需要渐进地改良，它需要实实在在的建设，它需要我们每一个人具体的努力。我们认为：民主不分大小，民主不分老幼，民主人人有责！民主法治决不是一句空话。1949年毛泽东宣布中国人民站起来了，现如今的中国，我们需要每一个公民个体的站立——独立人格的站立，独立法治意识、独立权利意识、独立民主意识的站立！我们信仰法治天下！我们相信，随着公民意识的觉醒，中国必将成为民主与法治的国家。我们认为通过法律可以促使政府改变不合理的公共政策，我们用法律来发出自己的声音。

面对不合理的现象，很多国人选择沉默，殊不知，当法制环境被破坏，没有人会是安全的，下一个轮到的可能就是你。法律其实就像一棵树，这棵树需要民众从小去爱护它，在它的成长过程中需要很多人去关心它，浇水、施肥和打虫，当它长成参天大树时，暴风雨来了，这棵树才能保护你。反之，如果你不去关心它，当法律之树被践踏被摧毁，你熟视无睹，法律是不可能茁壮成长，更不可能绿树成荫，也就不可能成为大家的保护伞。目前的中国，公民社会正在茁壮成长。每一位中国人都应该成长为正直的公民，以法律为信仰，能独立地表达观点却不傲慢，能正直地表示服从却不卑躬屈膝，看到邪恶知道愤怒，看到弱者懂得同情。每个公民都要有独立的人格意识，独立的民主意识，更要有独立的质疑精神，如此，中国才有可能成为真正的民主法治国家，宪法赋予国人的权利才有可能实现。在民主与法治的道路上我们会遭遇各种阻力，但困难将成为我们前进的动力，而不是逃避的理由。

常常听到人们抱怨法律的软弱，有人甚至说中国的法律是银样镴枪头，中看不中用，殊不知法律之所以软弱是因为当法律被践踏时，很多人袖手旁观，他们沉默，他们忍耐，很少有人挺身而出保护它，替它说话。法律有时就像是一个孤独的孩子被遗弃在角落里，默默地流泪。圣经上说，赐我以尊严的人，我必将尊严赐予他。当终于有人走上法庭，捍卫法律的尊严，让法律开口说话，法律就成为一种神圣的力量，成为对不法现象的一种强有力的震慑。当我们历经曲折最终使用法律扭转了某些不合理的局面，那种改变所带给我们的快乐，就如同一颗璀璨的烟花在高潮迭起的瞬间骤然绽放，法律让每一个人都感受到它温暖的光辉，明亮且充满力度。

四

迄今为止，我的系列案件有败有胜。对判决结果，我认为，胜诉了可以树立人民对法律的信心，败诉了可以暴露问题的根源所在。如火车发票案就显示出铁路法院体制的违宪问题。司法审判的一个基本原则是，任何人都不能充当自己案件的法官，只有程序正当，结果才会正当。铁路法院的设置违反了宪法关于法院独立审判的基本原则。在火车退票费不开发票一案中，铁路运输法院绕开发票主管机构——税务局，而是以"北京市审计局一工作人员认为该退票费报销凭证属于专业发票"为由驳回原告起诉。在餐车只开收据不开发票一案中，铁路运输法院又以"餐车给旅客开收据可以事后换发票并不违法"为由驳回原告起诉。2005 年 9 月，我向全国人大常委会上书，建议在全国范围内撤销全国铁路法院。在诉讼过程中，一些法院在维护司法公正方面的表现也不尽如人意。从而挫伤了公民依法监督政府机关的积极性。

我认为，现代文明社会中，主张自身权利，消除弊端的最终手段为三种：第一是诉讼，第二是诉讼，第三还是诉讼。令人欣喜的是，近年来我们看到了越来越多的公民加入到公益诉讼的队伍中来，公民维权意识空前高涨，如近期的李刚诉牙防组案件，喻山澜诉牡丹交通卡案件，陈法庆诉政府环境保护不力案件……这些公益诉讼由于涉及公众的利益，受到了媒体和社会各界的广泛关注，如火车售货不开发票一案，涉及每年十亿旅客的合法权益。社会上有一种声音说，他们是在炒作，为一些小事大动干戈没必要。对这种观点，我不能认同。所谓权利，它的重要前提就在于时刻可以进行主张，如果人人都不主张，权利只能停留在纸面上。今天你失去一些权利，你不抗争，明天你同样会失去更多的权利，人身权，财产权，包括土地、房屋。中国现在这种状况不是偶然造成的，而是长期的温水煮青蛙的一个结果，大家会觉得农民的土地被侵占了与我何干？火车不开发票，偷漏税与我何干？别人的房屋被强行拆迁与我何干？有一天，这些事情都会落在你的身上。丧钟为谁而鸣，丧钟为每一个人而鸣！而公益诉讼是正义之士，超越一己之利为公益寻求司法救济，以私权的形式来维护公共利益，是一种成功的尝试，这也反映了我国公民理性维权意识的觉醒。

目前，由于立法的缺位，公益诉讼步履艰难，很多案件无法进入诉讼实体程序，一些进入庭审的案件，也常常因为司法效率低下，耗费大量的时间和精力，而且最终常以公民败诉而告终，如郝劲松诉地铁厕所违规收费一案，北京西城法院历时一年后一审驳回了原告的起诉。和谐社会的构建必须依赖于法律制度的推动，必须借助于法治的践行。构建社会主义和谐社会一个重要途径是发扬民主，最大限度地发挥人民群众的积极性，在现代化社会管理制度平台上充分体现广大人民的共同利益。公益诉讼旨在保护公共利益，它体现了民主的精神，标志着法治的进步，是公民有序参与国家事务的一条有效途径，是构建社会主义和谐社会的一个重要手段。因此为了实现社会的公平与公正，我们应该尽快完善法律规定，尽快修改诉讼法，确立公益诉讼制度，以完善维护公共利益的司法救济渠道，这是社会进步的要求，也是建设法治国家的必由之路。

2007 年公益诉讼案件评析

王振宇①

　　2007 年，依然可见与公益诉讼有关的论坛、培训和评选活动。2007 年，武汉大学弱者权利保护中心成立十五周年，该机构是全国第一家依托高校为社会提供公益服务的民间法律援助机构；2007 年，按照最高人民检察院检察理论研究所、中国人民大学民商法研究中心、河南省人民检察院的统计和判断，是公益诉讼十周年。因为"1997 年河南方城县检察机关提起我国第一起公益诉讼案件"，这三家机构联合主办了"2007 中原民事行政检察论坛暨公益诉讼十周年研讨会"；2007 年，连续举办了七届的中国律师论坛第一次有了公益分论坛；2007 年，中国法院网的"案件库"栏目中，公益诉讼类终于上传文章了，虽然连同 2006 年的 3 篇、2008 年的 4 篇（截至 2008 年 1 月 16 日）一共才 22 篇，但毕竟公益诉讼在该网中可以与民事诉讼、刑事诉讼并驾齐驱了；2007 年，北京市律师协会设立了公益法专业委员会；2007 年，也似乎有越来越多的人与公益诉讼结合在一起，并以地域、关注领域和介入时间等因素为标准，组合成"第一"、"领军"、"NO.1"等称号颁发给自己……

　　公益诉讼的发展最终的衡量标准还是一个个具体的案件，2007 年有影响的公益诉讼案件依然层出不穷。以下个案，乃按照其起诉、判决发生在 2007 年内最早的时间点顺序排列；它们被列为"公益诉讼案件"的主要原因在于，当事人自己声称或媒体认为案件的提起是为了公益；这些案件之所以纳入作者的视野是因为这些案件在谷歌网上的搜索结果排名靠前（媒体关注度、公众关注度高），且在同类诉讼中具有代表性。

　　在下文提及的十一个具有较大社会影响的公益诉讼中，以所涉及制度为标准统计，与户籍制度有关的占最大比例，共三起：黄元健诉国家大剧院招聘案、程海户籍迁移案、周靖绿卡子女报名案；以原告和发起人身份为标准进行统计，由律师作为原告或发起的诉讼占有最大比例，共 9 起；以诉讼结果为标准进行统计，法院不予受理占有最大比例，共 7 起。虽然本文仅以

---

① 北京义派律师事务所执行主任。

11 起诉讼作为分析样本，所得结论不具有统计学意义，但我们还是可以从中发现一些东西：与户籍制度有关的一概未被受理；更多的公益诉讼是具有专业法律知识的人发起的；户籍制度、市场经济规则、行政性收费、环境污染这些老问题依然是公益诉讼所针对的主要对象，而言论表达自由、公民的信息知情权只是开始被以诉讼的形式小心翼翼地触及。

一　王子英百元"开瓶费"案：尚未终结

原告：王子英

被告：湘水之珠大酒楼

律师：陈占民

法院：北京市海淀区人民法院、北京市第一中级人民法院

结果：胜诉

2006 年 9 月 13 日，王子英在酒楼就餐时，因自带酒水而被酒楼强行收取了 100 元的开瓶费，王子英认为酒楼的行为严重妨害了消费者知情权、公平交易权及自主选择权的正常行使，遂将酒楼告上法庭。

一审法院认为，《消费者权益保护法》规定：经营者不得以格式合同、通知、声明、店堂告示等方式作出对消费者不公平、不合理的规定。湘水之珠酒楼菜谱中载明自带酒水需另收取服务费的内容是单方意思表示，系格式条款，应属无效，对王子英没有约束力。湘水之珠酒楼向王子英加收开瓶服务费的做法侵害了王子英的公平交易权，属于不当得利，应予返还。被告不服，提出上诉。

二审法院认为，对于加重消费者义务的重要条款，提供合同方如果没有以一些特别标示出现或出现于一些特别显著醒目的位置，则无法推定消费者已经明知。由于上诉人没有证据证明事前明示消费者收取开瓶服务费，因此属于其侵犯了消费者的知情及公平交易的权利。其应当就此承担相应的侵权责任。维持一审原判。

这一诉讼引发了原被告各自利益代言人的强烈反映：中国烹饪协会发表声明，强调对于自带酒水收取服务费属于市场行为，是否收取可以由餐馆自主选择；消费者协会强调，禁止消费者自带酒水或是收取开瓶费违反了《消费者权益保护法》、《反不正当竞争法》、《合同法》等相关法律、法规。2007 年 12 月 1 日，商务部制定的《餐饮企业经营规范》将正式实施，其中规定：包间费、最低消费、开瓶费等应在餐馆收费项目中予以明示。这便意

味着：只要明示，便可收费；或者换一种说法：若想收费，必须明示。

单就诉讼而言，我国实行两审终审制，案件已经审结。王子英也因此被中央电视台评选为 2007 年十大法治人物之一。但商家与消费者的利益如何平衡？终审法院给出的答案似乎稍显简单：只要商家履行了明示义务，就意味着二者的权益均得到了保障——既没有干涉商家的经营自主权，也保障了消费者自主选择权。其实，最根本的问题在于：如果酒店之间是竞争的，就没有一家酒店会冒风险来收取消费者如此反感的开瓶费，因为这意味着让他丢掉了顾客、成全了竞争对手。给这些酒店撑腰的是行业协会，在行业协会的组织下，酒店达成了价格联盟，才能使统一收取开瓶费的行为得以实现。也正因如此，消费者实际仍然是没有选择权的；而酒店只需明示仍可合理合法地"强行"收取开瓶费。当然，这也许并不是因为法院没有足够的智慧，而是要受限于消费者的诉讼请求、中国反垄断法的缺失。

此案给我们的启示是：在商家和消费者这次遭遇战中，公共利益不仅仅指消费者的利益，也包括酒店的利益。而真正的公共利益在于建立完善的市场法则。从这个意义上严格来说，本案的公益目的不清，公益目标并未实现，并且该案只是被公众认为是公益诉讼，而原告本人并未说自己是为了公共利益。

二　黄元健诉国家大剧院招聘案：歧视源于政府观念

原告：黄元健
被告：国家大剧院
律师：王振宇
法院：北京市东城区人民法院
结果：不予受理

2007 年 3 月 22 日，国家大剧院发布招聘公告。公告中详细地列出了国家大剧院各个工作岗位所要招聘的具体人数，总共是 315 人，但在公告的第二项中对报名资格和条件提出了明确要求———"具有北京市常住居民户口"。

4 月 11 日，黄元健将国家大剧院告上法庭。理由是，国家大剧院招聘启事中明确规定应聘人员应具有北京市户口。黄元健在自己的诉状中称，"国家大剧院投资预算 26.88 亿元，全部由中央财政专项安排"，并且，"国家大剧院既冠以'国家'之名，当为举国之大剧院、全民之大剧院……更应该为全国各地的公民提供就业机会"。"被告发布的《招聘公告》不符合宪法精神，有悖于公序良俗，并且违反了《劳动法》相关规定，是典型的户籍歧视。"两个月后，该诉讼还未能立案，理由是黄在该事件中并非直接的利益相关者。

《中华人民共和国劳动法》第三条第一款之规定："劳动者享有平等就业和选择职业的权利、取得劳动报酬的权利、休息休假的权利、获得劳动安全卫生保护的权利、接受职业技能培训的权利、享受社会保险和福利的权利、提请劳动争议处理的权利以及法律规定的其他劳动权利。"1958 年，国际劳工组织签订了一个《1958 年消除就业和职业歧视公约》，其中列举出种族、肤色、性别、宗教、政治见解、民族血统、社会出身 7 种情况，都不能作为对求职者、雇员进行差别对待的理由。

以北京为例，对外地人实施就业歧视性待遇的做法始于地方人大和政府的强制性规定。北京市人大常委 1995 年制定、1997 年修订的《北京市外地来京务工经商人员管理条例》规定了《外来人员就业证》、《健康凭证》、《房屋租赁许可证》行政许可制度，对外地进京人员在务工、就业、经商、房屋租赁、卫生防疫等方面进行限制。这一规定曾实行了十年之久，直到 2005 年 3 月 25 日才被废止；然而，1997 年 10 月 16 日，北京市人民代表大会常务委员会第 102 号公告公布的《北京市人才市场管理条例》、北京市人民政府于 1998 年 9 月 11 日发布的《北京市人才招聘管理办法》以及北京市人事局 2007 年 7 月 10 日发布的《北京市招聘外地人才实施细则》等法规、文件，对北京用人单位招聘外地人员仍然规定了种种限制。

此案给我们的启示是：当某种对公共利益造成损害的行为根源来自于政府的时候，公益诉讼所能达到的目标往往限于公众教育（也包括政府部门），而立案和胜诉成了遥不可及的愿景；由此观之，违宪审查才是公益诉讼发展的高级阶段。

三 程海户口迁移案："重大发现"不灵

原告：程海
被告：合肥市庐阳区公安分局、北京市昌平区公安分局
律师：李苏滨
法院：合肥市庐阳区人民法院、北京市昌平区人民法院
结果：不予受理

　　2007 年 3 月 12 日，在北京工作但户口在合肥市的程海因工作和生活不便，向居住地北京市昌平区公安分局及其所属的东小口派出所寄出书面申请，要求为他办理常住户口从合肥市迁入北京市的手续。次日，程海又向现户籍管辖的合肥市庐阳区三牌楼派出所邮寄了户口迁出申报。3 月 26 日，北京市昌平区公安分局回函，拒绝他迁入；4 月 13 日，合肥市庐阳区三牌楼派出所拒绝为他办理迁出手续。2007 年 4 月 18 日和 19 日，程海先后将合肥市庐阳区公安分局和北京市昌平区公安分局告上法庭，要求两者为他办理自由迁移手续。4 月 26 日，北京市昌平区法院裁定：对于起诉人程海所诉事项，昌平分局不具有为起诉人办理户口迁入手续的职责，故其提起的行政诉讼，不符合立案条件；8 月 19 日，合肥市庐阳区法院以程海"错列被告"为由驳回其要求迁出户口的诉讼请求；11 月 1 日，程海将被告调整为三牌楼派出所，向庐阳区法院重新起诉，12 月 21 日，合肥市庐阳区法院判决驳回程海要求迁户的诉讼请求。

　　近些年，试图推动户籍制度改革的行动不断见诸报端。有举办论坛进行专门探讨的、有发文章口诛笔伐的、也有不少提起相关诉讼的。程海户籍迁移案的不同之处或者说更具震撼力之处用他曾对笔者说过的话说是"缘自一个重大发现：原来我国唯一一部户籍法律，是支持户口迁移自由的！"的确如此：全国人大常委会 1958 年颁布的《中华人民共和国户口登记条例》是我国目前唯一一部生效的也是法律层级最高的户口专门法律，该条例从来未禁止公民户口迁移，即便对于"被假释、缓刑的犯人，被管制分子和其他依法被剥夺政治权利的人"也只是多了点程序限制而已。

　　也正因如此，这起"为了自己也为了公益"（程海语）的诉讼，引起了以前未曾被关注的问题：现行的"活"的户籍制度来源于部门文件还是国家立法？当那些部门文件与法律相冲突的时候，该怎么办？可惜的是，程海的重大发现结果也只是以诉讼方式提出了这一重大问题，还是以法院不予受理而告终。

　　此案给我们的启示是：一项制度的形成和变革，决不是一部法律的颁布和废止那么简单。大量的公益诉讼希望通过司法来推动制度变迁，其结果是使并不独立的法院不堪重负只能一推了之，这实在令人遗憾。换句话说，没有司法机关支持的公益诉讼，其价值只是引出"话题"与讨论，然而，这种讨论的效果如何还仍然令人怀疑，毕竟有关户籍制度改革的讨论已经太过于旷日持久了。

四　韩甫政诉民航总局征机场建设费案：技术性击倒

原告： 韩甫政
被告： 民航总局
律师： 不详
法院： 北京市第二中级人民法院
结果： 驳回起诉

2007 年 3 月 23 日，河北律师韩甫政购买北京至海口的往返机票时，被海南航空公司收取了 100 元机场建设费。5 月 7 日，韩甫政以"征收自己私有财产的行为违反宪法和法律"为由，向民航总局提起行政复议，请求返还 100 元费用，并停止收费。

5 月 28 日，民航总局作出不予受理决定书，认为民航机场管理建设费是国务院批准征收的全国政府性基金，并且民航总局并没有作出具体行政行为。6 月 11 日，韩甫政向北京市第二中级人民法院提起行政诉讼，把民航总局告上法庭。北京市第二中级人民法院以不属于受理范围为由，驳回了起诉。据了解，本应至 2005 年到期的机场建设费，在国家相关部门的核准下，将续征到 2010 年。

对于机场建设费，质疑之声一直未断：合法性在哪儿？合理性在哪儿？收取的钱干嘛用了？据原告称，征收机场建设费的主要依据就是 1995 年 11 月《国务院办公厅转发民航总局、国家计委、财政部关于整顿民航机场代收各种建设基金意见的通知》。毫无疑问，这并不是法律。而根据《中华人民共和国立法法》的规定，对非国有财产的征收只能制定法律。从这个意义上讲，机场建设费的合理性问题已经不需要讨论了。

不予受理的言外之意是：别跟我说，因为我管不着。那么，谁能管得着呢？征收 100 元钱不是具体行政行为吗？相信作出不予受理决定或者裁定的机构内心是矛盾的，谁也不愿意在众目睽睽之下给出如此荒唐的理由。在强调依法治国的今天，法院有那么多的地方管不着本身岂不是一个讽刺？

此案给我们的启示是：诸多的行政公益诉讼被有关法院以"抽象行为不属于法院受理范围"为由拒之门外。这一对公益诉讼原告人实施技术性击倒的"法宝"，击倒的恐怕也包括了司法权威在内。

五　周靖诉北京市人事局"绿卡子女"　高考报名案：公益诉讼无能为力

原告：周靖

被告：北京市人事局

律师：李刚、王振宇

法院：北京市东城区人民法院

结果：不予答复

在北京一所市重点中学上学 5 年后，17 岁的高二女生小敏突然被班主任告知无法在北京参加高考。作为北京绿卡持有人的女儿，户籍在海南的小敏获准进入市重点高中读书。然而随着打击高考移民政策中"户籍、学籍双认证"的落实，小敏成了牺牲品。海南户籍的小敏，无法在北京报名高考；学籍在北京的她，也已无法符合海南的报名条件。

2006 年 8 月 27 日，与海南方面协调未果后，周靖与几个来自新疆、河南、辽宁的家长一起，赶到北京市人事局，递交材料。获悉周靖等人的来意后，市人事局一工作人员表示，此前"满 3 年调转北京户口"的说法，目前还没有具体的落实政策。至于家长们关心的高考问题，年年有家长反映，他们正在和市教委协调研究，但暂时还难以解决。

2007 年 9 月 17 日，等不及研究结果的周靖，向东城法院递交起诉书，状告北京市人事局行政不作为。周靖认为，作为引进人才的主管机构，市人事局没有积极落实此前绿卡政策中承诺的绿卡子弟教育问题，属行政不作为，应予以纠正。

法官收下起诉材料答复说，需请示后再做是否立案的决定。截至目前，她没有收到法院的立案通知书。周靖称，在此期间，她电话催问过多次，答复都是"再等等，尚未决定"。

"高考移民"这一词汇始于教育部为"打击高考移民"与公安部联合作出的《关于做好普通高校招生全国统一考试考生报名资格审查工作的通知》（教学厅 ［2005］ 13 号），该《通知》称："近年来，部分考生在普通高校招生全国统一考试报名前利用省际间录取分数线差异，通过办理非正常户口迁移手续，在分数线较低的省份获取报考资格和较多的录取机会，这些考生绝大多数未在户口迁入地实际居住和接受高中教育。这种现象（以下简称"高考移民"）已引起户口迁入地群众和广大考生的不满，个别地区甚至还引发了群体性事件。"就这样一份部委文件，就把户口迁移区分为什么是正常的、什么是非正常的；并且用猜测别人动机的方式确定了"高考移民"这一群体。

　　谁能断言，别人就是为了高考而进行户口迁移呢？从这个意义上说，压根没有什么高考移民。退一步讲，即便为了高考而进行户籍迁移，也无不当之处。这是"理性人"趋利避害的结果：只要存在与户籍挂钩的不公平的教育资源分配模式，就无法避免公民从户籍方面为自己谋取利益。这是社会转型时期所出现的特殊现象，它反映出我国与户籍挂钩的高考制度本身存在一定的弊端，反映出人口流动加剧的当代人对户籍制度的无奈。我们应该反思的倒是目前各地的招生政策：高考录取名额是如何确定的？其政策目标是什么？如此重要的公共资源分配，经过了什么程序？

　　此案给我们的启示是：与户籍制度纠结在一起的公共政策，牵扯诸多部门、牵涉诸多深层问题，牵一发动全身。公益诉讼在这样的制度面前，几乎无能为力。

六　900 名车主诉中国保监会交强险案：谁从"公共利益"中获利？

原告： 900 名车主
被告： 保监会
律师： 刘家辉
法院： 北京市第一中级人民法院
结果： 不予受理

　　2007 年 6 月 11 日，156 位机动车投保人将保监会诉至北京第一中级人民法院，要求法院撤销保监会作出的（2007）112 号《关于机动车交通事故责任强制保险行政许可听证申请的复函》，并判决保监会重新作出交强险行政许可听证答复。后原告增加至 900 人。

　　2007 年 7 月，代理律师刘家辉收到了北京市第一中级人民法院的"退件通知"，该通知全文如下："刘家辉，你于 2007 年 6 月 11 日向我院提交了起诉材料，经审查，你提交的起诉材料，缺少下列条件的第 11 项，不符合立案要求，故将材料退还给你。"法院所指的第 11 项是：属于法院受案范围。也就是说，法院退回刘家辉诉讼申请的理由是：法院认为本案不属于受案的范围。

有人质疑说:"过去做商业险的情况下,我的保费不到500元,为什么现在交交强险、不交第三者险的情况下,增加到了1050元?过去第三者险保10万元,现在交强险只保6万元。费率提高了,保险的金额下降了,这是一个很大的反差。"这个第一个由我国法律强制规定的、被称作公益保险的交强险,保监会要求保险公司做到"不盈不亏",并要求实行分账管理。但从其诞生之日起,在保费过高、赔偿额过低、重复投保、理赔程序等诸多方面均招致诉病。

此案给我们的启示是:若无民主的决策程序、透明的监督程序,任何声称为公共利益而实施的制度和行为,都有可能成为对公共利益的最大剥夺。进一步讲,拒绝公众参与的决策,本就是对公共利益的侵犯,何来保护公共利益一说?

七　郝劲松"华南虎"照片案:没人对信息真伪负责

原告:郝劲松
被告:周正龙、陕西省林业厅、国家林业局
律师:无
法院:陕西省定襄县人民法院、北京市第二中级人民法院
结果:不予受理

2007年10月12日,陕西省林业厅公布的一组野生华南虎照片,照片的拍摄者周正龙被奖励人民币2万元。虎照公布之后,其真伪在网络以及社会上引起巨大争议,面对诸多质疑,国家权威部门始终未就照片真伪作出正面回应。

2007年11月7日,律师郝劲松对周正龙提起诉讼,要求法院对虎照真伪进行判定,还全国人民一个真相。11月26日,陕西省定襄县人民法院发出不予受理通知。

2007年11月26日,郝劲松收到国家林业局寄发的《行政复议不予受理决定书》。国家林业局认为,郝劲松所诉陕西省林业厅"根据陕西省镇坪县村民周正龙拍摄的71张华南虎照片和相关胶卷而于2007年10月12日认定陕西省镇坪县发现野生华南虎以及向社会公布陕西省镇坪县发现野生华南虎这两个行政行为",不是针对郝劲松作出的,对郝劲松的权利义务不产生实际影响。随后,郝劲松将国家林业局诉至北京市第二中级人民法院,北京市第二中级人民法院以郝劲松申请复议的行为并非具体行政行为,其起诉不

符合法律规定的起诉条件为由，裁定不予受理其起诉。

有人认为照片的拍摄者周正龙是 2007 年最具影响力的人物。正是因为他，媒体、官员、律师、商人、科学家……围绕着一组照片演出了一幕幕各具特色的故事：有人用华南虎注册了网络域名、有人邀请周正龙作野生虎考察、有专家以人头担保照片是假的。在一片嘈杂声中，唯一发出理性声音的可能就是郝劲松：他把评判权交给了法院，让不会因照片真假而获利或遭受损失的法院居中作出判断。但这次，法院没有再像郝劲松诉铁道部春运涨价时那样接过这个皮球。

此案给我们的启示是：我们的诉讼制度不支持公民将"与自己没有直接利害关系"的社会事务引导至司法渠道。也就是说，公民实际上没有权利进行公益诉讼。

八 董彦斌《色·戒》案：无法触及的宪法性原则

原告：董彦斌
被告：北京华星国际影城、文化部
律师：王振宇
法院：北京市西城区人民法院、北京市海淀区人民法院
结果：不予受理

2007 年 11 月 9 日，董彦斌在北京华星国际影城观看电影《色·戒》后，认为他所看到的电影结构不完整，人物刻画情节缺失。11 月 13 日，董彦斌起诉北京华星国际影城和国家广电总局，称前者提供的删节版《色·戒》剧情结构不完整，侵犯了消费者的公平交易权和知情权；后者在审查电影过程中标准过于严格，未确立电影分级制度，违反了社会公共利益。他要求两者道歉，并各赔偿精神损失 500 元。北京市西城区法院收到董彦斌的起诉材料后，经审查认为董彦斌还需提供没有删节的电影版本《色·戒》作为证据，当天未准其立案。1 月 16 日，董彦斌以同样的理由起诉北京华星国际影城，向北京市海淀区法院申请立案，被以同样的理由当天拒绝。

我国对电影行业进行管理的依据由包括宪法、行政法、民法、刑法等法律在内的，国务院行政法规、广电总局的部门规章以及一系列红头文件构成。就具体的行业管理规范来说，专门的行政法规只有一部，即国务院颁布的于 2002 年 2 月 1 日开始施行的《电影条例》；此外，广电总局颁布了十余个部门规章对电影进行专门管理；构成管理规范的还有大量的红头文件，这

些红头文件也主要是广电总局制定和发布的。以一种商品从生产到流通的过程看，我国对其行政管理覆盖了从剧本到放映的全部环节；从管制方式来说，我国对这个行业的管制几乎运用了所有管制方式，包括了准入管制、行为管制等等；从管制实现手段来说，目前电影管制主要是行政许可；从行政相对人可采取的救济手段来说，有电影审查复审制度、相关行政复议制度、诉讼。但据我所知，目前我国很少有人因电影审查而提起复审，几乎没有人提起行政复议或者诉讼。总而言之，我国对电影的管制，是以行政许可的方式贯穿电影从剧本到制作、到内容、到发行的全部流程。虽然《电影条例》中列明了"行业自律"原则，但在实际中这一原则并未实现。

关于电影中"色情"或"淫秽"的规定，《电影条例》称：电影片禁止宣扬淫秽；《电影剧本（梗概）备案、电影片管理规定》称：电影片有下列情形，应删剪、修改：夹杂淫秽色情和庸俗低级内容，展现淫乱、强奸、卖淫、嫖娼、性行为、性变态等情节及男女性器官等其他隐秘部位；1997年广电局的《电影审查规定》称：电影片中个别情节、语言或画面有下列内容的，应当删剪、修改：不恰当地叙述和描写性及与性有关的情节，正面裸露男女躯体；以肯定的态度描写婚外恋、未婚同居及其他不正当男女关系；具体描写腐化堕落，可能诱发人们仿效；造成强烈感观刺激的较长时间的接吻、爱抚镜头及床上、浴室内的画面；具体描写淫乱、强奸、卖淫、嫖娼、同性恋等；内容粗俗、趣味低下的对白；庸俗、低级的背景音乐及动态、声音效果。

上述规定，看似清晰实则模糊——这是一条弹性很大的松紧带。也由此赋予了管理机构以极大自由裁量权。界定"色情"实在是一件苦差事：一方面"色情"是个随着社会文化发展而不断变化的概念；另一方面我国也缺乏主流道德价值观作为判断依据。

我国的电影管制，一方面涉及消费者权利和电影制片人、发行人的经营权利，另一方面也触及"自由表达"这一重要宪法权利的行使和限制：剧本的作者、制片、导演以什么样的情节和语言（包括镜头语言）来表达自己的思想，谁可以在何种授权下以何种理由加以限制？

此案给我们的启示是："色情"本身自古以来就是一种表达，与其有关的公益诉讼目前在中国不仅缺乏伦理支持，缺乏大众认同，而且还缺乏制度保障。

九　陈超劳动教养案：迂回实现公平

原告：陈超

被告：河南省洛阳市劳动教养委员会

律师：张增军

法院：河南省洛阳市中级人民法院

结果：不详

2007 年 7 月 26 日，陈超因"涉嫌损害财物罪"被警方刑事拘留。8 月，检察机关以"证据不足"为由，拒绝批准对陈超实施逮捕。8 月 31 日，伊川县看守所为陈超下发了"释放证明书"。9 月 5 日，洛阳市劳教委对陈超作出劳动教养两年的决定。10 月 29 日，陈超状告洛阳劳教委，并要求法院确认被告所依据的 50 年前的行政法规无效。

劳动教养制度因无法律授权而限制人身自由、与行政处罚法及立法法相冲突，多年来一直为法学界所强烈质疑。由于种种原因，由于劳动教养而引发的诉讼难以立案，即便得以立案，原告也很难胜诉。河南劳动教养案原告除了为自己主张权利外，还要求法院确认相关行政法规无效，从而使这一诉讼具有了公益性质。

耐人寻味的是洛阳市中级法院行政庭副庭长郝亚丽法官对记者所说的话："对待此类敏感案件，法院首先要面临的问题就是'立案关'。除了一些特别的案件外，涉及劳动教养问题，审判机构应该给当事人一个进入公开审理场合的机会。在审判过程中，我们一般本着充分沟通，讲究审判技巧，达到迂回公平的原则。"为什么涉及劳动教养的案件会被认为是敏感案件呢？为什么法院会面临"立案关"，谁设置的这一关卡呢？为什么法院需要迂回，才能给当事人以公平？

此案给我们的启示是：有良知和正义感、职业荣誉感的法官可以成为公益诉讼的盟友，可以成为推动社会进步的正义力量。河南洛阳中级人民法院应被载入史册。

十　丘建东价格调节基金案："混账"还要做多久？

原告：丘建东

被告：厦门市物价局

律师：丘建东

法院：厦门市思明区人民法院、厦门市中级人民法院

结果：一审败诉

2006 年 11 月 7 日因出差到福建省厦门市，住旅馆结算交房费时，在房价外另被多收副食品价格调节基金 4.80 元，这种基金系按照房价的 4% 征收，由厦门市人民政府物价局委托旅馆代征。丘建东对此表示行政法上的质疑，要求法院撤销被告厦门市物价局于 2006 年 11 月 7 日向丘建东征收价格调节基金人民币 4.80 元的具体行政行为，并要求被告返还原告丘建东被征收的财产人民币 4.80 元。

经行政诉讼一审，厦门市思明区人民法院以物价局征费文件即厦府办〔2003〕235 号《厦门市人民政府办公厅转发市物价局、市财政局〈关于调整价格调节基金征收对象和标准的意见〉的通知》经闽财综〔2003〕82 号《关于调整厦门市城市副食品价格调节基金征收渠道的通知》合法批准为由，驳回丘建东的诉讼请求。

丘建东于 2007 年 12 月向厦门市中级人民法院提出上诉，他认为，政府基金并不是行政性也不是事业性收费。前后两者各有不同的法律规范性文件加以约束规定。①行政性与事业性收费由国家发改委制定目录，省级政府也可以制定；政府性基金则由财政部制定目录；②依现行行政规范性文件规定，前者地方政府可设立，后者则地方政府无权设立；③前者是指国家机关、事业单位等因向相对人提供服务而收取的成本费用，后者是指政府为扶持公共事业发展，向有关人无偿征收的用于专项建设等用途的资金。

因此，根据：（1）国务院《关于加强预算外资金管理的决定》，地方无权批准设立基金项目；（2）《财政部关于发布全国政府性基金项目目录的通知》，价格调节基金为重新申报的政府性基金项目；（3）《财政部关于发布 2004 年全国政府性基金项目目录的通知》，凡未列入〈基金目录〉的政府性基金项目，公民、法人和其他社会组织有权拒绝支付；（4）《财政部关于公布 2006 年全国政府性基金项目目录的通知》，福建省只有铁路建设附加费可收。厦门市物价局向包括丘建东在内的所有外地旅客征收价格调节基金确实违法。

本案中被告收费未向公民提供符合文件规定的票据是税费的一种"混账"管理，因为他明确违反了 2002 年 6 月 13 日财政部《关于印发〈行政事业性收费和政府性基金年度稽查暂行办法〉的通知》的规定。

此案给我们的启示是：很多貌似合法且有某种依据的收费是经不住推敲

的。公益诉讼需要较真儿，让混账曝光。

十一 贵阳市"两湖一库"管理局环境污染案：胜诉

2007 年 12 月 10 日，新成立的贵阳市"两湖一库"管理局作为环境公益诉讼的原告，向清镇市法院环境保护法庭提起环境污染损害诉讼，要求位于安顺市平坝县境内的贵州天峰化工公司停止排污侵权。

法庭经审理查明，被告是一家生产化肥（磷胺）的化工企业，其生产厂区位于红枫湖饮用水源保护区范围内。自 20 世纪 90 年代中期投入使用以来，每年产生 20 万至 30 万吨的磷石膏废渣，所堆放的磷石膏废渣总量已有 200 万至 300 万吨。但该公司没有采取必要的防水、防渗及相应的废水处理措施，磷石膏尾矿库的渣场渗滤液均通过地表、地下排入红枫湖上游的羊昌河。2007 年 10 月 27 日，省环境保护监测中心站监测显示，该企业尾矿库的渣场渗滤液对羊昌河水质影响较大。

法院经审理认为，原告是负有依法管理红枫湖水资源的社会公共职责的政府职能部门。红枫湖是贵阳市百万市民的主要饮用水源。在不特定的人群遭受环境污染侵害的情况下，为维护民众利益，原告有权提起环境公益诉讼，寻求法律救济。

据此，贵阳市清镇市人民法院环境保护法庭当庭作出判决：被告贵州天峰化工有限公司在判决生效之日起立即停止使用磷石膏尾矿废渣场，停止磷石膏尾矿废渣场对环境的侵害，须于 2008 年 3 月 31 日前消除对环境的影响。庭审结束后，被告有关负责人表示，他们将立即停止新增磷石膏的排放，并立即治理原已存在的磷石膏尾矿库，在规定时间内完成治理工作。

在很长一段时间内，环境污染侵权案件的处置权都实际控制在政府手中，很难进入司法程序。这样的结果是：政府无论下多大力气，各方均不买账。贵阳清镇法院这一判决，既突破了原告资格问题，又让被告作出了履行判决的承诺，值得称道。

此案给我们的启示是：专门环境法庭的设立、对环境公益诉讼的认可、关于原告主体资格制度的创新就可以造就一个典型案例。但我们不难想象，这样一起看似简单的诉讼，要经过多少协调和沟通程序，有关部门要给予多大的支持才能够完成。因此，公益诉讼绝不仅仅是原告的、律师的，它同时应该属于法院的、政府的和国家的。

美国环境公益诉讼判例法的
新近发展及对中国的启示

常纪文[①]

一 我国考察美国环境公民诉讼判例法经验的必要性

出于法治、权力制约及保护环境和公民环境权益的目的，美国 1970 年的《清洁空气法》和 1972 年的《清洁水法》弥补了政府实施环境法的缺陷，[②] 放宽了对环境民事和行政起诉权的限制，在世界上首创了环境公民诉讼制度。[③] 其后，《防治船舶污染法》、《综合环境反应、责任和清除法》、《深水港法》、《深海海床硬矿资源法》、《紧急计划和社区知情权法》、《危险物种法》、《消费产品能源节约计划法》、《海洋保护、研究和避难法》、《天然气管道安全法》、《噪声控制法》、《海洋热能保存法》、《外部大陆架土地法》、《电厂和工业燃料使用法》、《资源保育和恢复法》、《安全饮用水法》、《表面开采控制和开垦法》、《有毒物质控制法》等法律法规进一步明确引入和发展了环境公民诉讼制度。[④]

20 世纪 90 年代中期，美国的公民环境诉讼制度就已经非常完善了，并对世界各国的环境公益诉讼立法产生了广泛的影响。一些国家，如英国、加拿大、德国、澳大利亚等，借鉴了美国的环境公民诉讼制度，通过专门立法建立了符合本国国情的公民诉讼或者公益诉讼制度。[⑤] 不仅如此，欧盟还把美国环境公民诉讼制度的诉前通知要求引进到区域国际环境法中，如欧盟委

① 中国社会科学院法学研究所研究员。

② See Jeffrey G. Miller, *Citizen Suits: Private Enforcement of Federal Pollution Control Laws*, New York, Wiley Law Publications, 1987, p. 2.

③ See Deirdre H. Robbins, *Public Interest Environmental Litigation in the United States*, David Robinson and John Dunkley, *Public Interest Perspectives in Environmental Law*, London, John Wiley & Sons, Inc, 1995, p. 5.

④ See Micheael D. Axline, *Environmental Citizen Suits*, Michie, Butterworth Legal Publishers, 1995, p. A-A-1.

⑤ See Alan Murdie, *Environmental Law and Citizen Action*, London, Earthscan Publications Ltd., 1993, p. 85.

员会发现某成员国违反欧盟环境条例、指令或者决定的要求，可以先发给对象国一份书面通知，要求它在两个月内纠正。如果对象国拒绝采取措施或者答复不令欧盟委员会满意，欧盟委员会则有权采取进一步的行动，将对象国告上欧洲法院。① 可以看出，研究美国环境公民诉讼制度的发展状况，已成为世界民主国家加强环境公民或者公益诉讼立法的必要工作。中国目前正在修订《环境保护法》、《民事诉讼法》和《行政诉讼法》，建立环境公益诉讼制度，以约束环境行政权，对抗企业的经营权，防止行政不作为、滥作为以及行政权力违法寻租等现象，最终达到保护和改善环境、保护公民环境权益的目的，已经成为学界的共识。而这方面的立法，应当参考或借鉴美国的环境公民诉讼制度经验。

　　1992 年联合国环境与发展大会以来，国际和各国国内的环境形势发生了巨变，包括美国在内的世界大多数国家关于环境保护的认识和立场发生了很大的变化，这些变化必然体现在法律体系的演变之中。美国宪法第 3 条第 2 款规定："司法权的适用范围包括：由于本宪法、合众国法律和根据合众国权力已缔结或将缔结的条约而产生的有关普通法和衡平法的一切案件……"可见，美国是成文法和判例法相结合的国家。在美国，立足于实践而又上升为理论的判例，对立法的创新和发展一直起着非常重要的推动作用，② 如美国联邦最高法院在 1972 年审理"塞尔拉俱乐部诉莫顿案"（Sierra Club v. Morton）时，就把"事实上的"损害范围扩展了，从而从联邦判例法的层次上放宽了对环境公民诉讼起诉权的限制。③ 因此，仅研究法条，而不结合具体的判例，是难以深入地把握美国环境公民诉讼制度的发展状况的。有的美国学者对美国环境立法的环境公民诉讼条款进行了分析，发现每部立法的规定均有不相同的地方。究其原因，通过实践中的判例法的发展来促进制定法的完善是一个重要的原因。④

　　基于以上分析，我国目前全面、系统地考察 1992 年以来的美国环境公

---

① See Marco Onida, *Europe and the Environment*, Groningen, Europa Law Publishing, 2004, p. 25.

② See René J. G. H. Seerden, Michiel A. Heldeweg and Kurt R. Deketelaere, *Public Environmental Law in European Union and the United States*, New York, Kluwer Law International, 2002, p. 528.

③ See Micheael D. Axline, *Environmental Citizen Suits*, Michie, Butterworth Legal Publishers, 1995, pp. 1—8.

④ See Jeffrey G. Miller, *Citizen Suits: Private Enforcement of Federal Pollution Control Laws*, New York, Wiley Law Publications, 1987, p. 7.

民诉讼判例法是必要的。

二 美国环境公民诉讼判例法的新近发展特点

在美国，权力制衡原则决定了美国法院不能以司法机关的普通身份来进行环境保护问题的司法审查，而是以体现最高民意的宪法的代表机关这一特殊身份来进行的。① 通过立法的授权、法院的法律适用及判例的先例约束和指导作用，美国的环境公民诉讼制度，自 1992 年以来，在以下几个方面得到不同程度的发展或者加强：

在诉讼目的的实现途径方面，具有如下三个特点：其一，原告通过澄清立法规定或者挑战行政机关的职权来保护自己的利益，典型的案例有 "John A. Rapanos 等起诉美国政府案"（*Rapanos v. United States*，126 *S. Ct.* 2208）。其二，通过对联邦机构施压来克服各州环境保护的消极主义现象，典型的案例有影响广泛的 "野生生命保护组织起诉美国联邦环境保护局案"（*Defenders of Wildlife v. United States EPA*，450 *F. 3d* 394）。其三，通过对环境执法行为进行全过程的公民诉讼监督来促进环境法的实施，典型的案例有 "塞尔拉俱乐部起诉联邦环境保护局地区负责人 Hankinson 案"（*Sierra Club v. Hankinson*，351 *F. 3d* 1358）。

在原告的范围方面，具有如下三个特点：其一，联邦、州和城市基于自己的职责或者利益可以作为公民诉讼的原告，典型的案例有 "东北俄亥俄地区污水处理利益者起诉美国联邦环境保护局案"（*Northeast Ohio Reg'l Sewer Dist. v. United States EPA*，411 *F. 3d* 726）等。其二，产业者越来越注重通过提起公民诉讼或者参加他们提起的具有公益性的诉讼来维护自己和业界的利益，典型的案例有 "渔民 Medeiros 起诉罗德岛州环境管理部负责人 Vincent 案"（*Medeiros v. Vincent*，431 *F. 3d* 25）、"S. D. Warren 公司起诉缅因州环境保护部案"（*S. D. Warren Co. v. Me. Bd. of Envtl. Prot.*，126 *S. Ct.* 1843）。其三，除了塞尔拉俱乐部、保育基金会、环境防御基金、自然资源防御理事会等著名环境保护组织外，越来越多的新组建的环境保护组织，通过个别起诉或者联合起诉的方式介入那些对环境保护有重要意义的案件，以实现其影

---

① 参见赵谦、朱明：《司法审查中美国法院特殊身份取得原因解析》，载《湖北广播电视大学学报》2004 年第 3 期。

响国家环境法治、改善环境质量的目的，① 典型的案例有"野生生命保护组织起诉美国联邦环境保护局案"（*Defenders of Wildlife v. United States EPA*，450 *F. 3d* 394）。

在起诉资格和条件方面，尽管在法定的期限内通知行政机关或者在法定期限内起诉的前提条件没有松动，但仍然具有以下两个发展趋势：其一，法官对环境损害的存在和因果关系的认定更加宽松，如在环境立法没有明文规定可以提起公民诉讼的情况下，公民和社会团体认为，行政机关的行为没有严格遵守有关的环境立法，他们也可以到其他相关立法中寻找公民诉讼的资格依据。如联邦上诉法院 2006 年审理的"Ouachita 守望联盟起诉 Jacobs 案"（*Ouachita Watch League v. Jacobs*，463 *F. 3d* 1163）和 2004 年密歇根州最高法院审理的"国家野生生物联盟等起诉 Cleveland Cliffs 铁矿公司案"（*Nat'l Wildlife Fed'n v. Cleveland Cliffs Iron Co.*，471 *Mich.* 608）就是如此。其二，实质性损害的认定在法院得到了情势变更原则的支持。美国的法官基本上是遵循先例的，但是，如果法官认为，以前的判决错误；或者依据宪法、《行政程序法》和环境保护等立法，认为法律实施环境已经改变；或者认为现实的环境状况已经改变，必须作出与以前判决不一致的判决时，可不受遵循先例原则的约束。典型的案例有"海洋保护倡议者组织起诉美国工程兵兵团案"（*Ocean Advocates v. United States Army Corps of Eng'rs*，402 *F. 3d* 846）。

在受案范围方面，一般来说，环境公民诉讼的一个重要目的是阻止现在和将来的侵害或者违法行为，其救济措施是寻求法院作出宣告违法、禁止令、限制令、强制守法令等裁决。这些措施适用的案件对象一般是现在违法或者持续违法的案件，那么，对于一个过去存在的违法行为，被告在原告起诉时开始纠正其违法行为，公民或者利益社团还是否享有要求救济的公民诉讼起诉权呢？一般认为，公民诉讼的起诉目的是宣告违法、申请救济令，那么，针对已经纠正的违法行为提起公民诉讼，除非该案件的提起还有其他的救济目的，且环境公民诉讼的救济措施可以达到这个目的，如希望被告以后能长期严格遵守法律的要求等，否则，意义就不是很大，也难以得到法院的支持。典型的案例有"市民诉美国钢铁公司案"（*Steel Co. v. Citizens for a Better Env't*，523 *U. S.* 83）。

---

① See Deirdre H. Robbins, Public Interest Environmental Litigation in the United States, David Robinson and John Dunkley, Public Interest Perspectives in Environmental Law, London, John Wiley & Sons, Inc, 1995, p. 25, p. 39.

在诉讼请求方面，法院的裁决更加具有弹性，主要具有如下两个特点：其一，不仅支持对认定的损害进行救济的申请，对于可能存在的损害还支持对被告先提起测定研究的救济申请。公民诉讼的一个前提条件是要有实质性的损害发生。如果被告进行的确实是某种危险的活动，这种实质性的损害或许已经实质性地发生，而原告因为经济或者技术条件所限不能举证时，可以提起公民诉讼，要求被告举证该实质性的损害是否已经发生。典型案例有"缅因州人民联盟起诉 Mallinckrodt 公司案" （*Maine People's Alliance v. Mallinckrodt, Inc.*，471 *F. 3d* 277）。其二，对于基于科学的不确定性，原告要求行政机关按照风险预防原则采取环境保护措施的诉讼请求，可能会得到法院的支持。典型案例有"马萨诸塞州等环境保护组织起诉联邦环境保护局案"（*Massachusetts v. EPA*，367 *U. S. App. D. C.* 282）。在该案的审理中，2007 年 4 月 2 日，联邦最高法院的 9 名大法官以 5 票对 4 票的比例通过判决，认定：（1）二氧化碳也属于空气污染物；（2）除非联邦环境保护局能证明二氧化碳与全球变暖问题无关，否则就得予以监管；（3）联邦环境保护局没能提供合理解释，以说明为何拒绝管制汽车排放的二氧化碳和其他有害气体。基于此，联邦最高法院裁决：政府声称美国无权限管制新下线汽车和货车的废气排放并不正确，政府须管制汽车污染。①

在律师参与的支持机制方面，环境公民诉讼律师费收费标准的市场化原则得到了联邦法院的支持，对推动律师参与权力和权利的制衡，起到了重要的作用。典型的案例有"Interfaith 社区组织起诉 Honeywell 国际公司案"（*Interfaith Cmty. Org. v. Honeywell Int'l, Inc.*，426 *F. 3d* 694）。

三　美国环境公民诉讼制度与我国环境公益
诉讼理论模式的关系

我国的一些学者在研究环境诉讼制度时，大多把美国的环境公民诉讼和我国理论中的环境公益诉讼模式混同，这是需斟酌的。我国学者倡议的环境公益诉讼，其特征是什么呢？一般的观点认为：第一，环境公益诉讼的直接目的是伸张社会正义，实现社会公平，以维护国家利益和社会公共利益。当然也不排除在维护公共利益的同时救济自己的私益。第二，诉讼的起诉人可

---

① 参见苑宣、张俊、常纪文：《美国最高法院作出里程碑式环境判决美国政府必须管制汽车排放二氧化碳》，http：//www. tycool. com/2007/04/03/00031. html。

以是与案件无直接利害关系的人。① 一些学者把环境公益诉讼的这两个特点概括为"就原告身份和诉讼目的而言,它表现出'私人为公益'的显著特点。"②

在诉讼目的方面,我国理论中的环境公益诉讼和美国环境公民诉讼大多是相同的。不同点在于:如公民以救济自己的利益为第一目的并以自己的名义行使起诉权,客观上起到维护社会公共利益目的的诉讼案件,在美国可被称为环境公民诉讼,在我国就不一定能被称为环境公益诉讼。

在原告范围方面,我国理论中的环境公益诉讼的原告不一定是与本案有直接利害关系的人,学者们大多认为,任何组织或个人为了维护国家、社会利益都可把侵害公共环境利益之人推上被告席,如湖北人或者湖北省的环境保护组织可以到河北省起诉白洋淀的水污染行为。这个设想的诉讼模式和美国的环境公民诉讼还是有一定区别的。美国法院的判例把视觉美感、娱乐享受等利益的损害纳入实质性的损害,其目的是认定原告与损害之间的利害关系,以最终认可原告的起诉资格。这并不意味任何组织和个人在任何情况下都可以成为环境公民诉讼的原告,因为尽管这种实质性损害的范围非常广泛,视觉美感、娱乐享受等环境利益的损害也被纳入进来了,使原告很容易获得起诉资格,但是,"实质性损害"毕竟也是一种条件,在很多情况下还是可以把一些不符合"时间"、"地域"和其他要求的原告挡在门外。如成员都是一个州的环境保护组织去起诉遥远的其他州政府的内湖水质保护行为,其起诉权因为利益没有受到任何实质性的损害就不会得到法院的认可;③ 一个无家可归的人在流浪的州起诉州环境保护局,说他的环境利益受到损害,其有关环境利益受到损害的法庭陈述词也不会得到法院的采信。④我们前面介绍的"塞尔拉俱乐部诉夏威夷州旅游局案",原告塞尔拉俱乐部的起诉权最终没有得到美国夏威夷州最高法院的承认,也是出于类似的

① 参见周义发、周沐君:《论公民提起的行政公益诉讼》,http://www.law-lib.com/lw/lw_view.asp? no=4286.

② 参见别涛《中国的环境公益诉讼及其立法设想》,载《中国环境法治》(2006年卷),中国环境科学出版社2007年版。

③ See Deirdre H. Robbins, *Public Interest Environmental Litigation in the United States*, David Robinson and John Dunkley, *Public Interest Perspectives in Environmental Law*, London, John Wiley & Sons, Inc, 1995, pp. 18—19.

④ See Deirdre H. Robbins, *Public Interest Environmental Litigation in the United States*, David Robinson and John Dunkley, *Public Interest Perspectives in Environmental Law*, London, John Wiley & Sons, Inc, 1995, p. 20.

原因。

基于以上分析，可以认为，美国的环境公民诉讼模式和我国学者所假设的环境公益诉讼模式，还是存在不同的。由于美国的环境公民诉讼模式为起诉资格设置了一定的限制，和我国学者所假设的环境公益诉讼模式相比，更易为我国的立法接受。但是，和"公民诉讼"的名称相比，表达集体权益保护意义的"公益诉讼"的名称更符合我国的立法术语体系，更能为大众所接受。基于此，本人倾向于把我国的环境公益诉讼模式建设成美国环境公民诉讼的模式，用中国的环境"公益诉讼"模式来达到类似于美国环境"公民诉讼"的目的。

四　我国环境公益诉讼立法的现状及不足

环境公益诉讼包括行政诉讼类、民事诉讼类和刑事类的环境公益诉讼。限于本文的研究目的，仅探讨行政诉讼和民事诉讼类的环境公益诉讼问题。

（一）环境公益行政诉讼立法之不足

环境公益行政诉讼表现出"私人对公权（即环境行政机关），私人为公益"的特点；就诉求而言，它以私人请求法院通过司法审查撤销或者变更环保部门具体环境行政行为为目的。① 纵观我国相关环境行政立法，具有如下不足：

1. 环境损害的法律界定及其缺陷

我国《行政诉讼法》第 2 条规定："公民、法人或者其他组织认为行政机关和行政机关的具体行政行为侵犯其合法权益，有权依照本法向人民法院提起诉讼。"这意味着原告必须是与具体行政行为有直接利害关系的公民、法人和其他组织。"直接利害关系"是指与具体行政行为有法律上的权利义务关系，② "法律上的权利义务关系"意味着原告必须是被侵害的实体性权利的享有者，且这种权利必须被原告"专属性"或"排他性"地享有。③ 而许多环境因素，如清洁的大气、洁净的海水在传统民法意义上属于"共

---

① 参见别涛《中国的环境公益诉讼及其立法设想》，载《中国环境法治》（2006 年卷），中国环境科学出版社 2007 年版。

② 参见林莉红《行政诉讼法概论》，武汉大学出版社 1992 年版，第 88 页。

③ 参见金瑞林《环境法学》，北京大学出版社 1994 年版，第 203—204 页。

用"或"公有"的"财产",河流属于国家财产,任何单位和个人没有专属享用权。因此按照我国《行政诉讼法》的规定,原告不能对导致污染和破坏公共环境的非处罚性具体行政行为提起行政诉讼。这种立法状况对保护公共环境及公民合法的环境权益是不利的。按照特别法或特别规定优先于普通法或普通规定的原理,有必要在专门的环境立法中对《行政诉讼法》的局限性加以突破。《环境保护法》第 6 条规定:"一切单位和个人都有保护环境的义务,并有权对污染和破坏环境的单位和个人进行检举和控告。""控告"除了包含向人民法院提起民事诉讼的方式之外,还包括向有关的国家机关告发一般违法与严重违法的事实或嫌疑人,要求依法处理的行为,① 但是对于向哪一国家机关告发、采用何种控告方式等问题则没有进一步明确规定,因此不具可操作性,有必要由单行的环境立法加以解决。基于此,新修正的《水污染防治法》、《大气污染防治法》、《海洋环境保护法》就明确地对环境行政控告权进行了阐述。如《水污染防治法》第 5 条规定:"因水污染危害直接受到损失的单位和个人,有权要求致害者排除危害和赔偿损失。"按照该规定,如果环境行政机关的非职权行为造成了环境损失或危险,侵犯了他人的环境权益及与环境权益相关的其他权益,环境危害的诉讼救济权只能通过要求排除危害或/和赔偿损失的民事诉讼方式来行使;如果环境损失或危险是由环境行政机关的具体行政行为造成的,那么环境危害的诉讼救济权只能通过要求排除危害或/和赔偿损失的行政诉讼方式来行使。② 但是,这一规定没有明确界定"损失"二字的含义。从法理上讲,"损失"不仅包括实质性的损失,还包括视觉和精神感受等非实质性的损失。那么人民法院能否受理非实质性损害的环境行政诉讼案件呢? 我国的《行政诉讼法》和专门的环境立法都没有作出规定。要解决这个问题必须先解决非实质性损害的参照标准以及公民、单位在视觉、精神感觉等方面的忍受限度等问题。由于这些问题目前没有得到解决,各级法院均没有受理这类案件。

2. 社会团体以及非直接利害关系人环境行政起诉权的法律规定及其缺陷

1996 年《国务院关于环境保护若干问题的决定》第 10 条和 2005 年《国务院关于落实科学发展观加强环境保护的决定》第 10 条规定:"……建立公

---

① 参见魏定仁主编《宪法学》,北京大学出版社 1999 年版,第 181 页。

② 参见蔡守秋《环境行政执法与环境行政诉讼》,武汉大学出版社 1992 年版,第 272—276 页。

众参与机制，发挥社会团体的作用，鼓励公众参与环境保护工作，检举和揭发各种违反环境保护法律法规的行为。"如果社会团体和与环境行政行为没有直接利害关系的公众的作用仅局限于检举和揭发环境违法行为，那么在环境污染和生态破坏的受害者基于外在的行政压力或经济原因不敢或不能提起环境行政诉讼，且环境行政管理机关及有关的职权机关也没有纠正该违法行为时，危害或可能危害环境的行政行为就不可能得到有效的法律对抗。这难以满足现代环境保护和公众参与的内在需要，因此有必要加强社会团体和非直接利害关系人在环境行政诉讼中的作用。我国已经有社会团体支持民事起诉的法律规定，如《民事诉讼法》第 15 条规定："机关、社会团体、企业事业单位对损害国家、集体或者个人民事权益的行为，可以支持受损害的单位和个人向人民法院起诉。"但是对于社会团体支持行政起诉以及环境社会团体能否代表其成员提起环境行政诉讼的问题，我国的法律则没有涉及。

3. 环境行政行为司法审查范围的法律规定及其缺陷

《行政诉讼法》第 12 条第 2 项规定："人民法院不受理公民、法人或者其他组织对下列事项提起的诉讼：……行政法规、规章或者行政机关制定、发布的具有普遍约束力的决定、命令。"这种把抽象性行政行为完全排除在司法审查范围之外的立法规定已经难以满足 WTO 的司法审查规则和我国依法治国的需要。[1] 在市场化的进程中，地方行政机关为了本地或某些单位或个人的利益，制定、发布具有普遍约束力的决定、命令侵犯国内外单位、个人环境权益和与环境权益相关的其他权益的现象将不可能杜绝，[2] 因此，有必要扩充环境行政诉讼的司法审查范围，以适应充分、有效和及时地保护国内外市场主体合法权益的需要。

4. 诉讼费和律师费的减免缺乏规定

2007 年国务院发布的《诉讼费交纳办法》第 45 条和第 46 条规定了诉讼费的减免情况，但是这两条却没有把公益性的行政诉讼案件明确纳入其中。另外，《诉讼费交纳办法》和其他现行立法缺乏对环境公益诉讼律师费由败诉方承担的明确规定，没有规定律师费的收费标准问题，这对大额索赔的环境公益诉讼案件的起诉来说，对提高律师参与环境公益诉讼的积极性来说，都是不利的。

---

[1] 参见唐民皓《WTO 与地方行政管理制度研究》，上海人民出版社 2000 年版，第 17 页。

[2] 参见王新奎、刘光溪《WTO 争端解决机制概论》，上海人民出版社 2001 年版，第 376—380 页。

另外，我国的一些环境行政法把行政复议作为提起行政诉讼的必要前置程序，甚至把行政复议结果规定为终局性和非可诉的处理结果，这种"穷尽行政救济"和排除司法救济的做法限制了当事人环境行政起诉权的行使，已经不适应于现代司法的专业化和陪审员聘请的专家化发展趋势，难以与WTO 的司法审查规则接轨。

（二）环境公益民事诉讼立法之不足

在环境损害的法律界定及其缺陷方面，《民事诉讼法》第108 条第1 项规定："起诉必须符合下列条件：（一）原告必须是与本案有直接利害关系的公民、法人和其他组织。"该条的缺陷与《行政诉讼法》规定的缺陷大抵一致，在此不再赘述。

在社会团体环境民事起诉权的法律规定及其缺陷方面，《民事诉讼法》第15 条规定："机关、社会团体、企业事业单位对损害国家、集体或者个人民事权益的行为，可以支持受损害的单位和个人向人民法院起诉。""支持"意味着社会团体的作用是辅助性的。一个得到环境行政机关行政许可的区域性开发行为可能危及区域的生态安全时，如果所有潜在的受害者在环境社会团体的支持下仍然不敢提起排除危险之诉，环境社会团体作用的局限性就表现出来了。另外，环境社会团体能否代表其成员提起环境民事诉讼的问题，我国的法律也没有涉及。

此外，环境公益民事诉讼的诉讼费减免问题和律师费的败诉方承担问题，《诉讼费交纳办法》和其他现行立法缺乏明确的规定，不利于环境民事公益诉讼的提起和律师的参与。

（三）我国环境行政和民事公益诉讼立法缺陷的典型案例分析

按照上述分析，如果原告和案件没有权利义务方面的直接利害关系，而仅有不受法律保护的反射利益关系，则不会受到法院的支持。如2003 年的"律师金奎喜诉杭州市规划局案"中，原告认为，杭州市规划局允许在西湖风景名胜区范围内建造浙江老年大学，破坏了西湖的原有面貌，根据1983 年《杭州西湖风景名胜保护管理条例》，杭州市规划局不应核发规划许可证，要求法院撤销杭州市规划局为浙江省老年大学项目所颁发的项目许可证。① 起诉

---

① 参见邸军：《我国环境公益诉讼制度研究》，http：//www. acla. org. cn/pages/2006-10-25/s36930. html.

后的 3 天，西湖区人民法院给他下达了不予立案的行政裁定书。原因是法院认为起诉人不具有起诉的资格，即杭州市规划局颁发建设许可证的行政行为对金奎喜无实际影响。①

按照我国的宪法规定，人民检察院属于法律监督机关，它有保护国家和公共环境利益、制止环境不法行为的职责，因此，从理论上讲，检察机关具有提起环境民事公益诉讼的资格。《人民检察院组织法》第 4 条肯定了这一点。该条规定："人民检察院通过行使检察权……保护社会主义的全民所有的财产和劳动群众集体所有的财产，保护公民私人所有的合法财产，保护公民的人身权利、民主权利和其他权利……"令人欣喜的是，一些地方已出现检察机关行使环境民事公益诉讼起诉权的案例，如山东省德州市乐陵市人民检察院，针对污染环境的金鑫化工厂，2003 年 4 月 22 日提起环境民事公诉，请求法院判决停止侵害、排除妨碍、消除危险。同年 5 月 9 日，乐陵市人民法院作出判决，要求金鑫化工厂自行拆除污染设施、停止侵害、消除妨碍、消除危险。② 但是，这类环境司法的新实践，由于缺乏具体诉讼法规定的明确支持③，并不具有"先例"的作用，没有得到司法界的推广。究其原因，主要还是缺乏立法的明确规定。另外，大多数检察机关也不愿意介入环境污染这样的涉及利益面广的敏感案件。

上述问题的解决，在实行成文法制度的中国，不可能通过判例来解决，只能通过创新和完善我国环境公益诉讼方面的立法来解决。

五　创新和完善我国环境公益诉讼立法的对策建议

美国环境公民诉讼的判例法制度虽然产生于"三权分立"的政治结构，但是却具有技术性的特点，在实行成文法的社会主义中国，完全可以结合自己的国情从技术层面转化到环境立法和诉讼立法的具体规定之中。在转化时，可以采取如下措施：

在宪法层面上，要修订宪法，肯定公民的环境权益，肯定社会性的环境

---

① 参见"金奎喜诉杭州市规划局案"，http：//www. chinacourt. org/public/detail. php？id =92767.

② 参见涛涛：《生态整治恢复的法律问题研究》，http：//www. lrn. cn/economic/environmente-co/200611/t20061123＿5731. htm.

③ 如《民事诉讼法》第 15 条规定的"机关、团体、企业事业单位对损害国家集体和个人民事权益的行为，可以支持受损害的单位或个人向人民法院起诉"，仅是支持起诉制度而非代表起诉制度。

权益，并确认司法救济对于保护公民和社会环境权益的作用。

在环境行政诉讼类的公益诉讼立法层面，要立足于用司法审查来对抗行政权的滥用，使行政机关对自己的行为负责，实现预防环境问题的目的，[①]按照以下思路修订《行政诉讼法》和《环境保护法》，以建立环境行政公益诉讼的标准和范围[②]：一是承认公民和全社会的环境权益，明确环境保护社会团体的地位，承认它们的社会作用，建立良性循环的公众监督法律机制。[③] 二是扩展环境行政损害的范围，把损害从目前的环境要素的损害、传统意义上的财产损害和人身伤害扩展至视觉、精神感觉等方面的非实质性损害。三是扩大社会团体以及非直接利害关系人行使环境行政起诉权的案件范围：环境和其他社会团体以及非直接利害关系人的合法环境权益因环境行政行为受到非实质性的损害时，授予他们以行政起诉权；环境和其他社会团体的成员的合法环境权益因环境行政行为受到实质性或非实质性的损害时，承认该社会团体代表其成员起诉的权利；在排除环境妨害或消除环境危险的诉讼中，建立社会团体和与本案无直接利害关系的民众支持环境行政诉讼的制度，在条件成熟时，还应确认各级政府及其职能部门、检察机关提起环境行政诉讼的权利，以弥补私人主体提起环境行政公益诉讼制度的不足。四是建立有利于律师参与和代理诉讼的收费标准制度。只有这样，才有利于社会团体和民众对政府的环境行为进行经常性的监督和法律上的对抗与制衡。值得指出的是，环境公益行政诉讼的提起应当遵循一定的前置程序，即原告在起诉前的一定期限（如30天或者60天）通报有关的行政部门，[④] 如果被通报的行政部门不予理睬或者行动不合法律的要求，通报人就可以向法院起诉。[⑤] 另外，为了保证行政行为的公信力和其他人的利益，起诉最好应当在一定期限内进行，这也为国内外立法所广泛认可。

在环境民事诉讼类的公益诉讼立法层面，要立足于用社会公共利益限制市

---

① See Alan Murdie, *Environmental Law and Citizen Action*, London, Earthscan Publications Ltd., 1993, p. 83.

② 参见陈晶晶《吕忠梅代表：应当重视研究公益诉讼司法实践》，载 2007 年 3 月 9 日《法制日报》。

③ 参见吕忠梅《完善纠纷解决机制，依法建设环境友好型社会》，载 2006 年 6 月 5 日《学习时报》。

④ 通报的内容应当包括其行政行为违法及应当采取的措施，以及不回应通报人的通报将导致公民诉讼。这几项内容已成为大多数规定公民诉讼制度国家的立法的共同内容。

⑤ 参见别涛《中国的环境公益诉讼及其立法设想》，载《中国环境法治》（2006 年卷），中国环境科学出版社 2007 年版。

场经济条件下不断膨胀的环境民事权利，以达到预防和治理环境问题的目的，按照以下思路修订《民事诉讼法》和《环境保护法》：一是扩展环境民事损害的范围。环境民事损害的内容应从目前的环境要素的损害、传统意义上的财产损害和人身伤害扩展至视觉、精神、感觉等方面的非实质性损害。二是扩大环境和其他社会团体行使环境民事起诉权的案件范围：环境和其他社会团体的合法环境民事权益受到非实质性的损害时，授予该社会团体以民事起诉权；环境和其他社会团体的成员的合法环境民事权益受到实质性或非实质性的损害时，承认该社会团体代表其成员起诉的权利；在排除环境妨害或消除环境危险的诉讼中，除继续坚持社会团体支持环境民事诉讼的制度外，在条件成熟时，还应确认各级政府及其职能部门、检察机关提起环境公益民事诉讼的权利，① 以弥补私人主体提起环境民事公益诉讼制度的不足。② 三是把美国的"介入诉讼"和我国的第三人参加诉讼的制度相结合，对于那些视觉美、娱乐美等环境利益受到损害的公民和社会团体，授予其第三人的诉讼身份，允许其参加或者介入那些以国家机关为原告、企业或者私人为被告的实施环境法的诉讼进程。③ 为此，还要规定其介入诉讼的时间和程序，规定其介入诉讼可提出的诉讼请求和应享有的诉讼权利等。四是建立有利于律师参与和代理诉讼的收费标准制度。只有这样，才有利于社会团体和民众对大公司的生产经营行为进行经常性的监督和法律上的对抗与制衡。同样地，环境公益民事诉讼的提起也应当遵循一定的前置程序，即原告在起诉前的一定期限（如30天或者60天），给潜在的被告发出内容和格式符合法律要求的通知，如果被通报人不予理睬或者行动不合法律的要求，通知人就可以向法院起诉。④

在环境单行法的层面，要修订《水污染防治法》、《大气污染防治法》、《海洋环境保护法》、《环境噪声污染防治法》、《放射性污染环境防治法》、《土地管理法》、《森林法》、《自然保护区条例》等专门的环境法律法规，建立与《宪法》、《行政诉讼法》、《民事诉讼法》、《环境保护法》规定一致的具

---

① 在美国，联邦司法部中设有环境与自然资源处，负责与 EPA 合作，代表公共利益对污染者提起环境民事和刑事诉讼。See René J. G. H. Seerden, Michiel A. Heldeweg and Kurt R. Deketelaere, *Public Environmental Law in European Union and the United States*, New York, Kluwer Law International, 2002, p. 523.

② 我国的个别环境立法已有明确规定，如《海洋环境保护法》第 90 条规定，破坏海洋环境并给国家造成损失的，由有关部门代表国家对责任者提出损害赔偿要求。

③ 在美国，政府作为原告的诉讼中，公民或者社会团体介入诉讼的条件和程序是由《联邦民事诉讼规则法》规定的。在我国，可以考虑由《民事诉讼法》等法律作出规定。

④ 参见别涛《中国的环境公益诉讼及其立法设想》，载《中国环境法治》（2006 年卷），中国环境科学出版社 2007 年版。

体的公民诉讼内容。这些规定应采取肯定式阐述、否定式阐述、一般列举和概括列举相结合的方式来界定环境公民诉讼受案范围、主体要件、前提条件、诉讼请求、举证方式和条件等内容。如在诉讼的前提条件方面，规定原告必须在法定的期限内通知行政机关或者在法定期限内起诉；在对损害的认定方面，应当明确规定实质性损害的认定符合情势变更的原则；在受案范围方面，可以将美国的环境公民诉讼和普通侵权诉讼两个诉讼模式予以合并，① 规定环境公民诉讼既可对那些可申请法院强制令的案件提起，也可以对那些可要求环境损害赔偿案件提起；在诉讼请求方面，可以规定与环境保护和利益保护要求相一致的多元化的救济措施，在一定的情况下，也可以基于科学依据的不确定性，要求行政机关按照风险预防原则采取环境保护措施。

　　由于最高人民检察院和最高人民法院享有司法解释权，因此，也有必要发挥他们在环境公益诉讼中的作用。2007 年 3 月，最高人民法院院长肖扬在第五次全国行政审判工作会议上提出："特别是对于因农村土地征收……资源环保等社会热点问题引发的群体性行政争议，更要注意最大限度地采取协调方式处理……要防止和避免因工作方法不当导致矛盾激化和转化。要抓紧制定有关行政诉讼协调和解问题的司法解释，为妥善处理行政争议提供有效依据。"② 可见，最高人民法院已经对环境公益诉讼存在的现实问题有了比较深入的认识。虽然《行政诉讼法》和《民事诉讼法》限定了受案条件，但是，最高人民法院也可以发挥一些开创性的作用，如可以把《行政诉讼法》第 11 条第 8 项规定的起诉条件——"认为行政机关侵犯其他人身权、财产权"作扩大化解释，把《民事诉讼法》第 108 条第 1 项规定的原告与案件有"直接利害关系"的起诉条件作扩大化解释，把一些非实质性的损害，如美感损害、美好环境享受利益的损害等也纳入进来，为公民提供一个能够救济自己的社会性环境利益的司法通道。

六　结　　语

　　以上措施的采取，就制度和机制的创新范围和深度而言，是对我国现有

---

　　① 在美国，环境公民诉讼的提起，并不能排除私人通过妨害排除和损害赔偿行使私益诉讼救济权。也就是说，公民诉讼和侵权损害赔偿两种诉讼模式是并立的。

　　② 参见《人民法院探索新机制解决"官了民不了"难题》，http://news.xinhuanet.com/legal/2007/03/28/content_5908959.htm.

环境诉讼立法的一场重大变革。但是该变革，在环境问题日益恶化、人民群众的呼声日益强烈的现实下，已变得非常迫切。一些官员和学者可能担心，通过肯定环境公益诉讼制度的立法，不仅使环境保护行政机关和国有大中型企业陷入诉讼的旋涡，难以自拔，还会增加本已不堪重负的法院的审判工作量。在美国，《清洁空气法》和《清洁水法》设立公民诉讼制度时也遇到类似的争论和阻力，制度实施的初期也遇到了诉讼案件的多发期。但是实施十多年后，联邦和州法院发现，由于公民诉讼设立了起诉前 60 天通报、原告申请初步禁令要事先提供担保等前提条件①，滥诉的现象并不多，环境保护的效果也很明显。政府和企业则认为，法律设立的"公民诉讼"威慑之剑时刻悬于头上，有利于他们形成科学、谨慎和负责的环境管理思维和模式。② 基于同样的道理，如果我国的环境公益诉讼制度设计得合理，我国官方和学者的担心，从长期看，则是可以克服或者避免的。

---

①　See Jeffrey G. Miller, *Citizen Suits*: *Private Enforcement of Federal Pollution Control Laws*, New York, Wiley Law Publications, 1987, p. 9.

② 　Ibid. , p. 5.

通过公益诉讼推动社会变革

——对印度公益诉讼制度的考察

蒋小红[①]

印度公益诉讼制度自 20 世纪 70 年代末开始建立，在世界公益诉讼制度发展过程中起着先锋的作用。通过公益诉讼，其司法的触角伸入到社会的各个领域，积极地回应社会的变化和社会现实的需求，从而推动社会的各项变革。

一　印度公益诉讼制度的建立

学界一般认为，美国是现代公益诉讼的创始国。20 世纪 60 年代在美国发展起来的这一制度很快出口到其他国家。[②] 印度是亚洲第一个引入公益诉讼制度的国家，并在印度特定的社会和经济背景下，融入了自身的特点。印度的学者把印度的公益诉讼制度描述成"产自于旧秩序灰烬中的全新的动物——复活鸟"。[③]直到 20 世纪 60 年代和 70 年代初，在印度，诉讼的概念仍然处于个人诉讼这种一对一式的初步发展阶段。诉讼的提起还是受到损害的个人的特权。即便如此，这一特权的行使还受到个人所获资源的极大限制。几乎没有集体的力量来处理诸如消费者利益、被社会边缘化的群体的权利保护等涉及公共利益的问题。到了 70 年代末期，情况发生了变化。1975年 6 月，英迪拉·甘地领导的国大党政府突然宣布国家进入紧急状态。在这之后的两年紧急状态期间，国家实行新闻审查，逮捕了成千上万的持不同政见者，无数弱势群体的权益受到了侵犯而无人顾及，剥夺公民权利和政治权利的不合法行为到处存在。另外，法律越来越发展成为一个利益驱动的职业，大多数印度公民支付不起律师费用而没有能力到法院去寻求权利救济。

①　中国社会科学院国际法研究中心副研究员。

②　Dhavan, R., *Whose Law? Whose Interest?*, in Public Interest Law, Cooper, J. & Dhavan J. eds., Basil Blackwell Inc., (1986).

③　Canningham, *Public InterestLitigation in India Supreme Court: A Study in Light of American Experience*, 29 J. of the India L. Inst. 495 (1987).

紧急状态结束之后，新闻自由开始恢复，新闻媒体开始揭露社会中出现的镇压、暴力等侵犯人权的事件，这些都引起了律师、法官和社会工作者的关注。受到以上情况的激发，印度最高法院的两名大法官巴瓦蒂（P. N. Bhagwati）和克里斯纳·艾耶（Krishna Iyer）于 1977 年提出了一份报告，建议有必要设立一种特别的诉讼形式。这种诉讼形式应该是为印度人民量身定制的。有人认为，这是对印度政府在紧急状态之后所处的合法性危机的一个直接反映，也有人认为这是印度弱势群体的抗议和不断增长的印度中产阶级知识分子开明思想的结合。这就是印度公益诉讼制度的开始。自此以后，这种由司法界的精英们创设的法律制度得到了迅速的发展并在世界公益法发展中形成了自身的特点。实践证明，公益诉讼制度在印度获得了相比美国更大的成功。

二　印度公益诉讼制度的特点

印度的公益诉讼概念有其特定的含义。1981 年，最高法院法官巴瓦蒂在 S. P. 古塔（S. P. Gupta）诉印度政府一案中阐述了公益诉讼的概念："如果侵犯了某一个人或某一阶层的人的法律权利而对其造成了法律上的错误或损害，但该人或这一阶层的人由于社会经济地位造成的无力状态不能向法院提出法律救济时，任何公民或社会团体都可以向高等法院或最高法院提出申请，寻求对这一阶层的人遭受的法律错误或损害给予司法救济。"① 从这一概念的界定中，我们看到，印度的最高法院通过激进的变革方式，放松了对诉讼主体资格的限制，任何个人和民间团体都有权提起公益诉讼，而不必证明其与案件有直接的利害关系。这是印度公益诉讼制度的最典型的特征。传统的诉讼强调原告适格，原告要获取当事人资格，必须证明其权利受到了侵害。这种理论使得对公共利益的保护出现了司法真空。印度最高法院有意识地放松诉讼主体资格，便弥补了这一盲区。印度公益诉讼主体资格的扩大具有两重含义：一是"代表性的诉权资格"，允许任何公民可以代表其他人或团体提起申诉。这一扩展允许第三方可以基于受害方不能够亲自到法院提起诉讼为由提起申诉；二是"公民诉权资格"，以公民诉讼主体资格提起的申诉不仅是作为其他人的代表身份提起诉讼，而且是为了公众的利益提起诉讼，是为了捍卫那些"分散"于公众中的没有单个的权利可以适用的或没

---

① S. P. Gupta v. Union of India, 1981（Supp）SCC 87.

有法律可以涉及其中的权利。

印度的最高法院通过积极的改革方式，强调任何人和团体都可以提起公益诉讼来实施社会上弱势群体的集体权利。认为，程序仅仅是从属于正义的，它不应该阻碍弱势群体获得司法公正的权利。应该根据社会政治经济的发展变化，采取务实的态度来处理诉讼主体资格的问题，从而积极回应社会的变化和社会现实的需求。印度的社会、经济和政治环境要求采取较为灵活的诉讼主体资格政策。这样，就可以受理尽可能多的公益诉讼案件，使更多的纠纷进入司法裁判的领域。这种积极的思想代表了第一个发展中的普通法国家对统治其几个世纪的英国法律制度的背离。它极大地改变了传统的司法功能，使得普通人能够到法院去寻求司法公正。支持印度法院行为的法哲学理念是"社会能动主义"，一种以达到社会正义为目的的司法能动主义。当某类社会冲突大量涌现时，作为社会正义的最后一道防线，司法必须与时俱进给出相应的司法救济。实际上，这也是近代各国司法理念由因循守旧向司法能动转变的集中体现。

印度公益诉讼制度的第二个特点是独创了"书信管辖权"，即法院可以根据任何人或社会组织写来的一封信、一张明信片或提交上来的新闻报道行使公益诉讼的管辖权。这样，法院的大门向穷人和文盲敞开了。在 20 世纪 90 年代初期，存在很多这种情况。例如，一个公民写给最高法院一封信，举报非法开采石灰石，污染了周边的环境，被视为公益诉讼案件；一名记者写信揭露国家海岸线由于没有计划地开发而受到了污染，也被视为公益诉讼案件。法院一般要求有详细的诉求，仔细地审查决定是否受理案件。但是，目前，仍然没有具体的法律来详细规定公益诉讼案件受理的标准，法院仍然可以行使"书信管辖权"。法院可以根据案件的具体情况，行使其自由裁量权。

公益诉讼在性质上属于非控辩式的诉讼模式。这一性质与传统的诉讼方式截然不同。在传统的诉讼中，当事方的结构是二元的，对过去事件法律后果的认定存在着争议，一方提出申诉或提出救济，另一方则反对该申诉或提出的救济。[①] 非控辩式的诉讼模式体现出两个特点。首先它是一种协作型的诉讼方式。借用印度荣誉大法官 A. S. 阿南德（A. S. Anand）的话来说，"公益诉讼常被人们看作是申诉方、法院和政府之间的一种合作式的努力"。当事方和法院之间不是控辩式的关系，他们共同努力为社会中的弱势群体寻

---

① 参见案例 People's Union for Democratic Rights v. Union of India，AIR 1982 S. C. 1473。

求正义，是一种合作式的关系。通过公益诉讼寻求行政机关对他们宪法上和法律上的义务加以关注并给予实施。这样法治就不仅仅受惠于幸运的少数人而普惠于所有公众，而不论其权力、地位和财富。在公益诉讼中，法院的作用不仅仅局限于传统的诉讼中的认定事实和解决纠纷，它行使三种不同的功能：

1. 议会督察员的角色，法院受理公民的申诉，并且把最重要的问题通过公益诉讼引起政府部门的关注；

2. 法院提供了一个场所来讨论公共利益问题，并采取临时措施提供紧急救济；

3. 法院充当了仲裁者的身份，在公共利益和个人利益之间寻求平衡，提出可能的折中方案。非控辩式的诉讼的另外一个特点是它属于调研式的诉讼方式。在公益诉讼中，法院的工作是建立在书记员的报告、专家的评论以及新闻媒体的报道等基础之上。法院还经常任命一个社会法律委员会去调查案件的事实，委员会向法院提交报告。法院通过这些方式来收集案件的事实，作为判断的根据。在印度，高等法院和最高法院对公益诉讼案件都享有管辖权。对此问题，没有具体的成文法律来区分其中的差别，完全根据案件的特定情况来决定。在实践中，如果申诉涉及法律上的错误，一般由各邦的高等法院来受理。如果申诉基本权利受到了侵犯，则可以根据宪法的第32条由高等法院或者是最高法院来受理。在实践中，公益诉讼案件还根据受影响的人群的多少来决定到高等法院还是最高法院起诉。如果只涉及一小部分人的利益，可以到高等法院起诉。例如，污水排放影响到了当地的50个家庭的生活，可以到高等法院提起公益诉讼。如果大规模的人群受到了邦政府或中央政府的决策的影响，可以直接到最高法院提起诉讼，例如，禁止播放成人电影的问题。当然，这种区别不是绝对的，还要根据案件的具体情况来定。

在印度的公益诉讼制度中，当公共利益受到影响时，任何个人都可以提起公益诉讼，而不必证明其与案件有直接的利害关系。但是，不能单独针对个人提起公益诉讼，而只能对邦政府、中央政府和市政当局等国家机构提起公益诉讼。私人当事方可以作为共同被告加入到公益诉讼中。例如，新德里的一家工厂排放工业废料造成了污染，附近的居民或者是其他的人或组织提起了公益诉讼，被申诉方可以是新德里政府、国家污染委员会和这家工厂。但是，不能单独对这家工厂提起公益诉讼。从这一点，我们也可以看出，印度的公益诉讼制度是由宪法性诉讼转化而来的，一定程度上带有司法审查的特点，其"首要的侧重点是放在国家的镇压措施、政府的违法行为、行政机关的不轨行为，以及社会地位低下的阶层受剥削和他们的权利和资格遭到否定的问题"。

三　印度的公益诉讼与人权保护

公益诉讼制度在印度设立的最初目的是为那些人权受到侵犯而又不能亲自诉诸于法院来获得救济的社会弱势群体提供司法救助的方式。可以说，公益诉讼为人权保护开辟了新的天地。回顾印度的公益诉讼发展，可以看出，印度的法院在公益诉讼案件中主要通过以下几种方式来加强对人权的保护：

（1）充分发挥司法能动性，扩大解释对基本权利的保护。首先，法院应对社会的变化，通过放松对诉讼主体规则的限制，赋予每一个公民都有资格为了弱势群体的人权保护提起公益诉讼，而不论其自身权益是否受到了侵犯。而且，法院通过行使"书信管辖权"这种简便易行的方式为更多的人参与司法提供了可能。这样，公益诉讼为社会弱势群体开启了一扇大门，提供了一个法律的空间。在这个空间里，他们的权利能为社会所关注，他们的愿望能够被表达。其次，最高法院在公益诉讼案件中，扩大解释了平等权、生命权和人身权等基本权利的含义，使更多的权利被包含在基本权利范围内，从而受到宪法的保护。例如，环境权不是印度宪法中所列举的可提起司法审查的基本权利。印度最高法院通过扩大解释生命权而使这一权利得到保护。生命权，这项基本的权利已经被扩展到包括享有健康环境的权利，有尊严地生活的权利，作为一个物种存在的权利。① 此外，通过扩大解释，及时审判的权利、免费的法律援助的权利、教育权、住房的权利、免受酷刑的权利等都作为人权而存在。法院的司法解释为这些新的权利保护提供了法律渊源，并激励法院去推动实施这些权利。2003 年的公民自由联盟诉印度政府一案再一

---

① 印度宪法第 21 条规定："除非根据法律规定的程序，任何人不能被剥夺生命和人身自由。"印度最高法院用两种方式来扩大这一消极权利（Negative Right）。首先，任何影响人身自由的法律都应该是合理的、公平的和公正的（参见 Maneka Gandh. v. Union of India, 1978 SC 597, pp. 623—624；Francis Coraie Mullin v. The Administrator Union Territory of Delh, AIR 1981 SC 746, pp. 749—750）；其次，最高法院承认了第 21 条暗含的、没有具体列明的自由。最高法院正是用第二种方法扩大解释了生命权和人身自由权应该包含享有洁净环境的权利。

次体现出印度最高法院司法解释中的能动主义。在这个案件中，最高法院认为："应该正确地认识到，宪法中所奉为神圣的基本权利没有固定的内容，法院不断地为其注入新鲜的血液，使其充满活力。"[1]（2）监督国家设立的一些机构，例如，监狱、青少年管教所和精神病院。通过司法干预，期望能逐步改善这些机构的管理状况，从而提高对这些人群的人权保护。实际上，通过这一方式，法院间接地行使了这些国家机构的管理职能。（3）创设了新的认定事实的方法。在许多公益诉讼案件中，法院任命自己的社会和法律调查委员会或者派遣工作人员去调查案件。有时候，法院也会得到国家人权委员会或中央调查局的协助调查侵犯人权的案件。（4）在公益诉讼案件中，法院可以对受害者提供多种救济方式。在最高法院受理的公益诉讼案件中，大多数案件都是通过采取临时救济措施而获得救济的。例如，要求关闭排放有毒气体的工厂，对受害者提供赔偿等。在公益诉讼案件中，对受害者给予赔偿并不阻止受害者提起损害赔偿的民事诉讼。

在公益诉讼中，许多申诉是由公益法[2]团体提起的。印度的公益法团体蓬勃发展，在公益诉讼中发挥着重要的作用。公益诉讼是公益法团体改变社会的一种最经常使用的工作方法。其他的工作方法还包括法律咨询、立法倡议和游说、法学研究和教育等。在公益法团体看来，法律不仅仅是一种解决争端的方式，更应该是获得社会正义的工具。他们关注公共问题而不是私人问题，着眼于改变而不仅仅是支持现有的法律和社会结构，特别是社会中权力的分配。公益法团体认为，如果能够创造性地使用法律，法律就能够成为一种资源，这种资源能够鼓励人们投身于社会行动中来改善人们的生活。正是在这些理念的支撑下，公益法团体积极参与公益诉讼。

公益法团体追求的是改变而不仅仅是支持现有的法律和社会结构这一目标使它们区别于法律援助机构。法律援助机构为社会中的弱势群体、得不到法律服务的人提供法律帮助，这种帮助是在现有的法律框架内开展的，但是它们不旨在通过法律帮助改变现有的法律和社会结构，或者挑战社会中的权力分配。这一特性也使得公益法团体与政府相对立。许多公益法团体正是在政府自身不能够积极促进社会变革，不能根治资源和权力的不平等分配时出

---

[1]　Peoples Union for Civil Liberties v. Union of India，AIR　2003 SC 2385.

[2]　关于公益法这一概念，参见徐卉《公益法与公益诉讼》，载《公益诉讼》（创刊号），法学研究杂志社出版。

现的。

四　印度公益诉讼制度的发展及产生的问题

　　印度的公益诉讼制度自20世纪70年代末开始出现，经过20多年的发展，目前，已经进入到以前司法不曾干预的社会生活领域。在早期的公益诉讼发展阶段，它被用来反对滥用权力，维护社会中处于不利地位的、被边缘化了的弱势人群的权利保护。随后，公益诉讼的范围已完全超越了最初的目的。例如，一个人可以到法院提起公益诉讼，抱怨路况极为糟糕。法官可以打电话给市长，要求他改善现状；新德里的市民可以提起公益诉讼，反对柴油发动机公交车给城市带来的污染。诸如此类，公益诉讼的触角已经延伸到公共生活的各个领域。但无须否认，法院通过积极的司法能动主义扩大诉讼主体资格使更多的人获得司法公正权利的同时，也导致了滥诉的现象。这种状况使得公益诉讼这一概念处于一种不确定的状态。目前，在印度，针对公益诉讼的概念引起了很多的争论。

　　在最近几年，大多数提交到法院的公益诉讼案件涉及政治治理、经济决策、政府腐败和滥用公共资金等问题。对于这种现象，大家讨论的核心问题是公益诉讼是否应该局限在保护那些处于不利地位的群体的基本人权，在巴哈特铅业股份有限公司（BALCO）雇工联盟诉印度政府一案中，最高法院的法官 B. N. 科帕尔（B. N. Kirpal）再一次阐释了公益诉讼的含义：公益诉讼并不是包治百病的灵丹妙药，它在本质上是用来保护弱势群体的基本人权，是由具有公益精神的人代表穷人、无助者或者是因为经济方面的原因不能亲自诉诸法院寻求救济的人提起的诉讼……①

　　如果政府部门没有履行宪法或法律规定的义务造成了对公众的损害，可以通过公益诉讼的方式进行司法干预。但是，公众关注的每一个问题不可能都成为公益诉讼的主题。法院并不打算也不应该履行国家的管理职能。② 由此可见，公益诉讼主体的开放性和司法触角的延伸也导致了法院和政府部门之间的许多问题。印度的许多学者对此现象提出了严厉的批评，认为公益诉讼的范围已经扩展到脱离了其最初的目的，法院俨然已经不是那些无助者的

①　BALCO Employees Union（Regd）v. Union of India, AIR 2002 SC 378.
②　BALCO Employees Union（Regd）v. Union of India, AIR 2002 SC 382.

人权捍卫者，而成为了国家治理机构。① 印度前首席大法官巴瓦蒂提出了限制受理公益诉讼案件的标准来解决这些问题。他主张：

1. 申诉方必须向法院证明其提出申诉是善意的，而不是出于个人的私利或任何别有用心的动机；

2. 法院不能允许政客或其他人为了延长行政决定的合法性或者是获得某一政治目的而滥用公益诉讼；

3. 司法机关必须在使用这一工具时小心谨慎，避免介入政府的立法和行政部门的领地。

印度最高法院对一些邦的高等法院受理公益诉讼案件的方式表示不满。认为，大量的自称为公益诉讼的案件涌入法院，实际上只有很小的比例的案件是真正的公益诉讼案件。法院忽略了许多案件的真正意图，受理了本不应该受理的案件，浪费了许多宝贵的时间，而这些时间本应该花在处理真正的公益诉讼案件。这种情况导致了真正的申诉者苦苦等候在法院门外，使他们产生了挫败感，渐渐地对国家的司法制度失去了信心。针对这种现象，印度最高法院形成了受理公益案件的内部原则，来指导审查是否满足公益诉讼案件的条件：（1）申诉方的身份证明；（2）申诉方提供的信息基本正确；（3）申诉方提供的信息不是模糊和不确切的；（4）申诉方提供的信息应表明所涉及问题的严重性。此外，法院还要考虑到，不允许任何人以败坏他人为目的的漫无边际的诉讼，避免公众攻击一些具有合理性的行政决策。在处理这些案件时，法院应该严格审查是否假借帮助解决大众的实际痛楚来达到其他的目的，特别是防止政治压力集团不能通过行政或政治手段解决的问题通过公益诉讼来获得掩盖的目的和利益。法院一旦受理了公益诉讼案件，除非法院同意是不允许撤回申诉的。申诉方不能根据自己的意愿收回申诉。法院在考虑是否同意撤诉时，要考虑公共利益，并要确保撤诉不会导致滥用法律程序。显然，印度最高法院已经清楚地意识到，滥用公益诉讼制度将会导致其成为一种无效的制度，成为普通的诉讼方式的一种廉价的替代物，从而失去了其存在的真正意义。

公益诉讼强调诉讼是一种社会变革的方式。那么，公益诉讼在多大程度上能够推动更大范围的立法变化、法律变革或者是发动群众采取行动来敦促政府对司法意见及时作出反应？如何评估公益诉讼中法院判决的执行？如何

---

① See Parmanand Singh, *Public Interest Litigation*, *Annual Survey of Indian Law* 2003, The Indian Law Institute, New Delh, India.

准确评估判决对公共政策的影响力？所有这些都涉及司法判决的有效性问题。对此，印度的有些学者提出了质疑，抱怨有些公益诉讼案件没有得到好的救济，或者是法院判决的执行过程非常缓慢。另外，审视一个由司法界的精英们创设的旨在帮助社会底层的人们的制度中，分析在实践中哪些团体提起了诉讼，哪些团体参与了诉讼，哪些团体最终从诉讼中受益了这一问题至关重要。在印度公益诉讼制度存在和发展的二十多年中，绝大多数的申诉是由社会精英们提起的。他们大多是律师、法官、学者、社会工作者以及社会公益团体。所以，权利受到侵犯的人并不直接参与到公益诉讼中来，他们的权利保护依靠其他人。实际上，公益诉讼是由那些能够利用法律资源根据他们的选择来决定提起公益诉讼的人来控制的。这样，就决定了那些处于社会底层的人对以上这些精英们或社会行动组织所关注问题的重点的依赖。有时候，公益诉讼集中在对弱势群体权利的保护上，有时候，集中在滥用公共财产和公共资金上。当然，这一问题的产生是和公益诉讼制度自身的特点分不开的。在印度公益诉讼的发展进程中，许多问题，包括上文所提到的滥诉问题，都还没有得到根本的解决。

尽管如此，大多数的学者和司法界的人士都对印度公益诉讼制度的发展给予了积极的评价。认为，在维护社会正义和平等中公益诉讼的作用不容置疑。在公益诉讼中，法院的裁决不管能否立即实行，这些裁决至少具有很大的象征意义。它对未来的社会变革起着引领的作用。最高法院在裁决中设立的先例为社会创立了规范。而公益诉讼的意义就在于为建立一个公平和平等的社会创建规范。在发挥这一功能中，法官起着提示和警醒的作用，提示国家机构在哪些地方做得不对，并给他们一个机会去纠正错误。由此，创造了一个新的国家责任理念，追求关注人权和人的价值这一法律文化的形成。通过公益诉讼而催生的政策和机构加速了社会变革的进程。通过对一个公益案件的判决，例如支持一个妇女，促使国家关注妇女的问题，从而制定保护妇女的政策。20 世纪 90 年代初，在一个公益案件中，印度最高法院下令成立了全国妇女委员会。该委员会负责审议与妇女有关的法律，干预和调查具体的案件，并采取适当的救济措施。通过这些行动，使根深蒂固于印度社会的男尊女卑、男女不平等现象得以缓解。法院在公益诉讼中发出的法律宣告为未来的变革提供了合法性。它催生的政策和机构，它赋予的合法性，它所带来的观念上的革新以及新闻媒体对案件的报道，都对社会变革产生了潜移默化的影响力，这种影响力是巨大的，是不可低估的。这种影响力将最终导致社会的变革。因此，需要用长远的观点来看待社会的变革。通过公益诉讼来促进社会的变革是一种自下而上的改革步骤，我们不能把公益诉讼和社会变革之间的关系看成是直接的关系或者是线性的关系。借用美国著名经济学家阿尔伯特·O. 赫奇曼（Albert O. Hirschman）的话来说："一件事情的改变必将引起另一件事情的变革。"印度的公益诉讼制度，如同印度国旗上的法轮，其象征着前进——"平和变革的推动力"。

（原载《环球法律评论》2006 年第 3 期）

韩国公益诉讼的成就及存在的问题

赵庸焕[①]　王嫣[②]译

一　公益诉讼的定义

公益诉讼是指为实现"公益"而组织的诉讼。

"公益"被定义为"尽管作为一种利益具有社会重要性，却因分散于公众而未能得到法律恰当保护的利益"。在现实中，该词被用来指称社会中的少数、弱势群体或受害者的权利。

在韩国具有代表性的人权组织及公益诉讼组织——民辩（The Lawyers for a Democratic Society）将此解释为要高于对社会少数、弱势群体、受害者权利的保护层面，是指通过对其的保护能够达到的更高层次的目的。据此，民辩将"公益诉讼"定义为通过"对社会弱势或少数群体权益的保护、市民权利的伸张、被政府侵犯的市民权的救济"来"改进不合理的社会制度、纠正错误的法律、防止国家权力的滥用"，从而"有助于发展民主社会和构建正义社会的诉讼"。

不论在何种层面理解"公益诉讼"，公益诉讼的对象往往源于"不合理的社会制度"或"错误的法律"又或"国家权力的滥用"等社会结构性问题，而且大部分当事人往往没有能力直接提起诉讼以救济自己的权利。因此，此类诉讼往往在该问题为目标的社会运动大背景下，通过富有使命感的律师或公益诉讼组织有计划、有组织的介入来进行。

社会运动之所以采取诉讼形式实现公益，有多方面的原因：首先，国家权力保障法院判决的执行，因此是最行之有效的权利救济方式；其次，法院判决能够确立先例，这种先例对其后的相同或类似的案件产生深远的影响；再次，判决能够促进制度、政府政策的修改或制定；最后，诉讼的提起及过程、最后的判决有助于唤起民众意识，起到启蒙作用。

[①]　韩国地平线律师事务所律师。

[②]　北京市怡丰律师事务所律师。

二　公益诉讼的背景

1972 年，通过 1961 年军事政变掌权的朴正熙政权，企图通过修宪方式实现终身掌权的目的。在镇压持反对意见的市民过程中，人权被大肆践踏。朴正熙政权颁布了"紧急措施"令，该令将一切反对该政权和宪法的意思表示都规定为犯罪。该令颁布后，朴正熙政权以触犯"紧急措施罪"为由，逮捕了所有要求实现民主的市民，之后通过军事裁判予以拘禁，严重侵害了人权。在此期间，出现了部分倡导人权和民主的律师，以牺牲精神开展了辩护活动。朴正熙遭暗杀后，在同样以军事政变掌权的全斗焕执政的 20 世纪 80 年代，这些律师一直坚持不懈地开展辩护活动，逐渐被市民敬称为"人权律师"，并且获得了市民的信赖。

进入 20 世纪 80 年代，律师从业人数大增，受感于"人权律师"们的活动，一大批有志于通过律师活动参与民主运动的年轻律师也加入了进来。他们通过辩护活动指出错误的法律、制度、政策的症结所在，起到了启发民众的作用。并且在 20 世纪 80 年代后期开始的民主化过程中，与市民运动相结合，成为进行公益诉讼的核心力量。

1987 年，作为民主运动的成果，制定了民主的宪法，韩国的民主化进程也随之展开。通过选举的方式实现政权的更迭成为可能，程序民主也开始扎根于韩国，且伴随着市民运动的合法化，开始发掘和提出了各种社会问题。且随着言论自由的扩大，独立的新闻机构开始出现，大大扩大了讨论社会问题的公共平台。

过去的司法部通过判决方式，将军事政权侵害人权的罪行正当化，故被市民批为"政权的奴婢"。但随着民主化进程的深入，司法部的独立性也日益被强化，逐渐起到了保护市民权利、牵制国家滥用权力的作用。新设立的宪法法院①的作用尤为重要。宪法法院有权判决违宪的法律无效或撤销已实施的公权力，通过对宪法的积极解释，将侵害人权的法律或公权力宣布无效②。

---

①　宪法法院根据宪法第一百一十一条至第一百一十三条规定设立，由总统、国会、大法院院长各任命 3 人，共由 9 位法官组成，宪法法院审理法律的违宪问题、弹劾、政党的解散、国家机关与地方自治体间的权限纠纷、宪法请求等案件。

②　1988 年 9 月 1 日起至 2006 年 4 月 30 日间，宪法法院共宣布 148 部法律的 242 个条款因违反宪法而无效；对 21 部法律的 37 个条款作出不符宪法，应予以修改的决定；对 9 部法律的 15 个条款作出因部分违宪而限制了适用范围。另外对 43 件公权力的实施宣布因违反宪法而予以撤销。

"宪法诉讼"使社会获得了通过判决来抵制错误法律和滥用国家权力的手段，因此在韩国的诉讼制度中占据非常重要的地位。

而且，通过国会审议修改或废止了多数违反民主或侵犯人权的法律。通过加入联合国，批准国际人权公约，国际人权标准也随之介绍到韩国国内①。此外，引进了行政程序法和行政诉讼法、防止腐败法、信息公开法等有利于提高行政合理性和透明度的制度，此类制度在保护国民权利的同时，也推动了公益诉讼的发展。

这样，随着民主化进程的深入，宪政和法治意识逐渐被社会所认同，而且国民对审判活动的否定意识也开始变化。过去，大部分国民认为法律和审判活动不过是压迫民众的权力工具。但是跟随民主化进程，人们逐渐意识到法律和审判活动也可成为牵制权力、保护国民自由和权利的手段，这种意识正在逐渐扩散。基于这种国民意识的变化，市民运动开始致力于将政治层面上树立起来的民主成果制度化，公益诉讼因此得到了长足的发展。而公益诉讼的成果反过来又为改变国民对法律和审判活动意识起到了积极的作用，开始了良性循环。

三　公益诉讼的发展过程及其成果

1. 公益诉讼的发端及其发展

韩国的公益诉讼可追溯到 20 世纪 70 年代后期，不顾强大的政府镇压势力，为保护人权开展的"人权律师"们的辩护活动。但是一直到 20 世纪 80 年代末，人权辩护的作用还局限于反抗国家权力镇压，保护受害人权的被动层面，还没有发挥改进法律制度和政策的积极作用。

而 1984 年的"望远洞洪灾案"可谓现代意义上公益诉讼的开端，该案代理受灾最为严重的望远洞居民追究了首尔市政府的责任。该案从一开始就由律师有组织地进行了策划，最终查明了该水灾并非为纯粹的天灾，而是因地方政府对江河及设施管理不善导致的人为灾难。结果，不仅受害居民获得了赔偿，政府的防洪措施和设施管理政策也有了重大的变化。

20 世纪 90 年代以后，公益诉讼从传统的政治、市民权领域拓展到了诸

---

① 韩国于 1991 年加入了联合国，批准国际人权公约主要有《公民权利与政治权利公约》、《公民权利与政治权利公约任择议定书》、《经济、社会和文化权利公约》、《反对一切形式的种族歧视公约》、《反对对妇女一切形式的歧视公约》、《反酷刑公约》和《儿童权利公约》。

如性别平等、社会经济权利、环境保护、确保企业的责任经营和透明度、实现合理行政、信息公开以及隐私保护等众多领域。并且在实现受害当事人的权利救济的同时，亦为改进法律制度、政策，以及为增强公民权利意识作出了贡献。

2. 市民、政治人权领域中的公益诉讼

（1）通过公益诉讼取得最为显著成就的领域为侦查、审判和刑罚的执行领域，此阶段中侵害人权的制度和惯行得到改进。此外，限制劳工基本权利的制度也有了改善。

（2）为了纠正广泛实施的非法逮捕和拘禁、妨碍获取律师帮助的各种侦查惯行、不合理的限制被告人行使权利的刑事诉讼法制度、侵害服刑人员权利的刑罚执行法中的制度和惯行，对负有责任的公务员进行了刑事控告，为推翻检察院作出的不起诉决定，向法院申请裁定起诉令，以施害人和国家为对象提起损害赔偿诉讼，为了推翻包括检察官在内的侦查人员的决定，向法院提起准抗告；为了证明该法律和惯行违反宪法提起违宪审查等等，提起了数不清的诉讼，通过此番锲而不舍的努力，相关的制度和惯行已得到相当的改进。

（3）杜绝侦查过程中发生的各种侵犯人权的行为，最为有效的方法莫过于追究相关公务员的刑事和民事责任。尤其是 20 世纪 80 年代，将刑讯政治犯的侦查人员处以刑罚，并以国家和施害者作为被告提起损害赔偿诉讼的运动取得了巨大的成果。在金勤太、权仁淑、朴宗哲事件中，参与用刑讯政治犯的方式制造恐怖氛围，以此压制持政治异见而盛名一时的刑讯侦查人员，大多数都处以了刑罚，并令其承担受害人损害赔偿责任的举措，大大降低了非法逮捕和拘禁、刑讯等惯行的出现。

（4）以宪法裁判为中心展开的，旨在修改限制和处罚劳动者结社自由的劳动法修改运动也取得了一定的成果。包括教师和部分公务员在内，原来被禁止设立工会组织的人员，法律朝着保障其自由设立工会权的方向修改或制定；多数限制参加政治活动、集体协商和集体行动的法律也已被修改或废止，为劳动基本权利的提高作出了贡献。

（5）通过一系列违宪判决和选举法修改运动的开展，修改了选举法中关于封锁市民参与选举和对少数政党处以不合理待遇的规定。从而确保了市民自由地参与选举，并通过修改法律，使得少数政党进入立法机关也成为可能，从而促进了选举制度公正民主地实现。

（6）虽然有别于一般意义上的"公益诉讼"，通过利用国际人权公约机制，按照国际人权标准纠正国内法的愿望也正付诸于实践。根据《公民权利和政治权利国际公约》及其《任择议定书》，个人可以向人权事务委员会提出个人申述，要求确认某些国内法（禁止第三人介入规定、国家保安法等）违反国际人权公约。在劳动基本权利方面，针对限制劳动基本权的制度和惯行，向国际劳工组织提起的申诉也获得了支持，侵害劳动基本权利的国内法和惯行被认定为违反国际劳工组织宪章和公约。虽然此类国际机构的决定不具有改变国内法和制度的效力，但对国内公益诉讼及制度修改运动起到了支援的作用。

（7）这些运动促成了 2000 年国家人权委员会法的制定以及国家人权委员会的建立。国家人权委员会是专门以保护和提高人权、救济人权侵害和歧视为己任的国家机关，该机关以国家权力为依托，对侵害人权、歧视行为进行调查，又通过调查侵害人权的法律和制度、政策，督促其修改。

3. 清理历史运动

（1）作为特殊的公益诉讼之一，值得一提的是 20 世纪 90 年代兴起的历史清理运动。该运动始于 20 世纪 90 年代初，旨在处罚 1980 年军事政变掌权过程中屠杀无数市民的军事政权责任人。在此期间制定了对 20 世纪 80 年代军事政府的受害人提供补偿的法律①，最终在 1994 年，对包括全斗焕、卢泰愚等两位前任总统在内的军事政变罪犯处以了刑事处罚。并且制定了包括军事政变在内的"破坏宪政秩序罪"，排除适用诉讼时效的制度②，进而建立了预防和制止类似犯罪的制度。此外，又制定了通过再审方式救济 1980 年被军事政权宣告有罪判决的被害人的法律③。

（2）1993 年，第一任非军人出身的金泳三就任总统，全国各地的市民团体组成联盟要求将军事政变的主要人物处以刑事处罚，同时对全斗焕和卢泰愚等人以内乱和杀人罪提起了控诉。检察机关以"不能惩罚成功政变"为由拒绝指控，对此，市民团体则以检察机关的不起诉决定侵害被害人的人权为由，提起了违宪诉讼，同时在全国范围内组织了数百万人规模的示威集会，并通过举行讨论会等方式，施加政治压力，最终取得了成功。该案的成功要归功于全国范围内团结一致的市民行动和律师活动的成功结合。

（3）在调查军事政权犯下的各种重大侵犯人权的案件真相、救济被害

---

① "有关光州民主运动人士赔偿的法律"。
② "有关破坏宪政秩序罪公诉时效的法律"。
③ "有关 5·18 民主运动的特别法"。

人权利的运动过程中，设立了很多国家机关，并开展了积极的活动①。通过此类机关的积极活动，过去政府犯下的侵害人权的罪行，部分已被查明，部分受害人也获得了赔偿。而且提起了众多的诉讼，这类诉讼包括：对伪造证据，判决有罪的案件，通过再审程序还以清白同时判决赔偿损害的诉讼；要求归还军事政权夺取的财产的诉讼等等。针对此类诉讼，法院严格适用消灭时效，一直采取了拒绝救济的态度。但对严重侵害人权的案件，最近也出现了适用国际法上的国家义务的观点，排除消灭时效，认定国家的损害赔偿责任的判决。

4. 社会福利诉讼

（1）从 1994 年起，参与民主之国民团结组织（the People's Solidarity for Participatory Democracy）发起了保障国民基本福利的运动，此运动的开展又一次拓宽了公益诉讼的领域。有关生存权的宪法规定被视为纲领性权利，社会福利反被视为政府恩惠。在此背景下，旨在具体的实现宪法关于生存权和社会福利的规定，大大拓展了公益诉讼的领域。

（2）参与这场运动的不仅有律师和法学家，而且社会福利专家和民主运动人士也参与了进来。他们坚持认为，国家对保障每个国民享受最低生活标准的权利负有责任。他们通过媒体宣传、学术会议、示威集会唤起了市民的社会福利权利意识，同时他们也开始了修改相关法律的运动。在此过程中，提起了请求纠正国家养老金基金管理的诉讼、请求养老金诉讼、请求认定过低的生活保障工资违反宪法的违宪诉讼、请求改革排除贫困人群的医疗保险制度的行政诉讼、请求改革居民登记制度的行政诉讼等各种类型的诉讼。结果，促进了国民基础生活保障法的制定和各种社会福利制度的建立。

5. 经济民主化运动

（1）以确保企业经营的民主化和透明度以及董事会责任经营为目标，参与民主之国民团结组织发起了小股东运动。该运动也是颇具代表性的与市民运动相结合取得成功的案例。

（2）经济民主化运动的成功也要归功于众多的法律专家、经济学家、会计师和民主运动人士的共同参与，他们共同制定了运动目标，统一、有组织地开展了设计战略等等的活动。一系列的公益诉讼成为整个运动的一个组

---

① 1996 年"关于居昌事件相关人士恢复名誉的特别措施法"，2000 年"关于调查疑问死真相的特别法"，2005 年"关于调查军疑问死真相的特别法"，2000 年"关于民主化运动关联人士恢复名誉及补偿的法律"等等。

成部分。

（3）20 世纪 60 年代后，在国家集中扶持下，迅速壮大起来的大型企业，擅自将公司资金挪作私用；逃税、用非法手段对公司进行家族世袭经营；关联企业通过内部交易进行不公平的交易等现象开始蔓延，这些不法行为没有受到任何制裁。为了纠正这种社会现象，参与民主之国民团结组织选定了最具代表性的企业和金融机关，通过最大限度地行使株式会社法（商法）和证券交易法上规定的小股东的权利，追究了责任人的法律责任。在提起诉讼前，作为前期准备工作，广泛宣传企业的非法行为及其症结所在，以及因此给小股东及国民经济造成的损失。然后，接受小股东的委托，代理行使股东权利，主张追究在股东大会上有非法作为的经营人的责任。而且，通过股东代表诉讼，追究了对企业经营失败负有责任的经营管理层的责任，并对触犯刑法的经营管理层提起了控诉。与此同时，开展了集会、示威等多种形式的运动，发起了修改相关法律的立法运动。在此过程中，朝着保障公司经营透明性的方向，商法和证券交易法、公正交易法等相关法律进行了几次修订。

6. 以性别平等为目标的公益诉讼

（1）妇女运动也是通过有效利用公益诉讼，在改善相关法律和制度方面取得巨大成果的领域。韩国社会以儒家文化为其背景，歧视女性的习俗和法律制度遍布社会。妇女运动组织在开展男女平等为目标的社会运动同时，针对歧视妇女的制度和习俗提起了众多的诉讼。

（2）作为妇女运动的成果，诱导出了废除同姓同本禁婚制度和户主制度的宪法法院的决定，这些制度可谓性别歧视之核心。并针对公务员考试中优待服役男性的制度，管理和分配家中财产时排除女性的惯行，对女性不利的养老金及税收制度，结婚退休制，对女性工资的差别，职场的性骚扰等等，也都提起了众多的诉讼。在此过程中，旨在实现男女平等的法律制度也在快速跟进。

7. 其他公益诉讼

除此之外，在众多领域也开展着很多的公益诉讼，其领域也在不断扩展，下面举几个典型的例子。

（1）环境诉讼——典型的有，对机场和美国空军基地周边的噪音污染提起的损害赔偿诉讼，以及为禁止或撤销千圣山、新万金、济州岛松狱山等地进行的破坏环境的大规模的开发而提起的行政诉讼等等。通过此类诉讼，市民的环境意识有了大幅度的提高。之后，有关建设工程的，如日照权、粉尘、噪音、震动污染的个人诉讼也呈大幅度增加趋势。

（2）残疾人相关的诉讼——为纠正残疾人被限制加入保险、剥夺教育机会等的差别待遇，确保其生存权，为此提起了很多诉讼，该类诉讼也得到了市民和法院的支持。以此成果为基础，最近正在制定禁止残疾人差别的法律。

（3）外国劳工相关的诉讼——未获许可而滞留韩国，并在韩国劳动的外国劳动者人数接近30万人，侵害外国劳工人权的现象也在四处蔓延。在此背景下，保护外国劳工的权利，已成为韩国市民运动颇为关注的领域。提起了很多诸如请求支付外国劳工工资、适用工伤险的诉讼，针对在保护非法滞留外国劳工而采取措施的过程中出现的侵害人权的行为的诉讼，赋予外国籍男性劳动者与韩国女性间的子女韩国国籍，保障受教育的权利等的诉讼。

（4）旨在确保行政的公正、透明以及保护个人信息的诉讼——通过各种诉讼致力于提高行政的合理性和透明度，此类诉讼包括：要求公开行政信息，公开行政支出的诉讼，对错误的城市规划提起的诉讼，对身份证等个人信息管理上的过失提起的损害赔偿诉讼，防止为行政之便利过多地收集个人信息，保护隐私的诉讼等诉讼。

（5）旨在确保消费者等经济弱势群体权利的诉讼——这类诉讼包括欺诈打折导致的损害赔偿诉讼，对通信公司非法收集并泄漏个人信息提起的诉讼，分期付款受害者诉讼等等。

四 公益诉讼的成果和存在的问题

1. 诉讼的特征

（1）韩国的公益诉讼在"帮助社会的发展和构建正义社会"的宗旨下，有较强的与市民运动相结合的特点，该特点也是取得成功的主要原因。民主运动人士及专家的紧密结合弥补了律师在专业化和大众性方面的不足，从而提高了胜诉的可能性，同时也为改进制度和政策创造了有利条件。

（2）公益诉讼具有长期性，并具有与多种社会运动并行的特点。根据问题的种类和复杂程度分别有损害赔偿诉讼、对触犯刑法者提起刑事控告、不服检察院的不起诉决定、向法院申请起诉命令的裁定、要求中止非法行为的假处分、行政诉讼、宪法判决等诉讼。在此过程中，几乎动员了所有民事诉讼法、刑事诉讼法、行政诉讼法以及在其他各种特别法认定的众多权利救济制度，分阶段提起不同的诉讼。并且，不仅局限于诉讼方式，而且通过召开记者招待会、舆论宣传、举行研讨会、学术会议、集会和示威、对需制定或修改的法律草案进行立法请愿和游说、监督和批评国会议员的活动等等，立体地展开一系列的市民运动，唤醒国民意识，促进政府政策和法律的制定。

2. 参与人的作用

（1）虽然其他诉讼也不例外，但公益诉讼中律师的作用尤为重要。传统的诉讼结构以孤立的个人当事人之间的权利纠纷为对象，与此相比，公益诉讼的施害人往往是政府或大型企业，并且与法律制度、社会结构性等根本性的问题纠缠在一起，所以该类诉讼很难适应传统的诉讼结构。因为法律问题复杂，且没有先例可循，权利被侵害的当事人往往不知道自己的权利被侵害的事实，即使意识到权利被侵害，也无力、无意为无法预测结果的诉讼投入过多的时间和金钱。且伴随诉讼进行的对事实关系和法律理论的分析及收集证据的负担往往也比一般的诉讼多出很多。因此，若没有富有公益精神的专业律师积极协助市民组织进行受害人的启蒙运动，组织当事人积极收集证据和材料的话，事实上很难成功地推进公益诉讼。

（2）市民组织和专家的参与也显得非常重要。只有律师的参与，则无法胜任确保当事人群体，通过宣传、集会和示威等方式唤醒社会的觉悟，给政府和国会施加压力，而不伴随此类活动，则很难说服法院。而且，诸如环境诉讼等新出现的公益诉讼，在整理事实关系，分析、收集证据时都要求高度技术性的专业知识，因此，若无此类专家的积极参与，也很难进行诉讼。

（3）因为诉讼的结果取决于法院的判决，所以法院也起着重要的作用。韩国的司法部门历来十分保守，对市民参与政治持消极态度。因此对以市民运动为主体提起的公益诉讼，态度并不友好。但是，随着民主化进程的深入，司法部门的独立性获得了保障；高高在上的法律制度发生变化；在民主化时代受教育的年轻法官的增加；以及宪法法院从法院系统分离出来专门负责宪法判决，成为公益诉讼独立的通道，同时为具体案件中积极解释并适用宪法规定创造条件等等，这些因素对公益诉讼的发展都起到非常积极的作用。

3. 公益诉讼的局限性及其课题

（1）人员的局限性。

有效地进行公益诉讼，取得积极的成果，需要众多具备丰富的诉讼技术而且掌握多个领域专业知识的律师。随着社会问题的多样化，出现了经济学、会计学、科技知识占很大比重的问题。对此类领域具备专业知识，且又有志于公益诉讼的律师和专家还是为数不多。因此，仍有很多需要通过公益诉讼获得救济的权利、需要改进的制度和政策，被搁置一旁。

（2）费用带来的局限性。

如何筹措进行公益诉讼所需的资金，也并非易事。先不谈律师的报酬，诉讼的对象越是重要、复杂，进行诉讼所需的费用越是庞大。但是公益诉讼的当事人往往没有能力承担该费用，而且市民组织的财政能力也极其脆弱，社会中也未建立支援公益诉讼的制度体系，因此费用问题成为制约公益诉讼发展的重要因素。迄今为止，大部分的公益诉讼是依靠对公益富有激情，并具有献身精神的律师提供援助的方式进行的，但是单单依靠此种方式，势必制约韩国的公益诉讼向更高层次发展。

（3）制度的问题。

韩国的诉讼制度仍然维持着传统的、以个人权利纠纷为对象的框架，给公益诉讼带来了不少的先天局限性。尤其在行政诉讼中对当事人适格及诉之利益作狭义的解释。针对企业对国民经济产生严重不良影响的非法行为，具备能够对此提起诉讼资格的人，只限于持有一定比例股份的少数股东。所以，虽然没有侵害个人权利或受害人不明显，但侵害公益价值的案件或情况或众多受害人表现为匿名的案件，则很难对此提起诉讼。

起诉费用，为收集证据和分析证据求助于专家时所需的费用过多，也成为起诉难的原因。此外，存在于公共机关内的证据，一般人也很难收集到。如前所述，诉讼的提起和进行，存在众多障碍。但是与此形成鲜明对照的是，胜诉时当事人可获得的经济补偿过少，从而丧失了进行诉讼的意义。而且，虽然案件涉及整个社会，影响众多人员的权利，但是诉讼的结果又往往取决于提起诉讼的当事人或律师的能力。在此过程中，亦缺乏允许没有直接参与提起诉讼的专家或市民组织参与诉讼，从而弥补法院和当事人能力缺陷的制度。

针对公益诉讼中存在的诸多问题，解决之道，首先应该朝着扩大当事人适格和诉之利益的方向，修订诉讼法。同时，有必要引进市民诉讼制度和集团诉讼制度。此外，降低公益诉讼的起诉费用，改善行政程序法，激活信息公开制度，引进惩罚性损害赔偿制度，保障胜诉时获得实质性补偿等方式也值得尝试。而且，诸如破坏环境的大规模的开发项目，需要科学技术和经济学等诸多领域专业知识的诉讼，应当提高相关领域专业机构的独立性和专业性，使之能够独立于政府和企业，作出独立的分析。

（该文原载于《公益诉讼》（第二辑），中国检察出版社 2006 年版）

菲律宾的公益诉讼：挑战、问题与展望

Romeo T. Capulong[①]　黄金荣[②]　译

很荣幸在人民律师和法律专家的聚会面前进行发言。我们这次会议的主题是为穷人提供法律服务。就像在其他亚洲国家一样，在菲律宾，这意味着要为占我们人口绝大多数的农民、工人、城市贫民、小渔民、土著居民以及城市民工提供法律服务。当我们说为穷人提供法律服务时，菲律宾的法律制度存在以下两个形式。第一个是由我们国家的两个殖民者——西班牙人和美国人在给我们带来他们的法律制度时留下来的。我们将此称为传统法律援助或者为贫穷的诉讼当事人提供免费的法律帮助。第二个是我们反抗自19世纪末我们的国家诞生之日起就一直伴随着我们的专制和社会不公的过程中所产生的结果。在菲律宾，我们称为人权律师事业。当然，更宽泛的一个概念是"公益法律实践"；人们还将此称为另类法律实践，以将之区别于传统的法律实践。此外，已故菲律宾参议员乔斯·迪奥克诺（Jose Diokno）也将它称为"发展性法律援助"。

但是无论我们把它称为人权法律实践、公益诉讼、另类法律实践还是发展性法律援助，其实质都是，我们这些从事这类活动的人真正地在为我们社会中处于受剥削和压迫地位的穷人提供法律服务。也正是基于这个原因，我们才能自豪地宣称，我们是人民的律师，因为我们除了为我们的当事人提供专业和热忱的法律服务外，还致力于为了当事人的利益而推动广泛的社会变革。

一　传统的法律实践和法律援助

菲律宾联合律师协会（菲律宾的国家律师协会，根据法律，所有律师都必须加入）注册的律师大约有46000人。相对于8500万菲律宾人对法律

---

① 作者为菲律宾公益法中心主任，该文为 Capulong 先生于2006年4月19—20日在法学所举行的"公益诉讼与公益法：亚洲的经验国际会议"上的演讲。

② 中国社会科学院法学所副研究员，北京市东方公益法律援助律师事务所志愿者。

服务的需求而言，这个数字占人口的比例也不算太低。为了更好地理解公益法实践，我准备将它与传统的法律援助进行一下比较。

正如我已经阐述的那样，传统的法律援助或者说对贫穷当事人的援助就如我们以前的殖民当局所引入的法律制度一样古老。现行的菲律宾宪法是第三份总结和指导我们宪政经验的基本法律文件。它用如下强烈的语气全面规定了贫穷当事人获得适足法律帮助的权利："任何人都不应因为贫困而被否定自由接近法院和准司法机构以及获得适足法律帮助的权利"（第2章第3条）。这既是对菲律宾政府施加的宪法义务，也是对各种律师组织施加的宪法义务。为了履行这种传统的为贫困当事人提供法律援助的义务，司法部专设了一个称为公职律师处的机构用来提供免费的法律援助服务，与此同时，菲律宾联合律师协会在菲律宾所拥有的80多个分会也都设立了法律援助项目。此外，某些政府部门，如劳工和就业部、农业改革部以及各种地方政府机构也都有自己的免费法律援助项目。此外，志愿性律师组织、某些商业性律师事务所和法学院等私人机构也通过自身设立的项目或者法律援助诊所来满足这种需要。

我们确实可以自豪地说，就人力和物力资源而言，菲律宾的法律制度相对而言已经可以满足贫困菲律宾人对于免费法律援助的需求了。传统法律援助维护了贫困受益者的法律权利。就如同亚洲以及世界其他大多数地方一样，在菲律宾，大多数人都将这类可以确保穷人权利以一种有序、公正的正义分配方式获得保护的法律援助视为是律师协会应负的社会责任，是国家对穷人应该履行的宪法义务。

在今天由众多杰出律师参与的会议面前，我并不想被误解为忽视传统法律援助的重要性。事实上，我认为，无论是公共部门还是私人领域都应鼓励和支持这种形式的法律援助。当然，在菲律宾这样一个70%的人口生活在贫困线以下并且没有能力满足对食物、衣服、住所、医疗和教育等基本需要的国家而言，有一个能够给穷人提供免费法律服务的社会化的或者纯粹福利性的政策完全无可厚非。现在我们面临的挑战是我们如何才能使这种传统的法律援助逐步（即便是部分地）变成公益诉讼。在菲律宾，我们曾经作出这种努力，但并没有取得多大的成效。我认为，给穷人提供福利援助，无论是食物、衣物、住所、医药或者免费的法律服务都可以给受益者提供临时性的救济，我们的领导精英为了使自己及其政治王朝能够千秋万载也支持这种援助形式，然而，从长远看，如果没有以提高受益者对菲律宾普遍存在的社会和经济不平等的意识为目标的计划作为补充，那么这种法律援助只能使穷人变得更加麻木而不是能使其获得真正帮助，因为它纵容了这种产生贫困和不公的非正义制度。

二　公益法实践与传统法律援助的差异

界定公益法实践并且将它与传统法律援助区别开来的最好方法可能是从作为受益者的当事人、这个法律实践领域的权限、涉及的问题和任务、处理案件时所使用的策略以及公益律师或人民律师所要坚守的使命和纪律几个方面出发进行阐述。

大家可能都知道，菲律宾是一个等级分化非常严重的社会，政治权力和经济资源被很小一部分精英所垄断。菲律宾曾经长期进行反对外国控制的、反老殖民和新殖民的斗争，特别是反对美国的斗争。美国控制了跨国公司和多边机构，菲律宾的经济、政治、社会和文化生活都受到精英阶层和外国主子的控制。自从美国侵入菲律宾的一个多世纪以来，美国人不允许菲律宾发展成为一个民族，也不允许菲律宾自己制定未来的蓝图。绝大多数人民仍然非常贫困，他们都被剥夺了公民权，并且深受权力滥用和暴政之苦。

菲律宾的人民律师就是菲律宾社会这种苦难的产物。他们的出现既源于反对压迫和剥削以及反对社会不平等的需要，也是源于穷人对公正的人道社会的渴望，他们生来就是要反对对人权的压制和侵犯。因此，人民律师的权利来源于穷人的授权，来源于穷人对正义的斗争，而不是来自政府和法律，当然也不是来自自私的物质诱惑。

具体地说，作为受益者的我们的当事人以及我们处理的有关问题和目标如下：

1. 帮助农民为争取进行真正的土地改革而斗争，在法律上帮助他们反对以房地产开发商面目出现的土地掠夺者以所谓发展的名义而进行的占有土地和强制驱逐的行为；

2. 帮助工人为争取体面工资和工作条件而斗争，帮助他们为成立可以帮助他们维权和真正代表他们利益的工会和社团而斗争；

3. 帮助城市贫民和临时居住者（他们经常被轻蔑地称为"蹲着的人"）反对任意驱逐以及为获得充分的安置地点、住房和生活条件而斗争；

4. 帮助民工根据国际和国内法维护他们在所在国的人权，并帮助他们与母国政府对困扰民工及其家属的问题的冷漠行为进行斗争；

5. 帮助渔民进行反对国内外渔业巨头侵犯其渔场的斗争；

6. 帮助土著居民进行反对土地攫取者和国内外采矿公司侵犯其祖先领地的斗争;

7. 帮助人权、公民和政治权利的政治受害者进行反对政府（通过警察、军队和准军事组织）实施的司法外杀戮、非自愿性失踪、酷刑、非法逮捕和任意拘禁等行为的斗争;

8. 帮助一般的公众维护诸如环境保护和消费者权利这类法律权利。

就像传统的法律援助一样，公益法实践也是为穷人提供法律服务。两者的根本区别在于，人民律师给穷人提供法律服务并不仅仅是因为当事人贫穷而支付不起律师费，更重要的是因为他们意识到，当事人所遭遇的贫困和不公是不正义制度的结果，对这种制度，必须予以改变和根除。

除了提供高质量的专业服务外，人民律师矢志实现社会变革的信念也是其法律服务的核心要素。不同于政府或者私人法律援助福利政策下免费提供法律服务的传统法律实践者或者公益律师，人民律师并不会为了维护当事人的利益而将自己局限于对法律进行常规性、一般性的解释和使用。他们知道，在一个受精英控制的社会里，法律仅仅是精英（也就是那些垄断和控制权力和经济资源的人）集体利益的体现。在维护和促进当事人权利的过程中，人民律师并不将自己仅仅局限于绝对服从法律和占统治地位的制度，他们通常都非常具有创造性，他们通常会从被剥夺权利或者被边缘化的当事人角度出发批判性地看待法律和法律的价值。

人民律师必须具有高尚的人格和对当事人高度负责的职业精神，并且在当事人为了实现社会正义和发动有意义改革的斗争中贡献自己的法律技巧和观点。人民律师崇尚这些原则和事业远胜过个人利益和物质奖赏。

与那些只会作为保持中立的冷冰冰的法律专家在对抗性的诉讼中为当事人服务的传统法律执业者不同，人民律师会全身心地热情为解决当事人所面临的法律和社会问题而斗争，他们不仅会在法庭或者法律领域内为案件尽心尽力，而且还会在法庭和法律领域外为当事人提供服务，他们会参与对话和谈判，会为了当事人建立网络和同盟者，会通过街头集会、大众媒体、立法质询和听证以及学术会议等形式和场合为了当事人的利益而奋斗。

我认为，人民律师应该遵从某些基本的原则:

1. 人民律师应该致力于那些对很大一部分人（通常是社会的一部分，但有时也可能是整个社会）的生活产生极大影响的事业、案件和问题。

2. 我们必须意识到，许多问题产生的根源在于权利或利益的冲突、一小部分特权阶层对众多穷人的剥削和压迫以及（或者）不当的政府政策或计划。

3. 与传统的律师不同，人民律师应在整个社会的性质和问题这些大背景下来看待和处理法律问题和案件。

4. 在处理涉及公共利益的案件时除了要承担起专业责任外，人民律师还应积极利用法律问题和法律斗争组织社会、提高社会意识，并且为了增进人民和那些支持其事业的人的团结和战斗性而不懈努力。

5. 人民律师的法律斗争并不局限于法庭。他们会创造性地运用集体诉讼、动员和利用人民的力量、团结和战斗精神、媒体宣传等方式为了当事人赢得支持。

6. 在处理案件时，人民律师将会以互惠互利的方式与其当事人进行合作，通过这种合作，人民律师将从当事人为了改善生活而进行的斗争中获得教益并且坚定自己为当事人服务的信念。这种关系将远远超出单纯的法律职业范围，人民律师将从这种关系中了解社会问题，了解重要改革的共同目标以及人民斗争的作用。

或许，举一些实际的示范性例子更有助于解释上述原则。

今天，在菲律宾塔拉克省有一个面积达 6453 英亩、名叫 Hacienda Luisita 的甘蔗种植园，这个种植园由前总统阿基诺家族所拥有，而我们公益法中心的律师就为该种植园 5000 名种植园工人和其他雇员提供法律帮助。根据菲律宾政府的农业改革政策，早在 1968 年，这片广袤的土地就应该分给这片土地实际的耕种者。但是由于土地拥有者在政治上的权力，在政策实施后，尽管由于种植园工人和雇员占有 33% 的股份而被虚幻地称为这个种植园的共有者，但他们在种植园的管理或者参与利润分配方面却几乎没有真正的发言权，原来土地拥有者仍然继续拥有并且控制着这片土地。在政府采取所谓股权分配的农业改革政策后，种植园工人和雇员的生活并没有多少改变，工人的工资仍然处于仅够维持生存的水平。更为糟糕的是，以前总统阿基诺为首的土地拥有者还设法将很大一部分土地改造成商业、工业、居住和休闲用地，从而使工人可以工作的土地面积大为减少。工人的工资减少了，而土地拥有者却从改造后土地的买卖中获得了大量利润。种植园工人和雇员为此举行了罢工，并且使整个种植园（包括蔗糖加工厂和不动产公司）整整瘫痪了一年。军队、警察和资方的私人武装对罢工的工人进行屠杀，导致 7 位罢工者丧生，40 多人受伤。

但种植园工人和雇员为拥有土地仍然进行不懈的斗争，这种斗争既在草根层面进行，也在法庭和其他法律领域进行。由于工会非常团结、有力量和战斗精神，在菲律宾国内外又获得了广泛的支持和同盟，并且公众也非常同情罢工所产生的各种问题，阿罗约政府被迫收回并取消了股权分配政策。菲律宾政府将该种植园进行了强制征收，这样工人和雇员就可以通过给政府分期付款的方式最终拥有土地。当然，他们的斗争还远没有结束，也没有完全取得胜利，但是他们的牺牲、痛苦和煎熬以及最初的成功也给他们自己以及人民律师带来了某些深刻的教训。

第一，工人和雇员工会的领导层曾长期屈从于资方。工会的成员曾允许资方对工会领导的选举施加影响并且控制工会领导。当普通工会成员意识到这个错误并且决心选出能真正代表自己利益的领导人时，变革就开始了。

第二，指望政府及其部门在劳资双方的冲突中维护工人和农民的权利并坚持法治只是一种幻想。只有工人和农民充分组织起来、团结起来、勇敢地行动起来，并且设法赢得其他力量、网络和集体运动的支持时，人们对政府的期望才能成为现实。

第三，在一个精英主导的民主制度中，保护或促进我们贫穷当事人的法律权利的法律和民主空间是非常有限的。利用这种有限的空间并且设法创造性地扩大这种空间是人民律师义不容辞的义务。

第四，在法律斗争的过程中，人民律师及其当事人开始认识到，这些法律问题都具有全国性的影响，并且对子孙后代也将产生影响，这个案件的结果也将对菲律宾整个农民阶层为争取土地和改善生活而进行的斗争产生深远影响。该种植园工人和雇员勇敢地站在了时代的前列，并且担负起了维护他们自身权利以及成千上万菲律宾农民权利的历史重任。

第五，政府利用国家暴力保护菲律宾统治阶级的财产权利。除了罢工者受到屠杀，雇员工会主席、一个支持罢工的神父以及一个城市议员也被警察、军队以及资方的敢死队杀害。我们通过提供良好的文件资料，收集坚实的证据，向人权委员会、监察员办公室以及联合国人权机构提出申诉，组织事实真相调查委员会，发出强烈谴责，呼吁国内和国际人权组织和名人予以支持并且开展抗议行动等方式为工人和雇员的行为进行了强有力的辩护，对这些杀戮行为进行了无情的揭露。

三　问题与展望

如果不对公益诉讼领域存在的问题进行讨论，我们就很难谈论公益诉讼。这些问题是显而易见的，但也是非常困难的，尽管无论从短期还是长期看并不必然都是不可克服的。或许，我们可以笼统地说，这些问题是这个事业所固有的或者是占主导地位的政治环境所引发的。

我也要指出在菲律宾公益法实践发展所存在的两个大的障碍。它们就是合法性问题以及物质基础问题。

在 1991 年，我很荣幸地被选为菲律宾联合律师协会的全国领导人。我对律师协会提出的第一个建议是采取一种叫"发展性法律援助"的计划。"发展性法律援助"可以说是前面说过的公益法实践的另一个名称。为了支持这个计划，我们对律协成员专门进行了调查研究，我们问他们公益法实践是否应该成为律师合法的专业化领域。让我们感到难过的是，我们的很多同行认为，对这个领域并不了解，并且认为这是不可行的、危险的事业，是一种搞破坏的做法，而那些想从事这类活动的人不仅是异类，而且也是破坏分子。合法性的问题仍然是悬在所有律师头上的一个问题，要解决这个问题，我们还需要付出很多努力。我们的目标是让公益法实践活动不是仅仅成为出于帮助穷人、为穷人服务的信念而进行的痛苦选择问题，而且让它成为一个真正值得投入的事业，对法律学生和年轻律师而言尤其如此。当然，这也是对我们所有人的挑战。

我知道，我们这里所有的人都理解，当我说公益法实践仍然缺乏一个强有力和稳定的支持它的物质基础时，我是什么意思。许多公益法律师事务所和实践者都要依赖来自资金提供者的支持，其他的也要依赖其他私人资源、甚至政府政策的支持。我自己是一个自力更生的公益律师。我的意思是说，我们必须发展我们自己的当事人资源，农民、工人、城市贫民、小渔民、土著居民以及民工都是我们的物质资源。在一个由占 3% 人口的、一小部分精英控制的、高度等级分化的社会里，我认为没有理由不能把剩余的 97% 的人口作为我们进行公益法实践的可靠物质资源。这不仅是说来源于我们贫穷当事人的资源很重要，而且让他们认识到我们所努力奉献的服务的价值也至关重要，因此他们完全可以让我们的公益法实践真正得到生存和发展。

我尊敬的法律界兄弟姐妹们，我现在 71 岁了，在我这个年纪，在当了这么多年的人民律师后，我希望我可以说，对我而言，这是一个可以实现自我并且也会获得丰厚回报的珍贵人生旅程。我知道你们所有的人也将与我一样感同身受，我希望你们好运！

促进国内人权法发展的公益诉讼策略

Vinodh Jaichand①   冉井富②   译

本文以"法治与和平建设"研讨会的主题为基础，并受到一个国内人权法非政府组织的观点的启发。我的评论是建立在这样一个假定之上，即为了提升人权，个人需要求助法院阐明特定群体所享有的各项权利的具体内容是什么。这一点可以通过对南非某些近期的经验的讨论得到进一步的说明，其中一些经验并非南非所特有。③

在过去的一些天里，关于国际人权法律的发展和区域人权体系的运作已经被广泛讨论。总之，有人可能会断言，人权法的发展出现了从国际体系向区域体系的逐步演变。当国际的和区域的人权标准通过国内法律制度的实施而成为国内法的有机组成部分时，进行公益诉讼就具备了充分的根据。④

"公益诉讼"已被定义为"为了公共利益或者全体利益的实施而在法院提起的一种法律诉讼，而这种利益是社会公众或者某个阶层金钱上的利益，或者对其法律权利或义务具有影响的某种利益"。⑤

公益法的德尔班讨论会⑥通过不是什么的方法进行定义，对公共利益法作出了更为广义的理解，即：公益法作为一个法律领域，它不是公法，不是行政法，不是刑法，也不是民法。他们把公益法视为是从事法律工作的一种

---

① 南非高等法院辩护律师，爱尔兰国立大学爱尔兰人权中心副主任。

② 中国社会科学院法学所副研究员，北京市东方公益法律援助律师事务所志愿者。

③ 比如说，在美国、加拿大和印度，公益诉讼就已经有了较好的发展。其中，关于印度的情况，参看：*Circle of Right*，at < http：//www. umn. edu/humanrts/edumat/IHRIP/circle/justiciability. htm >. Last access on April 15，2004.

④ 注意到这一点是很有趣的，即"在条约规则被或多或少是不自觉地确定为国内法的组成部分（比如作为宪法的组成部分，或者立法改革的一部分），而不是作为规则实施的一部分（通过报告、个人申诉、秘密调查程序等）的地方，国际人权体系已经产生了巨大的影响"。Christof Heyns 和 Frans Vilijoen 因此指出，"联合国人权条约是通过国内法的平台而发挥作用的"。参见：*Human Right Quarterly* 23. 3（2001）483 at 486.

⑤ *Black's Law Dictionary*.

⑥ 该会议由福特基金会和南非纳塔耳（Natal）大学开放社会研究所资助，哥伦比亚大学公益法促进中心主办，于 1997 年 6 月 29 日至 7 月 8 日召开。参见：< http：//www. pili. org/publications/durban/preface. html >. Last access on April 15，2004.

方式或者对法律的一种态度。他们指出，将精选的案件带至法院并不是唯一的公共利益策略，这种策略还应包含法律改革、法律教育、读写培训和法律服务等。它不是单为律师而保留的一个领域，因为它还可能会涉及游说、研究、辩护以及人权教育。最后，公益诉讼还是通过赋予权利而给人权注入实质意思和内容的示范性尝试。

一　策略的内容

法律常常令人生畏、使人迷惑，它似乎从不以那些被边缘化的、脆弱的或贫穷的人的立场来审视事物。大多数人认为，当法院以一种肯定的、增强其人权现实感的方式来宣告他们的权利时，法律是站在他们一边的。一位评论家说道："要让人感受到被包容需要付出多方面的努力，将此观点积极地推销给穷人就是其中的一种方法。"① 除此之外，法庭上的成功往往要经历很长的时间才能带来积极的肯定态度，因为在通常的情况下，那些被边缘化的、脆弱的和贫穷的人已变得习惯于遭受挫折。②

在卫生部长等诉治疗行动运动组织等（Minister of Health and Others v. Treatment Action Campaign and Others）的案件中，我们可能会找到关于有效公益诉讼策略的一个良好出发点。对所使用策略的分析可能会有助于我们找到取得成功所必需的一系列因素。对这些因素一种比较简单的划分方法可能是审查作为一般意见代表的"公众"，作为辩护平台的"公共利益"以及作为提交给法院的法律问题和结果的"诉讼"。

1. 公众

治疗行动运动使政府对艾滋病病人治疗的态度成为一件国家大事。③ 他们动员了一些非政府组织，这些组织曾对政府因没有能力对艾滋病采取一贯的政策而对 HIV/AIDS 受害者所表现出来的漠不关心态度表示同情。④ 而有

---

① Hernando de Soto, *The Economist versus the Terrotist*, at < http：//www. economist. com/people/PrinterFriendly. cfm？ Story_ ID1559905 >. Last access on April 15, 2004.

② Case number CCT 8/02；2002（5）SA 721（CC）；2002（10）BCLR 1033（CC）.

③ 据报道说，总统 Thabo Mbeki 曾经询问 HIV 和 AIDS 之间的联系，这似乎对卫生部长关于这种疾病的治疗方案产生了影响。

④ "因为显然未能认识到问题的严重性，而根据一些医学上的预测，这一问题可能会毁坏人口，所以卫生主管当局和 Thabo Mbeki 总统遭到了批评。"Claire Keeton 指出，"南非政府下令提供 Nevaripine。"参见：< http：//www. q. co. za/2001/2001/12/14-tacwins. html >. Last access on April 15, 2004.

关的公民则开始通过大规模集会的方式来表达他们对政府已经忍无可忍的态度。① 人们开始把受到 HIV/AIDS 折磨的人看作是政府无力对付这种疾病的受害者。

结果，当一位治疗行动运动组织的官员以较低价格走私普通的艾滋病药物进入该国时，由于人们把它视为是一种勇于揭露这个伪善制度的勇敢举动，他被追诉的威胁开始慢慢地减小了。② 在一次较早的诉讼中，医疗诉讼运动组织发现了与政府相同的根据，并反对医药制造协会通过诉讼的手段阻止立法对于普通的和较廉价的艾滋病药物的支持。在这种压力下，医药制造协会撤销了它们向法院提出的申请。治疗行动运动的一位领导人（同时也是一位 HIV 携带者），他直到每个人都可以在公共医院和诊所获得抗逆转录病毒药物后，才同意服用这种药物。治疗行动运动继续质疑一些政府部门的懈惰行为。他们现在握有他们一直在寻找的"公众的利益"。

2. 公共利益

治疗行动运动组织随后找到了他们能够利用的理想法律案件。他们发现政府的政策不能在所有国家医疗机构中提供 Nevaripine 这种被广泛推荐用来减少母婴之间传播的抗逆转录病毒药物。它们只能在每个省的两个试点获得。而这项无情的国家政策的受害人是那些无辜的婴儿。在 2001 年 12 月 14 日比勒陀利亚（Pretoria）高等法院的一次申请中，Chris Botha 法官裁定政府有责任向那些艾滋病测试呈阳性的孕妇提供 Nevaripine。政府在几个场合中呼吁反对这个决定，直到宪法法院于 2002 年 5 月的 2 号、3 号审理了此案。"公共利益"通过政府似乎不能体面地接受败诉这件事而得到加强。

3. 诉讼

关于"诉讼"方面，治疗行动运动召集了社会—经济权利领域最优秀的法律人才，这类权利在许多国家或许并不能作为一种权利进行诉讼。治疗行动运动依赖于很多非政府组织：法律资源中心、儿童权利中心、社区法律中心、③ 南

① 澳大利亚广播公司的 Sally Sara 在关于 2001 年 11 月 27 日——法院在这一天应当听审案件——许多示威者的报道中说："示威者手举白色的十字架以纪念死于传染病的人……"

② 有人将 Zackie Achmat 的生活拍成了一部题为"这就是我的生活"的电影。参见：< http: / www. q. co. za/2001/2001/11/28-STEPSzachiet. html >. Last access on April 15，2004.

③ 社区法律中心在发布于 2002 年 4 月 30 日的一份新闻稿中陈述道，他们"相信，基于每个人都享有的获得基本的医疗服务水平——包括生育性卫生保健——的这一核心权利，携带 HIV 的妇女有权获得相应的治疗，这也是维护人的尊严所要求的。富人们自动就可以获得这样的医疗保健，但是穷人们只有在政府免费提供的条件下，才能有意义地享有这一权利。每一个孩子也有权获得减少 HIV 母—婴传染风险的必要的治疗"。

非民主学会以及 Cotlands 婴儿避难所。后三个是 *amici curiae*，即"法庭之友"，它们都是基于其专业知识在法庭上解答问题。[①] 治疗行动运动在高等法院胜诉之后，政府向宪法法院提出上诉。当宪法法院认为政府阻止母婴传播的计划是不合理的时候，它作出了支持治疗行动运动的判决。

二　案件更广泛的结果

在治疗行动运动案件中——这些案件的胜诉对被边缘化的人（艾滋病受害人）、脆弱的人（儿童和母亲）以及贫穷的人（付不起治疗费用的穷人）而言具有同等的价值——法院陈述了其他一些非常重要的原则，这些原则可以在将来很多案件中进行运用。

作为国家的最高法院，宪法法院重申了它有权判决社会经济权利，因为宪法赋予了他们这种权力。[②] 它还声称在整个围绕权力分立的辩论中，即使关涉到财政问题，它仍有权进行审查。[③] 宪法法院先前已在 Grootboom 案件的有关问题中应用合理标准来审查社会—经济权利：[④]

所采取措施的确切形式和内容主要是由立法机关和行政部门来负责的事务。然而，他们必须确保其采取的措施是合理的。一个考虑到合理性的法院不会询问是否可能已采取了其他更合理的或更有利的措施，或者是否已更好地花费了公共财产。问题应是已采取的措施是否是合理的。有必要认识到国家能够采取一系列广泛的可能措施来完成其职责。这其中的很多措施能够符合合理性的需要。一旦表明措施确实如此，那么就符合了这个必要条件。

关于社会政策事宜，通常被认为是行政部门的职责。[⑤] 宪法法院指出，其中的大多数决定都在一定程度上关系到财政问题。它在 Grootboom 案件[⑥]

---

① 人权委员会，最初在案件中作为一个"法庭之友"提及，因为它的缺席而引起人们的注意，根据伦敦伯碧克大学（Birkbeck College）的 Rachel Murray 博士所说，事实上，它的主张撤回是政府的压力所致。See "Is the HRC Playing Fair?" by Michael .

② Soobramoney v. Minister of Health, KwaZulu - Natal 1998 (1) SA; 1997 (12) BCLR 1969 (CC); and Government of the Republic of South Africa and Others v. Grootboom and Others 2001 (1) SA (CC); 2000 (11) bclr 1169 (CC).

③ See note 18.

④ See note 13, at paragraph 41.

⑤ See Kevin Hopkins, "Shattering the Divide - When Judges Go Too Far".
http://www. derebus. org. za/archives/2002 Mar/articles/dicide. htm. Last access on April 15, 2004.

⑥ See note 13.

中重申：① 如果它命令将法律援助作为应予保障的一项民权而给予一个被指控的人，那也同样牵涉到财政问题。

作为宪法法院的十一位法官之一的 Albie Sachs 法官在伦敦经济学院人权研究中心②一次题为"社会和经济权利的实施"的演讲中说道：

"社会和经济权利的实施并不是建立在忽视所有合理的质疑基础上的。它不是一个社会和经济权利战胜那种将法院的作用仅仅看作是捍卫基本自由的传统哲学的例子。它立基于那些对有关 21 世纪法院的作用最基本原则的调和之上……"

那道已经作出的声明——不久前我在巴黎所听说的——可能已演变成真。19 世纪是行政部门实际控制国家的世纪，20 世纪则是议会支配行政部门的世纪，而 21 世纪则将是司法部门捍卫议会和行政部门运作的基本原则、程序和价值的世纪。我应该指出，是一位法官作出了这种预测。但是我认为，我们正在进入一个新的时代，逐步地，真正的问题不再是一个人能否通过法院实施社会和经济权利，而是怎样才能最好地做到这一点。

在治疗行动运动的案件中，宪法法院说道："对于那些法院的命令可能对社会产生多重的社会和经济后果的问题，法院并不适宜进行裁判。宪法只是想让法院在特定领域发挥一个有限的作用，即要求国家采取措施来履行其宪法职责并使这些措施接受法院的合理性审查。实际上，这种合理性的确定可能牵涉到财政预算方面，但它们本身的直接目的并不在于重新安排财政预算。通过这种方式，司法、立法和行政部门的职责取得了适当的平衡。"③这一陈述表明，宪法法院已经注意到法院裁决社会—经济权利时可能遇到的适当性问题。

在这个案件中，对包括社会—经济权利在内的侵权事件进行救济的其他的司法管辖权，宪法法院也进行了有益的理论审视。法院考察了美国、印度、德国、加拿大和英国的情况并断定，尽管有三个国家已经发布了某种形式的结构性的禁令，然而英国和加拿大却不情愿这样做，因为其政府习惯于按法院的愿望行事，所以它们更愿意采用宣示性的命令。④

---

① Ex Parte Chairperson of the Constitutional Assembly in re: Certification of the Constitution of the Republic of South Africa, 1996 (4) SA 744 (CC).

② Enforcement of Social and Economic Rights, 27th February 2003. Centre for the Study of Human Right, London School for Economics. Draft transcript.

③ See note 6, at paragraphs 38.

④ See note 6, paragraphs 107 to 111.

在 Grootboom 案件中，Irene Grootboom 夫人从其土地上的小木屋中被驱逐出来，这种小木屋被特别指定以较低的房费提供给类似于她和她的孩子们这样的人。她和其他许多人一同占有这块土地，这些人的家经常被每年的季雨淹没。宪法法院的 Yacoob 法官裁定政府的政策是不合理的。他陈述道，合理性能够在立法计划及其实施的水平上得到评估："立法措施本身不能构成宪法性的应允。仅有立法是不够的。国家有义务采取行动以取得预期的效果，并且立法措施将必然要由行政部门实施的、正确的、合理监督的政策和计划来支持。计划也必须要合理地实施。一项本来合理的计划如果得不到合理的实施也同样不能算是履行了国家的义务。"①

Yacoob 法官还就 Grootboom 案件补充道：

合理性还必须在作为一个整体的《权利法案》的上下文中来理解。保障拥有足够的房屋居住的权利是因为我们尊重人类并想要确保他们被给予基本的需要。如果一个社会是建立在人类尊严、自由和平等的基础之上，它必须设法确保提供给所有人以生活的最低限度的必需品。为使其合情合理，措施不能不考虑他们所致力于实现的权利将受到拒绝的程度和范围。以达成权利实现为目标的措施不应忽略那些其需要最迫切、其享有各种权利的能力非常脆弱的人。如果所采取的措施仅在统计概率上促进了权利的实现，可能还不能充分满足合理性的检验。而且，宪法要求每个人都必须被关怀和照顾。如果措施不能回应那些最绝望的人的需要，尽管在统计上很成功，它们还是不会通过检验。②

在治疗行动运动和 Grootboom 案件中被陈述的原则在将来可以应用于经济、社会和文化权利的诉讼方面。

三　网络手段

一般来说，联合努力或网络手段的策略是有益的方法。这种方法的一个额外的益处是，可以为适宜的公益案件提供一个聚集空间。

1. 接近司法

律师本身在动员舆论方面并不总是有效率的，而社区领导人在这一点上做得更好。在南非，这方面的一个重要人选是以社区为基础的助理律师，他

---

① See note 13, at paragraph 42.

② See note 13, at paragraph 44.

被从社区中挑选出来并对社区负责。基于一项已经提出审议的法律执业法案，或许不久以后，南非可能将这种助理律师作为法律服务的提供者而列为法律职业之一。

尽管助理律师的定义不是很明确，并且律师行业反对助理律师在没有监管的情况下代理客户业务，但是他们还是被称为"赤脚律师"，作为公民在法律和准法律事务上比较正式的顾问来发挥作用。他们被给予法律技术的培训，便于他们为社会成员提供相应的法律帮助。

在这通过教育人们认识其权利而拓宽了接近司法的渠道的同时，法律服务的提供方面出现了质量和平等的问题：富人负担得起最好的律师的费用，而穷人只能求助于助理律师。穷人不明白律师和助理律师之间的区别，一些助理律师对案件结果的承诺夸大其词也是众所周知的事实。

正如法律执业法案草稿中所建议的那样，如果大多数助理律师转移至法律行业，他们与社区之间一个非常重要的联系将会被割裂。那将会是一个巨大的损失，因为他们已是良好案件的来源：Grootboom 案件就来自于一个助理律师的办公室。

提供法律援助的非政府组织对公益诉讼策略也是很重要的。在南非，有很多这样的实体提供这种服务。已经提到的有法律资源中心，这是一个非常成功的公益性非政府组织，并且是治疗行动运动案件中的指导律师。其他还包括黑腰带——南非最早的人权非政府组织——以及人权律师协会。如果我们采纳德尔班讨论会中所使用的公益法定义，那么人权律师协会符合公益法实务的很多标准。该组织就人权问题提供法律咨询、诉讼、教育和辩护。

人权律师协会也参与了先前里程碑式的公益案件，包括 Makwanyane 案件，① 该案件废除了死刑，该协会在该案件中扮演"法庭之友"的角色。就在最近，在新移民法案关于对非本国公民的违宪逮捕和羁押的问题上，它成功地确立了其核心方面。② 在其农场工人安全计划中，它确立了一个先例，即基于其妻子享受家庭生活的权利，丈夫有权留在农场。③

2. 诊所式法律教育

法律咨询和法律援助是公益法的一个重要组成部分。但是这种服务十分

---

① 1995 (3) SA 391 (CC).

② Press release dated April 22, 2003: Lawyers for Human Rights and Others v. Minister of Home Affairs and Others.

③ Conradie v. Hanekom LCC 8 / RR.

昂贵。对于不处理法律问题的非政府组织来说，在其网络中拥有充分的法律咨询渠道就很重要。在世界上很多地方的大学的法律诊所中，作为培训的一部分，许多法律学生在指导下提供这种服务。除了美国外，通过《学生实习规则》允许学生从事这种行为的国家则不多见。① 在南非，各种法律诊所已建立了自己的协会以便更多地争取为穷人工作的机会，并与非政府组织在资金方面竞争以改善其服务。

3. 法律援助

尽管大多数国家都有某种形式的法律援助，但是在满足特定水平的资源需求方面还有很多困难，从而使得法律工作的开展受到限制。南非法律援助委员会经历了由 judicare② 制度向带薪的法官中心模型转变，后者正在所有主要的城市和一些乡村地区筹建。judicare 模型变得难以运转，因为律师们的要求不能及时得到处理。③ 核实要求的体系既麻烦又耗时。然后法律援助委员会决定削减费用，这使很多律师感觉到受了欺骗。因为他们把该体系看作是补充其收入的一种方式，而不是为我们社会中的那部分穷人、被边缘化的人和脆弱的人提供的一种服务。Jeremy Sarkin④ 陈述道，1997 年至 1998 年这个财政年度期间，共有 196749 人以 2.1 亿兰特（南非货币单位——译者注）的费用接受了法律援助。在这些人当中，共有 193177 人由私人律师作代理。

目前法官中心由带薪的律师和辅助人员组成，他们只以一个固定且可预见的费用代理特定类型的一些案件。因为法律援助委员会进行收入审核的标准太低，所以很多人都不具备获得国家援助的资格。他们构成任何一个需要援助的群体的主要部分，并被称作是"缺口群体"。

4. 为了公共利益

致力于克服高质量咨询极端短缺问题的一个途径是在很多案件中介绍或反复介绍为他人利益而工作的观点，使它在案件中成为每个律师社会责任的一个必要的组成部分。⑤ 南非副首席大法官恰当地总结了这种需要："我们的社会需要对我们设计用来输送正义的法院和其他机构有信心。这

---

① Jeremy Sarkin, *Promoting Access to Justice*, 41 Indicator SA Vol. 19, n. 3, December 2002 at 39.

② 私人律师受雇为符合特定条件的顾客提供法律服务，律师费由法律援助委员会根据个案情况进行支付。

③ Jeremy Sarkin, note 27 above at 42.

④ See note 21, at 41.

⑤ Vinodh Jaichand, *A Social and Moral Responsibility*, 37 Indicator SA Vol. 19, n. 3, December 2002；*LHR Calls on Lawyers to Embark on pro Bono Work*, De Rebus, February 2002.

种信心是通过法院提高对穷人中最穷的人和弱者中最弱的人的援助能力而得到提高的。如果法院和那些需要法律服务的人之间的相互作用、相互支持是不充足的、无用的，那么司法部门和法院这样做的能力将会受到严重削弱。"①

为某人利益而工作经常被理解为是一种慈善行为，这种行为的实践在很多法律制度中都可以找到，但是很少是制度化的。把承担这种工作确立为律师义务的一部分是可能的。如果律师为穷人、被边缘化的人和脆弱的人工作没有达到必需的工作小时数，那么一个法律社团（或任何法律管理团体）可以在任何既定年份拒绝发放其营业执照。另一个规定可以是要求为政府或地方的工作担任顾问的律师必须出示其为某人利益而工作的记录。

法律职业人员为某人利益而工作，"不能看成是一种慈善行为，也不是一种推销工具，而是在构建我们理想中的那种所有人都能享有其权利的社会的进程中的审慎的一步"。② 必须找到相应的方式，以便对那些超额完成任务的律师的贡献给予承认和答谢，并通过报纸对其名字予以表彰和宣传。

对这项工作来说，最主要的是分别建立法律服务的需要和供方的资料库，在二者之间进行有组织的合作。与此相联系的可能是非法律的非政府组织、法律援助体制、助理律师和法律非政府组织，他们正在为公共利益案件寻找合适的验证案件。体制的建立必须不是为了免除国家提供法律代理的责任，而是为现存体制补充法律援助资源。在阿根廷、南非和智利，为他人利益而工作的会议已深入讨论了很多这样的观点。在巴西和澳大利亚，目前各有一次这样的会议正在筹划之中。

四　一些结论性陈述

在南非，市民社会组织与有组织的法律职业相结合的作用，就是提供了一项关于它们对人权的贡献已如何改进和加强了特定群体中人们的权利的有益的例证。在国内司法权方面，社会—经济权利在法律上的胜利的影响在整

---

① Justice Pius Langa, *Making Rights a Reality*, 38 Indicator SA Vol. 19, n. 3, December 2002 at 39.

② Geoff Budlender, *Proposals for a New System*, 50 Indicator SA Vol. 19, n. 3, December 2002 at 51.

个与其他穷人、脆弱的人和被边缘化的人休戚相关的世界中回荡。一位时事评论家讲了随后这段话："然而，最令人兴奋的发展之一，是在国内水平上经济和社会权利的可诉性。加拿大和欧洲存在很多文化权利实施的例子，但经济和社会权利长期以来已被看作是政策方面的事宜，从而公开地被给予较低的优先权。这些事务为从政策领域到权利领域的提升开辟了一个新的维度，这个维度能够给所有人权不可分割的观念注入实在的含义。"①

很多其他司法权限上的挑战或许是更根本的：通过宪法保护来创建社会—经济权利的可实施的某种方法。但是宪法只是个框架，在此框架内各种权利必须作出描述：相互依赖且不可分割的公民权和政治权利与经济、社会和文化权利，让我们清醒地认识到，如果没有框架，就不会有描述。国家已在《经济、社会和文化权利国际公约》下来承担义务，"在其权力范围内运用所有手段来使公约中确认的权利得以实现。在这个方面，国际人权法的基本要求必须牢记于心。因此，公约准则须在国内法律规则中以适当的方式予以确认，矫正或者救济的方式必须对任何受侵害的个人或团体来说都是有效的，而且确保政府负责任的适当方法也必须到位"。②

对许多权限的划分进行较严密的审核或许会发现，在行政法或单行法规中存在对一些这样的权利的保护。③ 经济、社会和文化权利委员会证实了这一点，它陈述道："一项要求有效救济的权利不必解释成始终需要司法救济。在很多案件中，行政救济是充分的，并且，那些生活在州的管辖范围内的人们，基于诚信原则，有一种合理预期，即所有的行政当局在制定决策时会考虑到公约的要求。"

明确权利的内容需要一种如同刚刚讨论过的那种策略。在这个方面，接近司法以及南非近来的经验所例证的一系列市民社会角色之间的合作等问题，是很关键的。一些人或许希望将关于艾滋病的治疗行动运动的方式归属于社会运动的范畴。Neil Stammers 说道："社会运动已被典型地定义为，由那些至少在一定程度上认为他们彼此分享了某种共同的利益、彼此相互认同的个人所组成的集体行动。社会运动主要关注于捍卫或改变社会，或者至少是社会的某些方面，并且依赖于群众动员或群众动员的威胁作为其主要的政

---

① Roland Rich, *Solidarity Rights Give Way to Solidifying Rights*, Academy of Social Sciences, 2002, 25 at 31.

② Paragraph 2, General Comment Number 9 (Nineteenth Session, 1998). Report of the Committee on Economic, Social and Cultural Rights, UN doc. E/1999/22, pp. 117—121.

③ Ibid., paragraph 9.

治支持力量。"①

他继续陈述道，社会运动在人权的改造方面②具有一种潜在的作用。最后他引用 Richard Devlin 的话说："如果人权被理解为对权力的一种挑战，对统治的一种抵抗方式，那么我们就必须在权力的各种政治示威中与其进行对抗。"③

（该文原载于《公益诉讼》（第一辑），中国检察出版社 2006 年版）

---

① Neil Stammers, Social Movements and the Social Construction of Human Right. *Human Rights Quarterly*, 21.4（1999），980 — 983.

② See note 37, at 1003/4.

③ See note 37, at 1008.